Paris, le 1.er Juin 1806.

LE MINISTRE DE L'INTÉRIEUR,

A. M. LABOULINIÈRE, Secrétaire général de la Préfecture des Hautes-Pyrénées.

VOUS me demandez, Monsieur, par votre lettre du 21 mai, à être autorisé à publier un Annuaire pour le département des Hautes-Pyrénées. Je ne puis que vous rappeler les dispositions des circulaires du an 10, et du 20 nivôse an 11, ainsi que l'analyse du plan d'Annuaire qui se trouvait joint à cette dernière. En vous y conformant, vous êtes certain d'acquérir de nouveaux droits à l'estime publique, et à la bienveillance du Gouvernement. Je vous prie de ne pas négliger de m'adresser quatre exemplaires de ce travail aussitôt qu'il aura été imprimé.

J'ai l'honneur, Monsieur, de vous saluer avec considération;

CHAMPAGNY.

ANNUAIRE STATISTIQUE

DU DÉPARTEMENT DES HAUTES-PYRÉNÉES,

CONTENANT

L'Introduction du Grand Mémoire Statistique pour l'an 9 (1801); le Chapitre entier de la Topographie; une Analyse et des Extraits des quatre autres Chapitres; un Supplément sur les changemens survenus depuis l'an 9; enfin des Tableaux synoptiques, etc. etc.

PUBLIÉ,

Sur l'autorisation spéciale de S. E. le Ministre de l'intérieur,

PAR P. LABOULINIÈRE,

Secrétaire général de la Préfecture, Membre correspondant de l'Académie des sciences, littérature et beaux-arts de Paris, de plusieurs Sociétés savantes.

A TARBES,

De l'Imprimerie de F. Lavigne, rue de la Loi, n.° 144.

An 1807.

AUX HABITANS
DU DÉPARTEMENT
DES HAUTES-PYRÉNÉES.

Habitans des Hautes-Pyrénées,

J'ai essayé de décrire la Topographie de votre sol, et de tracer l'histoire de vos mœurs, de votre agriculture et de votre industrie. J'ai donné aussi quelques vues d'amélioration qui intéressent votre prospérité. Vous jugerez de mes essais sur l'analyse et sur les extraits que contient cet Annuaire dont je vous prie d'agréer l'hommage.

Votre approbation donnée à mon travail, serait une garantie que je m'estimerais heureux de pouvoir offrir au Gouvernement dont la constante sollicitude s'occupe du véritable état des Peuples, pour procurer à son auguste Chef les moyens d'opérer tout le bien que son génie a conçu, que son cœur désire, et que sa volonté accomplira. Vos observations critiques, que je me fais un devoir de provoquer, me donneront les moyens de rectifier les erreurs, et de réparer les omissions qui pourraient exister dans le Grand Mémoire statistique.

Alors il deviendra ce que j'aurais voulu qu'il fût d'abord, ce qu'il doit être en effet : l'ouvrage de tous les Citoyens éclairés du Département, que l'intérêt de leur pays anime d'un vrai patriotisme.

Pour moi, Habitans des Hautes-Pyrénées, je serai satisfait si, devenu l'interprête fidèle de vos pensées, je fais connaître vos besoins et vos ressources à un Gouvernement dont les soins paternels ont pour but de diminuer les uns et d'accroître les autres.

AVERTISSEMENT.

Les Extraits et les Analyses du Grand Mémoire Statistique, qui composent le fond de cet ouvrage, présentent l'état des choses pour l'an 9 (1801). Les changemens survenus depuis, sont indiqués dans le supplément, année par année; ce qui facilite la comparaison entre les diverses époques, et fait connaître les progrès de l'administration publique. Cet ordre m'a paru avantageux, et devra être suivi dans les Annuaires à venir.

Les acquéreurs de celui-ci n'auront qu'à se procurer chaque année le nouveau supplément, pour le substituer à l'ancien; il n'y aura jamais de changé que cet article, le calendrier, quelques tableaux, et la liste des fonctionnaires, objets peu nombreux, et seuls variables de leur nature. Ce moyen conciliera à la fois l'exactitude et l'économie.

On ne trouvera ici qu'un petit nombre des tableaux indiqués dans le cours de l'Annuaire, comme faisant partie du Grand Mémoire Statistique. Il eût été trop long, trop dispendieux, et même superflu, à quel-

ques égards, de les tous donner. Ceux que j'ai cru convenable de joindre à cet ouvrage, conserveront les n.^{os} sous lesquels ils sont désignés. Les n.^{os} manquans, seront ceux des intercallaires, omis à dessein.

Je prie mes Lecteurs, et spécialement MM. les Maires, de me transmettre à l'avenir les faits nouveaux et d'un intérêt marquant, qui se passeront dans leur commune respective, ou à leur connaissance; je me ferai un plaisir et un devoir de les insérer dans l'Annuaire prochain.

CALENDRIER

POUR L'ANNÉE BISSEXTILE

1808.

ARTICLES PRINCIPAUX DU CALENDRIER.

Année de la Période Julienne	6521.
depuis la première Olympiade d'Iphitus .	2582.
de la fondation de Rome.	2561.
de l'époque de Nabonassar.	2555.

L'année 1223 des Turcs commencera le 28 février.

COMPUT ECCLESIASTIQUE.

Nombre d'Or.	4.	Indiction romaine. . .	11.
Epacte	III.	Lettres Dominicales. .	C.B.
Cycle solaire.	25.		

FÊTES MOBILES.

Septuagésime,	14 Février.	Pentecôte,	5 Juin.
Les Cendres,	2 Mars.	Trinité,	12 Juin.
Paques,	17 Avril.	Fête-Dieu,	19 Juin.
Ascension,	26 Mai.	L'Avent,	27 Novembre.

FÊTES OBSERVÉES.

Ascension,	26 Mai.	Toussaint,	1 Novembre.
Assompt. et s Napol.	15 Août.	Noel,	25 Décembre.

QUATRE-TEMPS.

Mars,	9, 11 et 12.	Septembre,	14, 16 et 17.
Juin,	8, 10 et 11.	Décembre,	14, 16 et 17.

ÉCLIPSES.

Le 29 novembre 1807, éclipse de soleil. Elle commencera vers 10 h. 3/4 du matin; elle finira vers midi 3/4. Grandeur de 3 à 4 doigts.

Des cinq éclipses de soleil ou de lune qui auront lieu dans l'année 1808, on ne verra que le commencement de celle de lune du 3 novembre, qui aura lieu vers 6 h. 1/2 du matin.

JANVIER.

☽ P. Q. le 5, à 8 h. 59 m. du s.
○ Pl. L. le 15, à 3 h. 31 m. du s.
☾ D. Q. le 20, à 11 h. 7 m. du m.
● N. L. le 27, à 4 h. 9 m. du s.

1	vendredi	*Circoncision.*
2	samedi	s Basile.
3	*Diman.*	*Epiphanie.*
4	lundi	s Rigobert.
5	mardi	s Siméon Stylite.
6	mercredi	s Thélesphore.
7	jeudi	s Lucien.
8	vendredi	s Maximien.
9	samedi	s Julien.
10	*Diman.*	s Guillaume.
11	lundi	s Hygin pape.
12	mardi	s Benoît.
13	mercredi	s Felix martyr.
14	jeudi	s Hilaire évêque.
15	vendredi	s Paul hermite.
16	samedi	s Marcel, pape.
17	*Diman.*	S. N. de Jesus.
18	lundi	Ch. s Pierre à R.
19	mardi	s Canut, martyr.
20	mercredi	ss Fabien et Sebas.
21	jeudi	ste Agnès, vierge.
22	vendredi	s Vincent.
23	samedi	s Ildefonce.
24	*Diman.*	s Timothée.
25	lundi	Conv. de s Paul.
26	mardi	s Polycarpe.
27	mercredi	s Jean Chrisost.
28	jeudi	s Raymond Pen.
29	vendredi	s François de S.
30	samedi	ste Marthe.
31	*Diman.*	s Pierre Nolasque.

FÉVRIER.

☽ P. Q. le 4, à 6 h. 31 m. du s.
○ Pl. L. le 12, à 3 h. 53 m. du m.
☾ D. Q. le 18, à 7 h. 47 m. du s.
● N. L. le 26, à 8 h. 43 m. du m.

1	lundi	s Ignace.
2	mardi	*Purification.*
3	mercredi	s Blaise.
4	jeudi	s André Cors.
5	vendredi	ste Agathe.
6	samedi	ste Dorothée.
7	*Diman.*	s Romuald, abbé.
8	lundi	s Jean de Matha.
9	mardi	ste Apollonie.
10	mercredi	ste Scholastique.
11	jeudi	ste Geneviève.
12	vendredi	s Galatoire, év.
13	samedi	s Gerunte.
14	*Diman.*	*Septuagésime.*
15	lundi	s Faustin, mart.
16	mardi	s Didier.
17	mercredi	ste Julienne.
18	jeudi	s Siméon, évêq.
19	vendredi	s Fulgence, év.
20	samedi	s Valère.
21	*Diman.*	*Sexagésime.*
22	lundi	Ch. s Pierre à An.
23	mardi	s Prisce.
24	mercredi	s Mathias.
25	jeudi	s Sylvain, évêq.
26	vendredi	ste Bathilde, reine
27	samedi	s Amand, év.
28	*Diman.*	*Quinquagésime.*
29	lundi	s Romain.

MARS.

P. Q. le 5, à 1 h. 55 m. du s.
Pl. L. le 12, à 2 h. 21 m. du s.
D. Q. le 19, à 5 h. 53 m. du m.
N. L. le 27, à 2 h. 11 m. du m.

1	mardi	s Cyrille, évêque.
2	mercredi	*Les Cendres.*
3	jeudi	s Alexandre.
4	vendredi	s Casimir.
5	samedi	s Lupercule.
6	*Diman.*	*Quadragésime.*
7	lundi	s Thomas d'Aq.
8	mardi	s Jean de Dieu.
9	mercredi	*Quatre-Temps.*
10	jeudi	Quarante Martyrs
11	vendredi	s Cesaire, évêque.
12	samedi	s Grégoire-le-Gr.
13	*Diman.*	*Reminiscere.*
14	lundi	ste Marie Egypt.
15	mardi	s Eutrope, évêq.
16	mercredi	s Orens, évêque.
17	jeudi	s Patrice.
18	vendredi	s Justin, év. Tarb.
19	samedi	s Joseph.
20	*Diman.*	*Oculi.*
21	lundi	s Benoît, abbé.
22	mardi	ste Rictrude.
23	mercredi	s Pacome, abbé.
24	jeudi	s Epiphane.
25	vendredi	*Annonciation.*
26	samedi	s Claude, évêque.
27	*Diman.*	*Lætare.*
28	lundi	s Phebade, évêq.
29	mardi	s Guillaume, év.
30	mercredi	s Victorin, mart.
31	jeudi	s Benjamin.

AVRIL.

P. Q. le 4, à 5 h. 28 m. du m.
Pl. L. le 10, à 11 h. 26 m. du s.
D. Q. le 17, à 5 h. 36 m. du s.
N. L. le 25, à 7 h. 28 m. du s.

1	vendredi	s Hugues.
2	samedi	s François de P.
3	*Diman.*	*La Passion.*
4	lundi	s Isidore, évêque.
5	mardi	s Vincent Ferrier.
6	mercredi	ste Françoise.
7	jeudi	s Procole.
8	vendredi	s Lambert.
9	samedi	s Séverin.
10	*Diman.*	*Les Rameaux.*
11	lundi	s Léon, pape.
12	mardi	s Jules, pape.
13	mercredi	s Hermenegilde.
14	jeudi	La Cène de N. S.
15	vendredi	*Vendredi Saint.*
16	samedi	s Anicet, pape.
17	*Diman.*	PAQUES.
18	lundi	s Gontrand.
19	mardi	s Jean Népom.
20	mercredi	s Germain, évêq.
21	jeudi	s Anselme, évêq.
22	vendredi	s Soter, martyr.
23	samedi	s Georges, mart.
24	*Diman.*	*Quasimodo.*
25	lundi	s Marc, évang.
26	mardi	s Clet, pape.
27	mercredi	s Clair, évêque.
28	jeudi	s Vital, martyr.
29	vendredi	s Pierre, martyr.
30	samedi	ste Cathérine de S.

MAI.
☽ P. Q. le 3, à 4 h. 42 m. du m.
☺ Pl. L. le 10, à 7 h. 39 m. du m.
☾ D. Q. le 17, à 7 h. 2 m. du m.
● N. L. le 25, à 11 h. 19 m. du m.

1	*Diman.*	s Philippe et s Jac.
2	lundi	s Athanase.
3	mardi	Invent. ste Croix.
4	mercredi	ste Monique.
5	jeudi	s Pie, pape.
6	vendredi	s JEAN-PORTE-LAT.
7	samedi	s Stanislas, évêq.
8	*Diman.*	Apparit. s Michel.
9	lundi	s Grégoire Nazian.
10	mardi	s Antonin, évêq.
11	mercredi	s Gordian, mart.
12	jeudi	s Nerée, martyr.
13	vendredi	s Mamert, évêq.
14	samedi	s Boniface, mart.
15	*Diman.*	s Onésime.
16	lundi	s Ubalde, évêque.
17	mardi	s Honoré.
18	mercredi	s Venant, mart.
19	jeudi	s Fidelle.
20	vendredi	s Bernardin.
21	samedi	s Hospice.
22	*Diman.*	ste Equitterie.
23	lundi	*Les Rogations.*
24	mardi	ste Magdel. de P.
25	mercredi	s Urbain, pape.
26	jeudi	L'ASCENSION.
27	vendredi	s Pierre Célestin.
28	samedi	s Philippe N.
29	*Diman.*	s Maximin.
30	lundi	s Felix, pape.
31	mardi	ste Pétronille.

JUIN.
☽ P. Q. le 2, à 0 h. 23 m. du m.
☺ Pl. L. le 8, à 3 h. 34 m. du s.
☾ D. Q. le 15, à 10 h. 8 m. du s.
● N. L. le 24, à 0 h. 56 m. du m.

1	mercredi	s Pamphile.
2	jeudi	s Marcelin, mar.
3	vendredi	s Pothin.
4	samedi	*Vigile-Jeûne.*
5	*Diman.*	PENTECOTE.
6	lundi	s Norbert, évêq.
7	mardi	s Edouard.
8	mercredi	*Quatre-Temps.*
9	jeudi	s Prim, martyr.
10	vendredi	ste Margueritte, r.
11	samedi	s Barnabé.
12	*Diman.*	*La ste Trinité.*
13	lundi	s Antoine de Pad.
14	mardi	s Basile-le-Grand.
15	mercredi	s Vit, martyr.
16	jeudi	s François, roi.
17	vendredi	ste Clotilde, reine
18	samedi	s Marc, martyr.
19	*Diman.*	FÊTE-DIEU.
20	lundi	s Silvère, pape.
21	mardi	s Raymond, évêq.
22	mercredi	s Paulin, évêque.
23	jeudi	s Mamert.
24	vendredi	*s Jean-Baptiste.*
25	samedi	*Vigile-Jeûne.*
26	*Diman.*	s PIERRE et s PAUL.
27	lundi	s Jean et s Paul.
28	mardi	s Crescent.
29	mercredi	s Léonor.
30	jeudi	Commém. s Paul.

JUILLET.

☽ P. Q. le 1, à 5 h. 45 m. du m.
☺ Pl. L. le 8, à 0 h. 3 m. du m.
☾ D. Q. le 15, à 2 h. 55 m. du s.
● N. L. le 23, à 0 h. 18 m. du s.
☽ P. Q. le 30, à 10 h 21 m du m.

1	vendredi	s Martial, évêq.
2	samedi	Visitation de N. D.
3	*Diman.*	s Raymond, prêtr.
4	lundi	s Théodore.
5	mardi	ste Zoé.
6	mercredi	s Tranquillin.
7	jeudi	s Prosper, évêq.
8	vendredi	ste Elizabeth.
9	samedi	s Amand, évêq.
10	*Diman.*	7 Frères Martyrs.
11	lundi	s Pie, martyr.
12	mardi	s Jean Gualbert.
13	mercredi	s Anaclet, pape.
14	jeudi	s Bonaventure.
15	vendredi	s Henri.
16	samedi	N. D. de M.-Carm.
17	*Diman.*	s Alexis.
18	lundi	ste Symphorose.
19	mardi	s Vincent de P.
20	mercredi	ste Margueritte.
21	jeudi	ste Praxede.
22	vendredi	ste Magdelaine.
23	samedi	s Apollinaire.
24	*Diman.*	ste Christine.
25	lundi	s Jacques.
26	mardi	ste Anne.
27	mercredi	s Pantaléon.
28	jeudi	s Nazaire.
29	vendredi	ste Marthe.
30	samedi	s Abdon, mart.
31	*Diman.*	s Ignace.

AOUT.

☺ P. L. le 6, à 10 h. 5 m. du m.
☾ D. Q. le 14, à 8 h. 41 m. du m.
● N. L. le 21, à 10 h. 10 m. du s.
☽ P. Q. le 28, à 3 h. 40 m. du s.

1	lundi	s Pierre-ès-Liens.
2	mardi	s Etienne, pape.
3	mercredi	Invent. s Etienne.
4	jeudi	s Dominique.
5	vendredi	N. D. des Neiges.
6	samedi	Transfiguration.
7	*Diman.*	s Cajetan.
8	lundi	s Ciriace, mart.
9	mardi	s Romain.
10	mercredi	s Laurent.
11	jeudi	s Tiburce.
12	vendredi	ste Claire, vierge.
13	samedi	*Vigile-Jeûne.*
14	*Diman.*	s Eusèbe.
15	lundi	Assompt. et s Nap.
16	mardi	s Roch.
17	mercredi	s Agapet, mart.
18	jeudi	s Hyacinthe.
19	vendredi	s Joachim.
20	samedi	s Bernard.
21	*Diman.*	s Privat.
22	lundi	s Timothée.
23	mardi	s Philippe B.
24	mercredi	s Barthelemy.
25	jeudi	s Louis, roi de F.
26	vendredi	s Zéphirin, pape.
27	samedi	s Licere, évêque.
28	*Diman.*	s Augustin.
29	lundi	Décol. s Jean-B.
30	mardi	ste Rose.
31	mercredi	s Raymond N.

SEPTEMBRE.

☉ Pl. L. le 4, à 10 h. 41 m. du s.
☾ D. Q. le 13, à 3 h. 50 m. du m.
● N. L. le 20, à 7 h. 27 m. du m.
☽ P. Q. le 26, à 10 h. 57 m. du s.

1	jeudi	s Giles, abbé.
2	vendredi	s Etienne, conf.
3	samedi	s Salvi, évêque.
4	*Diman.*	ste Rosalie.
5	lundi	s Laurent Justin.
6	mardi	ste Radegonde.
7	mercredi	s Sever, prêtre.
8	jeudi	*Nativité de N. D.*
9	vendredi	s Gorgon.
10	samedi	s Nicolas.
11	*Diman.*	s Nom de Marie.
12	lundi	s Prothe, martyr.
13	mardi	s Maurille.
14	mercredi	*Q.-Temps* ste Cr.
15	jeudi	s Nicodême.
16	vendredi	s Corneille.
17	samedi	Stigmates de s Fr.
18	*Diman.*	s Thomas de Vil.
19	lundi	s Janvier.
20	mardi	s Eustache.
21	mercredi	s Mathieu.
22	jeudi	s Maurice.
23	vendredi	s Lin, pape.
24	samedi	N. D. de la Merci.
25	*Diman.*	s Lazare.
26	lundi	s Cyprien.
27	mardi	s Côme et s Dam.
28	mercredi	s Fauste, év. Tarb.
29	jeudi	s Michel.
30	vendredi	s Jérôme.

OCTOBRE.

☉ Pl. L. le 4, à 2 h. 19 m. du s.
☾ D. Q. le 12, à 7 h. 9 m. du s.
● N. L. le 19, à 4 h. 56 m. du s.
☽ P. Q. le 26, à 9 h. 11 m. du m.

1	samedi	s Remi, évêque.
2	*Diman.*	N. D. du Rosaire.
3	lundi	L'Ange Gardien.
4	mardi	s François.
5	mercredi	s Wenceslas.
6	jeudi	s Bruno.
7	vendredi	s Marc, pape.
8	samedi	ste Brigitte.
9	*Diman.*	s Denis.
10	lundi	s François Bor.
11	mardi	s Savin, anachor.
12	mercredi	s Eustache.
13	jeudi	s Edouard.
14	vendredi	s Calixte.
15	samedi	s ste Thérèse.
16	*Diman.*	s Bertrand.
17	lundi	ste Héduvige.
18	mardi	s Luc, évangél.
19	mercredi	s Pierre d'Alcan.
20	jeudi	s Gaudens.
21	vendredi	ste Ursule.
22	samedi	s Exupère.
23	*Diman.*	s Severin.
24	lundi	s Grat, évêque.
25	mardi	s Crépin.
26	mercredi	s Evariste, pape.
27	jeudi	s Florent.
28	vendredi	s Simon et s Jude.
29	samedi	s Césaire, évêq.
30	*Diman.*	s Quentin.
31	lundi	*Vigile-Jeûne.*

NOVEMBRE.

Pl. L. le 3, à 8 h. 28 m. du m.
D.Q. le 11, à 9 h. 44 m. du m.
N. L. le 18, à 2 h. 56 m. du m.
P.Q. le 24, à 11 h. 15 m. du s.

1	mardi	TOUSSAINT.
2	mercredi	*Les Trépassés.*
3	jeudi	s Vital, martyr.
4	vendredi	s Charles.
5	samedi	s Zacharie.
6	*Diman.*	s Léonard.
7	lundi	Quatre Couronnés
8	mardi	s Théodore.
9	mercredi	s Triphon, mart.
10	jeudi	s André Avelin.
11	vendredi	s Martin, évêque.
12	samedi	s Martin, pape.
13	*Diman.*	s Didace.
14	lundi	s Claude, mart.
15	mardi	ste Gertrude.
16	mercredi	s Loup, évêque.
17	jeudi	s Grégoire Th.
18	vendredi	s Pontian, m.
19	samedi	ste Elizabeth.
20	*Diman.*	s Felix Valois.
21	lundi	*Présentat. N. D.*
22	mardi	ste Cecile.
23	mercredi	s Clément, pape.
24	jeudi	s Jean la Croix.
25	vendredi	ste Cathérine.
26	samedi	s Mirocle.
27	*Diman.*	*L'Avent.*
28	lundi	s Brize, évêque.
29	mardi	s Saturnin.
30	mercredi	s André, apôtre.

DECEMBRE.

Pl. L. le 3, à 3 h. 37 m. du m.
D.Q. le 10, à 9 h. 53 m. du s.
N. L. le 17, à 1 h. 37 m. du s.
P. Q. le 24, à 4 h. 55 m. du s.

1	jeudi	s Paul, évêque.
2	vendredi	ste Bibiane.
3	samedi	s François Xavier.
4	*Diman.*	ste Barbe, vierge.
5	lundi	s Pierre Chrysol.
6	mardi	s Nicolas, évêq.
7	mercredi	s Ambroise.
8	jeudi	*Conception.*
9	vendredi	ste Eulalie.
10	samedi	s Melchiade.
11	*Diman.*	s Damase, pape.
12	lundi	s Maximien.
13	mardi	ste Luce.
14	mercredi	*Quatre-Temps.*
15	jeudi	s Memin, abbé.
16	vendredi	s Eusèbe, évêque.
17	samedi	s Lazare.
18	*Diman.*	ste Olympiade.
19	lundi	s Nicaise.
20	mardi	s Honoré.
21	mercredi	s Thomas, apôt.
22	jeudi	s Vincent, évêq.
23	vendredi	s Austende.
24	samedi	*Vigile-Jeûne.*
25	*Diman.*	NOEL.
26	lundi	s Etienne.
27	mardi	s Jean, apôtre.
28	mercredi	ss Innocens.
29	jeudi	s Thomas, évêq.
30	vendredi	s Sabin, évêque.
31	samedi	s Sylvestre.

TABLEAU II.

MOIS.	HAUT. MOYEN. du BAROMÈTRE.	DEGRÉ moyen de CHALEUR.	Nombre moyen des jours de							Nombre moyen des jours			Nombres des jours de Vent.							
			Pluie.	Brouillard.	Brume.	Neige.	Clair.	Grêle.	Tonnerre.	Couvert.	Avec des nuages.	Sans nuages.	S	SO	O	NO	N	NE	E	SE
endémiaire.	0m 7365.	14°95	11	4	14	0	7			15	9	7	12	75	87	56	58	54	10	14
Brumaire.	0.7341.	10.20	12	5	12	2	52			18	8	4	18	79	95	66	64	50	14	9
Frimaire.	0.7357.	7.54	11	7	12	14	67			19	6	5	32	94	76	56	53	18	10	13
Nivôse.	0.7349.	5.30	10	5	12	22	131			16	9	5	43	92	63	77	51	28	8	9
Pluviôse.	0.7371.	7.00	11	6	10	17	99			17	9	4	22	112	82	61	61	22	3	13
Ventôse.	0.7348.	7.75	11	4	11	14	72			18	7	5	11	57	85	89	51	65	9	14
Germinal.	0.7354.	11.24	13	2	12		16	5	17	20	8	2	10	88	96	78	62	52	8	7
Floréal.	0.7362.	13.85	14	2	13			4	23	19	9	2	5	86	95	86	50	41	1	1
Prairial.	0.7360.	16.25	15	3	13			5	48	22	8	0	2	82	119	87	47	38	1	2
Messidor.	0.7360.	19.10	10	7	17			0	56	19	9	2	1	87	105	86	54	37	1	0
Thermidor.	0.7376.	21.14	8	8	19			5	46	15	12	5	2	65	99	92	83	25	3	5
Fructidor.	0.7372.	19.20	11	6	21			1	58	17	12	1	3	88	97	89	89	48	6	8

La hauteur moyenne du baromètre, déduite de 16 à 17 mille observations, est donc.... 0m73565 (*) [27 p. 2 l. 11]

La plus grande hauteur observée depuis 1789 jusqu'à présent, a été, le 8 ventôse 11, à 11 heures du soir. . . . . 0.75869 [27 10 12]

La plus petite hauteur, le 19 nivôse an 11, à 9 heures du soir. . . . . 0.70325 [25 11 75]

La hauteur moyenne du thermomètre centigrade, déduite d'un pareil nombre d'observations, est de 12° 76.

Si l'on ajoute à cette hauteur ce que l'élévation du sol lui fait perdre, on aura 14° 59, ce qui s'accorde parfaitement avec la formule 28° cos.² lat., de M. Daubuisson; et si on la compare à celle de Marseille, qui est à-peu-près à la même latitude, il en résultera que notre position, à l'égard des montagnes, n'affaiblit notre température que de 1° 29; car, à même latitude, il faut compter pour peu de chose l'effet de la proximité de la mer.

La plus grande élévation du thermomètre, dans les 11 années, a été 37° 4, le 29 thermidor à midi, an 8.

La plus petite, 15° 4 au-dessous de la glace, le 8 nivôse à 7 heures du matin, an 8.

(*) J'ai trouvé par 466 observations, que la hauteur moyenne du baromètre de Malte, au niveau de la mer, est 0m. 76265 (28 p. 2 l. 08).

TABLEAU I.er

		Du 22 7.bre 1790, au 22 7.bre 1791.	Du 23 7.bre 1791, au 23 7.bre 1792.	An 1.er	An 2.	An 3.	An 4.	An 5.	An 6.	An 7.	An 8.	An 9.
NOMBRE DES JOURS DE	Pluie. . . .	116	120	159	128	129	131	145	131	160	168	136
	Brouillard.	60	66	59	57	47	26	57	65	54	67	65
	Brume ou vapeurs fortes. .	99	83	70	151	94	158	97	199	221	265	255
	Neige. . . .	6	7	8	4	11	7	5	7	2	6	7
	Glace. . . .	32	27	51	36	58	47	45	55	55	52	58
	Grêle. . . .	2	0	0	0	2	2	3	0	2	1	1
	Tonnerre..	21	15	19	14	27	18	14	19	16	17	18
	Nuages. . .	95	133	91	80	103	130	109	97	79	99	94
	Couvert.. .	187	181	224	231	209	201	214	218	252	251	250
	Sans nuages.	83	51	50	45	55	34	42	50	34	15	21
Vents.	S.	17	15	11	4	8	11	24	23	11	8	27
	S.O.	207	153	123	144	83	77	72	43	41	40	55
	O.	56	43	89	81	102	98	88	133	180	151	90
	N.O.	20	42	41	50	119	104	93	79	113	118	145
	N.	16	19	31	58	59	78	114	129	70	87	99
	N.E.	41	60	59	53	50	57	45	29	54	55	19
	E.	4	3	13	6	15	7	2	4	3	2	5
	S.E.	8	11	16	22	14	9	7	1	0	2	5

Tableaux des observations météorologiques, faites à Tarbes, depuis le 22 septembre 1790, jusqu'à la fin de l'an 9, par M. Dangos, correspondant de l'Institut.

EXPLICATION DES TABLEAUX.

Les observations météorologiques ont été commencées ici vers le 22 septembre 1790, et elles ont été continuées, sans interruption, jusqu'à présent. On ne donne, dans les tableaux qui suivent, que les résultats des onze premières années : on en publiera la suite lorsque les calculs seront achevés. Ces résultats sont établis sur 16 ou 17,000 observations.

Le n.° 1 donne le nombre des jours de pluie, de brouillard, de neige, etc., pour chacune des onze années qui sont indiquées en tête des colonnes : on n'a compté que huit rumbs de vent; ce qui est suffisant pour notre objet, et l'on n'a inscrit que ceux qui ont duré au moins quinze heures.

Le n.° 2 est rédigé de manière à fixer la température *moyenne* et l'état *moyen* de l'atmosphère, pour chaque mois. Dans cet objet, on a réuni les observations des onze mois de même dénomination appartenans aux onze années, et on en a déduit une quantité *moyenne*; ainsi, par exemple, la hauteur *moyenne* du baromètre, dans le mois de vendémiaire, est 0,m7363, d'après les observations faites dans les onze mois de vendémiaire. La chaleur *moyenne* est 14,°95 (*). Le nombre des jours couverts

(*) On a toujours employé le thermomètre centigrade; si l'on retranche des hauteurs de ce thermomètre, le cinquième de ces hauteurs, on aura celles du thermomètre de Réaumur; au contraire, il faudra ajouter un quart à celles de Réaumur, pour avoir celles du thermomètre centigrade.

est 15, etc. Quant aux vents, il a fallu, pour éviter les fractions, donner le nombre des jours que chaque vent a soufflé dans les onze mois ; ainsi, dans les onze mois de vendémiaire, le S. n'a soufflé que onze fois ; le S. O. soixante-quinze fois, etc. Dans les onze mois de messidor, le S. a soufflé une fois ; l'O. cent cinq fois ; le S. E. n'a pas soufflé quinze heures de suite.

Le n.° 5 peut servir à apprécier le préjugé de l'influence de la lune, lorsqu'elle est nouvelle ou pleine, sur l'état de l'atmosphère. On sait que bien de personnes attendent à ces époques des changemens de temps marqués. C'est en vain que le simple bon sens a dénoncé l'invraisemblance qu'au même instant physique, le temps vienne à changer dans nos climats, aux pôles, aux antipodes, enfin, sur la surface entière du globe ; C'est en vain que la raison, éclairée par la géométrie et le calcul, a démontré la fausseté de cette opinion, qui n'est qu'un reste de l'astrologie judiciaire, ses partisans n'y demeurent pas moins attachés ; et quoiqu'ils se trompent souvent d'un ou deux jours sur le retour de la phase tutélaire, et qu'ils ne tiennent jamais compte que des événemens qui favorisent leur croyance, ils osent en appeler à leurs observations.... Ici, l'état de l'atmosphère est enregistré quatre fois par jour : les résultats ne sont soumis à l'influence d'aucune hypothèse ; ce ne sont point de vaines assertions, mais des chiffres, et ces chiffres nous apprennent que sur deux cent soixante-huit observations de nouvelle ou pleine lune, le temps a demeuré constant cent quatre-vingt-onze fois, et qu'il n'en a varié que soixante-dix-sept. Les probabilités de ces deux événemens seraient donc entr'elles, à peu près, comme cinq est à deux. Au reste, ces faits sont relatifs uniquement à ces phases, et il faut se garder de conclure, de ce rapport, qu'il y ait quelque probabilité en faveur même du premier de ces événemens.

Un savant Italien a produit des résultats fort différens ; mais on sait qu'il avait eu auparavant le malheur de faire un système, et il fallait le soutenir.

SUR LA CHALEUR DES PUITS.

J'ai tenu, pendant une année entière, un thermomètre dans un puits qui a de six à sept mètres de profondeur ; il était placé dans un seau ; je retirais le tout ensemble, de sorte que le thermomètre n'éprouvait le contact de l'air, qu'à l'instant où je le sortais du seau pour l'observer. Sa variation totale, dans l'année, n'a été que de 0° 7 ; c'est-à-dire, de 12,° 0 à 12,° 7. Celle du thermomètre qui était en plein air, a été de 39.° 5, c'est-à-dire, de 8.° 9 au-dessous de la glace, jusqu'à 30.° 6 au-dessus.

Ce même thermomètre, placé dans un autre puits de même profondeur, à peu près, et peu distant du premier, a varié, dans l'année, de 3.° 3 ; c'est-à-dire, de 10° jusqu'à 13.° 3 ; le thermomètre en plein air, a passé, dans le même temps, de 10.° 2 au-dessous de la glace, à 30.° 5 au-dessus. Ainsi, la température du premier puits est plus basse que celle du deuxième, et elle varie moins. Ces deux différences proviennent de ce que les eaux du premier puits étaient, pour ainsi dire, stagnantes, (on ne pouvait pas y en venir puiser), tandis que celles du deuxième étaient continuellement battues, et, par conséquent, mêlées avec un air plus ou moins chaud ; c'est donc le premier puits qui doit déterminer la température moyenne des eaux, à cette profondeur, et je l'ai trouvée de 12.° 5.

Je crois que des observations de ce genre devraient être jointes, partout, à celles qu'on fait sur l'atmosphère.

(Suivent les Tableaux.)

TABLEAU III,

Relatif à l'influence de la Lune.

Du 22 7.bre 1790, au 22 7.bre 1791.	Du 22 7.bre 1791, au 22 7.bre 1794.	An 1.er	An 2.	An 3.	An 4.	An 5.	An 6.	An 7.	An 8.	An 9.
C. 17.	C. 17.	C. 18	C. 15	C. 19	C. 19	C. 20	C. 17	C. 15	C. 19	C. 15
V. 6.	V. 8.	V. 7	V. 9	V. 5	V. 6	V. 5	V. 7	V. 10	V. 5	V. 9

TOTAL.... C, 191. —— V, 77.

C, *signifie que le temps a été* constant *en beau, en mauvais, ou en variable;* —— V, *signifie que le temps a varié.*

ERRATA.

On invite les Lecteurs à corriger d'avance les fautes ci-après, afin d'éviter toute méprise.

Page 28, ligne 8, *au lieu de* Ossone, *lisez* Ossoue.

Page 59, ligne 8, en remontant, *au lieu de* Lourdes, *lisez* Argelés.

Page 42, ligne 29, *au lieu de* Comélie, *lisez* Coumélie.

Page 73, ligne 4, *au lieu de* entrée souterraine, *lisez* antre souterrain.

Page 88, ligne 7, en remontant, *au lieu de* Cambielan, *lisez* Cambiel.

Page 89, ligne 9, en remontant, *au lieu de* rafraichis, *lisez* humectés.

Page 105, ligne 13, *au lieu de* efforts de lumière, *lisez* effets.

Page 107, ligne 20, *au lieu de* les vives crêtes, *lisez* les vives arêtes.

Page 110, ligne 5, *au lieu de* des roches, *lisez* de roches.

Page 158, ligne 7, *au lieu de* revêtent, *lisez* revêtissent.

Page 164, ligne 5, en remontant, *au lieu de* derniers, *lisez* dernières.

Page 188, ligne 9, *au lieu de* rues traversales, *lisez* rues transversales.

Page 217, ligne 9, *au lieu de* l'ancien couvent, *lisez* le couvent.

Page 227, ligne 7, en remontant, *au lieu de* nomment, *lisez* nommément.

Page 240, ligne 8, *au lieu de* l'an 1570, *lisez* l'an 1575.

Page 256, ligne 7, en remontant, *au lieu de* pour en prévenir, *lisez* pour prévenir.

Page 351, ligne 12, *au lieu de* l'aye, *lisez* l'âge.

Page 359, ligne 17, *au lieu de* feutre, *lisez* tricot.

Page 379, ligne 8, *au lieu de* fuit un mal, *lisez* soit un mal.

Page 397, ligne 12, *au lieu de* grammes, *lisez* kilogrammes.

Page 414, ligne 5, en remontant, *au lieu de* cuvette, *lisez* buvette.

ANNUAIRE STATISTIQUE

DU DÉPARTEMENT

DES HAUTES-PYRÉNÉES.

INTRODUCTION

DU GRAND MÉMOIRE STATISTIQUE,

Dans laquelle on indique les diverses recherches qui ont été faites pour la rédaction de ce Mémoire, et où l'on donne un précis des vues d'amélioration qui y sont développées.

C'est une belle et utile conception que celle d'un plan général et uniforme pour faire le recensement de toutes les ressources territoriales et industrielles d'un État; et il était réservé à la France de la réaliser, la première, d'une manière à-la-fois vaste et complette. La marche progressive des lumières et des connaissances utiles devait naturellement faire éclore cette grande pensée!......... C'est une de celles qui, nées dans le 18.e siècle, doivent être fécondées dans celui-ci, pour l'avantage des peuples et celui des gouvernemens sages.

Il est généralement reconnu aujourd'hui, que la première connaissance de l'homme d'État, de l'administrateur, doit être celle du pays dont il est appelé à discuter et à régler les intérêts, et que les faits sont incontestablement la base de tous les calculs, de toutes les spéculations qui tendent à corriger, améliorer, perfectionner l'état des choses; il est donc d'une grande importance d'établir ces faits d'une manière claire, précise et méthodique, afin d'en faciliter l'intelligence et le rapprochement, et de les présenter sous un jour favorable qui fasse naître, comme d'elles-mêmes, toutes les conséquences qu'un esprit juste doit en déduire. Un tel travail est l'objet *de la statistique*, de cette science sur laquelle on a déjà publié un si grand nombre d'écrits, et qui doit recevoir son perfectionnement des efforts successifs qui ont lieu sur tous les points de l'Empire.

Déjà, au milieu des difficultés sans nombre qui sont inséparables de l'établissement d'un nouvel ordre de choses, au milieu des soins multipliés que réclamaient toutes les parties de l'administration publique, soit de la part du Gouvernement, soit de la part de ses agens, il a été fait beaucoup de *travaux statistiques* en France, et l'on est en droit d'espérer l'entier accomplissement d'un projet formé avec sagesse, et suivi avec zèle et constance.

Chaque département doit fournir son contingent pour cet immense ouvrage; celui des Hautes-Pyrénées était attendu depuis quatre ans: les affaires journalières de l'administration n'avaient pas permis à MM. les Préfets de s'en occuper, et mes prédécesseurs en avaient eu la pensée, sans y donner aucune suite.

Appelé aux fonctions de Secrétaire général en l'an onze, je me suis empressé de répondre aux désirs du premier Magistrat de ce département, en tâchant de le suppléer en cela, et de remplir un devoir que je regardais comme obligatoire pour moi-même. Mais il fallait d'abord prendre connaissance des localités, et faire une étude suivie de tous les objets de ce département, qui doivent rentrer dans le cadre d'une *Statistique*; ce cadre lui-même, il fallait le tracer......... Il était indispensable aussi d'appeler à mon aide des collaborateurs choisis dans tous les arrondissemens, dans tous les cantons, dans toutes les communes. On sent qu'un semblable travail ne peut être l'ouvrage d'un seul ; on sent aussi que son exactitude et son utilité dépendent de la bonté des matériaux mis en œuvre, de la précision des données élémentaires. C'est ainsi que tout se lie, que tout s'enchaîne, et que l'accomplissement des grands desseins, dépend du succès des plus petites entreprises. Faut-il s'étonner d'après cela, qu'avec les intentions les plus pures, on n'obtienne souvent que de faux résultats dans les projets les mieux conçus?.... Pour exécuter le mien, je consacrai la première année à visiter le département, et je fis imprimer, en l'an 12, un extrait du plan général de *Statistique* que j'avais rédigé pour les départemens du ci-devant Piémont, et qui, après avoir reçu l'approbation du Ministre, avait été adressé par lui à tous les Préfets ; cet extrait fut envoyé aussitôt à tous les fonctionnaires publics, et à toutes les personnes que je crus propres à me fournir des renseignemens utiles.

C'est dans le cours de l'an 13 seulement, que j'ai reçu quelques mémoires partiels, quelques observations isolées d'un très-petit nombre de correspondans ; ces faibles tributs n'étaient guère encourageans ; ils me faisaient craindre de laisser beaucoup de lacunes, beaucoup d'articles vides ou incomplets dans mon travail ; cependant il fallait s'occuper de sa rédaction, et j'y ai consacré les 8 mois qui viennent de s'écouler.

Lorsque les données m'ont manqué, je suis allé moi-même par-tout où cela était nécessaire pour les recueillir ; j'ai compulsé toutes les archives, tous les registres ; j'ai interrogé les personnes instruites qui étaient restées muettes, et je n'ai rien négligé pour vaincre tous les obstacles qu'il était en mon pouvoir de surmonter ; enfin, j'ai fait une tournée générale pour vérifier sur les lieux mêmes l'exactitude de mes descriptions, et rectifier tout ce qu'il pouvait y avoir d'erroné dans mon travail.

Comme il devait se rapporter à l'époque de l'an 9, ainsi que le désire le Gouvernement, il m'a fallu, dans mes recherches et dans mes observations, remonter à un temps antérieur à celui de mon arrivée dans ce pays ; et cette nécessité a fait naître encore de nombreuses difficultés. Je me suis astreint cependant à suivre les instructions du Ministre sur ce point, et j'ai réservé, pour les mémoires supplétifs, tout ce qui doit se rapporter au temps écoulé depuis l'an 9 ; ces mémoires devront être rédigés année par année, et dans le même plan que celui-ci.

La Statistique, telle que je l'ai envisagée, me paraît être cette branche de l'économie politique, qui s'occupe de rechercher, indiquer et faire connaître l'état présent des choses considérées dans leur ensemble, et sous tous les rapports qu'il importe aux gouvernemens d'apprécier ; elle embrasse, non seulement les objets physiques, les productions naturelles ou spontanées, et celles qui sont le fruit de l'industrie, mais encore les relations sociales, les effets du régime politique, administratif et religieux, les habitudes et les mœurs des peuples, leur éducation et leur langage, tout ce qui, enfin, intéresse les individus, les familles et la société générale. Elle se compose donc d'un très-grand nombre de faits, de considérations et de calculs, dont l'exactitude la plus scrupuleuse, la vérité la plus sévère, doivent, autant que possible, former le caractère.

La Statistique n'exclut point les réflexions qui découlent naturellement des faits qu'elle démontre : ces réflexions, quoique étrangères à sa nature intime, en sont une conséquence nécessaire ; elles en font sentir l'importance ; elles diminuent la sécheresse que le simple exposé des faits et des appréciations entraîne avec lui ; elles soutiennent l'attention du lecteur, et, sur-tout, la patience de l'écrivain ; elles répandent quelques charmes sur des occupations dont l'utilité ne serait pas toujours suffisante pour garantir la constance et l'assiduité du rédacteur. Comment, en effet, rassembler des données, rapprocher des observations et classer des faits, sans en tirer des conséquences ? comment l'observateur se bornera-t-il à faire une simple nomenclature ? Son travail perdrait, à ses yeux, tout intérêt dès l'instant qu'il voudrait s'interdire de raisonner sur ce qu'il découvre, sur les faits qu'il recueille!....... Qui, mieux que lui, est à portée de faire voir combien d'avantages peuvent être déduits de la connaissance des faits, et d'indiquer les mesures dont cette connaissance fait sentir la nécessité? Il est cependant, à cet égard, des bornes qu'il faut se prescrire, et qu'on ne saurait franchir sans inconvénient; elles sont indiquées par ce seul précepte : Il faut que les faits, exposés simplement, avec exactitude et précision, précèdent constamment les remarques et les réflexions, qui doivent toujours en être des conséquences rigoureuses.

Telle est l'idée que je me suis faite de *cette science*, lorsque j'ai voulu en appliquer les principes; et telles sont sans doute aussi les vues dans lesquelles ont été rédigées les instructions relatives à cet objet. Le Ministre, en prescrivant l'énumération de tout ce qui est appréciable, a voulu se mettre en état de présenter au Gouvernement un ensemble de mesures économiques et administratives pour tout l'Empire; et c'est dans les *Statistiques départementales* qu'il puisera les élémens de cet important travail, résultat utile de tant de recherches, de tant d'appréciations. Or, il est beaucoup de considérations, beaucoup de projets que la connaissance précise des localités indique à l'observateur, et qui pourraient échapper au Ministre, si on se bornait à lui présenter les faits qui leur ont donné naissance. Voilà mes *motifs*..... voilà aussi mon *excuse*, si je me suis laissé entraîner trop loin dans mes réflexions. J'ai voulu, dans leur ensemble, fournir toutes les vues, soit d'ordre public et général, soit d'économie locale, que m'a suggéré l'étude des choses dans ce département.

Le précis analytique qui suit, donne une idée générale de l'étendue de mon travail, et indique l'ordre que j'ai suivi dans sa rédaction; je l'indiquerai d'une manière plus particulière encore en présentant, article par article, les moyens que j'ai pris, et les obstacles de tous genres que j'ai rencontrés dans ma marche. Je ferai connaître ainsi les articles sur l'exactitude absolue desquels on peut compter, et ceux sur lesquels je n'ai pu offrir que des probabilités plus ou moins fortes ; ces précautions me paraissent indispensables pour la perfection d'un semblable ouvrage, parce qu'elles sont propres à prévenir l'erreur et les mauvaises appréciations de la part du Gouvernement, qui, ne voyant les choses que par les yeux d'autrui, doit s'assurer, autant que possible, de la véracité des auteurs.

Cette introduction contiendra l'indication sommaire de tous les changemens, de toutes les améliorations, de tous les projets que j'ai proposés dans le corps de l'ouvrage, comme étant du ressort du gouvernement et de l'administration publique ; j'y citerai aussi, avec reconnaissance, les personnes qui m'ont aidé de leurs lumières, ou qui m'ont fourni des observations. Je dois louer le zèle et l'empressement avec lequel plusieurs ont concouru à l'exécution d'une entreprise aussi utile ; et je commence par témoigner ici combien j'ai eu lieu d'être satisfait du travail étendu, et très-bien rédigé, que m'ont adressé MM. les maires de *Vielle*, arrondissement de Tarbes ; d'*Avezac*, arrondissement de Bagnères, et de *St.-Pé*, arrondissement d'Argelés. Les notices partielles qui m'ont été transmises par ceux d'*Antin*, d'*Orleix*, de *Luc*, de *Maubourguet* (1.er arrondissement), de *Sarrancolin* et de *Loures* (2.e arrondissement), m'ont été également utiles, quoiqu'elles fussent trop restreintes.

MM. *Maffre*, receveur de l'enregistrement à Castelnau-Rivière-Basse ; *Dantin*, de Sauveterre ; *Lussy*, de Maubourguet ; *Corbin*, professeur à Vic ; *Roques*, secrétaire de la municipalité de cette ville ; *Curie* aîné, de Trie ; *Dangos*, de l'Institut ; *Rivoire*, sous-inspecteur des eaux et forêts ; *Francez*, négociant à Tarbes ; *Siret*, ingénieur du département ; *Lavigne*, imprimeur de la préfecture (1.er arrondissement) ; MM. *Larue-Sauviac*, *Laspales*, *Costallat*, *J.-P. Piqué*, tous résidans à Bagnères ; *Fornier*, de S.t-Lary ; *Aubiban*, de Bordères ; *Vignola*, d'Anères ; *Lacassin*, de Castelnau-Magnoac (2.e arrondissement) ; enfin, M. *Lassalle*, juge de paix à Argelés (3.e arrondissement), m'ont aussi transmis des tableaux, des mémoires, des notes, des observations dont j'ai fait usage.

J'indiquerai plus particulièrement, dans l'analyse des chapitres, les personnes qui m'ont fourni un travail spécial et étendu, et notamment MM. les médecins et officiers de santé.

CHAPITRE I.er

TOPOGRAPHIE GÉNÉRALE.

Il est peu de régions dont la Topographie soit aussi intéressante que celle du département des Hautes-Pyrénées; tout y est objet de curiosité pour l'homme du monde, pour le littérateur, pour le naturaliste. La beauté des sites, la douceur du climat, cette majestueuse barrière que présentent les montagnes, les substances qu'elles récèlent, les sources minérales qu'elles fournissent de toutes parts, tout cela doit fixer l'attention générale, et mérite d'être connu de tous ceux qui sont susceptibles de se laisser émouvoir au spectacle d'une nature imposante et variée. Ces considérations m'ont engagé à donner des soins tout particuliers à cette première partie de la Statistique, qui devait servir de base à mon travail. Non content d'une inspection rapide et superficielle, qui m'aurait mis à même de puiser avec avantage dans les ouvrages des voyageurs ou des naturalistes qui ont écrit sur cette contrée, j'ai voulu voir moi-même, en détail, tout ce qu'elle renferme d'intéressant: j'ai parcouru le département dans tous les sens; j'ai visité toutes les vallées, tous les chaînons de montagnes qui les séparent; je me suis élevé jusqu'aux principales sommités dont je décris la forme, la situation, les aspects; et c'est sur les lieux mêmes que j'ai fait mes descriptions, afin de leur donner toute l'exactitude qui dépendait de moi. Je ne dis rien sur la foi d'autrui, pour tout ce qui est du ressort des yeux, et j'ai eu souvent occasion de corriger, modifier, ou changer tout à fait ce que j'avais pu écrire d'abord sur les relations de nos voyageurs. J'ai consulté celles de MM. *Dussault*, *Picqué* et *Ramond*, ainsi que tous les écrits qui ont été publiés sur les Pyrénées ; je n'ai point dédaigné d'y puiser ce que mes propres observations ne pouvaient me fournir, ou ce que l'insuffisance de mes connaissances ne me permettait pas de traiter moi-même.

§. I.er

TOPOGRAPHIE MATHÉMATIQUE.

Après avoir indiqué la situation, la forme, les dimensions et le climat du département, je présente un nouveau projet de délimitation indiqué par de fortes convenances, et basé sur d'excellentes raisons. Les détails de ce projet m'ont été fournis par l'ingénieur en chef M. *Moisset*, dont le travail est digne de toute confiance : il y avait joint, dans le temps, une carte topographique qui fut envoyée au ministère, avec la délibération du conseil général du département sur cet important objet.

§. II.

TOPOGRAPHIE PHYSIQUE.

J'aurais voulu pouvoir accompagner mes descriptions d'une carte physique du département, ainsi que de quelques autres, propres à indiquer divers points de vue intéressans des Hautes-Pyrénées; mais je n'avais pour cela aucun moyen à ma disposition. La perspective générale de la chaîne des Pyrénées, vue de la plaine, sous différens aspects, et dans les diverses saisons; celle des monts, considérés des divers observatoires sur lesquels je me suis élevé; celle enfin de quelques lieux pittoresques et remarquables, sont également dignes d'intérêt ; et des cartes représentatives pour ces différentes vues, ne seraient point un par objet de luxe : elles viendraient à l'appui des descriptions; elles en faciliteraient l'intelligence; elles donneraient l'idée de beaucoup de choses que la plume n'a pu rendre : elles completteraient enfin la Topographie de l'une des plus belles contrées de la France. Si le Gouvernement est dans l'intention de donner à la description des Hautes-Pyrénées toute la perfection désirable, il faut qu'il envoie sur les lieux, de bons dessinateurs, de bons géographes, et qu'il leur donne des instructions convenables.

Pour dessiner les vues, on pourrait employer utilement le talent de deux artistes distingués dans ce genre : M. *Dupereux*, dont les dessins sur les Pyrénées ont été remarqués à Paris, et M. *Jalon*, résidant à Bagnères, qui s'est aussi appliqué avec succès, à rendre quelques-uns des beaux paysages que ces montagnes offrent de tous côtés. Quant aux cartes géographiques, il serait bon d'employer le procédé dont M. *Weiss* s'est servi pour lever la carte de la Suisse; cet ingénieur a suivi une nouvelle méthode de projection, qui convient parfaitement pour les pays de montagnes. Il avait aidé le général *Pleiffer* dans les levers nécessaires pour la confection de son magnifique plan, en relief, de la Suisse, dont la vérité de couleur et de forme, et l'exactitude de proportion, même dans les détails les plus minutieux, sont si admirables.

M. *Mouniot*, sous-inspecteur des eaux et forêts, ancien professeur de dessin à l'école centrale de ce département, a bien voulu se charger de l'exécution de quelques dessins topographiques que je désirais joindre au Grand Mémoire.

§. III.

TOPOGRAPHIE DES ÊTRES NATURELS.

Les tableaux des êtres naturels, pour ce qui concerne les plantes et les animaux, m'ont été fournis par M. *Corbin*, directeur de l'école secondaire de Vic, ancien élève de M. *Ramond*; je me plais à rendre ici témoignage à l'empressement qu'il a mis à me fournir cet intéressant travail, et à la complaisance avec laquelle il s'est astreint à suivre l'ordre et la classification que je lui avais indiqués.

Les ouvrages que j'ai consulté, et où j'ai puisé, pour la partie géologique et minérale, sont ceux de *Dietric, Darcet, Pallasson, Pazumot* et *Ramond*; on reconnaîtra aisément ce qui appartient à chacun de ces savans, et je l'ai indiqué moi-même dans les citations que j'ai faites de leurs écrits.

Le beau rapport de M. *Lomé*, sur les eaux minérales de ce département, ne pouvait tenir lieu d'un nouvel examen à cet égard, tant les choses ont changé depuis; j'ai visité moi-même, avec le plus grand soin, tous les établissemens thermaux, et je n'ai rien négligé pour les faire connaître dans tous leurs détails.

§. IV.

TOPOGRAPHIE MÉTÉOROLOGIQUE.

Les tables qui accompagnent l'article *Topographie météorologique*, ont été calculées, avec le plus grand soin, par M. *Dangos*, correspondant de l'Institut, d'après ses propres observations; ce travail mérite toute confiance, sur le seul nom de l'auteur.

§. V.

TOPOGRAPHIE MÉDICALE.

J'ai consulté, pour cet objet, les médecins les plus instruits du département. MM. *Borgela, Fabas* et *Labat*, inspecteurs des eaux thermales, m'ont fourni chacun un mémoire détaillé sur la topographie médicale du 5.e arrondissement. MM. *Pambrun*, chirurgien à Bun; *Balencie*, chirurgien à Aucun, *Boyrie*, de Prechac; *J.-B. Boyrie*, de Villelongue; *Soulé* et *Marque*, chirurgiens; *Carrugue*, chirurgien à Arras, même arrondissement, m'ont fourni quelques notes particulières et locales. Dans le second arrondissement, MM. *Vignola*, médecin à Anères; *Séniac* fils, médecin à Loures; *Dulons*, chirurgien au même endroit; *Capdeville*, chirurgien à Puntous; *Bose*, chirurgien, et *Duplan*, médecin à Sarrancolin, m'ont également fourni des observations utiles, sur-tout, les deux premiers. Enfin, dans le premier arrondissement, j'ai reçu des renseignemens de la part de MM. *St-Lannes*, chirurgien à Castelnau-Rivière-Basse; *Pailhé*, médecin, et *Thèze*, officier-de-santé à Maubourguet; *Perès*, médecin à Artagnan; *Caussade*, *idem*, à Tostat; *Villemur*, officier-de-santé à Burg; *Clarac* et *Lafferranderie*, officiers de santé à Cieutat; *Fontan*, officier de santé à Bonnefon; *Abadie*, chirurgien à Castelbajac; *Lacaze*, officier-de-santé à Lustar.

M. *Sarrabayrouse*, médecin à Bagnères, s'occupe d'un travail très-important, qui a pour objet de déterminer le dégré de mortalité, pour les principaux points du département. Ce travail fera suite à celui que j'ai entrepris moi-même, sur les variations qu'a éprouvées la population de ces contrées, depuis un siècle; j'ai fait faire pour cet objet, dans toutes les communes, un relevé des registres de naissance et de décès, à dater de l'an 1689, jusqu'à ce jour.

§. VI.

TOPOGRAPHIE DOMESTIQUE.

Il faudrait aussi une carte pour l'intelligence de cet article: elle indiquerait les chefs-lieux d'arrondissement et de canton, ainsi que les principales communes, avec les distances qui séparent les chefs-lieux du département et des arrondissemens, de tous ceux de canton.

J'ai pris les notices locales que je rapporte, dans les chroniqueurs *Froissat* et *Domarca*, ainsi que dans une histoire manuscrite du pays de Bigorre, qui est attribuée à un curé de l'ancien diocèse de Tarbes, nommé *Duco*. Les familles dont je parle, subsistent encore, pour la plupart; et les faits que je cite, sont notoires dans le pays. Leur certitude est fondée ou sur des pièces authentiques, ou sur une tradition dont on ne saurait révoquer le témoignage.

Histoire et antiquités: J'ai traité à part de ces deux objets, quoique d'une manière très-succinte, et je l'ai fait avec assez de soin pour remplir le but que je m'étais proposé : celui de faire connaître, en peu de mots, l'histoire générale du pays de Bigorre, et de celui des Quatre-Vallées. J'ai puisé, pour cela, dans nos historiens, et particulièrement, dans *Froissat*, *Demarca* et *Dombrugelle*, auteurs qui ont écrit spécialement sur ces contrées. L'histoire manuscrite de Bigorre, sus-mentionnée, m'a servi beaucoup pour les derniers temps. Il y a de la précicision, de la méthode, et même de la critique, dans cet ouvrage qui, du reste, n'est qu'une compilation de mémoires.

§. VII.

TOPOGRAPHIE POLITIQUE.

Cette partie de la Topographie exigerait aussi des cartes géographiques ; l'exécution en serait moins dispendieuse et plus facile que celle des cartes physiques, dont j'ai parlé précédemment; cependant, je n'ai pu en faire faire aucune ; la même pourrait suffire, à la rigueur, pour indiquer, à l'aide de diverses couleurs, les confrontations du département avec les territoires limitrophes, celle des divers arrondissemens entre eux, celle des cantons, et même celle des communes : il en faudrait une pour indiquer les grandes routes, leurs divers embranchemens, les principaux ponts, les points où il existe de grands ouvrages d'art.

Le projet de canal que je présente, est de la plus facile exécution, et les résultats en seraient incalculables pour ce département. Je ne fais que céder au vœu bien prononcé de tous les habitans, et sur-tout des propriétaires, en cherchant à fixer les regards du Ministère sur cet objet. Il est de la plus haute importance pour une contrée dont l'industrie agricole, rurale, manufacturière et commerciale ne peut s'accroître qu'en lui créant des débouchés et des moyens d'exportation.

CHAPITRE II.

POPULATION, PROFESSIONS, ARTS ET MÉTIERS.

Les objets qui rentrent dans ce chapitre, sont d'une extrême difficulté à traiter, et c'est de tous, ceux sur l'exactitude desquels on peut le moins compter. J'ai cependant mis tout en usage pour approcher du moins de la vérité. J'ai prescrit un recensement général, commune par commune, de tous les individus, classés par familles, par âge et par professions, et ce travail a été scrupuleusement recommandé à tous les maires. Comme je ne saurais affirmer qu'ils y ont apporté tous les soins qui leur étaient recommandés, il est impossible de compter sur l'exactitude absolue des calculs et des tableaux. Il faudrait, pour atteindre la vérité sur ce point, que des commissaires spéciaux fissent ces recensemens, dont les maires ne peuvent, ou ne veulent point s'occuper, avec toutes les précautions qu'exige un semblable travail.

CHAPITRE III.

ÉTAT DES CITOYENS.

ADMINISTRATION PUBLIQUE.

§. III.

ADMINISTRATIONS MUNICIPALES.

Les réflexions que j'ai présentées, au sujet de ces administrations, m'ont été dictées par l'expérience journalière des inconvéniens qu'elles présentent, et dont l'une des principales causes est leur trop grande multiplicité, parce qu'elle entraine nécessairement de mauvais choix dans la personne des maires.

Observations.

Mes remarques sur les vices généraux de notre législation, sont également le fruit d'une expérience de tous les jours, et j'ai cru devoir faire sentir la nécessité d'un code administratif, qui, embrassant dans son ensemble tous les dégrés de l'administration publique, détermine, d'une manière bien précise, l'étendue d'action que chacun doit avoir, et donne à cette action tout le ressort qui lui convient. J'ai présenté le dégré municipal comme le plus important; j'ai dit que c'est là que s'opère, en dernier résultat, tout le bien et tout le mal; c'est une vérité que le législateur ne doit jamais perdre de vue. Si les administrations municipales étaient convenablement organisées, il en résulterait les plus grands avantages; mais pour atteindre ce but, il faudrait en diminuer le nombre considérablement. Je propose d'établir un maire salarié par canton seulement; et j'ajoute que le nouveau mode d'organisation permettrait la suppression des sous-préfectures, comme un rouage inutile entre le préfet qui dirige, et le maire qui exécute. L'administration publique sera toujours paralysée tant qu'on n'aura pas des maires capables, et entièrement voués à leurs devoirs.

§. IV.

POLICE PUBLIQUE.

1.° *POLICE ADMINISTRATIVE.*

Elle s'exécute fort imparfaitement, par une suite, aussi nécessaire, du vice d'organisation. Les lois sur la police municipale laissent beaucoup à désirer; les maires n'ont point assez d'autorité; il conviendrait de leur départir quelques attributions de la police correctionnelle : un code administratif bien fait, réglerait tout cela convenablement.

4.° *MENDICITÉ. — VAGABONDAGE.*

Quoique les inconvéniens de ces vices soient moindres dans ce département que dans beaucoup d'autres, ils n'en accusent pas moins l'imprévoyance administrative, et j'indique une mesure générale pour éteindre tout-à-fait la mendicité : l'établissement de grands dépôts pour y recueillir tous les mendians valides et les forcer au travail, peut seul conduire à ce résultat important.

§. V.

HOPITAUX ET HOSPICES.

J'ai joint à l'historique de ces établissemens quelques vues sur les moyens d'en améliorer la situation, et j'ai tâché de faire ressortir les inconvéniens du régime actuel sur les hôpitaux.

ORDRE JUDICIAIRE.

J'ai fait connaître le nombre des tribunaux existans, celui des juges de paix, des avoués, des avocats, des notaires, ainsi que le nombre des jugemens qu'ont rendu les premiers. et des actes qui ont été passés par-devant ces derniers pendant le cours de l'an 9 : MM. les juges, ainsi que leurs greffiers, et MM. les notaires, se sont empressés de me transmettre les états que j'ai réclamé de leur part.

ADMINISTRATIONS FINANCIÈRES.

J'en ai présenté la série et l'organisation dans ce département : j'ai indiqué l'étendue de leurs attributions, et les rentrées qu'elles ont opéré pour le trésor public.

ADMINISTRATION DES EAUX ET FORETS.

§. I.er

FORÊTS, BOIS DE HAUTE FUTAIE, BOIS TAILLIS.

On trouvera d'abord l'état des bois du domaine, avec l'indication aproximative du produit qu'ils donnent; j'ai fait connaître aussi, par aproximation, l'étendue et la nature des bois communaux. M. *Rivoire*, sous-inspecteur dans ce département, s'est empressé de me fournir tous les renseignemens que je lui ai demandés; et ils ont été aussi exacts qu'étendus.

§. II.

ADMINISTRATION FORESTIÈRE.

J'ai fait connaître son organisation dans ce département, et les vices qui la caractérisent; j'en ai précisé la nature et l'étendue; les inconvéniens qui en résultent sont extrêmement fâcheux. Partout, dans ma tournée, j'ai reçu des plaintes amères contre les agens forestiers; partout ils m'ont été signalés comme les premiers auteurs du vol et du brigandage qui s'exerce, sans aucun ménagement, dans les forêts, soit nationales, soit communales.

Il faut augmenter le nombre des employés supérieurs, pour que leur surveillance soit plus active, et payer davantage les gardes afin de les préserver du besoin, et de les rendre plus empressés à remplir leurs devoirs.

Je reviens sur cet objet à l'article *Bois et Forêts*, dans le chapitre de l'*Agriculture*, et c'est là que je présente le tableau effrayant des délits forestiers.

ADMINISTRATION DES PONTS ET CHAUSSÉES.

Son organisation est simple et convenable; il ne lui manque qu'une quantité suffisante de fonds, pour mettre les routes de ce département dans le meilleur état possible.

ADMINISTRATION MILITAIRE.

Elle se réduit à peu de chose: l'hôpital militaire de Baréges a besoin d'être agrandi; la caserne de Tarbes exige de grandes réparations, pour remplir le but auquel elle est destinée.

M. le capitaine du génie résidant à Tarbes, m'a fourni, sur ces deux objets, tous les renseignemens dont j'ai eu besoin.

ENSEIGNEMENT PUBLIC.

ARTS ET BELLES-LETTRES.

En parlant de l'aptitude générale des habitans de ce département, pour l'art musical, j'ai rappelé que le célèbre *Lays* y a pris naissance, et que les habiles chanteurs *Zéliote* et *Garat*, sont originaires de deux contrées très-voisines de celle-ci.

Ce rapprochement m'a fait penser que le conservatoire de musique pourrait recruter, dans cette partie de la France, des élèves propres à soutenir la réputation de notre scène lyrique.

CHAPITRE IV.

AGRICULTURE.

§. IV.

CULTURE DES PRAIRIES.

4.° *DES PRAIRIES ARTIFICIELLES.*

Comme il n'en existe pas du tout dans ce département, et que la rareté des fourrages s'y fait souvent sentir dans la plaine, et plus encore dans les côteaux, j'ai proposé aux agriculteurs qui n'ont pas assez de prairies naturelles, d'en établir d'artificielles. La prédominance des prairies sur les terres labourables, peut seule assurer la prospérité de l'agriculture. L'Angleterre est citée en exemple.

§. V.

CULTURE DES VIGNOBLES.

Je me suis beaucoup attaché à faire connaître cette partie de l'agriculture, qui est d'une grande importance dans ce département, par l'accroissement subit qu'elle a acquis ; j'ai trouvé d'utiles renseignemens à cet égard dans l'excellent mémoire que m'a adressé M. *Dantin*, de Sauveterre, grand propriétaire de vignes dans ce département et dans celui des Landes ; les notices que m'a transmises M. *Maffré*, receveur de l'enregistrement à Castelnau-Rivière-Basse, contenaient aussi des observations précieuses sur cet objet.

§. VI.

CULTURE DES BOIS ET FORÊTS.

Je commence par présenter l'état de leur dévastation, et je finis par faire sentir l'insuffisance des moyens de conservation qu'on a employés jusqu'à ce jour.

Après avoir signalé toutes les causes de dégradation, j'indique les remèdes qui me paraissent les plus convenables. Le Ministère ne saurait prendre, à cet égard, de trop promptes mesures ; mais, pour en assurer l'effet, il faudrait que les administrations locales pussent exercer une surveillance immédiate sur les agens forestiers, et eussent quelques droits de repression ; sans cela, ils prévariqueront toujours impunément ; c'est là l'inconvénient de toutes ces administrations particulières, indépendantes de l'administration générale.

ÉCONOMIE RURALE.

Je présente l'état général de l'économie pastorale dans les Hautes-Pyrénées, et les inconvéniens qui résultent des méthodes usitées

§. II.

CHEVAUX ET MULETS.

La nécessité de rétablir les anciens haras est de la plus grande urgence, afin de ne pas laisser éteindre tout-à-fait la race des chevaux en France. Je présente quelques vues sur les moyens d'encourager les particuliers à livrer leurs jumens au cheval.

§. III.

BÊTES A LAINE.

Les troupeaux de bêtes à laine sont nombreux dans les Hautes-Pyrénées ; il ne faudrait qu'en améliorer la race par des croisemens ; mais il est bien des obstacles qui s'y opposent ; le Gouvernement peut seul les surmonter, et je présente à la fin de cet article quelques vues sur les moyens de parvenir à une fin si importante. On pourrait, dans dix ans, transformer tous nos troupeaux indigènes des Pyrénées et des Alpes, en troupeaux de mérinos, ce qui serait d'un avantage incalculable.

DÉPENSES ET PRODUITS DE L'AGRICULTURE ; DE L'ÉCONOMIE RURALE ET DOMESTIQUE.

Pour établir des calculs positifs et rigoureux sur ce point, il aurait fallu que je pusse me procurer des déclarations exactes et précises de la part des personnes auxquelles j'avais adressé les questions qui se rapportent à cet objet. Mais tout le monde s'est tû, et ce n'est qu'après bien des sollicitations, et avec la plus grande peine, que j'ai pu obtenir de deux ou trois particuliers, quelques renseignemens imparfaits qui ont servi de base à mon travail. Je ne saurais, d'après cela, en garantir l'exactitude ; cependant j'ai recueilli moi-même de vive voixquelques données qui me portent à croire que j'ai approché de la vérité. On ne la saura jamais exactement, sur ce point, tant qu'on se bornera aux déclarations des propriétaires ; ils se croient intéressés à tromper le Gouvernement sur le véritable état des choses, et il faudrait beaucoup de mesures utiles de la part de l'administration, à la suite des recherches statistiques, pour dissiper des préventions populaires si fortement enracinées, et porter les citoyens à faciliter la juste appréciation de leurs ressources.

Je n'ai pu présenter le tableau général des dépenses et des produits pour tout le territoire du département, ainsi que je me l'étais proposé. Il m'a été de toute impossibilité de recueillir le grand nombre de données nécessaires, outre que je ne pouvais espérer que de fausses déclarations, à cause de la méfiance générale. Toute évaluation à cet égard sera toujours fautive, si l'on ne fait pas une sorte d'inquisition dans les ménages, ce qui demande beaucoup de circonspection. Les tableaux des animaux et de leurs valeurs, formés d'après les recensemens opérés par les maires, ne peuvent être que très-imparfaits, par les raisons que je viens de développer.

SOCIÉTÉ D'AGRICULTURE.

Elle a été réduite à la nullité dès le premier moment de son existence ; mais comme il importe beaucoup d'activer ses travaux, je propose un mode d'organisation qui me paraît propre à rendre cette société utile au département.

CHAPITRE V.

INDUSTRIE, ARTS ET COMMERCE.

ARTS ET MÉTIERS.

2.° *POTERIE, VERRERIE.*

Comme l'on trouve dans ce département les matières premières qu'exige l'exercice de ces arts, et qu'il y a des élémens de fabrique, on pourrait développer ces deux branches d'industrie ; l'amélioration du régime forestier et la diminution de la cherté du combustible, donneraient à cet égard la plus grande impulsion à l'industrie particulière.

3.° *MARBRES ET ARDOISES.*

Les belles carrières de marbre qui existent dans la vallée de Campan et tout près de Sarrancolin, méritent une attention toute particulière de la part du Gouvernement, et il pourrait les faire exploiter pour son compte, ou les affermer à des entrepreneurs. Il existe déjà, à celles de Sarrancolin, plus de 500 blocs, tous détachés, et des plus grandes dimensions; le temps les détériore tous les jours, et dans peu d'années ils seront perdus pour le commerce qui pourrait en tirer grand parti. La tranchée est ouverte de la manière la plus avantageuse, et l'exploitation est on ne peut plus facile; le fond est inépuisable; toute la montagne est de marbre.

Il existe de même, quantité d'ardoisières que les communes pourraient mettre en valeur, soit en les faisant exploiter, soit en les affermant; ce sont des ressources qu'on ne devrait pas négliger.

COMMERCE.

J'aurais voulu joindre à cet article, ainsi qu'à celui sur l'industrie, des tables d'évaluations, pour faire connaître la quantité des produits de la main-d'œuvre, et afin d'établir, d'une manière précise, la balance du commerce d'importation et de celui d'exportation; mais cela m'a été impossible, parce que je n'ai pu obtenir, ni des douanes ni des personnes qui font le commerce, ni même des manufacturiers, les renseignemens dont j'avais indispensablement besoin. M. *Costallat*, négociant à Bagnères, est le seul qui m'ait fourni des détails qui, quoiqu'insuffisans pour l'évaluation des dépenses et des produits de la manufacture de Campan, m'ont été extrêmement utiles pour faire connaître cette fabrique. Les MM. *Ducuing*, d'Arreau, m'ont aussi donné quelques notions, dont j'ai fait usage, sur la fabrique de la vallée d'Aure. Quelque peu considérables que soient et le commerce et l'industrie d'une région, il importe toujours d'en apprécier la nature et l'étendue; mes instances réitérées n'ont pu me procurer aucune notice, aucune base de calcul sur cet objet que je n'ai pu traiter, à cause de cela, que d'une manière trop vague et trop générale.

TEL est l'ensemble des moyens et des ressources que j'ai eu à ma disposition pour faire la *Statistique* des Hautes-Pyrénées ; telles sont, en raccourci, les vues qui m'ont été suggérées comme avantageuses au pays, soit par l'étude des faits, soit par mes propres réflexions sur l'administration publique, depuis mon arrivée dans ce département.

Sans doute mon travail reste très-imparfait....... J'aurais voulu, après l'avoir achevé, pouvoir le méditer un peu. Huit mois de rédaction, dont trois ont été employés en tournée générale, sont bien insuffisans pour donner à chaque partie d'un aussi long ouvrage, le dégré de perfection dont il est susceptible......... Cependant, les faits que j'y expose sont aussi exacts que mes moyens me permettaient de l'espérer, et, à cet égard, je n'ai aucun reproche à me faire. Beaucoup de défauts dans le style, dans la méthode, dans le classement des objets, auraient pu disparaître devant un examen réfléchi de quelques mois ; mais j'espère qu'on voudra bien me pardonner quelque chose, en raison de la brièveté du temps. J'ai voulu répondre à l'impatience du Ministère...... Mon zèle sera sans doute jugé supérieur à des facultés qui, quelques faibles qu'elles soient, sont toutes vouées au service de l'Etat et du Prince.

DESCRIPTION

DU DÉPARTEMENT (*).

TOPOGRAPHIE GÉNÉRALE.

§. I.er

TOPOGRAPHIE MATHÉMATIQUE.

Le département des Hautes-Pyrénées est situé dans la partie méridionale et occidentale de la France : il est borné, au nord, par le département du Gers ; à l'est, par celui de la Haute-Garonne ; à l'ouest, par celui des Basses-Pyrénées, et au midi, par l'Espagne.

Il a été formé des territoires connus autrefois sous les noms de Bigorre, de pays des Quatre-Vallées, savoir : Aure, Magnoac, Neste et Barousse, de vallée de Louron, de pays de Rivière-Basse, de Rivière-Verdun, de Rustan, des Sept-Vallées de Lavédan.

Sa forme est celle d'un carré oblong (direction nord et sud), se terminant en pointe du côté du nord.

Sa plus grande longueur, du nord au midi, est de 10 myriamètres (près de 20 lieues (**); sa largeur moyenne, de l'est

(*) Le Grand Mémoire statistique, dont cette description forme le premier chapitre, a été fait en l'an 13.

(**) Il s'agit ici, comme dans tout l'ouvrage, de la lieue de pays, qui est de 5 à 6 kilomètres.

à l'ouest, est de 6 myriamètres 7 kilomètres 5 hectomètres (à-peu-près 13 lieues et demie); sa surface est de 4,538 myriares 960 ares (à-peu-près 270 lieues); sa circonférence est de 14 myriamètres environ.

Il est compris entre les 42° 20' et 44° 30' de latitude boréale, et les 1° 50' et 2° 40' de longitude, à l'occident du méridien de Paris.

Son élévation au-dessus du niveau de la mer est, en plaine, de 136 toises (*). Le climat en est beau, et la température assez douce; mais elle est très-variable, comme on le verra ci-après article *Météorologie*.

(*) C'est l'élévation déterminée par MM. VIDAL et REBOUL, pour le point où est situé le château de Sarniguet, dans la plaine de Tarbes, à 10 kilomètres de cette ville.

Cette élévation devient de plus en plus considérable, à mesure qu'on s'approche davantage de la crête des Pyrénées, dont les sommités dominent au loin la plaine. Je vais donner ici le tableau de la hauteur de différens lieux, d'après les travaux des savans que je viens de citer, ainsi que celui de l'élévation du Pic du midi au-dessus des principaux points d'observation qu'ils avaient choisis.

Hauteur de différens lieux au-dessus du niveau de la mer.

Château de Sarniguet, porte du parc, ...	136 toises.
Tarbes, la croix, ...	164
Lourdes, chapelle Notre-Dame, ...	211
Argelés, la croix, ...	241
Luz, l'église, ...	390
Barèges, porte des bains, ...	662
Transarrieu, ...	741
Pont de Montaquecou, ...	857
Lac d'Onchet	1187
Hourque de Cinq-Ours, ...	1244
Petit lac, ...	1379
Pic du midi, hauteur totale, ...	1506

EXTRAIT DU PROJET DE DÉLIMITATION ET D'AGRANDISSEMENT DU DÉPARTEMENT DES HAUTES-PYRÉNÉES (*).

Les limites de ce département du côté de l'Espagne, sont ou incertaines ou mal tracées sur plusieurs points, et les confrontations des départemens limitrophes ont été on ne peut plus mal déterminées : les unes et les autres sont susceptibles de beaucoup de modifications que commandent également la disposition physique des territoires, l'intérêt des habitans, et les avantages de l'administration.

On a long-temps attendu ici, le commissaire délégué par le gouvernement pour établir la ligne de partage qui doit exister entre les possessions espagnoles et celles de l'Empire. Cette opération, si désirable en elle-même, comme propre à prévenir de fâcheuses altercations entre les deux peuples, aurait des ré-

Elévation du sommet du Pic du midi, au-dessus des lieux suivans.

	Nivellement de M. *Reboul*.				Nivellement de M. *Vidal*.			
	toises.	pi.	po.	lign.	toises.	pi.	po.	lign.
Cabane du Pic	7.	5.	5.	9.	7.	5.	5.	3.
Niveau du petit lac	127.	5.	10.	2.	127.	5.	8.	9. 3/4
Bourque de Cinq-Ours	262.	2.	10.	8.	262.	2.	7.	10.
Lac d'Oncbet	319.	5.	1.	2.	319.	4.	10.	6. 1/4
Cabane d'Oncbet	339.	5.	1.	11.	339.	4.	11.	3. 3/4
Pont de Montaquecou	649.	2.	6.	7.	649.	2.	2.	1. 1/2
Transarrieu	765.	1.	0.	7.	765.	0.	7.	5. 3/4
Baréges, image de la Vierge.	838.	1.	1.	4.	838.	0.	9.	1. 1/2
Porte des bains	0.	0.	0.	0.	844.	1.	1.	0. 1/2
Luz, auberge	1112.	2.	8.	4.	1112.	2.	7.	4.
—— église	1116.	3.	5.	5.	1116.	3.	4.	1. 1/2
Croix d'Argelès	1264.	1.	11.	8.	1265.	0.	3.	9.
Lourdes, chapelle N.-D.	1295.	2.	6.	0.	1295.	1.	8.	0. 1/2
Croix de Tarbes	0.	0.	0.	0.	1342.	4.	4.	5.
Sarniguet, porte du parc	1371.	0.	11.	0.	1370.	5.	5.	7. 1/4

(*) Ce projet, qui se trouve en entier dans le Grand Mémoire, a été ransmis par M. le Préfet à S. E. le Ministre de l'intérieur, avec une délibération du conseil général du département, qui en demande l'exécution.

sultats bien avantageux pour les Hautes-Pyrénées, puisqu'elle rendrait à un grand nombre de communes de la montagne, beaucoup de territoires que les Espagnols possèdent en-deçà de la crête, et même assez avant dans les vallées, contre toute convenance, et en vertu de titres basés sur d'anciennes usurpations. C'est ainsi qu'ils ont en propriété, outre plusieurs pâturages qui sont en-deçà de la brèche de Roland, la moitié de la vallée d'Ossone, jusqu'aux portes de Cavarnie, et qu'ils occupent la haute vallée d'Azun, jusqu'auprès d'Arreus. Plusieurs montagnes dont ils jouissent, soit en entier, soit par indivis, avec les Français, et où ils mènent paître leurs troupeaux, sont également situées en-deçà de l'arête centrale, et déversent leurs eaux dans les bassins de France. La nature ne posa jamais de semblables limites, et les droits de la France sont évidemment lésés; nous ne possédons rien sur le versant méridional des Pyrénées.

Limites entre ce département et celui des Basses-Pyrénées.

. . . .
. . . .

Limites entre ce département et celui du Gers.

. . . .
. . . .

Limites entre ce département et celui de la Haute-Garonne.

. . . .
. . . .

Les démembremens que souffriraient, d'après ce projet, les départemens des Basses-Pyrénées, du Gers et de la Haute-Garonne, n'en diminueraient guère l'étendue, et elle resterait encore supérieure à celle du département des Hautes-Pyrénées.

Celui-ci acquerrait, du côté de l'ouest, en diminution du

premier, toute compensation faite, à-peu-près 257 myriares, ci. . . . . 257 myriares.

Du côté du nord, en diminution du second, à-peu-près . . . . 553 myriares.

Du côté de l'est, en diminution du troisième, à-peu-près . . . . 609 myriares.

Qui, joints à son étendue actuelle, 45[illegible] myriares 960 ares.

lui donneraient une surface de. . . . 5977 myriares 960 ares.

Celui de la Haute-Garonne conserverait encore en surface plus de . . . . 6943 myriares.

Celui du Gers, plus de . . . . . . 6142 myriares.

Et celui des Basses-Pyrénées, plus de 7296 myriares.

Sur quoi il est encore à remarquer que la partie méridionale de ce département est toute en nature de hautes montagnes, dont la surface, mesurée à la base, est d'environ 2600 myriares; ce qui fait plus de la moitié de sa superficie actuelle.

Comme le département se trouverait fort agrandi vers l'est, par cette opération, il y aurait lieu à créer un 4.e arrondissement, dont le chef-lieu serait Montrejau ou Saint-Bertrand. On réunirait aux nouveaux territoires, de ce côté-là, quelques communes des 1.er et 2.e arrondissemens, qui sont trop distantes des deux chef-lieux, et qui se trouvent plus à portée de ceux qu'on indique.

§. II.

TOPOGRAPHIE PHYSIQUE.

La surface du département des Hautes-Pyrénées présente un aspect très-varié, et toutes les dispositions de sol que peut offrir notre globe : on y voit des plaines, des vallées, des collines, des montagnes du premier ordre; des rivières et des torrens nombreux en sillonnent l'étendue; des lacs, situés, pour la plupart, dans la haute région, sont les réservoirs inépuisables qui fournissent à leur écoulement, de même que ces glaciers éternels qui, à l'abri d'une fusion totale, voient réparer chaque hiver la perte que leur occasionnent les chaleurs de l'été.

On peut diviser le département en trois régions très-distinctes, eu égard à la disposition du sol; savoir: celle des montagnes, celle des côteaux ou monticules, et celle de la plaine: la première forme à-peu-près les deux tiers de la surface totale; la troisième est la moins étendue.

La région montagneuse présente une foule de particularités remarquables, que l'on trouvera décrites ci-après avec beaucoup de détails. C'est elle qui fournit les deux côteaux qui se dirigent du sud au nord, en convergeant, et bornent à l'est et à l'ouest la belle *plaine de Tarbes*, qu'arrosent l'Echez et l'Adour. La *côte de Ger* est au couchant, où elle sert de limite au département. (Il existe cependant, au-delà, quelques petites portions de territoire de forme ovale, qui se trouvent enclavées dans le département des Basses-Pyrénées.) La *côte de Sarrouilles*, de *Rustan* ou de *Rabastens*, est à l'est; elle fait corps avec le terrein plus élevé qui compose la 2.e partie du département. On voit, dans cette partie, des collines, d'autant moins élevées, qu'elles s'éloignent davantage des hautes montagnes dont elles paraissent être les arrière-petits-enfans. Ces collines sont rangées par bandes longitudinales et perpendiculaires à la direction de la grande chaîne, et il existe entr'elles des vallées peu profondes que parcourent les eaux; de distance en distance, ces vallées se relargissent, et présentent des vallons assez spacieux, dont l'aspect et l'exposition sont variés d'une manière extrêmement agréable. Le grand plateau des landes de Lannemezan, offre seul un aspect sauvage et inculte.

1.° RÉGION MONTAGNEUSE.

VUE GÉNÉRALE DES PYRÉNÉES.

Les Pyrénées sont, après les Alpes, les montagnes les plus élevées de l'Europe; la chaîne qu'elles forment s'étend de la

Méditerranée à l'Océan, dans une direction qui s'écarte peu de la ligne droite. Elle est composée de plusieurs bandes de montagnes parallèles à sa direction, et qui s'élèvent par degrés, depuis les plaines de France et d'Espagne, jusqu'à la crête centrale qui est la limite naturelle de ces deux régions, et sépare à leur source les eaux qui coulent de l'un et de l'autre côté.

On observe une semblable gradation en partant des deux mers, et en allant vers le centre de la chaîne; mais elle est moins régulière vers le Roussillon, où l'on voit les monts se rehausser subitement. Cette irrégularité est la suite d'une disposition particulière en vertu de laquelle la chaîne s'élève par degrés moins sensibles du nord au midi, et de l'Océan au centre, et descend par degrés plus marqués du côté de l'Espagne et de la Méditerranée. Les escarpemens du nord et ceux du couchant sont moins brusques que ceux du midi et du levant; aussi sont-ils plus accessibles (*).

Il existe une différence bien remarquable dans l'accessibilité relative des Pyrénées et des Alpes : on parvient très-facilement dans celles-là à une hauteur considérable, et il n'en est pas de même dans celles-ci. Cette différence ne tient ni à l'escarpement, ni à l'âpreté des rochers, car ceux des Pyrénées ne diffèrent point de ceux des Alpes sous ce rapport; elle tient uniquement au grand nombre des amas de neige et de glace que l'on trouve dans les Alpes; amas qui encore sont plus difficiles à gravir que ceux des Pyrénées; ils exigent plus de précautions et plus de temps. Dans les Alpes, on est obligé de se traîner avec lenteur sur des pentes que l'on peut parcourir rapidement dans les Pyrénées (**).

La longueur de la crête des montagnes qui borne le département, d'orient en occident, est de 75 kilomètres (15 lieues); la largeur réduite des montagnes, depuis la crête jusqu'à leur

(*) Ramond, observations sur les Pyrénées.

(**) *Idem, ibidem.*

base, est de 55 kilomètres (7 lieues); ce qui fait en surface carrée, 2625 myriares ou 155 lieues. Cette partie de la chaîne est réellement la plus élevée, et elle en est comme le centre et le noyau; c'est elle qui a donné au département le nom qu'il porte.

Cette masse imposante, ces sommités aiguës et escarpées, ces pics placés à différentes distances les uns des autres, et dans une apparente irrégularité, se découvrent de fort loin : on les voit se déployer avec majesté à peu de distance de Toulouse, et dès qu'on a monté la côte de *Pujodran*. Ce beau rideau disparaît ensuite, se dérobe momentanément aux yeux du voyageur, et reparait plusieurs fois pendant tout le trajet qui conduit à Tarbes; c'est là que ces monts, comme entassés les uns sur les autres, et se servant réciproquement d'appui, se présentent sous l'aspect le plus grand et le plus pittoresque.

Cet aspect varie selon l'état de l'athmosphère, et le plus ou moins de clarté du jour : les monts paraissent tantôt se rapprocher et tantôt s'éloigner (simple et admirable effet de la réfraction de la lumière, à travers une athmosphère plus ou moins chargée d'humidité); presque toujours enveloppés d'une vapeur légère, ils ont quelquefois la couleur des nuages; d'autrefois celle du ciel; souvent, une teinte dorée, ou d'un noir bleuâtre, selon qu'ils réfléchissent les rayons du soleil, ou qu'ils sont couverts d'ombre. Le matin, le soir et le plein midi, offrent chacun une nuance qui change ensuite par gradation, et se modifie presque à chaque instant.

C'est dans l'été que ces variations sont le plus remarquables, mais chaque saison fournit les siennes. A la chute des neiges, tous ces sommets blanchissent; ils sont resplendissans lorsqu'un beau jour les éclaire; souvent, dans le cours de l'hiver, une teinte jaunâtre annonce un commencement de fusion, produit par l'adoucissement de la température, et par le vent du midi qui souffle assez fréquemment; l'on voit paraître alors, de distance en distance, des points noirâtres plus ou moins étendus; ces

points

points s'agrandissent successivement de la base vers le sommet, à mesure que la fonte s'opère; à la fin du printemps, lorsqu'elle est complette, toute la surface reprend un aspect uniforme.

Telle est la vue générale des Hautes-Pyrénées, considérées de la plaine; dans cette situation, on n'aperçoit que très-superficiellement les gorges qui les sillonnent; ces anfractuosités, ces gouffres, ces écueils qui leur donnent un aspect à-la-fois terrible et imposant. On ne voit pas ces lacs nombreux, ces glaciers que le soleil de l'été ne peut jamais fondre entièrement, ces grottes souterraines, ces ponts de neige, ces cascades qui font l'admiration des observateurs : c'est sur les grandes sommités qu'il faut s'élever; c'est jusqu'à l'extrémité des vallées qu'il faut pénétrer pour jouir de ces beautés sauvages, de ces jeux de la nature, qui étonnent et surprennent agréablement.

DES VALLÉES ET DES PORTS (*), DÉBOUCHÉS OU PASSAGES QUI LES TERMINENT ET LES TRAVERSENT.

Avant que de parler des principaux pics que l'on trouve dans les Hautes-Pyrénées, ainsi que des aspects qu'on découvre de ces élévations; avant que d'atteindre ces hauteurs d'où l'on plane, en quelque sorte, sur l'espace, il nous faut voir des objets plus

(*) On appelle *Ports* dans les Pyrénées, ce que l'on nomme *Cols* dans les Alpes; ce sont les passages par lesquels les vallées communiquent entr'elles, soit sur le même versant de la chaîne, soit d'un versant à l'autre. Ces derniers sont communément les plus élevés, les plus difficiles et les plus dangereux à franchir : il y en a de très-remarquables et de très-fréquentés dans les Hautes-Pyrénées; ils facilitent les relations commerciales qui existent, soit entre les habitans des vallées eux-mêmes, soit entre ceux-ci et les Espagnols. Je parlerai des différens ports à mesure que je décrirai les vallées respectives auxquelles ils appartiennent; ce sont, en général, des rétrécissemens dominés de chaque côté par des monts plus élevés, ce qui justifie parfaitement la dénomination de cols qu'on leur a donnée généralement.

rapprochés de nous, moins propres, sans doute, à exciter le sentiment de l'admiration, mais plus dignes, peut-être, de fixer l'attention de l'observateur. Visitons les vallées de différens ordres qui serpentent, comme autant d'embranchemens, dans l'énorme masse des Pyrénées, et voyons ce que chacune d'elles présente de remarquable et d'intéressant. Nous les distinguerons par les noms de primitives, secondaires, tertiaires, etc., par rapport à leur importance, à leur situation relative, ou en raison de ce qu'elles débouchent les unes dans les autres, et cette classification nous indiquera l'ordre à suivre dans leur description.

Le nombre des vallées du premier ordre qui débouchent dans le département, est facile à déterminer, et chacune d'elles présente un aspect qui lui est propre; celui des vallées secondaires est plus considérable, et leur aspect encore plus varié; celles qu'on peut regarder comme tertiaires, quaternaires, etc., sont en nombre indéfini; elles sillonnent toutes dans leur ensemble le versant boréal de la chaîne dans des directions différentes, et elles sont séparées plus ou moins les unes des autres par des chaînons particuliers.

Rien de plus beau, de plus pittoresque, de plus attrayant que l'aspect de ces vallées, à l'époque où la végétation est dans toute sa force, et où la nature a pris soin de leur rendre toute leur parure. Ce que le pinceau du peintre, l'imagination du poëte, toutes les fictions de la fable peuvent présenter de plus enchanteur, se trouve réalisé dans ces sites, tour-à-tour sauvages et cultivés; tantôt sombres et tantôt riants; ici déserts, et là couverts d'habitations. La rudesse des formes de la nature primitive se voit à côté des embellissemens qui sont dûs à la main de l'homme; près du torrent dévastateur qui renverse tout ce qui s'oppose à son passage, et qui semble porter dans son sein le ravage et la destruction, circule avec lenteur, et en nombreux méandres, le ruisseau auquel le berger doit la fraîcheur de ses prairies, et où se désaltèrent de nombreux troupeaux; d'antiques forêts dont l'existence remonte aux premiers âges, couvrent la cime et la croupe des monts; elles servent d'abri au faible arbuste qui croît dans une région moins élevée; elles protègent contre les orages, la neige et les vents, l'humble habitation du laboureur et ses travaux champêtres; c'est là que l'harmonie et les contrastes produisent les plus admirables effets, et transportent les sens dans une sorte d'ivresse! Qui ne serait pas inspiré à la vue de ces lieux qu'on ne saura jamais décrire?.........

Je ne peindrai point les objets que ces vallées présentent; j'ai seulement en vue d'en faire l'énumération : il faut, pour les connaître, venir se soumettre soi-même à des impressions qu'on ne peut rendre, et que doivent faire éprouver à tout être sensible les beautés de cet ordre. Je parcourrai les vallées principales en allant de l'occident à l'orient, et je parlerai successivement de toutes celles qui viennent y déboucher. Les premières sont seulement au nombre de trois : les villes de Lourdes, Bagnères et Labarthe, se trouvent à l'embouchure de chacune d'elles.

Vallée primitive de Lourdes, Argelès, Pierrefitte, Luz et Gavarnie.

On aperçoit de Tarbes même l'embouchure de cette vallée, dont l'étendue est très-considérable, et qui s'enfonce jusqu'à la partie centrale des Pyrénées, où elle est bornée par le beau cirque de Gavarnie, et par le Marboré qui en domine le cintre.

A peu de distance de Tarbes, on quitte la plaine, et en se dirigeant au sud-ouest, on rencontre bientôt les racines des Pyrénées; puis on serpente entre des monticules ou mamelons qui s'exhaussent toujours davantage à mesure qu'on avance, et on arrive au vallon où se trouve placé, sur une éminence, *le château de Lourdes*, de très-ancienne construction, consacré maintenant à la détention des prisonniers d'État.

Là commence à se dérouler le majestueux tableau de ce que la nature peut offrir de plus imposant et de plus pittoresque; les monts se rapprochent, les rochers se hérissent, et la ville, située dans la partie la plus déclive d'un bassin assez spacieux, ferme le défilé à travers lequel il faut passer pour atteindre le beau vallon d'Argelés. Jusques-là, les aspects que l'on rencontre sont aussi sauvages que bornés; des roches nues et décharnées, qui menacent ruine et présagent la destruction; quelques misérables vergers entourés de larges schistes placés de champ; des pâturages sur les hauteurs; des crêtes hérissées d'aspérités qui dominent tout; tel est le coup-d'œil général qu'offre cette contrée. Les flancs des rochers qui bordent la route, présentent l'aspect d'une végétation qui va toujours décroissant, dans le rapport de leur élévation, en sorte qu'on pourrait y indiquer des zones constantes de production et de stérilité.

La route est pratiquée d'abord sur la rive droite du Gave, puis sur la rive gauche, à une distance qui varie souvent; l'on entend toujours ce torrent gémir comme du fond d'un antre; et il est souvent ralenti, contrarié dans son cours impétueux, par d'énormes rochers qui se sont éboulés de la montagne. Sa profondeur est par fois effrayante, et le voyageur la domine, placé sur une espèce de corniche ou banquette, heureusement garnie d'un parapet qui garantit de tout accident; il est quelques pas difficiles qu'il est prudent de franchir à pied, quand on n'est pas familiarisé avec ces sortes d'escarpemens.

On est bien dédommagé de toutes ces anxiétés par la belle vue du vallon d'Argelés : ici, les montagnes s'éloignent de tous côtés, et leurs flancs s'arrondissent; la végétation se présente dans toute sa force, et avec un caractère qui n'appartient qu'à ce magnifique bassin; des productions de tout genre couvrent un sol qu'arrosent et fertilisent les nombreux torrens qui, en descendant des montagnes, ont formé l'attérissement qui compose, en ce point, le fond de la vallée; et la main de l'homme, secondant la nature, a pris soin d'ajouter, par une culture soignée et bien entendue, à la parure de ce site où l'on respire l'air frais des montagnes, et où le soleil, dans toute sa force, mûrit d'abondantes récoltes.

Ce vallon spacieux, en forme de croissant, est entouré de collines surbaissées, toutes couvertes d'arbustes, de châtaigniers, de noyers, de chênes même, placés sans dessin, et avec une irrégularité qui charme la vue en multipliant les points de repos, et en fixant alternativement les regards de l'observateur étonné, transporté d'admiration.

Pour jouir complettement de ce paysage, auquel il n'est rien de comparable, il faut monter sur le plateau de Saint-Savin, qui domine tout le vallon, au centre duquel il répond par sa situation. On y voit, du jardin de l'ancien monastère, sous l'aspect le plus pittoresque, *le vaste rideau de Davantaigue*; ce rideau se déploie avec magnificence sur le versant opposé, qui, quoique très-élevé, est devenu tout entier le domaine du cultivateur; il offre, depuis la base jusqu'au sommet, un mélange agréable et frappant de prairies, de guérets, d'habitations rustiques, placeés sans simétrie, et diversement groupées, formant un grand nombre de villages; la vue se perd, à droite et à gauche, à l'embouchure des gorges de Pierrefitte et de Lourdes, où des montagnes de couleur enfumée, coupées à pic, semblent être les bornes du monde. On distingue parfaitement, de là, les châteaux de *Miramont* et de *Beaucens*, ainsi que celui de *Vidalos*, dont l'ancienne tour féodale se découvre de fort loin. Tout le plateau de Saint-Savin est couvert de bois et d'un grand nombre d'habitations qui, dans la belle saison, se trouvent cachées sous un toit de feuillage. Rien de plus frais alors que ces abris champêtres qui se dérobent à la vue de l'observateur.

S'il se transporte à *Davantaigue*, il jouit d'un nouveau coup-d'œil tout aussi riant, tout aussi beau que le précédent; le côteau de Saint-Savin, considéré de ce point de vue, offre un aspect enchanteur; et les diverses habitations qui le couvrent, produisent l'effet le plus pittoresque.

Le vallon d'*Argelés* est le dernier asile de la vigne, du figuier et des arbres fruitiers de toute espèce; on ne rencontre plus que des prairies et quelques bosquets; le règne de Pan et des Silvains, succède à l'empire de Cerès, de Flore et de Pomone. C'est à *Pierrefitte* que se termine ce vallon, et c'est là qu'a lieu l'embranchement de la vallée secondaire de *Cauterets*, que nous décrirons bientôt.

Argelès est situé sur le torrent qui descend de la vallée d'Azun, dont l'embouchure se voit à droite, et qui s'enfonce assez avant dans les Pyrénées, direction sud-ouest.

Après Pierrefitte, la vallée se rétrécit considérablement, et elle présente des beautés d'un genre plus sévère : là, les monts sont si rapprochés, les escarpemens sont si roides, le Gave est si profond, qu'il a fallu des efforts inouis pour y pratiquer une route, et rendre Barèges accessible aux voyageurs. Nulle part on n'a eu tant de difficultés à vaincre, ni un succès plus étonnant; des rochers d'une hauteur immense resserrent à leur base un torrent furieux, qui fuit et roule les énormes débris qu'il a détachés de leurs flancs, tandis que leurs âpres sommités bornent l'étendue de la voûte azurée; la profondeur des cieux et celle de l'abime produisent une double émotion qui maitrise tous les sens, et invite au recueillement; le silence qui règne en haut, et le fracas des profondeurs que l'on domine, forment une admirable opposition.

On monte sans cesse par la route qui conduit au bassin de Luz, et qui côtoie alternativement l'une et l'autre rive du Gave, au-dessus duquel on a jeté des ponts dont la hardiesse étonne. On en compte sept de Pierrefitte à Luz : cinq sur le Gave, un sur le torrent qui descend du versant gauche, avant le pont de la Hieladere; le septième est sur le Bastan, aux portes même de Luz.

Le vallon de Luz, de forme triangulaire, est bien moins fertile que le précédent; mais de tous côtés, néanmoins, il repose agréablement la vue, et cause des sensations nouvelles : on y voit de belles et riantes prairies, de nombreux villages, et beaucoup d'habitations éparses. Les deux Gaves de Barèges et de Gavarnie, en confondant leurs eaux, diminuent de vitesse, et parcourent lentement ce site privilégié, qu'ils n'abandonnent que pour reprendre leur première impétuosité. Les montagnes du voisinage sont parées d'une riche et abondante végétation qui alimente de beaux troupeaux, et on y remarque des champs bien cultivés. C'est encore ici l'asile du berger, lorsqu'il est forcé de déserter les hauteurs, au retour des frimats et des neiges.

La ville de *Luz* est située vers le midi, au milieu et tout près du petit côté du *triangle isocèle* que forme le vallon, à une distance à-peu-près égale des gorges de Barèges et de Gavarnie, au pied d'une montagne très-accessible, quoiqu'assez élevée, que l'on nomme le *Pic de Bergons*. Tout près de là se voient, sur deux monticules remarquables, les ruines du château de *Sainte-Marie* et de l'*Hermitage*.

Les bains de *Saint-Sauveur* se trouvent à une très-petite distance de Luz, sur la rive gauche du Gave de Gavarnie, que l'on traverse sur un pont de bois. Les maisons, bâties sur l'escarpement de la montagne, sont rangées sur deux files que sépare une rue assez large; celles d'un côté sont adossées contre le rocher, tandis que celles de l'autre sont comme suspendues sur d'affreux précipices, au fond desquels le Gave roule ses eaux mugissantes. De riantes prairies, des bosquets touffus, de nombreuses cascades, des eaux vives qui circulent de toutes parts, donnent à ce site l'air d'un lieu enchanté, et en font le séjour le plus agréable pendant la saison des eaux, où se trouve réunie une société aimable et recherchée.

Cette première partie de la vallée que nous venons de parcourir, et dont Lourdes est le chef-lieu, s'appelait anciennement vallée du *Lavedan*; l'autre partie que nous allons décrire maintenant, porte celui de vallée de *Gavarnie*.

En quittant Saint-Sauveur pour se rendre à Gavarnie, on repasse le pont, et l'on prend un nouveau défilé, où l'on retrouve tout ce qu'on a déjà vu, avec un caractère toujours plus sauvage; ce défilé est plus étroit; le bassin qui le termine, plus rétréci, la végétation moins active, les montagnes plus élevées, le Gave plus resserré et plus impétueux. On traverse d'abord l'étroit passage de l'*Escalette*, où l'on voit les derniers vestiges d'un fort qui portait ce nom. Les rochers qui l'avoisinent sont très-escarpés, et les environs ne présentent plus d'habitations. De nombreux torrens découlent des montagnes du couchant, et portent au Gave le tribut de leurs eaux, le long d'affreux ravins, à travers des touffes d'arbres, dans des canaux que l'industrie de l'homme a creusé pour l'arrosement de ses prairies, et pour donner le mouvement à des roues de moulin.

Le hameau de *Sia*, formé de maisons dispersées, séparées par d'énormes blocs de rochers, ombragées par de superbes noyers, est à trois kilomètres de là. Le plateau sur lequel il repose, domine encore le Gave que l'on traverse plus loin sur un pont d'une seule arche, et qui, après une descente assez rapide, se trouve encore à plus de 20 mètres de profondeur. On le voit de dessus le pont, descendre en cascade, et avec rapidité, dans un lit étroit, formé par des rochers perpendiculaires, et se précipiter en bouillonnant sous l'arche qui le traverse, pour fuir ensuite à travers de nombreux écueils que tapissent des touffes de verdure. Ce pont présente l'image de la vétusté : le lierre serpentant semble lier entr'elles les parties qui le composent, et en prévenir la désunion. Il repose sur des assises et des culées que la nature a formées, et qu'elle seule peut détruire dans ses convulsions.

Après avoir passé ce pont, on se trouve sur la rive gauche du Gave; et à mesure qu'on avance, le paysage devient de plus en plus triste. Plus rapproché du Gave, le voyageur est dominé par des montagnes à pic qui menacent sa tête, et sur lesquelles on découvre à peine, et de loin en loin, de faibles traces de végétation et de culture; quelques cabanes isolées, et placées sur des escarpemens produits par des chutes de rochers en masse, rompent de temps en temps la monotonie de ces lieux arides, et attestent la présence de l'homme dont l'industrie a su tirer parti des torrens qui menacent, à chaque instant, d'entraîner sa frêle habitation. Des scies établies sur ces courans, les utilisent, et transforment en planches les troncs d'arbres que le torrent lui-même entraine du haut des monts, et délaisse sur ses bords.

Un pont de bois que l'on traverse pour gagner la rive droite du Gave, termine cette sombre vallée, et dès qu'on l'a passé, on voit l'espace s'étendre devant soi, tandis que derrière, les montagnes semblent se rapprocher, et fermer le passage par où l'on est venu : c'est là le joli bassin de *Pragnères*, au milieu duquel se trouve le village du même nom, placé à l'embouchure d'une vallée qui se dirige vers l'est, et qu'arrose un torrent dont les eaux viennent se confondre avec celles du Gave de Gavarnie. Cette *vallée* est celle de Pragnères. Le bassin du même nom se prolonge jusqu'à l'embouchure d'une gorge étroite qui se dirige vers l'ouest; il offre dans toute son étendue, un tableau riant qu'entoure un cadre imposant et sauvage; il est orné de prairies émaillées, de bois touffus, de champs cultivés, et arrosés par de nombreux ruisseaux qu'ombragent des arbustes et des arbres groupés avec une sorte d'art qui fait ressortir avec éclat les beautés naturelles du site.

En poursuivant la route, nouveau défilé, un peu moins sauvage que le précédent, et le long duquel les montagnes moins escarpées présentent, de distance en distance, sur leurs flancs cultivés, des habitations ombragées par autant de bouquets de frêne, et entourées d'agréables prairies. La route qui tantôt côtoie le Gave presqu'à son niveau, et tantôt le domine, est toujours bordée d'une forte haie de buis, qui acquiert sur le terrein inculte des montagnes voisines, une hauteur surprenante. A mesure qu'on avance, le défilé devient moins agréable, et la vue est frappée par l'aspect de la montagne nommée *Coumelie*; près d'elle la vallée s'élargit, et redevient riante : elle est couverte d'habitations; puis elle se resserre tout-à-coup à l'endroit nommé *Sarre-de-ben*, hameau placé sur un promontoire fort exposé aux coups de vent, et où l'on voit les restes d'un môle de rochers que le cours des eaux a renversé.

Au-delà est un petit bassin ; il précède celui de *Gèdre*, où se trouve situé le village du même nom, et d'où l'on aperçoit la cime blanchie du Marboré ; c'est dans ce riche et agréable *vallon* que débouche la vallée de *Héas* et le Gave qui en descend.

On traverse ce torrent sur un pont d'une seule arche, d'où l'on peut apercevoir la chute que forment les eaux sous une voûte de verdure, et dans des anfractuosités de rochers qui présentent l'aspect d'un antre. On lui a donné le nom de grotte de Gèdre. Cette grotte, à ce qu'on prétend, existait réellement avant le débordement de 1788, qui emporta, dit-on, les rochers qui en formaient la voûte. On peut facilement descendre par un petit jardin au niveau du Gave de Héas, et contempler de près l'espèce de gouffre où réside la Naïade du lieu. Le murmure des eaux, la fraîcheur qu'on y respire, l'ombre que projettent les rochers et des touffes d'arbres sur ce réservoir bouillonnant, inspirent un sentiment religieux qui élève l'ame et agite les sens. On est pénétré, et l'on se laisserait aller bien vite à de profondes rêveries, si l'on n'était dérobé à ces affections par la majesté des objets environnans qui attirent les regards et détournent l'attention.

Au sortir de Gèdre, on monte assez rapidement sur les flancs du *Comelie*. La vallée se rétrécit beaucoup ; le Gave devient plus profond ; il mugit davantage, et l'on aperçoit bientôt, à droite, deux *jolies cascades* qui se précipitent en nappes, et décomposent merveilleusement les rayons solaires, sous certains aspects. Un peu plus loin est celle de *Saousa*, qui descend de la montagne du même nom, et dont la chute, assez considérable, offre un très-bel aspect. On atteint ensuite ce grand et terrible monument des convulsions de la nature, ce lieu de destruction qu'on a très-justement nommé le *Chaos* : d'énormes blocs de rochers granitiques de différentes formes, dont quelques-uns ont de trois à quatre mille mètres cubes, entassés les uns sur les autres, se servant réciproquement d'appui, et disposés dans un désordre affreux, étonnent la vue, et pénètrent l'ame de l'effrayante pensée du néant. Ces débris, qui occupent toute la vallée, pendant l'espace de plus de mille mètres, sont le résultat d'un éboulement subit, et proviennent des sommités voisines, dont les flancs hérissés menacent ruine encore. On y voit des blocs en partie détachés, qui sont prêts à tomber, et qui n'attendent qu'un nouvel ébranlement pour se joindre à ceux qui ont déjà roulé du haut des monts jusqu'au fond de l'abîme; ils ont obstrué le passage du Gave et détourné son cours, en opposant leurs masses gigantesques à ses flots impuissans qui viennent se briser contr'elles, et les blanchir de leur écume. Le torrent échappe à ces vastes ruines, après mille efforts tumultueux, qui n'ajoutent pas peu à l'horreur qu'inspire la vue de ce lieu de désolation, que les gens du pays appellent la *Peyrada*, expression qui fait image comme celle de *Chaos*.

Désormais on aperçoit de la neige de tous côtés, sur les sommités des montagnes centrales qui terminent les échappées de vue qu'offrent les vallées latérales, dont la plus considérable est celle d'*Ossoue*; et, après avoir passé plusieurs défilés, toujours plus courts, et traversé quelques vallons d'une étendue corrélative, on voit s'agrandir et se présenter sous une perspective imposante, l'*enceinte* des rochers de Gavarnie.

On passe de nouveau le Gave au *pont Barygui*, sous lequel il se précipite tout entier avec fracas, parmi d'énormes rochers, et l'on trouve d'abord l'auberge de Gavarnie, puis le village du même nom, d'où l'on distingue, sous le point de vue le plus favorable, les montagnes du fond, leur mur plus que semi-circulaire, les neiges qui en occupent les gradins, les rochers en forme de tours qui les couronnent, enfin, les nombreuses cascades qui se précipitent dans le fond du cirque. On croirait alors être parvenu au terme de sa course, et toucher presque ces objets qui frappent et étonnent. Tel est l'effet de l'immensité de ces parties, du plus grand, du plus magnifique tableau que présentent les Pyrénées.

C'est à Gavarnie que commence la petite vallée latérale qui

conduit au port de ce nom, par où l'on communique avec l'Espagne. Le chemin s'élève sur la pente de ses monts, et franchit la crête de séparation, à l'occident des hauteurs du Marboré. Ce port n'est praticable que pour les mulets, mais il offre au voyageur un passage assez facile, pour la hauteur à laquelle il se trouve.

CIRQUE ET CASCADES DE GAVARNIE.

De Gavarnie au *cirque*, il y a près d'une heure de marche, et l'on traverse pour l'atteindre, différens bassins dont le dernier est le plus remarquable; sa forme ovalaire, son fond peu inégal et couvert de gravier, annoncent qu'il était anciennement le domaine des eaux du Gave qui le ravage encore de temps en temps, n'étant pas assez encaissé pour se contenir toujours dans ses bornes ordinaires. Deux torrens viennent grossir le Gave dans ce bassin, et ils coulent de deux ravins opposés, l'un à l'orient et l'autre au couchant.

Après ce vallon, on monte encore une petite côte, et l'on atteint les restes d'une digue assez élevée que l'on franchit pour entrer dans le cirque, par l'endroit même d'où s'échappe le Gave.

Cette grande *oule*, du diamètre de 10 à 1200 mètres, et dont les parois sont formées par un mur coupé à pic qui en a plus de 500 d'élévation, présente de loin, et vue de Gavarnie, l'aspect d'un ouvrage d'art formé par les nations puissantes de l'antiquité. Rien ne ressemble mieux à ces grandes arênes où les Romains se donnaient en spectacle le féroce combat des animaux, et celui, plus féroce encore, des gladiateurs. Mais quand on considère de près ces nombreux et vastes gradins curvilignes qui surmontent le mur, ces roches en forme de tour qui couronnent ces gradins sur lesquels repose une zone permanente de neige, on ne voit plus que l'ouvrage de la nature, et l'on admire en silence son pouvoir et sa magnificence. (*)

(*) Nous aurons lieu de remarquer plus d'une fois de semblables

Le sol de cette enceinte est fort inégal, et on y observe une déclivité qui croît à mesure qu'on approche de la digue; c'est l'effet des eaux qui, dans des temps plus reculés, formaient un lac dont les constans efforts, en creusant le terrein, ont rompu la barrière que la nature lui avait opposée.

Dix à douze *cascades* tombent des divers points de l'amphithéâtre dans l'arène, et leur nombre, comme leur volume, varie selon la saison et la quantité des neiges dont la fonte alimente cet écoulement perpétuel; il en est deux dont les sources ne tarissent jamais, et on les distingue par les noms de grande et de petite cascade; elles donnent, chacune, naissance à un courant qui, après avoir passé sous un *pont de neige*, concourt à former le Gave.

La plus considérable de ces deux cascades sort comme d'un bassin creusé dans les roches supérieures, et en se précipitant, vient se briser une première fois contre une arête de rocher, puis une seconde fois sur une projection plus saillante encore de la même roche. La chute totale a été mesurée géométriquement, et évaluée à plus de 400 mètres (1266 pieds) par MM. *Vidal* et *Reboul*.

Il faut se placer au milieu du cintre, si l'on veut voir cette

---

dispositions dans les Hautes-Pyrénées; et c'est une chose bien étonnante que ces amphithéâtres, ces cirques, ces culs qui ne ressemblent en rien à ce que l'on rencontre au fond des vallées dans la chaîne des Alpes. Ces fonds représentent communément un entonnoir plus ou moins évasé; mais nos cirques qui occupent la place de ces entonnoirs, ne leur ressemblent pas du tout, ni par l'aspect, ni par la structure. La profondeur des excavations et les roides escarpemens des montagnes qui les entourent, indiquent l'ancien séjour des eaux pendant un temps plus ou moins long; séjour qui, joint aux grands bouleversemens qu'ont éprouvés les Pyrénées dans leur masse entière, a dû produire ce double phénomène sur un sol en grande partie calcaire; on peut juger du fondement de ces conjectures, par l'inspection des lieux où l'on trouve encore des lacs.

cascade en face, et jouir de tous les jeux de lumière qu'elle présente lorsqu'elle est frappée par les rayons du soleil, si l'on veut juger de son volume, et saisir tout l'effet de cette vapeur légère, de ce brouillard aqueux qui résulte du passage de sa masse à travers un air résistant, et de son choc sur les achures des rochers contre lesquels elle se brise; elle est située à gauche pour le spectateur qui la contemple en entrant dans le cirque.

Le fond du cirque, rarement visité par les rayons du soleil, offre de la neige en tout temps : elle occupe les endroits les plus abrités, et l'on en voit plusieurs tas considérables au travers desquels s'échappent les différentes sources du Gave; c'est ce que l'on nomme *les ponts de neige* : ces ponts n'ont point une étendue constante; elle varie en raison de la quantité de neige qui tombe pendant l'hiver, et des chaleurs de l'été qui la dissolvent. C'est par la surface inférieure de ces ponts que s'opère la fusion, en sorte que leur voûte est plus ou moins élevée en raison même de cette fusion. Cette voûte offre souvent, et de distance en distance, des crevasses qui quelquefois sont très-considérables. Alors le jour pénètre dans ces antres glacés, dont l'ouverture inférieure est assez grande pour qu'un homme debout puisse y passer, tandis que la supérieure laisse à peine entrevoir le jour au-dessus du torrent qui entre en bouillonnant, et vient se briser avec fracas contre les pierres et les cailloux qui occupent son lit. Là, d'immenses débris de rochers et de corps organiques, soit végétaux, soit animaux, s'offrent à la vue de l'observateur, dont la crainte d'un éboulement subit ne saurait vaincre la curiosité. A la voûte sont suspendues des congélations de différentes formes, les unes régulières, et les autres irrégulières; on les a comparées, avec assez de vérité, à ces stalactites minérales que l'on rencontre dans les grottes souterraines, et leur formation est due aux mêmes causes. Un suintement continuel et la chute perpétuelle des gouttes d'eau qui découlent de la voûte de glace, expliquent assez ce phénomène.

L'effet le plus frappant que produisent sur l'observateur ces grottes de neige, est l'espèce de recueillement religieux qu'elles commandent; recueillement qui est bientôt suivi d'un léger sentiment d'horreur et d'épouvante : on est assailli, malgré soi, par les images effrayantes de l'Averne ou du Tartare; une imagination vive et forte se sentirait bientôt inspirée dans ce séjour froid et sombre, dont le morne silence n'est troublé que par le rauque murmure des eaux.

Vallées secondaires de Betharram, de Val-Surguère et de Castel-Loubon.

La première, qui appartient en grande partie au département des Basses-Pyrénées, aboutit à Lourdes d'où elle se porte directement, vers l'ouest, le long de la racine des monts, jusqu'à la ville de Saint-Pé, dont le territoire confine avec celui de *Betharram*. De ce point, la vallée se dévie pour se porter au nord-ouest, et elle s'élargit de plus en plus, à mesure qu'elle approche de la plaine de Pau, dans laquelle elle débouche. Les montagnes qui bordent le Gave dans tout son cours, se rabaissent en humbles collines sur plusieurs points, et il en résulte des sites extrêmement remarquables par leur beauté; ce sont eux, et notamment celui où se trouve le sanctuaire si renommé de *Notre-Dame*, qui distinguent *la vallée de Betharram*, l'une des plus variées et des plus agréables que présentent les Pyrénées.

A l'entrée de cette vallée, tout près de Lourdes, et sur la rive gauche du Gave, il existe plusieurs grottes creusées dans une montagne calcaire; elles s'appellent *des Espalungues*. L'une d'entr'elles est assez remarquable, et l'ouverture en est spacieuse; on y trouve des stalactites de spath calcaire.

En entrant dans le *Lavedan*, au sortir de Lourdes, on trouve sur la droite l'embouchure de la vallée de Val-Surguère; puis, sur la gauche, celle de la vallée de Castel-Loubon, qui est beaucoup plus étendue. La première présente un territoire borné et abrité de t ·· côtés : elle produit plusieurs espèces de grains ; on y cu' ·· le lin ; on y exploite des carrières de marbre et d'ardoise.

La vallée de C· tel-Loubon a pris son nom d'un château situé sur une élévation, près le village de Couloussan. Elle est étroite, aride, et n'offre aucune perspective agréable. De nombreux éboulemens en ont encombré le fond. Elle renferme seize villages ; *l'Ouey* et *le Nez*, torrens qui abondent en excellentes écrevisses, la parcourent dans toute son étendue. Ils tirent leur source du *pic Montaigu*, le plus élevé du chainon qui sépare cette vallée de celle de Barèges.

On y voit plusieurs sources d'eaux minérales ; il y en a trois près du Nez, au fond du village de *Gazost* ; elles ne sont fréquentées que par les habitans du canton, et il n'y a point d'établissement de bains : elles tiennent cependant de la nature des sources les plus accréditées, et elles en auraient peut-être la salubrité, si on en faisait usage.

Vallée secondaire d'Azun.

Son embouchure dans la vallée primitive a lieu au couchant d'Argelés, et elle se dirige vers le sud-ouest jusqu'à la crête centrale, où elle avoisine, par ses dernières ramifications, celles de même ordre qui appartiennent aux vallées de Cauteretz, et d'Ossau (Basses-Pyrénées). Elle est très-élevée, et son fond présente un attérissement considérable, provenant des sommités voisines, ce qui en a fait un large vallon d'une très-riche culture ; les sommités qui la dominent sont toutes dépouillées de leurs antiques forêts, mais elles n'offrent pas la nudité ni l'aspect de désolation que présentent la plupart des vallées secondaires. Le Gave qui a creusé profondément son lit au milieu des attérissemens, coule avec rapidité, sans dévaster ses rives.

Au sortir d'Argelés, on monte assez rapidement par un beau chemin vicinal pratiqué sur la rive gauche du torrent, et qui se prolonge jusqu'au village d'Arrens ; il en traverse plusieurs très-

très-populeux, environnés de prairies et de champs bien cultivés, et il en avoisine d'autres situés sur la hauteur. Parvenu à celui d'Arcizans, on voit la vallée se bifurquer, et présenter au confluent des deux Gaves le village de Bun, situé sur un beau plateau.

La branche qui se dirige à gauche est la plus rétrécie; elle se prolonge cependant jusqu'au centre de la chaine où des hauteurs considérables la dominent, et où elle offre un passage qui conduit en Espagne, et que l'on nomme *la Hourquette de Bun*. Le torrent qui la parcourt prend sa source au *lac d'Estaigne*, qui abonde en bonnes truites. Il existe encore sur le versant gauche de cette vallée, vis-à-vis et au-dessus du village de *Labat de Bun*, quelques restes d'antiques sapinières.

L'autre branche, qui paraît être le prolongement de la vallée, dont elle conserve la largeur et la direction jusqu'à Arrens, présente la plus belle végétation et les sites les plus ravissans. Le monticule de *Pouey-Lahu*, où se trouve situé un bel édifice consacré à Notre-Dame, est le point extrême de ce grand vallon, et c'est de là qu'on peut jouir des riantes perspectives qu'il offre. A droite sont des montagnes surbaissées, dont la croupe se prolonge en pente douce vers le couchant, et présente de nombreuses habitations sur un immense champ de verdure.... Là se trouve un passage qui conduit dans la *vallée d'Ossau*, et que l'on nomme *le Port*. Au midi, la vallée se prolonge encore l'espace de 12 ou 15 kilomètres; mais ce n'est plus qu'une gorge très-étroite, que parcourt un torrent rapide, et qui n'offre qu'un étroit sentier, à peine praticable pour un mulet chargé. Ce sentier conduit à un col par où l'on communique avec *le val de Thène* en Espagne; on le nomme *la Hourquette d'Arrens*. Au bas de ce col et des hauteurs qui le dominent, est *le lac d'Arrens*, qui est très-considérable; les monts qui avoisinent les deux hourquettes de cette vallée sont d'une très-grande élévation, et ils présentent plusieurs amas de glaces et de neiges permanentes.

La belle et intéressante vallée d'Azun est une contrée toute pastorale ; on y cultive fort peu de grains, mais beaucoup de lin et de millet ; elle renferme dix villages dont la plupart sont très-considérables. Leurs industrieux habitans ont fertilisé, par une culture bien entendue, tous les bas-fonds, et toutes les pentes de ce beau bassin où ils ont de superbes prairies ; leurs nombreux troupeaux paissent sur les hauteurs où une nature féconde produit d'abondans pâturages.

VALLÉE SECONDAIRE DE CAUTERETZ.

C'est à Pierrefitte qu'a lieu l'embranchement de cette gorge, dont l'élévation au-dessus de la vallée primitive est très-considérable. La région de montagnes qu'elle traverse est aussi d'une hauteur remarquable, et c'est à sa partie supérieure que la crête des Pyrénées commence à prendre sa plus grande élévation. Elle se dirige au sud-ouest, et forme un angle d'à-peu-près 45° avec la vallée de premier ordre que nous venons de décrire. Son élévation et sa direction lui donnent un caractère particulier, et l'on y rencontre des objets qui frappent et surprennent, même après qu'on a visité Gavarnie.

Cette vallée est extrêmement étroite, et les différens vallons qui terminent chaque défilé sont peu étendus, par une conséquence nécessaire, ou plutôt il n'en existe point jusqu'à Cauteretz, parce qu'il n'y a pas de torrent considérable qui vienne grossir le Gave pendant ce trajet, et que conséquemment il n'a pu y avoir d'atterrissement formé par les eaux. Les différens rétrécissemens qu'on y remarque ne sont que de simples sinuosités.

Les flancs des montagnes qui bordent la vallée de Cauteretz sont très-escarpés, et néanmoins ils sont couverts d'une assez belle végétation. Quelques petits hameaux, placés de distance en distance sur des plateaux peu étendus, ombragés par des touffes d'arbres et entourés d'un territoire cultivé, ornent ce paysage agreste que couronnent des forêts de sapin, et qu'arrosent des milliers de torrens qui portent par-tout la fraîcheur;

le mouvement et la vie, sans causer aucun ravage, parce que leur cours est sinueux et peu rapide. Le Gave, ou torrent, est aussi impétueux que celui de Gavarnie, mais il est moins fort et moins destructeur; il est par-tout très-encaissé.

La route qui le côtoie d'abord à droite, puis à gauche, commence par des rampes, et elle monte rapidement; ensuite elle est assez unie, si ce n'est aux deux tiers à-peu-près, où l'on trouve de nouvelles rampes nommées *le Limaçon;* elle est partout très-large et très-belle; des frênes, des aunes, des tilleuls, des noyers l'ombragent sur plusieurs points; des ponts solides, des parapets placés sur le bord des corniches qui présentent quelque danger, la rendent aussi sûre qu'elle est facile.

Il faut deux heures de marche pour arriver à Cauteretz. On est agréablement distrait par la beauté du paysage. Ici rien n'attriste et n'épouvante; tout est enchanteur, délicieux, et les émotions qui se succèdent satisfont les désirs, sans laisser après elles aucun regret.

La gorge s'élargit à mesure qu'on approche de Cauteretz qui est situé dans un vallon des plus riants et des plus variés. On voit de toutes parts, sur des tertres, sur des monticules que la nature a paré de toutes les richesses de la végétation, des eaux qui jaillissent en cascades, ou sortent, en bouillonnant, des entrailles de la terre; ces eaux rafraîchissent un air pur, qu'embaument les exhalaisons des plantes et des arbustes odoriférens, et dont la douce température réjouit tous les sens. Séjour enchanteur, véritable élysée que l'on ne quitte qu'avec regret, et où l'on trouve, dans la saison des bains, les charmes de la société réunis à tout ce que la nature peut présenter de plus attrayant.

Le bassin de Cauteretz est très-exposé aux avalanches et aux débordemens, parce qu'il est dominé par des hauteurs considérables dont quelques-unes sont coupées à pic, et parce que le lac et les torrens qui fournissent les eaux du Gave, extravasent souvent par l'abondance des pluies. Le premier phénomène n'a lieu que dans l'hiver, l'autre arrive souvent à la fin de l'automne:

témoin le désastre qui eut lieu du temps de *Marguerite*, sœur de *François* I.er, et reine de Navarre (*). Le vallon de Cauteretz est le séjour des deux principes; chacun d'eux règne par semestre. Par-tout le mal est à côté du bien. Malgré ces dispositions, le sol y a beaucoup de fixité; et comme les hauteurs qui dominent sont bien boisées, les avalanches n'y sont pas dangereuses.

Cauteretz est joliment bâti; les maisons y sont commodes et spacieuses; leurs habitans ne les quittent point dans l'hiver, le sol étant moins élevé et plus avantageusement disposé que celui

---

(*) Elle s'exprimait ainsi sur cet événement : « Le premier jour de » septembre, que les bains des Pyrénées commencent à avoir de la vertu, » plusieurs personnes tant de France, d'Espagne que d'ailleurs, se » trouvèrent à ceux de Cauldères, les uns pour boire, les autres pour s'y » baigner, les autres pour prendre de la boue. Vers le temps du retour vin- » rent des pluies si excessives, qu'il fut impossible de demeurer dans les » maisons de Cauldères, remplies d'eau. Ceux qui étaient venus d'Espagne, » s'en retournèrent par les montagnes, du mieux qui leur fut possible. Les » Français pensant s'en retourner à Tarbes, trouvèrent les petits ruis- » seaux si enflés, qu'à peine purent-ils les passer au gué. Mais quand il » fallut passer le Gave qui, en allant, n'avait pas deux pieds de pro- » fondeur, il se trouva si grand, si impétueux, qu'il fallut se détourner » pour aller chercher des ponts; comme ces ponts n'étaient que de bois, » ils furent emportés par la violence des eaux; quelques-uns se mirent » en devoir de rompre la véhémence du cours. Les uns traversèrent les » montagnes en passant par l'Aragon, vinrent par le comté du Roussillon, » et de là à Narbonne; les autres s'en allèrent droit à Barcelonne, et » passèrent par mer à Marseille, Aigues-Mortes; d'autres, pour prendre » une route détournée, s'enfoncèrent dans les bois, et furent mangés » par les ours; quelques-uns vinrent dans des villages qui n'étaient ha- » bités que par des voleurs...... L'abbé de Saint-Savin logea des dames » et demoiselles dans son appartement : il leur fournit de bons chevaux » du Lavedan, de bonnes cappes de Béarn, force vivres et escorte pour » arriver à Notre-Dame de Sarrance, etc...... »

PICQUÉ, *voyage dans les Pyrénées françaises. Paris*, 1789.

de Barèges, qu'il faut déserter de bonne heure. Il existe dans le bassin de Cauterets, un grand nombre de sources minérales.

Deux torrens assez considérables viennent déboucher dans le bassin de Cauteretz qui, anciennement, n'était qu'un grand lac. Après avoir rompu leur digue naturelle, les eaux ont laissé tout le terrein à sec; c'est ici une répétition de ce que nous avons vu au cirque de Gavarnie; les deux torrens forment, par leur réunion, le Gave qui traverse toute la vallée : l'un descend des *hauteurs de Vignemale* et du *port de Cauteretz*, par deux branches principales qui se réunissent au *pont d'Espagne;* l'autre coule des montagnes qui forment le chainon boréal de la *vallée d'Ossoue*, et traverse la *vallée de Lectoure*, à l'embouchure de laquelle il tombe en *cascade*, tout près de celle de *Mauhourat* que forme l'autre Gave. On peut communiquer par le val de Lectoure avec la vallée d'Ossoue, en passant à travers une épaisse forêt, et en suivant le cours du torrent.

Pour parcourir le principal embranchement de la vallée de Cauteretz, et atteindre les hauteurs de Vignemale, il faut prendre la gorge qui se présente à droite, après avoir passé *l'établissement de la Railllère* et le pont de bois qui traverse le Gave; on parvient aisément, par une route nouvellement faite, et qu'on se propose de prolonger jusques en Espagne, aux bains du Pré, situés un peu au-dessus du confluent des deux gorges, mais ensuite le chemin devient très-difficile, et il n'existe plus qu'un sentier inégal et montueux, pratiqué sur la rive droite du torrent, à travers des blocs de granit qui offrent en petit, mais dans toute l'étendue de la gorge, et même jusqu'à Vignemale, une répétition du *Chaos* de Gavarnie : il faut deux heures, à-peu-près, pour arriver au pont d'Espagne. Dans tout ce trajet, on a lieu de remarquer différens ressauts granitiques, à travers lesquels le torrent s'échappe, et forme des cascades de tout son volume. Le premier a lieu à l'endroit même où sont situés les bains du Pré, et il produit la *cascade de Mauhourat*. Le second donne lieu à la cascade du *Cerisey*; le troisième est nommé le *Pas-de-l'Ours*:

là le Gave tombe aussi en masse, mais d'une très-petite hauteur; le quatrième ressaut forme la *cascade du Bousses*, la plus élevée des quatre. Ces ressauts sont séparés par de petits bassins fort étroits, tous encombrés de débris de montagnes. Il y croît quelques sapins; les flancs et les sommets des montagnes voisines en sont tous couverts, et la végétation y est assez belle. Le pont d'Espagne qui termine cette première gorge, nommée, dans le pays, le val de *Cerret*, est composé de quelques sapins qui traversent le Gave dans un lieu où il est très-profondément et très-étroitement encaissé, par des rochers de granit, coupés à pic. Sa chute est très-rapide, et le tumulte des eaux produit un effet imposant. On passe ce pont pour aboutir au val du *Marcadau*, et c'est dans cet embranchement qu'est pratiqué le chemin qui conduit au *port de Cauteretz*, par où l'on communique avec l'Espagne; ce port est situé au couchant de la montagne de Vignemale; c'est un passage assez facile. Le Marcadau offre une très-belle sapinière.

Le point de jonction du Gave qui provient de cette vallée, et de celui que fournit le val de *Gaube*, qui se dirige à gauche, est tout près du pont d'Espagne; là, un ressaut considérable et très-élevé, donne lieu à une *chute d'eau* remarquable, dont les bouillonnemens se prolongent jusques sous le pont; il faut le traverser pour jouir du point de vue de cette *cascade*.

Pour parcourir le val de Gaube, on monte ce ressaut par des rampes très-rapides, et l'on atteint bientôt le niveau du Gave qui provient du *lac de Gaube*; ce lac, auquel on arrive après une heure de marche, offre un très-bel aspect; sa circonférence est de 6 kilomètres environ, et sa plus grande profondeur, de 50 mètres; il abonde en truites. Ces eaux calmes et limpides réfléchissent, par un beau jour, les rochers qui l'avoisinent, et les hautes sommités qui forment sa grande enceinte. On voit sur ces bords, du côté du couchant, des masses énormes qui l'ont en partie comblé; quelques débris ont roulé du haut des monts jusques dans le centre de ce vaste réservoir; une barque de pêcheurs procure aux curieux qui vont le visiter, le plaisir d'une promenade par eau, au milieu des plus hautes montagnes. On aperçoit très-distinctement, des rivages du lac, la montagne de Vignemale, dont les glaciers éternels, frappés par les rayons solaires, deviennent resplendissans, et semblent rapprocher cette grande masse, du spectateur qui la contemple avec étonnement et admiration; c'est un point de vue magnifique que ce grand et vaste tableau, dont le cadre et la surface sont également dignes d'intérêt. Pour approcher de la triple sommité de Vignemale, il faut tourner le lac à droite, et suivre un sentier, à peine praticable, à travers ces débris granitiques dont l'existence est due sans doute à quelque grand ébranlement, et qui se présentent jusqu'au sommet de cette gorge; ils proviennent tous du versant qui borne la vallée à droite. Du lac jusqu'au pied de Vignemale, on monte sans cesse, et l'on rencontre cinq ressauts successifs, toujours moins élevés, à travers lesquels le Gave s'est ouvert un passage. Il en est résulté autant de *cascades*, dont la première, qui se voit très-distinctement des bords du lac, est la plus remarquable; autant de vallons successifs, et dont l'étendue va toujours croissant, séparent ces chaussées naturelles, et sont le réceptacle des débris des montagnes; quelques pâturages peu fertiles y alimentent des troupeaux dans la belle saison; le troisième offre à droite l'aspect d'une jolie cascade; le dernier a une très-grande étendue; des fragmens considérables de quartz ocracé se présentent à l'entrée et du côté droit; plus loin, d'énormes blocs de pierre calcaire l'encombrent de toutes parts; toute sa surface est recouverte d'un gravier siliceux, calcaire et granitique, à travers lequel serpentent de nombreux filets d'eau qui se réunissent à l'issue pour donner naissance au Gave, après avoir baigné quelques pâturages humides et marécageux. Le fond de ce bassin, qui est en tout comparable à celui de Gavarnie, est occupé par un énorme glacier qui a 30 ou 40 mètres d'épaisseur dans la partie qui touche au mur contre lequel il est adossé, et qui présente une inclinaison considérable; toute sa surface est recouverte d'une couche de neige qui, à son tour, se transforme en glace cristalline et transparente, comme la grande masse dont on ne saurait mesurer l'étendue. Elle offre, sur plusieurs points, des crevasses en forme de fissures, qui ont jusqu'à 10 mètres de profondeur, sur quelques décimètres d'ouverture.

La montagne, coupée à pic, n'offre pas la régularité de celle du Marboré; mais elle forme un cirque comme elle. C'est contre ce cirque qu'est adossé le glacier qui se prolonge par de larges nappes de neige, jusqu'au près du sommet de la montagne, à travers les anfractuosités qui séparent les trois pics.

Il faut deux heures pour se rendre du lac de Gaube aux pieds du glacier ou de la montagne. Elle est également accessible du côté droit qui conduit au port d'Espagne; et du côté gauche, par où on arrive au col de l'Oulette, pour descendre dans la vallée d'Ossone, ou pour s'élever sur le plus petit des trois sommets, le seul que l'on puisse aborder.

VALLÉE SECONDAIRE DE BARÈGES.

Cette vallée, qui n'a pas 12 kilomètres de longueur, est très-étroite et presqu'entièrement stérile; elle doit sa célébrité aux eaux thermales qu'on y a découvert. Elle descend du Tourmalet, et débouche dans la vallée de Gavarnie (qui quelquefois porte son nom), en face de Luz, et sous un angle presque droit. Le Gave qui la parcourt et la dévaste, porte le nom de *Bastan*.

A l'entrée se voient les ruines du château de *Sainte-Marie*, situé sur une éminence; *Barèges* est à 6 kilomètres de là, dans un site si étroit, que les maisons sont comme pressées entre la montagne d'un côté, et le Gave de l'autre. On ne voit tout autour qu'éboulemens, destructions, ravins; c'est un lieu de désolation où nul objet, nul paysage ne peut reposer agréablement la vue. Un bois assez étendu, situé au pied du pic d'*Ayré*, domine les bains, et les protège contre la chute des avalanches qui sont fréquentes et terribles dans cette gorge étroite. Quelques mauvaises prairies, quelques cabanes de pasteurs, situées de l'un et de l'autre côté du Bastan, sur des plate-formes résultant des éboulemens successifs qui ont eu lieu dans cette région, rompent un peu la triste monotonie de ce séjour affreux. Il faut, pour l'habiter, avoir besoin du salutaire effet des eaux minérales dont il recèle la source.

Barèges et son voisinage sont souvent le théâtre des vents et des orages qui détruisent les espérances du laboureur, et emportent en un moment tout le fruit de ses longs travaux (*). C'est des montagnes qui le dominent que découlent de nombreux et rapides torrens, auxquels est due l'origine de ces terribles débordemens qui ravagent souvent jusqu'aux vallées inférieures.

Le plus remarquable de ces torrens est celui qui tire sa source du *lac d'Escoubous*, situé au sommet de la gorge du même nom, à 12 kilomètres de Barèges. Ce lac offre une très-grande surface; sa circonférence arrondie est de 3 ou 4 kilomètres; sa profondeur n'est pas connue; on y pèche d'excellente truite. Son enceinte, qui est dominée au loin par la montagne de *Neouvielle*, offre par-tout des ruines et des traces de destruction; la gorge même par où on arrive, et qui débouche sur la rive gauche du Bastan, n'est qu'un *chaos* dans toute son étendue. Les débris qui l'encombrent sont tous granitiques, de même que ceux qui entourent le lac, et qui en occupent le fond. Ce réservoir est fort élevé; le ressaut qui le sépare de la gorge, et qui lui sert de digue, est surmonté par un *petit pic* qui a la forme d'un cône tronqué. C'est à l'est de ce monticule que s'échappe l'eau de ce lac, qui tombe de fort haut *en cascade*, et va se réunir à celle qui, provenant *d'Aiguecluses*, parcourt la partie de la gorge qui se dirige vers l'est. Dans le lac d'Escoubous se dégorgent plusieurs autres petits lacs encore plus élevés, qu'alimentent les neiges de Neouvielle : tels sont ceux que l'on nomme *lac blanc*, *lac noir*, *lac des truites*, *lac*

(*) Voyez dans l'ouvrage de M. Dusault, la description qu'il fait de ces phénomènes. *Tom. I, pag.* 77 *et* 110; *tom. II, pag.* 54.

Carrère ou *de Tersan*, etc. etc... Le *lac d'Aigueeluses* qui fournit l'autre branche du Gave, n'est pas aussi considérable que celui d'Escoubous; il reçoit aussi les eaux de plusieurs petits lacs. Le Gave d'Escoubous grossit beaucoup le Bastan par le tribut de ses eaux. Celui de *Liens* qui le précède, et qui provient aussi de plusieurs petits lacs situés dans une gorge fort étroite, vient se réunir au Bastan tout près de Barèges.

Après avoir passé la gorge d'Escoubous et le pic d'*Erethyds*, surnommé *la Piquette*, qui se trouve à son embouchure, sur la droite, la gorge de Barèges n'a plus qu'une très-petite étendue, et elle va expirer au pied du *Tourmalet*. Sur le versant droit sont les pics de *Caubere*, de *Campana* et d'*Espade*; celui-ci domine au couchant le col du Tourmalet, espèce d'isthme par lequel la gorge de Barèges communique avec la vallée de Grip et de Campan. Mille torrens descendent des petites gorges qui séparent ces pics, ainsi que ceux du versant opposé; le *Couret d'Onchet*, qui provient du lac du même nom, descend de la gauche, et se réunit au Bastan dont il est la principale source. C'est en remontant le long du Couret qu'on s'élève sur le Pic du midi, du côté de Barèges.

VALLÉE SECONDAIRE DE HÉAS.

C'est à Gèdre qu'a lieu le débouché de cette vallée qui, se dirigeant vers le sud-est, sous un angle d'environ 45°, s'enfonce jusqu'à la région centrale des Pyrénées.

Lorsqu'on ne part pas de Gèdre même, on quitte le chemin de Gavarnie avant ce premier village où l'on monte assez rapidement pour franchir l'espèce de ressaut qui défend l'entrée de la vallée, et qui se trouve de même à l'embouchure de toutes celles qui s'embranchent dans quelqu'autre; par une suite nécessaire, les torrens qui les parcourent s'échappent presque toujours en cascade, à leur issue.

On arrive bientôt au village de *Gèdre-dessus*, d'où l'on domine celui de *Gèdre-dessous*. (Distinction que l'on a souvent occasion de faire dans les Hautes-Pyrénées, et qui indique une ancienne communauté d'intérêt entre deux hameaux dont l'un est situé à une certaine hauteur, et l'autre dans le bas-fond.)

Ce hameau et les environs participent encore aux beautés pittoresques, à la richesse et à la variété de sol du vallon inférieur; des prairies bien cultivées offrent d'immenses tapis de verdure qui s'étendent jusques sur la croupe des monts, où les embellissemens dûs à la main de l'homme, contrastent avec la sévère beauté de la nature inculte.

La route que l'on suit fort au-dessus et sur la rive droite du Gave, est ombragée, sur plusieurs points, par une belle variété d'ormes dont les feuilles sont aussi grandes que la main. Ces ormes sont entremêlés de frênes et d'hérables. Le Gave coule profondément au milieu d'un paysage, dont l'intérêt est accru par le voisinage des hauts rochers d'où il s'élance, et les nombreux moulins auxquels il donne le mouvement.

Mais bientôt la scène change; on passe un pont de bois jeté sur un torrent qui provient d'une gorge voisine nommée *Cambiel*, qui conduit au *port d'Aure*, et après quelques restes d'habitations et de prairies, on entre dans le séjour de la solitude et de la destruction: toute cette vallée ne présente plus qu'un aspect sauvage et désert qui frappe au premier abord, et qui étonne encore lorsqu'on est parvenu au sanctuaire où repose *Notre-Dame de Héas*. Rien de plus aride que les bas-fonds, rien de plus âpre que les montagnes des deux versans latéraux, dont les flancs déchirés annoncent la vétusté, et attestent les convulsions qu'a éprouvé la nature dans cette région granitique. C'est une nouvelle image du Chaos, plus grande, plus imposante, plus affreuse que celle qu'on rencontre au sortir de Gèdre, sur la route de Gavarnie. L'éboulement qui a eu lieu dans cette contrée sauvage, couvre tout le flanc de la montagne, et encombre toute la vallée; l'on embrasse d'un coup-d'œil les immenses ruines de ce désastre horrible dont on foule aux pieds les débris, et la vue se perd sur ce théâtre de désolation. Après avoir tourné la montagne du Coumelie, on se trouve au niveau du Gave que l'on avait dominé jusqu'alors, et la vallée n'est plus qu'un profond sillon creusé dans le granit, et encombré par les débris calcaires qui proviennent des sommités.

On découvre bientôt le petit vallon *de Prat*, formé par la rencontre de la *vallée d'Estaubé* et par les attérissemens du torrent qui la parcourt. L'embouchure de cette vallée se voit à droite, entre le sommet de Coumelie et celui de la montagne de Héas, appelée *le pic d'Agudes* : le Gave qui en provient tombe de fort haut, et forme, en ce lieu, une grande *cascade*.

Le bassin de Prat est bientôt suivi de celui où se trouve la chapelle et le hameau de Héas; des ruines amoncelées les séparent, et quoiqu'elles paraissent provenir des montagnes dont elles couvrent les flancs, la tradition veut qu'elles soient descendues du pic de Héas, et qu'elles aient gagné la pente opposée par la rapidité de leur chute qu'on fait remonter à l'an 1650, ainsi que le porte une inscription gravée sur la face antérieure du *caillou de la raillé*. Le torrent, retenu par la barre qui résulta de ce grand éboulement, donna lieu à la formation d'un lac qui subsistait encore en 1788, époque où une nouvelle convulsion le fit disparaitre. C'est là qu'on voit cet énorme bloc de granit, situé au milieu d'immenses débris entassés dans le plus grand désordre, et qu'on nomme *caillou de la raillé*; c'est le seul de ce chaos qui puisse être comparé, pour le volume, à ceux de la Peyrada de Gavarnie. Il a 12 à 15 mètres cubes, et son isolément fait encore ressortir l'énormité de sa masse. Il est l'objet de la vénération des montagnards; c'est là que leurs ancêtres ont vu apparaitre la Vierge, et les anges qui ont présidé à la construction de sa chapelle.

Le bassin de Héas offre un aspect ravissant, au sortir des décombres qui le précèdent; toute sa surface, qu'arrosent les eaux du Gave, devenu paisible en ce lieu, est couverte par les produits de la culture dont le domaine s'étend jusques sur le flanc des montagnes; c'est un agréable repos pour la vue, qui admire ensuite, dans le lointain, la majestueuse enceinte que forme le plus grand cirque des Pyrénées, dont les parois sont chamarrés par des amas de neige et de glaces permanentes.

Ce bassin a été formé par les attérissemens provenant d'un petit torrent qui vient de l'orient et descend de la montagne *d'Aguila*, dont il porte le nom. La gorge qu'il parcourt est très-élevée et très-rapide; elle communique avec la vallée d'Aure par un col situé entre deux sommités nommées *les tours des Aiguillons*. Ce passage est peu fréquenté, si ce n'est à l'époque de la fête de Héas, qui a lieu à plusieurs époques, et notamment au 15 août, jour de l'Assomption, et à Notre-Dame de septembre. Cette fête attire de tous côtés les montagnards, et même quelques habitans de la plaine. Une antique croyance rend ce lieu révéré, et chacun, en s'en retournant, ébrèche le caillou de la taillé que la superstition a consacré, et en emporte chez lui des fragmens.

La chapelle de Héas est construite en forme de croix, surmontée d'un petit dôme; la porte et ses deux pilastres sont de marbre; au-dessus, dans une niche, est une statue de la Vierge et de son fils Jésus. Cette statue, qui a de la grace et de l'élégance, est en bois, quoi qu'en ait dit M. Dussault, sur le rapport de M. Saint-Amant. Il y en a deux autres dans l'intérieur de la chapelle; l'une sur le grand autel, également en bois, et l'autre très-petite, que l'on n'expose à la vénération des croyans que dans les grandes solennités; celle-ci est en faïence.

Après le bassin de la chapelle, la vallée de Héas peut avoir 6 kilomètres d'étendue. Elle se bifurque un peu après l'embouchure de la gorge d'Aguila, vis-à-vis l'endroit où est située une roche très-haute, taillée en forme d'aiguille, qui a été séparée de la montagne par un éboulement, et que l'on nomme *la tour de Lieuzaube*. Le plus petit embranchement se dirige à l'ouest, et s'étend jusqu'au cirque; le Gave du Maillet qui le parcourt, vient former une belle cascade. L'autre, beaucoup plus considérable, suit la direction de la vallée principale, et va expirer aux pieds du cirque, du côté de l'est; c'est la vallée de *Touyeres*. Le Gave qui la parcourt, éprouve plusieurs chutes, dont la dernière, ou la plus élevée, donne lieu à la belle *cascade de Mataras;* dans ce trajet sont les deux mines de Touyeres, en plomb et argent, et celle de Sainte-Marie, qui est en cuivre. Elles sont abandonnées toutes les trois.

Entre les deux embranchemens de la vallée, se voit un énorme et vaste plateau qui remplit tout le fond du cirque, et sur lequel il faut gravir pour jouir de près de tout ce que cette belle enceinte offre de remarquable; c'est le plateau de *Troumouse*: on peut l'atteindre en suivant le cours de l'un ou de l'autre des deux Gaves; pour bien voir le tout, il faut y monter d'un côté, et descendre de l'autre; si l'on prend à droite, on a bientôt atteint le plateau du Maillet, et l'on monte ensuite à celui de Troumouse par des roches très-escarpées, près de la jolie cascade du même nom; ce trajet peut se faire en moins de deux heures.

Parvenu aux cabanes de Troumouse, on voit tous les objets sous leur véritable point de vue, et cette aire, presque circulaire, offre dans son pourtour un mur coupé à pic, d'une hauteur extraordinaire, au centre duquel, et à demi-élévation, se voit un vaste glacier situé dans une anfractuosité, entre deux aiguilles que l'on nomme les *sœurs* de Troumouse.

Les monts qui le dominent comme autant de tours, se présentent dans toute leur majesté; ils sont tous d'une roche calcaire et de marbre primitif, de même que la base de l'enceinte qui offre des bancs de la plus grande beauté, et dont la roche serait susceptible de recevoir un beau poli. Cette enceinte, qui environne une aire immense, a de 8 à 900 mètres de haut, et plus de 10 kilomètres de circuit. C'est une chose bien surprenante qu'un théâtre aussi vaste et aussi magnifique, situé près de la crête des Pyrénées, à 1800 mètres d'élévation absolue, et au fond d'une gorge extrêmement étroite.

Au couchant, et près de la source du torrent du Maillet,

est un passage toujours très-difficile, et souvent dangereux, qui conduit au plus haut de la crête, et de là, dans la vallée de *Beousse*, en Espagne ; c'est le *port de la Canau*, ainsi nommé, parce qu'il est resserré en forme de goutière, et qu'il sert de canal d'écoulement à des torrens, à des lavanges, à des débris de rochers qui descendent des sommités voisines.

Cette gouttière, qui paraît fort étroite au premier coup-d'œil, a cependant une grande étendue ; elle est toute couverte de débris granitiques, schisteux et calcaires ; elle offre des amas de neige sur plusieurs points, et surtout près du sommet ; au tiers du trajet, à-peu-près, est une source vive de l'eau la plus fraîche et la plus pure ; elle sort d'un immense rocher de marbre schisteux.

Du port de la Canau, au sommet duquel on parvient aisément en deux heures, il est facile de descendre en Espagne par la vallée de Beousse, et l'on voit bien distinctement de ce point, l'énorme masse du Mont-perdu, et ses nombreux glaciers. J'ai joui de cette vue intéressante par un assez beau jour, quoiqu'ils soient rares dans cette région élevée.

La vallée de Héas a éprouvé bien des désastres, comme on peut en juger par la simple inspection des lieux : des éboulemens, des lavanges, des irruptions aqueuses ont successivement ébranlé cette terre de révolution. Il n'y a pas vingt ans encore, le lac qui occupait cette région disparut, après un débordement qui ravagea toute la contrée, et porta l'effroi jusques dans les vallées inférieures. Ce terrible événement mérite d'être connu ; on en trouve la description dans l'ouvrage de M. Dussault (*), et il ressemble beaucoup à celui dont la reine Margueritte fut témoin à Cauteretz. Les étrangers qui se trouvèrent à Barèges et à Saint-Sauveur, coururent même de plus grands dangers, et ce ne fut qu'avec bien de la peine qu'ils

(*) *Voyage à Barèges, etc.* Tom. 1.er, p. 114.

purent se sauver par le Tourmalet. Tout le pays fut consterné et plongé dans la désolation.

VALLÉE TERTIAIRE D'ESTAUBÉ.

Cette vallée débouche dans la précédente, un peu avant le hameau de Héas, et elle se dirige au sud-ouest, sous un angle d'environ 45°. Son fond est très-élevé au-dessus de celui de la vallée secondaire, et elle semble effleurer seulement la croupe des monts qu'elle traverse, pour aller expirer au pied des hauteurs qui supportent le Mont-perdu, dont le sommet blanchi s'aperçoit dès l'entrée de la gorge. Son abord est assez difficile, et il offre un aspect repoussant; mais bientôt tout devient uniforme, régulier et agréable.

Un calme profond règne dans la haute vallée qui n'offre par-tout que de tranquilles solitudes; on n'y rencontre nulle trace de destruction récente, et peu d'anciens débris. Les mâles contours des monts qui se succèdent dans une sorte de régularité qu'aucun accident n'a interrompue, donnent de l'harmonie au dessin sévère et imposant de ces lieux qu'une végétation très-active orne de beaux tapis de verdure, depuis le fond des vallons jusqu'aux escarpemens dont la roideur s'oppose à toute culture. Ici le verd des prairies a un caractère propre, une nuance que l'on ne peut retrouver ni dans la plaine, ni dans les vallées inférieures; cette belle végétation, qui est particulièrement remarquable sur le versant gauche, diminue l'aridité de ces lieux agrestes et sauvages que parcourt paisiblement un ruisseau, qui plus bas devient un torrent.

A mesure qu'on avance, le Mont-perdu s'abaisse derrière la crête centrale qui bientôt le masque entièrement, et l'on se trouve entouré de sommités en partie obtuses et en partie aiguës. Les premières séparent la vallée d'Estaubé de celle de Héas; les autres, à droite, sont le *Piméné* qui succède au Coumelie, *Allanz* dont la face opposée regarde le chemin qui conduit de Gavarnie à la cascade, puis enfin une montagne qui, du côté de Cavarnie, s'appelle indifféremment le *Mont-perdu*, l'*Allanz*, l'*Astazou*. C'est le point le plus élevé des murs qui bornent Estaubé, et sur lesquels on voit de nombreux glaciers et de grands tapis de neige. Pour parvenir au cirque, il faut franchir un ressaut assez élevé qui donne lieu à une belle cascade; puis on monte à droite sur le flanc de la montagne voisine, qui est tout couvert de pâturages, et la vue embrasse bientôt ce cirque dans toute son étendue; au centre, et à la moitié du mur, à-peu-près, se voit une roche détachée, en forme d'aiguille, derrière laquelle est un glacier qui se prolonge, par un ravin, jusqu'au sommet du cirque.

On peut considérer tous ces objets fort à son aise, de la station nommée *Couïla de la Bassat-dessus*, dernier asile des bergers, situé à droite, et tout près du cirque. Le fond de la vallée d'Estaubé s'ouvre par deux passages que l'on nomme le *Port-vieux* et le *Port de Pinède*. L'un et l'autre, assez voisins du port de la *Canau*, débouchent dans la vallée de *Beousse*, en Espagne; le dernier est un col très-élevé qui conduit à une large brèche pratiquée entre les murailles de *Tuque-Rouye* et les montagnes qui, traversées par le *Port-vieux*, s'étendent encore plus loin vers l'orient; ces deux ports sont difficiles et peu fréquentés.

Vallée secondaire d'Ossoue.

Pour entrer dans cette vallée, on quitte la route de Gavarnie à droite et avant d'arriver à l'auberge de ce nom. Elle se dirige vers le couchant, et forme un angle droit ou même un peu obtus avec la vallée principale; disposition qui lui est particulière.

On franchit d'abord l'espèce de ressaut qui en défend l'entrée, et l'on côtoie la rive gauche du Gave qui la parcourt le long de la montagne nommée *Pene de Succugnac*.

La vallée se dilate au point où s'embranche la gorge de l'Oulette, d'où descend un rapide torrent; elle se resserre ensuite et le Gave, en tombant du haut des rochers voisins, forme une belle cascade.

Quand on a outre-passé la montagne dite de *Pouey-Mourou*, on voit le Gave se former de trois ruisseaux réunis presque au même point, et provenant, l'un du glacier qui couvre le vallon du pic de l'Oulette, et les deux autres des flancs de Vignemale. Leur source est dans l'immense glacier qui sépare Vignemale du Mont-Ferrant.

Là on est entouré de neiges, de glaces, de torrens, et pour parvenir jusqu'au point le plus élevé du col, il faut passer plusieurs fois le Gave sur des ponts de neige; de là on peut s'élever jusqu'au vallon de *l'Oulette* (dénomination qui lui vient de sa forme, qui, en effet, ressemble beaucoup à celle d'une oule), et parvenir au col qui sépare la vallée *d'Ossoue* du *val de Gaube;* alors on voit sur sa tête l'énorme sommet de *Vignemale*. On peut descendre, sans d'extrêmes difficultés, par le versant opposé, pour se rendre à Cauteretz; ce passage n'est pas très-fréquenté.

VALLÉE PRIMITIVE DE BAGNÈRES ET DE CAMPAN.

La vallée de Bagnères et de Campan débouche dans la belle plaine de Tarbes, et se dirige au sud sud-est, pour aller expirer, par deux embranchemens, aux pieds du Pic du Midi et du Pic d'Arbizon, situés bien en-de-çà de la crête centrale des Pyrénées. Elle ne pénètre donc pas vers ces profondes régions qui sont le théâtre des grands bouleversemens, et elle ne fait, pour ainsi dire, que sillonner des montagnes d'un ordre bien inférieur, où la nature moins sauvage et moins imposante, offre des beautés d'un autre genre.

Cette situation, sa direction et la disposition particulière de ces deux versans, expliquent tout ce qu'il y a d'étonnant et d'admirable dans cette vallée qui est le *Tempé* des Hautes-Pyrénées, et sur laquelle nous avons plusieurs descriptions dont les tableaux laissent beaucoup à désirer quand on a vu ces abris champêtres, ces riantes bergeries, cette opposition frappante d'une nature morne, silencieuse, sans vie, et d'une nature parée de toutes les richesses, de tous les ornemens que peuvent produire la culture et la fécondité; ces transitions de la vie agricole à la vie pastorale, de la vie pastorale à la vie nomade; enfin, cette fraîcheur et cette variété de sites, cette douceur du climat, qui ajoutent encore à la féerie de ces lieux enchantés, où se trouve réuni tout ce que la nature et l'art peuvent présenter à-la-fois de plus agréable et de plus majestueux.

La route qui conduit de Tarbes à Bagnères, est, en grande partie, dans la plaine; on traverse quelques petits monticules aux approches de Montgaillard, de l'un et de l'autre côté, et l'on voit, vis-à-vis l'embranchement de la route qui conduit à Lourdes, un gouffre rempli d'eau, qui est réputé sans fond, et qu'on croit répondre à un semblable gouffre situé près de la route de Tarbes à Lourdes, à l'approche de cette ville. Ces deux gouffres sont à 12 ou 15 kilomètres de distance l'un de l'autre, et doivent sans doute leur existence à quelque grand éboulement.

Par-tout, le chemin est spacieux et uni, et l'on trouve, dans tout ce trajet, qui est de 18 kilomètres, huit villages placés à des distances presque égales, et qui semblent être un prolongement des deux faubourgs correspondans de Tarbes et de Bagnères.

Avant d'arriver à cette ville, et après chacun des trois derniers villages, on voit à droite différentes gorges qui se prolongent plus ou moins dans la montagne, et viennent déboucher dans la grande vallée. Celle qui décharge ses eaux à Trébons, a plus de deux lieues d'étendue, et se nomme vallée de *l'Oussouet*, du nom du torrent qui la parcourt; elle est fort étroite et assez difficile en certains endroits; elle offre dans toute son étendue des sites d'une extrême beauté; une superbe végétation la décore avec luxe et magnificence dès les premiers jours du printemps; son fond, qui se termine en forme de cirque, est dominé par des monts très-aigus ; leurs flancs sont tous couverts de verdure, et certains d'entr'eux sont boisés jusqu'à leur sommet : ce fond de gorge est un des beaux aspects qu'offrent les Pyrénées. On peut communiquer de là, avec la gorge de Beaudéan ou de Bagnères, à travers des sapinières assez élevées qui sont de la plus grande beauté.

On trouve dans cette vallée plusieurs carrières d'ardoises, et près de son sommet, au pied du Mont-Aigu, une source minérale très-abondante, qui s'appelle de *Labassère*. Le village de ce nom est situé à une lieue de distance de la route de Bagnères, sur une éminence à laquelle on arrive par une autre gorge que parcourt le torrent de la Gailleste, dont les eaux se dégorgent à Pouzac. Après avoir passé ce dernier village, on aperçoit, sur la droite, celui de Labassère, qui est dominé par un rocher sur lequel sont quelques restes d'une vieille tour féodale.

Bagnères renferme plusieurs sources d'eaux minérales, qui y attirent chaque année beaucoup d'étrangers ; mais son heureuse situation ne contribue pas peu à en rendre le séjour agréable et salutaire. Entourée de collines cultivées, placée sur un sol que fertilise l'Adour, dominée au loin par le Pic du midi et la chaîne des monts adjacens, elle offre de tous côtés des points de vue délicieux. Des eaux limpides, sans cesse circulantes, y entretiennent une fraîcheur à laquelle contribue un doux zéphir qui souffle continuellement de la vallée et des débouchés qu'offrent les gorges voisines. Plusieurs promenades bien plantées d'arbres, des jardins anglais, des bosquets artistement dessinés, achèvent d'embellir un site que la nature a comblé de ses faveurs.

A mesure qu'on avance dans la vallée, les montagnes qui la bordent s'exhaussent davantage ; le versant du côté gauche commence à présenter des escarpemens plus roides ; celui du côté droit, au contraire, offre des formes plus arrondies, et une végétation toujours plus active et plus riante. Bientôt on voit à gauche le village de *Gerde*, placé dans un vallon assez spacieux et bien cultivé; plus loin, et sur la même ligne, celui d'Asté que domine la *Pene de Lheyris*, et d'où l'on s'élève par une gorge étroite et des chemins très-escarpés qui traversent d'épaisses forêts, sur cette sommité, objet de la curiosité des étrangers (1). Cette *pene* ou sommité, est une masse énorme de marbre qui couronne la montagne, et forme une avance considérable du côté du sud-est; l'excavation qui en résulte, donne lieu à un écho très-distinct, qui répète une phrase entière lorqu'on parle du bas du vallon, et à une distance convenable. La voix est même réfléchie, plusieurs fois, de certains points, ce qui produit deux ou trois échos qui se répètent l'un l'autre. Quand on est aux pieds de cet énorme bloc qui domine tout ce qui l'environne, et qui a plus de 600 mètres d'étendue horizontale, on voit sur sa tête une demi-voûte de plus de 200 mètres d'élévation, formée par le rocher.

On trouve à gauche un passage qui sépare la grande masse, de quelques autres rochers moins élevés qui offrent différentes crévasses; ce passage est garni de terres éboulées, et l'ascension en est assez difficile; c'est là qu'on trouve une végétation extrêmement active, et grand nombre de plantes rares. Parvenu au sommet, on jouit d'un coup d'œil magnifique : la vue plane sur les monts voisins, et s'étend au loin du côté du nord.

A peu de distance de là, vers le nord-ouest, et sur la montagne qui fait partie du même chaînon, on trouve le puits d'*Arris*, profond abyme creusé dans le rocher, sombre asile des corneilles et des oiseaux nocturnes. On n'a pas encore mesuré la dimension perpendiculaire de ce gouffre dont la formation est due sans doute à un éboulement souterrain.

Non loin du vallon de *Lheyris*, près de la gorge de *Lomné* et de *Bagnos*, qui y aboutit, il existe plusieurs grottes creu-

(1) C'est là que le célèbre Tournefort a herborisé lors de son voyage aux Pyrénées.

sées dans le roc calcaire. Les plus remarquables sont celles de la *Gougue* et de *Coume-Barade*. L'abord en est très-facile, et l'entrée très-spacieuse. Ce sont des cavités en forme de voûte. Les habitans ont comparé la dernière à une église, et ils la désignent par cette dénomination. Sur la même ligne, et dans de petites gorges situées entre les embouchures de l'Arros et de la Neste, on trouve d'autres grottes de même nature. Celles qui sont près du village de Laborde, ont une certaine étendue.

En quittant le vallon de Lheyris, si l'on se dirige vers le nord-est, à travers les forêts qu'on y remarque, et que l'on tourne les hauteurs qui le bornent vers l'est, on arrive sur un plateau très-élevé, d'où l'on domine, d'un côté, sur une gorge voisine de *Sarancolin*, et de l'autre, sur la vallée de *Campan*. C'est de ce lieu, près des cabanes de d'*Ordinsede*, qu'il faut voir la gorge de *Grip*. Elle se présente sous la forme d'une large zone contournée en demi-cercle, et parsemée d'habitations qui semblent ne faire qu'un seul village. Les prairies et les terres, partagées en compartimens de différentes formes et de différentes grandeurs, bordées de l'un et de l'autre côté par une lisière de bois, donnent à toute la vallée l'aspect d'un riant jardin qu'arrose l'Adour, dont l'œil se plaît à parcourir les sinuosités.

Après Asté, et sur la route de Campan, on trouve l'ancien couvent de Médous, capucinière délicieuse, dont l'enceinte renferme une grotte située dans le jardin, au pied de la montagne; c'est de cette grotte que sort, par deux issues peu distantes l'une de l'autre, un beau ruisseau dont le volume étonne, et qui, après avoir donné le mouvement à un moulin, circule sur les pentes voisines, et va se perdre dans l'Adour dont, probablement, il tire son origine.

Avant d'arriver à Campan, chef-lieu de la vallée, on trouve sur la droite le village de Beaudéan, puis l'ancien prieuré de Saint-Paul, habitation pittoresque autant par sa situation et les beautés naturelles qui l'entourent, que par les efforts de l'art et les soins de la culture.

C'est entre Beaudéan et Saint-Paul que débouche, à droite, la vallée qui porte communément le nom de *Bagnères;* elle se dirige vers le sud-ouest, et s'étend jusqu'aux bases du Pic du midi et du Mont-Aigu, qui en dominent le sommet. Vers le tiers, à-peu-près, se trouve le village de l'Espoune, dans un bassin où aboutissent plusieurs gorges qui communiquent avec la vallée de *l'Oussonet*, ou qui se dirigent vers les hauteurs qui la terminent. Jusqu'à ce village, et dans un trajet à-peu-près égal, au-delà, cette vallée présente un aspect enchanteur et une riante culture. Les hauteurs sont toutes couvertes de noirs sapins; à mi-côte se trouvent de vastes forêts de hêtre; on voit au-dessous, de fertiles prairies parsemées de granges et d'habitations rurales; aux deux tiers, à-peu-près, la vallée se rétrécit considérablement, et les deux versans n'offrent plus que des sapinières qui se prolongent jusqu'au sommet. Leur étendue est considérable, et elles présentent la plus belle, la plus riche végétation. Le torrent qui parcourt cette intéressante vallée, est une branche de l'Adour dont il porte le nom; il est flottable, et sert à l'exploitation des bois qui appartiennent à différentes communes. On peut communiquer de la vallée de Bagnères dans celle de Barèges, par quelques sentiers qui traversent les hauteurs; ce chemin est un peu plus court que celui du Tourmalet, mais il n'est praticable que pour les piétons.

Campan est situé dans un vallon assez étendu, formé par les attérissemens du Gave qui parcourt la vallée voisine de Beaudéan, dite de Bagnères, et dont les premiers filets sont fournis, comme je viens de le dire, par les montagnes qui servent de base au Pic du midi et au Mont-Aigu. Tout ce territoire est couvert de prairies et de champs cultivés, propriétés de l'homme, que respecte l'impétueux Adour, et qu'il arrose de ses eaux bienfaisantes.

Près de là, sur le versant du côté gauche, on trouve la célèbre grotte de Campan, dont l'étendue et la structure sont, en effet, très-remarquables. Elle est creusée à mi-côte, dans une montagne de couleur enfumée ; on y descend par une ouverture circulaire assez étroite, et à l'aide d'une échelle de 2 mètres. La profonde obscurité qui y règne nécessite l'usage des lumières ou des torches, si l'on veut aller un peu avant ou pénétrer jusqu'au fond. Sa longueur est d'environ 300 pas ; elle n'en a que trois ou quatre de large ; la voûte a depuis un jusqu'à quatre mètres d'élévation, et cela varie souvent.

Pour la parcourir, on se dirige d'abord vers le nord-est, puis au sud sud-est, selon la direction du chaînon dans lequel elle est creusée ; on rencontre, dès l'entrée, un obstacle produit par un énorme rocher en forme de coin, qui, s'étant détaché de la voûte, est resté suspendu à un mètre et demi d'élévation ; l'intervalle qui le sépare de la voûte, laisse passer une petite partie de la lumière qui provient de l'ouverture ; cette faible lueur éclaire jusqu'à l'endroit où la grotte change de direction. Alors on serait totalement plongé dans les ténèbres, si l'on ne se faisait éclairer artificiellement, et l'on ne saurait où diriger ses pas ; le retour en serait peut-être impossible, si les lumières venaient à s'éteindre quand on est parvenu au fond de la caverne.

Dans tout le trajet, on rencontre d'énormes stalactites qui descendent de la voûte, et viennent reposer sur le sol, comme autant de colonnes d'un ordre singulier et bisarre, qui n'est pas sans élégance. On en voit une suite non interrompue qui observent entr'elles une sorte de régularité, à laquelle le temps ou plutôt les voyageurs ont porté quelque atteinte. On a voulu avoir des fragmens de cette colonnade souterraine, et l'on a brisé, ici un chapiteau, une frise, un ornement ; là une base, ailleurs un fût, plus loin une colonne toute entière ; sorte de vandalisme que la curiosité ne saurait excuser, et qui cause des regrets à l'admirateur des beautés de la nature. On rencontre de temps en temps des passages étroits et difficiles, et pour atteindre le fond, il faut se traîner plusieurs fois, presque à plat ventre, afin de franchir les obstacles qu'opposent d'énormes stalactites dont le volume s'accroît sans cesse, et qui finiraient par obstruer entièrement la grotte, si la main de l'homme n'y portait remède. Au fond, l'entrée souterraine s'élargit, la voûte s'élève, et l'on trouve sur le sol un immense plateau dont la surface arrondie et uniforme annonce que cette masse est de la même nature que les stalactites calcaires, et qu'elle doit sa formation aux mêmes causes. Elle est entièrement détachée du sol sur lequel elle repose, et c'est là-dessus que l'on voit mille inscriptions diverses de noms et de dates; sombre monument de la curiosité et de la vanité humaines!

Pendant tout le trajet qui conduit de Campan à Sainte-Marie, on a lieu de remarquer une constante uniformité dans les sites et dans la culture; uniformité qui plaît, qui enchante, qui ravit, par l'idée que toute cette étendue de territoire forme une seule et unique possession dont les dispositions et le dessin sont dûs à la même conception, et ont été exécutés sur le même plan, par une seule et même famille.

La montagne féconde qui est à droite, offre, d'étage en étage, différens genres de culture: dans le bas, ce sont des champs consacrés aux moissons; plus haut, de fertiles prairies qui fournissent en abondance d'excellens pâturages, et au centre desquelles on voit différentes métairies, toutes bâties avec uniformité, et dont chacune a sa fontaine, son jardin et son ruisseau limpide qui tantôt serpente lentement sur la croupe des monts, et tantôt descend avec rapidité, et sous la forme de cascade, pour donner le mouvement aux roues d'un moulin; au-dessus, ce sont des bosquets divisés par compartimens en nombre égal à celui des héritages. La cime est couronnée par une éternelle forêt de sapins, dont la vétusté contraste avec le renouvellement annuel des productions inférieures: on voit, de distance en distance, de petites gorges plus ou moins étendues, plus ou moins escarpées, que parcourent et sillonnent de rapides torrens dont les eaux écumantes ressemblent à des flots de lait.

Opposition complette de l'autre côté de l'Adour : une montagne aride, coupée à pic, hérissée de toutes parts, offrant à peine quelques traces de végétation, surmontée par des sommités plus stériles encore, et se prolongeant avec quelques légères inflexions jusques vis-à-vis Sainte Marie. Où trouver un contraste aussi frappant, un assemblage aussi merveilleux des beautés de la nature, et de celles qui sont le fruit de l'industrie humaine? . . . . .

C'est à Sainte-Marie que se fait l'embranchement de la vallée qui descend de la Hourquette, et qui diffère peu en étendue de celle qui vient du Tourmalet. En la parcourant, on s'élève assez rapidement, et les nuances des sites ne sont plus aussi tranchantes : l'opposition diminue, et l'on voit bientôt sur le versant du côté gauche, une assez longue suite de collines surbaissées qui offrent le même genre de culture, les mêmes habitations, et un aspect tout aussi riant que les lieux qu'on avait remarqué précédemment sur le versant du côté droit.

Lorsqu'on a atteint le bassin de *Paillole*, la nature offre un aspect plus sauvage, et l'on approche de la région des sapins. Ce bassin est le résultat des attérissemens formés par plusieurs torrens qui découlent des monts voisins, et notamment par celui qui parcourt la gorge où se trouve la *marbrière de Campan*, sur le versant du côté gauche. Il est tout couvert de pâturages qui alimentent de nombreux troupeaux.

La marbrière est une immense carrière qui a été exploitée du temps de Louis XV, et qui a fourni les marbres qui décorent *Trianon* : l'on y voit encore d'énormes blocs en partie sciés, et détachés de la masse, qui attestent que l'exploitation en a été abandonnée subitement. On peut communiquer par cette gorge avec Sarancolin dont les marbres appartiennent à la même masse. On nomme ce passage *la Hourquette d'Aspin*.

L'ascension de la *Hourquette d'Arreau* commence aussitôt qu'on est sorti du bassin de Paillole, et on s'élève très-rapidement, à travers une sombre forêt de sapins, le long du Gave dont la rapidité augmente à mesure que sa masse diminue. Avant de parvenir au sommet, on rencontre une prairie très-spacieuse, qui s'étend jusqu'aux pieds du pic d'Arbizon, et dans laquelle est située une source d'eau vive, nommée en langage du pays, *la Hounte de las Eguas*, la Fontaine des Cavalles; on lui attribue une salubrité merveilleuse. Enfin, l'on atteint le passage de la Hourquette, espèce d'isthme que domine majestueusement le pic d'Arbizon, et sur lequel on a creusé dans le roc un couloir étroit et difficile, qu'il faut franchir pour jouir du spectacle imposant qu'offre la vallée d'Arreau que nous décrirons incessamment.

Le second embranchement se dirige vers le Tourmalet, en décrivant une courbe et formant un angle d'environ 40.° avec le précédent.

Le chemin qui conduit de Sainte-Marie à Grip, est commode et spacieux; il est continuellement bordé de riches prairies qu'entoure une haie vive, et que bornent des bois touffus. Des champs bien cultivés se présentent de distance en distance sur les deux versans; celui du côté droit, sur la rive gauche de l'Adour, que l'on côtoie sans cesse, est cependant plus fécond et mieux cultivé; c'est là que l'on voit la plupart des habitations du laboureur et du berger, qui se partagent le soin d'embellir cet heureux et paisible séjour qui participe encore, quoiqu'à un plus faible degré, aux beautés enchanteresses des lieux qui avoisinent Campan.

Grip se trouve situé dans un bassin qui reçoit les eaux d'un torrent fourni par le versant du côté droit, et les habitations en sont assez nombreuses; c'est le dernier village que l'on trouve sur cette route. A partir de ce point, l'on aperçoit une chute d'eau formée par l'Adour tout entier, mais dont la hauteur n'est pas très-considérable. Puis l'on s'élève assez rapidement sur le penchant des monts voisins où l'on a pratiqué la route, et l'on arrive bientôt à un nouveau bassin qui offre aux yeux étonnés un amas de cabanes désertes, placées sur les bords de l'Adour, en face d'une gorge étroite d'où descend un rapide torrent. C'est l'asile de tout un peuple de nomades qui, pendant l'été, conduit ses troupeaux sur les monts voisins qu'il parcourt successivement, et qu'il ne quitte qu'au retour des frimats et des neiges, contre lesquels il vient chercher un abri dans ces humbles chaumières, ou plutôt dans ces huttes faites avec des tronçons d'arbres : à côté de l'habitation de l'homme, sont des hangards couverts du côté du midi ; tout est couvert de gazon, et présente l'aspect d'une terrasse. On en rencontre de semblables sur les petits plateaux que présentent les différens escarpemens des montagnes voisines. Près de là se trouvent quelques sources minérales, dont les eaux se confondent avec celles de l'Adour.

On continue de monter à droite, et la route n'est plus qu'un sentier étroit et difficile. On aperçoit à peu de distance les deux cascades de *Tramesaïgues*, formées par la chute profonde de deux embranchemens de l'Adour, à travers un massif d'arbustes et de sapins qui en rendent l'aspect plus agréable. Un monticule tout couvert d'arbres les sépare, et forme comme une espèce de barrière qui défend l'entrée de la gorge supérieure. Quand on s'approche de ces belles cascades, on voit que, de chaque côté, la chute d'eau se répète trois ou quatre fois. La dernière est la plus considérable ; c'est celle qui présente le plus bel effet. Les eaux des deux torrens se réunissent et se confondent peu au-dessous des cascades ; on passe tout près de celle qui provient de l'embranchement du côté droit, et l'on arrive peu après aux cabanes de Tramesaïgues, situées dans un petit bassin correspondant à une gorge qui conduit jusqu'aux pieds du Pic du midi ; elle est parcourue par l'embranchement de l'Adour qui provient, à droite, du flanc oriental de ce pic, et des monts qui l'avoisinent. On laisse cette gorge par où l'on peut gravir sur le pic, mais avec beaucoup plus de difficulté que du côté de Barèges, et l'on côtoie la branche principale de l'Adour, celle qui en porte le nom, pour atteindre le passage du Tourmalet.

En quittant les cabanes de Tramesaygues, on monte assez rapidement, en suivant plusieurs rampes : puis on arrive, un peu plus loin, à de nouvelles rampes qui ont fait donner à cet endroit le nom de *l'Escalette* ; c'est l'un des premiers degrés du Tourmalet de ce côté-là. Au-dessus de l'Escalette est un petit vallon où l'Adour coule avec lenteur, mais il reprend bientôt toute sa rapidité. Après un court trajet, cependant, on arrive dans un riant bassin couvert d'un superbe gazon, où se présentent les nombreuses sources de l'Adour comme autant de fontaines qui jaillissent du flanc de la montagne, et dont les eaux, bientôt réunies dans un seul lit, circulent lentement et en nombreux replis, au milieu de la verdure qui en dessine les sinuosités.

Ici l'on voit une multitude innombrable de différens animaux couvrir le vallon fortuné qu'arrosent et fertilisent les sources de l'Adour, s'étendre sur la croupe verdoyante des monts voisins, et s'élever jusques sur des pentes effrayantes où ils trouvent une nourriture aussi saine qu'abondante. Le fond du bassin présente, en demi-cercle, une foule de pics décharnés, dont l'aspect aride contraste avec la riante verdure du vallon.

Lorsqu'on a atteint le sommet de la montagne dont l'approche est assez escarpée, on domine d'un côté sur la gorge de Barèges, et de l'autre sur celle de Grip, et l'on contemple l'opposition du Bastan destructeur, et de l'Adour bienfaisant. Tous deux tirent leur source des mêmes montagnes, mais ils coulent en sens inverse, et produisent des effets tout différens.

VALLÉE PRIMITIVE DE LABARTHE, SARANCOLIN, ARREAU ET VIELLE (nommée VALLÉE D'AURE).

Cette vallée débouche dans la partie du département qui forme la région des côteaux ou des monticules, et elle se dirige vers le sud sud-ouest, en se déviant fort peu de la ligne méridienne ; son étendue est très-considérable, et ses derniers embranchemens pénètrent jusqu'à la région centrale des Pyrénées, où ils offrent des passages très-fréquentés. La situation de la ville de Labarthe, à l'entrée de cette gorge, est comparable à celle de Lourdes par rapport à la vallée du Lavedan, et la déviation de la Neste qui se porte à l'est pour se perdre dans la Garonne à Montrejeau, est en opposition parfaite avec celle du Gave de Pau, qui va se jeter, au couchant, dans le fleuve Adour. Il y a cependant cette différence, que Labarthe se trouve plus loin que Lourdes de l'entrée de la gorge, et que la vallée de Nestes n'est pas aussi près des hautes montagnes que celle de Bétharram; celle-là est toute dans la région des *côtes*, et elle ne fait que les effleurer; le large bassin que parcourt la Neste, de Labarthe à Montrejeau, est plutôt un vallon qu'une vallée, quoique ce soit la continuation de celle d'Aure.

De Labarthe à Sarancolin, on trouve une route large et commode, d'abord pratiquée au milieu d'un beau bassin, assez loin de la rive gauche de la Neste, dont le cours, quoique très-rapide, respecte ses rivages; bientôt on arrive vis-à-vis du village de Lortet, situé sur la Neste même; en face de ce lieu, de l'autre côté de la rivière, sont des grottes devenues fameuses par des fortifications qu'on y a bâties dans des temps très-reculés: c'était, dans l'origine, des excavations naturelles, creusées dans un roc calcaire très-élevé, faisant partie d'un monticule. Ces excavations se communiquent l'une à l'autre, et il en est qui traversent tout le rocher, et débouchent sur le flanc de la montagne. Un mur d'une solide construction et d'une très-grande hauteur, bouche l'entrée de celle dont l'accès était le plus facile, et on y a pratiqué, avec beaucoup d'art, un escalier intérieur qui conduit jusqu'au haut, sur une espèce de plateau où le rocher s'avance et forme plusieurs voûtes assez profondes. Sur le devant de la plate-forme, sont des parapets construits également en pierre de taille, et offrant des embrasures par où, sans doute, on faisait feu sur les assaillans. C'est un lieu inexpugnable, et d'où l'on domine sur tout le vallon; il n'est pas douteux qu'il n'ait servi de refuge aux habitans, dans les guerres de la féodalité. La tradition veut que ce soit les Anglais qui aient fortifié ce lieu, ce qui n'est pas invraisemblable. On prétend qu'il y a été trouvé des trésors à plusieurs époques; et c'est de là qu'on fait venir l'étimologie du mot *Lourdes*, *Aurum tectum*, or caché. J'en ai rapporté un humérus qui était dans une des excavations de la plate-forme, ce qui prouve qu'on y a enterré des morts. On voit, sous la première voûte, une antique croix de bois, posée sur un plateau rond que soutient un socle de pierre. On y tenait aussi autrefois une cloche que l'on sonnait dans les temps d'orage, et à laquelle on attribuait la préservation des récoltes de tout le canton.

On passe de cette première excavation à une autre plus profonde, par une galerie naturelle qui offre dans son trajet un grand nombre de cavités, et l'on trouve, du côté de l'escarpement du rocher, un arceau en maçonnerie, défendant l'entrée de cette seconde grotte, et formant une porte étroite qu'il était aisé de boucher. Sa solide construction est encore cimentée par des troncs de lierre dont la grosseur est de trois à quatre décimètres. Cet arceau est ébréché à la partie supérieure; le reste est encore comme neuf.

Outre ces grottes élevées, il en est une autre à la base de la montagne, qu'on dit la traverser tout-à-fait, et qui offre des stalactites calcaires très-remarquables. Nous parlerons ci-après de plusieurs grottes de ce genre, encore plus intéressantes.

Après avoir passé le village de *Hèches*, où se trouvent des carrières d'un beau marbre noir, on continue la route à travers des monts qui, changeant d'aspect à chaque instant, s'exhaussent toujours davantage à mesure qu'on avance, et l'on arrive au bassin spacieux et agréable qui forme la plus belle partie du territoire de *Sarancolin*; cette petite ville est située et comme resserrée entre deux collines, ainsi que l'indique l'étimologie de sa dénomination. Plusieurs torrens qui descendent de l'un et de l'autre versant, ont contribué à former les attérissemens de ce vallon que l'agriculture a su orner de riches prairies, et couvrir de moissons abondantes.

L'un des principaux torrens qui débouchent dans le vallon de Saraneolin, provient de la gorge de *Beirede*, qui se dirige au couchant, et au sommet de laquelle est une hourquette par où l'on communique aisément avec la vallée de Campan, à l'endroit nommé *Paillole*. C'est à son entrée, sur le versant gauche, que sont les immenses et magnifiques carrières de marbre de *Beirede*, un peu au-dessus du village du même nom. Cette gorge est extrêmement boisée sur ses flancs, tandis que vers les crêtes on voit, de distance en distance, des roches calcaires toutes nues.

Le second torrent remarquable provient de l'est, et parcourt la gorge d'*Ilhet*, bien plus étendue que la précédente, et non moins boisée; c'est à son entrée, sur le versant droit, que sont les superbes carrières de marbre d'*Ilhet*, un peu au-dessus du village de ce nom, et en parfaite opposition avec celles de Beirede. Elles ne sont séparées que par le vallon, et les marbres qu'elles fournissent portent généralement le nom commun de *Sarancolin*; elles ne sont pas à plus d'un kilomètre de la ville.

Une particularité bien remarquable que présente la gorge d'*Ilhet*, c'est l'existence de plusieurs grottes pratiquées par la main de la nature dans les flancs du versant droit, dont toute la masse est de marbre grossier. J'en ai visité quatre, situées à peu de distance l'une de l'autre, et je ne doute pas qu'il n'en existe beaucoup d'autres, car on remarque dans tout ce voisinage un assez grand nombre d'excavations plus ou moins étendues.

Deux de ces grottes sont peu profondes et peu élevées; on ne peut s'y introduire qu'en rampant, et elles paraissent être la retraite de plusieurs animaux pendant l'hiver. J'y ai trouvé grand nombre d'insectes, et notamment des papillons et des araignées attachés aux parois de ces antres. On y voit quelques stalactites informes, qui ne sont point cristallines; c'est de la chaux presque pure. Ces deux grottes sont séparées par un ravin,

ravin, et elles sont situées à différentes hauteurs. Les deux autres sont de même opposées, en sorte qu'elles forment entr'elles toutes un carré en cette manière . Celles-ci sont extrêmement remarquables par leur étendue, et elles offrent chacune des particularités également intéressantes.

La première, qui est en haut et en-deçà du ravin, a la forme d'une tente; l'entrée en est très-large, et de la hauteur de plus de dix mètres. De cette ouverture au fond, qui est bien moins large et beaucoup moins élevé, il y a cinquante pas. Les parois en sont fort unies, et n'offrent que des concrétions calcaires d'une grande blancheur. C'est à l'extrémité, dans une excavation assez élevée au-dessus du sol, que l'on trouve quelques stalactites cristallisées.

La seconde, au contraire, qui est en bas et de l'autre côté du ravin, a une ouverture si étroite, qu'on peut à peine y pénétrer. A trois mètres de profondeur environ, elle s'élargit considérablement, et l'on se trouve sur le bord glissant d'un précipice dont le fond est à quatre brasses de profondeur; on ne peut pénétrer dans cette basse-fosse qu'à l'aide d'une échelle; la voûte irrégulière est assez élevée, et elle se dirige à gauche. Des stalactites de toutes les formes descendent le long des parois, et sont suspendues, comme autant de flambeaux, jusqu'au milieu du cintre; il y en a d'une grande beauté.

On m'a parlé d'une cinquième grotte encore plus vaste que les dernières, et présentant des particularités extrêmement remarquables par son étendue, sa division en compartimens, et les formes singulières de ses stalactites. Je n'ai pas pu en découvrir l'entrée qui, dit-on, est extrêmement étroite.

Il existe aussi des grottes dans la gorge de Beirede, et tout près de Sarancolin, de ce côté-là. Il y en a une fort grande près du village de Jumet.

Au sortir de Sarancolin, la gorge se rétrécit considérablement, et l'on parcourt un espèce de défilé où la vue est bornée de tous côtés, mais qui conduit au site le plus étendu, le plus varié et le plus beau que l'on rencontre dans les Pyrénées à pareille hauteur. Le bassin d'*Arreau*, *Cadéac*, *Ancizan*, *Guchen*, *Vielle* et *Saint-Lary*, rivalise avec celui d'Argelés, auquel on peut le comparer pour la culture et pour la beauté des points de vue ; mais plus enfoncé dans la chaine des monts, les pentes y sont moins douces et le climat plus froid : les montagnes y ont un aspect plus sévère et un caractère plus imposant, sans rien faire perdre, néanmoins, à la beauté du paysage et à la fraicheur des sites.

Que de richesses agricoles, pastorales et industrielles l'on trouve dans ce beau vallon dont les divers chefs-lieux sont entourés de nombreux villages qui participent à tous leurs avantages ! C'est le centre du commerce de toutes les vallées aboutissantes et des contrées voisines ; c'est l'entrepôt qui verse en Espagne l'excédant de leurs productions, et qui en reçoit d'autres en échange, pour être employées dans des manufactures qui existent sur les lieux, ou passer dans l'intérieur de l'Empire.

C'est dans ce bassin, et en face d'Arreau, que vient déboucher la belle vallée de Louron, dont l'entrée assez spacieuse contribue beaucoup à embellir ce site enchanteur. La Neste de Louron qui en descend, vient se perdre dans la Neste d'Aure, et baigner avec elle les habitations d'Arreau.

Après avoir quitté cette ville, on continue à côtoyer la rive gauche de la Neste, et l'on voit bientôt le vallon se rétrécir considérablement près du village de Cadéac, au-delà duquel sont les sources minérales du même nom, situées de l'un et de l'autre côté de la rivière. Ces eaux sulfureuses froides sont encore peu fréquentées, quoiqu'elles aient produit, en plusieurs occasions, des effets salutaires.

A peu de distance de là, sont les deux villages d'Ancizan et de Guchen, qui sont tout près l'un de l'autre, et qui correspondent à la partie la plus évasée du vallon. Cette grande largeur est due aux attérissemens formés par divers torrens qui viennent des versans opposés, et dont les plus remarquables sont ceux qui descendent à droite des flancs hérissés du pic d'Arbizon.

A peu de distance de Guchen, le vallon se rétrécit encore un peu pour se rélargir bientôt, et former le beau bassin de Vielle et de Saint-Lary. Deux torrens peu considérables viennent y aboutir à droite et à gauche, pour se perdre bientôt dans la Neste : ce sont *le Riou de Soulan* et *la Mouquète*.

Cette dernière partie du vallon se prolonge jusqu'au-delà de Saint-Lary ; et c'est des hauteurs qui avoisinent cet endroit, qu'on peut voir, sous la plus agréable perspective, tout le bassin de Vielle, et sa continuation avec celui de Guchen et d'Ancizan. La vue s'étend même jusqu'à Arreau dans certaines positions, notamment sur le plateau de Saillan, à l'est. On peut communiquer de ce plateau avec la vallée de Louron, par la *Serra d'Azet* ; ce passage est très-fréquenté ; on trouve dans ce trajet une carrière d'ardoise herborisée.

Au sortir de Saint-Lary, la vallée n'est plus qu'une gorge étroite dont les versans, recouverts de sapins, présentent l'aspect le plus sauvage ; on monte assez rapidement d'abord, et l'on suit la rive droite de la Neste dont les eaux coulent rapidement et avec fracas au milieu des roches qu'elles ont creusées profondément. A trois quarts d'heure de distance, est le petit bassin de *Tramesaïgues*, qui présente le village du même nom, sur un plateau assez élevé ; c'est en ce point que la vallée se bifurque, et que se trouve le confluent des deux Nestes qui proviennent de l'un et de l'autre embranchement.

Celui qui se dirige à gauche, s'appelle *Val de Riou-Majou*, et il s'étend jusqu'à la crête centrale ; pour atteindre cette gorge, on peut tourner le flanc de la montagne avant d'arriver au pont de Tramesaïgues, et gagner les hauteurs qui dominent le torrent sur sa rive droite ; mais le chemin le plus usité et le plus facile passe sur l'autre rive. Le premier sentier est étroit et fort inégal jusqu'au premier pont sur lequel on passe pour arriver à la rive gauche du torrent, et qui est le point de réunion des deux chemins. Tout près du pont est une source très-abondante qui sort de l'anfractuosité d'un rocher, presqu'au niveau de la Neste ; de ce point, le chemin devient plus large et plus facile, et l'on monte presqu'insensiblement. Bientôt on voit à droite un torrent qui descend d'une gorge fort étroite qui porte le nom d'*Arça* ; elle est dominée par un pic de même nom ; c'est le plus élevé de la contrée. Peu après on passe un second pont, puis un troisième en face duquel, à droite, est la gorge de *Barieau* qui présente plusieurs pics très-aigus, couronnés de sapins.

On se trouve alors presque au bout du défilé, et l'on arrive bientôt à un petit vallon nommé *Frédarancon*, dont les attérissemens sont dûs à un torrent assez considérable qui provient de la gorge de *Feguerre*. Cette gorge se dirige à gauche, et se divise en plusieurs embranchemens qui se terminent à la crête centrale. Elle offre d'excellens pâturages d'un facile accès ; on y fait de très-bons fromages. C'est là aussi que se voient les plus belles forêts de cette vallée ; elles offrent un mélange de hêtres, de sapins, de pins et de bouleau, comme celles qui couvrent le flanc de la montagne dans tout le trajet de la gorge, et les diverses nuances de verdure qui en résultent, produisent un effet admirable. Il faut une heure et demie pour arriver de Tramesaïgues au bassin de *Frédarancon*, qui est couvert de pâturages et de granges.

Au sortir de ce bassin, on trouve un nouveau défilé, plus étroit encore que le précédent, et d'un aspect encore plus sauvage; on le parcourt par un sentier assez facile qui domine la rive gauche de la Neste, et l'on arrive après trois quarts d'heure de marche, au dernier bassin de cette gorge. Ce bassin porte le nom d'*Oule*, et il est, en effet, circonscrit par une enceinte sémi-circulaire, comparable à celle de Vignemale, mais d'une etendue beaucoup moins considérable.

Ici, les flancs des montagnes, et jusqu'à leurs sommités, sont recouverts d'arbres et de végétation; le fond du cirque est une vaste prairie, au centre de laquelle est situé le bâtiment nommé l'*Hospice*. Ce bâtiment sert de retraite et d'abri aux voyageurs qui passent en Espagne, ou qui en viennent par cette gorge, la plus fréquentée de toutes celles qu'offrent les Hautes-Pyrénées.

Les eaux qui se réunissent dans ce bassin pour former le *Riou-Majou*, proviennent d'un premier torrent qui descend du côté droit du cirque, et qui porte le nom de *Rioumde-l'Oulo*, c'est le plus faible des trois; d'un second torrent qui provient du centre même du cirque, et qui porte le nom de la *Saucaria*, ou *Riou-Majou*, c'est le plus considérable; enfin, d'un troisième torrent qui provient du côté gauche du cirque, et parcourt une gorge très-étroite, nommée *Cavarrère*; elle présente à son sommet un petit cirque que l'on nomme pour cela, en termes du pays, *Courtail*, petite *Cour*, petite *Oulo*; c'est de là qu'on arrive au port du Cavarrère dont l'accès est assez facile, et par où l'on a projeté l'exploitation de très-belles forêts de sapins, situées à peu de distance de là, dans la vallée de Gistain en Espagne. Une route d'exploitation pourrait être faite à peu de frais depuis ce port jusqu'à Saint-Lary.

En remontant le torrent de Riou-Majou ou de la Saucaria, on trouve un autre passage qui conduit également en Espagne, et qui porte le nom de port de *Plan*. Dans son voisinage il en existe encore plusieurs, entr'autres, celui connu sous le nom de passage du *Cavail*.

L'embranchement du côté droit, qui résulte de la bifurcation de la vallée d'Aure dans le bassin de Tramesaïgues, est le plus remarquable. Il s'étend aussi jusqu'au centre de la chaîne, et se subdivise en plusieurs rameaux considérables; le tronc principal porte le nom de val d'*Arragonet*.

Après avoir passé le pont jeté sur la Neste de Riou-Majou, près de son confluent avec celle d'Arragonet, le chemin se divise en deux branches; celle qui tourne à gauche se dirige vers la gorge de Rion-Majou, comme je l'ai dit plus haut, tandis que l'autre conduit au val d'Arragonet. Celle-ci est tracée à l'entrée de la gorge, sur un immense éboulement de terre et de rochers que le temps a recouvert de tilleuls, de frênes et d'érables. La rivière ayant emporté, depuis quelques années, l'ancien chemin qui était uni et facile, on en a construit un second qui est escarpé et raboteux. On pourrait, à peu de frais, rétablir le premier ou améliorer le nouveau.

Après cet amas de décombres, surgit au pied d'un rocher, sur le bord de la Neste, la fontaine de la *Garet*, dans le territoire de Tramesaïgues. Il ne manque à cette source, pour rivaliser avec les meilleures eaux sulfureuses des Pyrénées, que d'être située plus avantageusement. Les habitans du pays, qui connaissent ses vertus, l'emploient avec succès dans plusieurs maladies, particulièrement pour la guérison des vieux ulcères et des douleurs rhumatismales.

Non loin de la fontaine, le rocher offre un talus si rapide, qu'on a été obligé de construire le chemin sur des pièces de bois, appuyées par un bout sur le rocher, et par l'autre sur des piliers en maçonnerie; ce passage dangereux, connu sous le nom de *Las Crederes*, a près de 20 mètres de longueur. On le rendrait très-praticable en escarpant le rocher.

Après avoir passé le pont de *Hosse*, la rivière qui coulait à droite, se trouve désormais à gauche, jusqu'au pied du port. Le val s'élargit, et la culture recommence; à droite, sur la hauteur, apparait le hameau d'*Eget*, dépendant du village d'*Arragnouet*; à gauche, la montagne est couverte de sapins et de bouleaux, à une grande élévation.

A un quart de lieue du pont de Hosse, on trouve une chapelle appellée *Mi-Abat*: vis-à-vis est la gorge de *Moudang*, qui conduit au port de ce nom, par un chemin très-étroit, tracé sur des échelles de bois. Cette montagne de Moudang appartient à la commune de Tramesaïgues, et renferme d'excellens pâturages et des granges foraines.

On aperçoit à l'entrée de la gorge les ruines d'une ancienne forge qui servait à fondre le produit d'une mine de fer située sur le port ; les forêts environnantes fournissaient le bois nécessaire à cette fonte. On ignore les causes qui ont fait abandonner cette exploitation.

Le bassin où est située la chapelle de Mi-Abat, était une prairie verdoyante et bien arrosée ; mais l'inondation de 1783 la couvrit de gravier et de décombres.

Après un quart d'heure de marche, par un chemin uni et facile, on trouve le hameau de *Castets*, situé sur une terrasse, à l'entrée de la gorge de Couplan ; il est composé d'environ douze maisons : le terrein y est bien cultivé, et en bon rapport.

Du côté opposé est la forêt de *la Queau*, la plus avenante du pays ; les sapins y croissent avec une rapidité qui tient du prodige. On en extrait en fraude plus de mille pieds chaque année. Si elle était prohibée pendant 20 ans, et soigneusement gardée, elle serait incomparable par le nombre des arbres et par leur beauté.

Après avoir passé, sur un mauvais pont, le ruisseau qui descend de Couplan, à droite, il faut marcher encore une heure avant d'arriver au pied du port de *Vielsa*. On rencontre sur sa route une vingtaine de maisons, soit dispersées, soit réunies en hameaux.

De l'autre côté de la rivière est la maison de *Chaubère*, qui sert d'hospice aux voyageurs ; cette maison et une vaste prairie qui en était une dépendance, appartenaient jadis aux Templiers ; on voit encore leur monogramme sur les ruines d'une chapelle bâtie à l'extrémité de la prairie. Ces chevaliers, par leur institution, devaient protéger les voyageurs dans les passages difficiles, contre les attaques des infidèles, et ils s'établirent vraisemblablement au pied des ports des Pyrénées, quand l'Espagne fut occupée par les Sarrasins. Les chevaliers de Saint-Jean-de-Jérusalem, qui héritèrent des vastes possessions des Templiers, affermèrent la maison et la prairie de *Chaubère*, moyenant une modique redevance ; mais sous la condition que les voyageurs trouveraient dans l'hospice les choses nécessaires, telles que huile, vinaigre, sel, etc. Le fermier a acheté, sans réserve, pendant la révolution, l'hospice et la prairie attenante.

Le port de *Vielsa* est moins long que ceux de *Plan* et de *Ca-ravère*, parce que la pente est plus rapide, et la route moins développée ; il est très-fréquenté, sur-tout en hiver, à cause de son voisinage avec les habitations du village d'Arragnouet ; on fait passer en Espagne, dans cette saison, des porcs gras et des ballots de marchandises ; les Espagnols envoient, en retour, des huiles et des laines ; les paquets sont portés à travers la neige, par des hommes, à la manière des forts de la halle ; la charge est ordinairement de trois arrobes, ou 75 kilogrammes environ.

A peu de distance de Chaubère, et vers le levant, est une source d'eau minérale qui n'a pas été analysée, mais dont les habitans font usage avec succès.

A l'opposite de Chaubère, et sur le même niveau, est le hameau de *Plan*, dépendance d'Arragnouet ; il est situé au pied du port, et se trouve dominé par les plus hautes montagnes ; cependant, les productions de la plaine, savoir, le froment, l'orge et le sarrasin, y croissent à merveilles.

Ces hautes montagnes sont limitrophes de la vallée de Héas ; celle de Vignec, appelée de *Badit*, forme, vers son sommet, un vaste cirque dont le fond est recouvert d'excellens pâturages, et produit les plantes les plus rares ; on y compte trois *Cols* ou *Fourquettes* : la première conduit à Vielsa, en Espagne ; la seconde, au hameau de Héas, par le Aiguillons ; et la troisième près de Gèdre, par la gorge de Cambielan, au pied du Pic-long.

Nous avons laissé à notre droite, en venant à Chaubère, la gorge de Couplan, qui conduit aux lacs si renommés de la vallée d'Aure, situés au pied de très-hautes montagnes dont le versant oriental appartient à la commune de Vielle, et le versant occidental à la vallée de Barèges.

Cette gorge, quoique étroite, est d'un facile accès; les adjudicataires d'une vaste forêt qui couvrait les deux pentes, firent escarper les rochers qui en défendaient l'entrée, et construire le chemin pour faciliter le transport des pièces; mais les avalanches, les ravins, les torrens, causes de destruction toujours agissantes dans les pays de montagne, ont, dans plusieurs endroits, effacé jusques à la moindre empreinte de ces travaux.

Il faut remonter le ruisseau de Couplan pendant près de trois heures, pour arriver jusqu'au premier lac. Une mousse noirâtre qui tapisse le lit du ruisseau, donne à ses eaux un aspect triste et lugubre; les truites même qui s'y multiplient prodigieusement, prennent une teinte foncée; à gauche, une vaste forêt de jeunes sapins de la plus belle venue, s'étend jusqu'au sommet de la montagne. A droite, sur la partie qui est la plus exposée à la lumière et à l'influence du soleil, croissent quelques pins; des deux côtés, les pâturages sont abondans et de bonne nature.

Après avoir marché environ deux heures, par un chemin dont la diversité fait oublier la longueur, on entend à sa droite un fort mugissement qui attire l'attention malgré soi, et l'on voit alors un de ces beaux spectacles qui n'appartiennent qu'aux régions montagneuses, mais qui se trouve rarement dans les Pyrénées: une rivière se précipite, avec fracas, d'une élévation de plus de 700 mètres; les eaux blanchissantes de la cascade, l'auréole diaprée et mobile qui l'accompagne, le sombre feuillage des sapins, la fraîche verdure des plantes et des arbres voisins, toujours rafraîchis par une rosée abondante, l'aspect sauvage de tous les objets environnans, concourent à répandre un charme inexprimable sur cette belle scène, digne du pinceau de Vernet.

On s'en éloigne avec peine, et l'on jete de temps à autre des regards avides sur ces objets que l'imagination retrace encore lorsqu'on en est déjà loin.

A partir de ce point, la montée devient plus rapide: quoique le chemin soit large et commode, il est tracé sur des blocs de granit détachés des crêtes de la montagne; enfin, on arrive au vaste lac de *Camon* : il est borné au couchant par une montagne sur laquelle étoit une forêt de pins, nouvellement exploitée; au levant et au midi, par des pâturages; au nord, par une grande prairie unie et très-fertile, d'environ 40 hectares.

Le dégorgeoir de ce lac n'a guère plus de six mètres de large, et on peut le fermer à volonté, par des vannes ou des portes. Par ce moyen, toutes les eaux qu'il reçoit des lacs supérieurs, et celles qui naissent dans son sein, contenues pendant quelques heures, se précipitent ensuite par l'ouverture avec un fracas épouvantable, et augmentent à volonté le volume de la rivière dont l'élévation se fait apercevoir jusques à Montréjeau.

Ce procédé favorisait la navigation de la Neste quand les forêts de la vallée d'Aure fournissaient des pièces de la plus belle mâture; aujourd'hui qu'elles sont comme épuisées, on n'a pas besoin de fermer les lacs pour faire flotter les petites pièces dont les radeaux sont composés; cependant on a eu recours à cette ressource avant la révolution.

Le lac de *Camon*, vu de la hauteur voisine, présente le spectacle d'un vaste tapis de velours vert, entouré d'une large bordure, couleur de topaze orientale.

Au-dessus de lui sont plusieurs autres lacs qui s'y dégorgent; les plus considérables sont ceux d'*Omar* et d'*Oeat*, au couchant; le *lac-long*, situé au midi, ressemble plus à un canal qu'à un lac.

Tous ces lacs versent leurs eaux du côté de la vallée d'Aure, quoiqu'ils soient situés sur les montagnes qui la séparent de la vallée de Barèges; ils renferment des truites énormes qui peuvent croître à loisir, puisqu'on ne pêche que sur leurs bords, et seulement à la ligne; on ignore s'il existe d'autres poissons dans ces immenses volumes d'eau.

Lorsqu'on a remonté la prairie au nord du lac de Camon et la montagne qui la termine, et après être descendu par le versant septentrional, à travers une forêt de pins dévastée, on trouve un vaste cirque de forme elliptique, appelé l'*Oule* de la montagne de Vielle ; il est traversé de l'ouest à l'est par un ruisseau très-poissonneux, qui, se précipitant subitement dans la gorge de Couplan, forme la belle cascade que nous avons décrite ; des ruines en maçonnerie qui existent près de cette cascade, attestent qu'anciennement on fermait aussi le bassin de l'Oule par des écluses, pour augmenter le volume de la rivière, selon les besoins de la navigation.

A l'extrémité de l'*Oule* est la montagne de *Port-viel*, qu'on traverse pour aller à Baréges ; le grand diamètre de ce cirque est d'environ 2400 mètres ; le petit en a mille, à-peu-près.

En suivant la pente septentrionale, à travers les vastes pâturages de la montagne de *Mont-Arroui*, on arrive par un chemin très-facile, toujours tracé sur la pelouse, jusques sur le haut de la *Serra*, vis-à-vis le village de *Soulan* ; de ce point on découvre au levant la vallée d'Aure, au couchant le pic d'Arbizon et la petite gorge d'*Aulon* qui aboutit au village de Guchen.

Il serait très-aisé d'établir dans cette gorge d'Aulon une communication avec Baréges par l'*Oule de Vielle* et le *Port-viel* ; le chemin serait très-praticable dans la belle saison, et il serait possible dans l'été de se rendre en un jour de Baréges à Bagnères-de-Luchon, en suivant cette route qu'on pourrait rendre commode à peu de frais.

VALLÉE SECONDAIRE DE LOURON.

Cette vallée, dont l'embouchure éprouve une sorte d'étranglement subit par des rochers escarpés qui la bordent, acquiert bientôt après une grande largeur qu'elle ne perd qu'après s'être élevée jusqu'à ces monts couverts de neige qui occupent le centre des Pyrénées ; elle se dirige au sud-sud-est, et forme opposition avec les derniers embranchemens de la vallée d'Aure.

Après un défilé de peu d'étendue, on trouve, en remontant la Neste le long de la rive gauche, un immense vallon dont le sol nivelé et entouré de pentes fort douces, présente une riche culture et de nombreux villages dont la grandeur et la population étonnent. Presque toute la vallée se présente sous le même coup-d'œil, et la vue va se reposer sur l'imposant amas de monts dont les sommités dominent majestueusement le fond de ce grand et riche bassin.

Bordères, *Vielle*, *Genos* et *Loudenvielle* où l'on trouve une source minérale, sont les chefs-lieux de cette vallée; les nombreuses habitations qui les entourent, et qui sont situées sur les deux amphithéâtres que présentent l'un et l'autre versant, paraissent en être des dépendances.

C'est vis-à-vis de Vielle que se trouve le sentier qui, en traversant la Neste à l'aide d'un pont, conduit à la belle route de *Peyre-Sourde*, passage très-commode par où l'on peut se rendre dans la vallée de *Larboust*, et de là, dans celle de Bagnères-de-Luchon, département de la Haute-Garonne. Le chaînon de montagnes qui sépare la vallée de Louron de celle de Larboust, est traversé par une superbe chaussée, dessinée en rampes douces et régulières sur les deux pentes opposées. C'est du sommet de ce chaînon qu'on voit, sous l'aspect le plus favorable et le plus séduisant, cette vallée de Louron qui ne le cède en rien à tout ce que les Pyrénées offrent de plus attrayant, et qui excite encore l'admiration, même lorsqu'on vient de quitter le bassin d'Arreau : c'est là qu'on mesure des yeux l'immensité des monts qui la bornent au midi, et qu'on jouit de ces transitions brusques et inattendues qui sont particulières à la région des montagnes, et qui causent des émotions si délicieuses.

Des sommités hérissées d'aspérités, détériorées par la main du temps; de vastes et d'antiques forêts de sapins, placées à des hauteurs que l'homme ne peut atteindre, et qui servent de repaire aux bêtes féroces; des pâturages placés au-dessous, et étendant jusqu'au fond de la vallée leurs vastes tapis de verdure sur lesquels se dessinent, sous mille formes diverses, les champs que l'industrie a consacrés à d'autres genres de culture, et les modestes cabanes d'un peuple pasteur, posées sur un plan incliné, loin de l'atteinte des torrens qui ne respectent pas toujours leurs limites ; tout cela offre un aspect enchanteur.......

La haute vallée se resserre considérablement au-dessus de *Genos* qui est situé dans un joli bassin, et elle devient de plus en plus étroite, à mesure qu'elle s'élève davantage : c'est après Loudenvielle, au pied d'une montagne très-élevée que l'on nomme le *Pic du Midi de Genos*, qu'elle se divise en deux branches ; celle du côté droit conduit au port de *Lapez* ; l'autre se dirige vers le port de *Clarbide* ; ils débouchent l'un et l'autre dans la vallée de *Gistain* en Espagne.

Ces deux passages sont très-difficiles, et même dangereux, celui de Clarbide sur-tout. Ils ne sont pratiqués que par les montagnards qui les traversent à pied. Ils sont fermés par les neiges pendant une partie de l'année, et les ouragans y sont fréquens et terribles en toutes saisons. Les montagnes voisines renferment grand nombre de glaciers, et paraissent dans un état de destruction qui rend la vue de ces lieux aussi triste qu'imposante.

Vallée de Barousse.

Elle débouche dans le beau vallon de Saint-Bertrand, qui appartient en partie à ce département, et en partie à celui de la Haute-Garonne. Ce vallon se continue à l'est avec la vallée de Bagnères-de-Luchon ; au nord, avec le territoire en plate-forme qui se prolonge jusqu'au confluent de la Neste et de la Garonne. Les monts qui entourent ce vallon, et que divise, dans un point, la gorge de Barousse, sont peu élevés, et tous couverts de bois ; ils forment une superbe enceinte, au centre de laquelle est située la ville de Saint-Bertrand, sur un monticule remarquable. Le territoire que cette enceinte renferme du côté du midi et de l'ouest, offre une très-riche culture ; tous les arbres fruitiers y prospèrent.

Près de là, entre les villages de *Tibiran* et d'*Aventignan*, à la racine des monts, est la grotte la plus étendue et la plus belle qu'offrent les Pyrénées ; elle s'appelle *de Gargas*, du nom d'un ancien seigneur qui, selon la tradition superstitieuse du pays, avait la barbare coutume d'y enfermer des gens pour les faire périr.

Pour arriver à cette grotte, il faut suivre le chemin qui conduit d'Aventignan à Tibiran, et quand on est parvenu au sommet du petit chaînon de montagnes qui borde au couchant le vallon de Saint-Bertrand, on se trouve sur un espèce de col, entre deux monticules calcaires couverts de broussailles; c'est celui du côté droit qui renferme dans son sein cet antre magnifique dont l'ouverture se trouve exposée au nord-ouest, à-peu-près à mi-côte ; cette ouverture a plus que la hauteur d'un homme, et dès l'entrée on voit la voûte s'élever, tandis que le sol s'abaisse par une pente légèrement inclinée ; bientôt c'est un vaste théâtre rempli de belles colonnes, et magnifiquement décoré à la voûte et sur les parois. Les stalactites calcaires qui les recouvrent, affectent toutes les formes : ce sont de riches tentures, des tapisseries ondoyantes, des pavillons chinois, des culs-de-lampe, des candélabres antiques. Une toile légère et repliée sur elle-même, semble suspendue au-dessus de l'avant-scène que bordent deux colonnes latérales : à droite et à gauche sont des grottes accessoires ou secondaires qui se prolongent dans les flancs de la montagne ; l'une d'entr'elles ressemble parfaitement à une chapelle, par sa forme voûtée. Au milieu est une basse-fosse très-profonde que l'on tourne à droite pour arriver jusqu'au fond où le sol est beaucoup plus bas, et presque au niveau de celui de la basse-fosse. Là, les stalactites prennent encore un nouvel aspect, et se présentent sous les formes les plus majestueuses. L'art et le goût semblent avoir présidé à ces jeux de la nature. Tout-à-fait au fond, est une nouvelle fosse dans laquelle on ne peut descendre sans échelle, et qui peut-être conduit à quelque nouvelle excavation. Il paraît que ça toujours été le *nec-plus-ultrà* des curieux, car j'y ai vu des chiffres et des noms sculptés sur le spath calcaire. A gauche est une stalactite très-remarquable; elle ressemble parfaitement au dôme d'un pavillon chinois, et se trouve un peu plus qu'à hauteur d'homme; elle domine une ouverture assez élevée par où l'on entrevoit une grande excavation que l'on ne peut atteindre sans échelle, et qui, sans doute, est un petit prolongement de l'immense cavité dont je viens de donner une esquisse: le sol est par-tout recouvert d'une concrétion de spath calcaire en forme de croûte. Elle a éprouvé par-ci par-là quelques crevasses qui laissent voir la terre ou le roc à nud. On ne peut pénétrer dans la grotte de Gargas qu'à la lueur des flambeaux, même en plein jour; ce sombre et magnifique palais semble être la demeure du dieu de l'Averne, et le sifflement des chauve-souris, dont la lumière incommode la faible vue, rappellent les serpens des furies!.... Une belle illumination dans cette demeure souterraine, produirait le plus brillant effet.

La grotte de Gargas a plus de 100 mètres de profondeur, et la voûte, dans sa plus grande élévation, en a plus de 25.

Il y a tout près de là une autre ouverture qui semble conduire à une grande excavation de ce genre, mais elle m'a paru se refermer aussitôt. Des personnes du pays qui ont vu la grotte de Gargas, m'ont assuré que l'entrée en est extrêmement difficile, et qu'il faut ramper sur le ventre pour franchir un rétrécissement considérable qui suit de près l'ouverture. Serait-ce celle dont je viens de parler, ou une autre qui conduise également au grand théâtre? Aurait-on vu une seconde grotte située aussi dans ce monticule? Cela n'est guère probable, puisque tout ce qu'on m'en a dit se rapporte parfaitement à celle-ci. J'aurais cherché à lever ces doutes sur les lieux, si on m'eût fait part d'avance des particularités qui les ont fait naître.

Après avoir passé Saint-Bertrand, on arrive bientôt à l'entrée de la gorge de Barousse, qui est fort étroite, et l'on côtoie la rive gauche de *Lourse* jusqu'au territoire d'Antichan, sur lequel est situé le pont par où l'on passe pour gagner l'autre rive, après avoir traversé les villages de Sarp et de Créchets ; ce territoire d'Antichant offre à *Soulas* et autres endroits, de l'argile très-fine, propre à la faïence. M. Dutrey en possède une très-belle carrière. On passe ensuite près du village de Gembrie, où il existe une carrière de marbre noir, et on se dirige vers celui de *Troubat*, lieu renommé par la *belle grotte* qui se trouve tout près de, là dans une montagne de même nature que celle de Gargas. Ici l'entrée est spacieuse ; elle a plus de 10 mètres de haut et 7 ou 9 de large. On l'a fermée à certaines époques, à l'aide d'une barrière, comme le prouvent des mortaises faites dans la roche, de chaque côté. Dès l'entrée, on voit à cinq ou six mètres de haut, sur la gauche, une excavation, dans laquelle est une énorme stalactite qui a parfaitement la forme d'une table, dont les piliers sont très-distincts.

La profondeur de cette grotte est peut-être plus considérable que celle de la précédente ; mais la largeur en est beaucoup moindre. C'est une longue galerie qui se divise et se subdivise à mesure qu'on avance, et dont la voûte est toujours très-élevée audessus du sol qui reste par-tout de niveau.

Plusieurs de ces galeries secondaires forment un labyrinthe, communiquent l'une à l'autre et avec la principale ; si l'on s'engage dans ces détours sinueux, il arrive souvent qu'on se trouve au point de départ, après avoir parcouru de longues distances. Une chose remarquable, et qui est particulière à la grotte de Troubat, c'est l'existence de plusieurs bassins successifs et peu élevés les uns au-dessus des autres, dans le fond des galeries, et même dans toute l'étendue de celles qui servent de communication ; on dirait autant de réservoirs qui se dégorgent l'un dans l'autre, et c'est, sans doute, le séjour de l'eau, dans la succession des temps, qui a formé tous ces bassins dont la substance est de spath calcaire, de même que celle des parois de toute la grotte.

Près de cette grotte, il en est une autre dont l'entrée est plus étroite, et que les habitans disent traverser toute la montagne

tagne jusqu'à la vallée de *Luchon*, à 4 kilomètres de là ; c'est une croyance que l'on peut se dispenser de partager, quoiqu'elle ne soit pas dénuée de toute vraisemblance. Il faut aussi se munir de flambeaux pour pénétrer dans la grotte de Troubat, qui doit occuper le second rang parmi toutes celles dont j'ai parlé.

Du village de Troubat, qui est situé sur le revers de la montagne, en face d'un assez beau vallon, il y a fort peu de distance jusqu'à *Mauléon*. Le vallon, au centre duquel il se trouve, est très-étroit, mais la température en est douce, et il est bien cultivé, ainsi que les pentes des montagnes voisines. Dans l'une d'entr'elles, à droite, dont la surface offre à nud le calcaire primitif, il existe plusieurs grottes de peu d'étendue, et des puits dont on ignore la profondeur; ils servent d'asile aux corneilles comme celui d'Arris, près de Bagnères, et on y fait de même la chasse à ces animaux, par le moyen de deux filets dont l'un est placé d'avance au fond des puits; c'est à Mauléon qu'a lieu la bifurcation de la vallée de Barousse.

La gorge qui se porte à droite s'appelle *Labat de Ferrère;* elle présente à son entrée une particularité très-remarquable, c'est l'existence d'un arceau de plus de 10 mètres d'élévation, sous lequel passe le torrent de *Saoule*, qui la parcourt. Il s'est ainsi frayé un passage à travers le roc calcaire dans les anfractuosités duquel les eaux viennent bouillonner, après avoir éprouvé une chute considérable, un peu au-dessus. Sous le roc, est une ouverture naturelle par laquelle on peut détourner toutes les eaux du torrent qui vont sortir au-dessous de Mauléon, à plus d'un kilomètre de distance; on a recours à ce moyen pour mettre le torrent à sec, lorsqu'on veut pêcher les truites qui y sont fort abondantes et de très-bonne qualité. Le même procédé s'emploie en deux ou trois autres endroits au-dessus, où il existe également des conduits souterrains, vis-à-vis les communes de *Ferrère* et d'*Ourde*, les seules qui soient dans cette gorge de peu d'étendue.

Elle communique avec celle d'Ilhet par son extrémité, et par le milieu, avec *Bize et Nistos*, dans la gorge d'*Arise*, où il existe une verrerie, au village de *Sacoué*. Il y a une source d'eau minérale dans *Labat de Ferrère*.

Labat de Sost, qui se dirige à gauche, a plus d'étendue et de largeur que la précédente; elle communique par son extrémité avec la vallée d'*Oueil*, qui débouche dans celles de Luchon et de Larboust. Elle renferme deux gros villages entourés d'une riche culture; les habitans ont défriché le terrein presque jusqu'au sommet des montagnes latérales, qui est seul recouvert de bois; au-dessous tout est prairies; elles sont couvertes par de nombreux troupeaux dans la belle saison. Il y a, dans *Labat de Sost*, une carrière abondante de marbre rouge jaspé, une de marbre blanc, et une source minérale.

On communique de la vallée de Barousse à celle de Bagnères-de-Luchon, par un col très-facile que l'on nomme *Labat de Tebes*, et qui conduit de *Troubat* à la petite gorge de *Syradan*; celle-ci est fort étroite, et débouche dans la vallée de Luchon quoiqu'elle dépende de celle de Barousse. C'est au bas de cette gorge, dans un joli vallon, qu'est le village de Syradan, où l'on voit plusieurs sources d'eaux minérales froides.

La vallée de Barousse, et toutes les gorges qui en dépendent, jouissent d'une très-douce température, parce qu'elles sont peu avancées dans la chaîne des Pyrénées; les hauteurs qui les dominent ne sont pas non plus très-élevées, et elles sont presque toutes couvertes de bois. Les arbres fruitiers, et notamment le cérisier et le pommier, croissent à merveille dans les vallons; les pommes de Barousse sont justement renommées par leur bonté.

Les territoires de *Nestes* et *Magnoac*, qui, avec les vallées d'Aure et de Barousse que je viens de d'écrire, composaient anciennement le pays des Quatre-Vallées, ne peuvent pas être mis dans la même classe, sous les rapports topographyques, puisque ces territoires appartiennent à la région des côteaux, et qu'ils ne s'enfoncent point dans la chaîne des Pyrénées. Ce sont des vallons qui affectent la même disposition que tous ceux dont je parlerai en décrivant le pays des côtes, mais ils en sont les plus étendus et les plus intéressans. Celui qu'arrose la Neste surtout, et qui se dirige de l'ouest à l'est, est de la plus grande beauté. Celui de Magnoac, que parcourt le Gers du midi au nord, est d'un aspect moins agréable, mais il est le plus étendu de tous ceux de ce département qui lui sont parallèles.

DES PICS.

Les Pics qui dominent les Hautes-Pyrénées, sont en nombre indéfini, et l'œil le plus attentif, la patience la plus minutieuse ne pourraient en former le catalogue. On les voit s'élever en amphithéâtre depuis les plus humbles collines jusqu'à la crête centrale. Les principaux, presque tous placés sur la même ligne, marquent la direction de cette arête; quelques-uns, non moins considérables, se trouvent hors de ligne, par une anomalie fort remarquable. Les uns et les autres ont été visités par différens voyageurs, et les points de vue qu'ils présentent, ont été plusieurs fois observés et décrits. Tels sont le *Pic du Midi* de Bigorre, le pic *Montaigu*, le pic de *Bergons*, *Neouvielle*, le *Pic-long*, *Vignemale*, la brèche de *Roland*, le *Marboré* qui comprend 1.° les sommités visibles de Gavarnie, 2.° le sommet cylindrique placé plus à l'est, 3.° le Mont-perdu, sommet le plus oriental; enfin le pic d'*Arbizon*, situé à l'est de Neouvielle, près de la vallée d'Aure.

La hauteur relative de ces pics, est fixée par leur élévation au-dessus du niveau de la mer. La voici telle qu'elle a été déterminée par MM. Vidal et Reboul, et calculée postérieurement par M. Ramond.

Tableau des hauteurs des principaux Pics, et des Forts ou passages les plus fréquentés.

HAUTEUR DES PRINCIPAUX PICS DES HAUTES-PYRÉNÉES,

Déterminée en 1789, par MM. Vidal *et* Reboul, *d'après des observations faites avec la plus scrupuleuse exactitude, sur le Pic du Midi, sur le sommet de Neouvielle et au Pic de Bergons.*

		Élévation au-dessus du niveau de la mer.
Pic du Midi de Bigorre		1506 toises.
Pic de Bergons		1084.
Neouvielle		1619.
Pic-long		1668.
Vignemale		1722.
Marboré	1.° Sommités de Gavarnie	1636.
	2.° Sommet cylindrique	1710.
	3.° Mont-perdu	1763.
Pic d'Arbizon		1480.

Hauteurs calculées par M. Ramond.

1.° D'après les nivellemens faits par les ingénieurs *Flamichon* et *Moisset*, depuis la barre de Bayonne, jusqu'à Pau, Lourdes et Tarbes;

2.° D'après un nivellement fait en 1776, par MM. *Monge* et *Darcet*, depuis Luz jusqu'au sommet du pic d'Ayré;

3.° D'après le nivellement de MM. *Vidal* et *Reboul*;

4.° D'après plusieurs opérations trigonométriques faites par les mêmes aux sommets du Pic du Midi, de Neouvielle et du pic de Bergons;

5.° D'après deux triangles calculés par l'auteur, pour vérifier la position du pic d'Arbizon, du pic Montaigu et de la pene de Lheyris, relativement au Pic du Midi;

6.° Enfin, d'après une longue suite d'observations barométriques faites par l'auteur, en commun avec M. *Dangos*.

	Mètres.		Toises.
1.° Le Pic du Midi.	2935	. . .	1506.
2.° Le Pic Montaigu.	2376	. . .	1219.
3.° Le Pic d'Arbizon.	2883	. . .	1480.
4.° Le Pic d'Ayré.	2469	. . .	1267.
5.° Le Pic d'Ereslids.	2558	. . .	1310.
6.° Le Pic d'Estrade.	2742	. . .	1373.
7.° Neouvieille.	3155	. . .	1619.
8.° Le Pic-long.	3251	. . .	1668.
9.° Le Pic de Bergons.	2113	. . .	1084.
10.° Le Pimené, environ. . . .	2935	. . .	1506.
11.° Le Mont-Perdu.	3436	. . .	1763.
12.° Le Cylindre.	3332	. . .	1710.
13.° 1.re Tour du Marboré. . . .	3188	. . .	1636.
14.° Brèche de Roland.	2943	. . .	1570.
15.° Vignemale.	3356	. . .	1722.

ÉLÉVATION DES PRINCIPAUX PORTS OU PASSAGES, d'après M. *Ramond*.

	Mètres.		Toises.
Le port de Cavarrère, nouvellement tracé au fond de la vallée d'Aure, a la hauteur approchée de. . . .	2243	. . .	1151.
Celui de Pinede, a.	2516	. . .	1291.
Celui de la Canau est plus élevé.			
Celui de Gavarnie, le plus fréquenté des passages des Hautes-Pyrénées, a	2331	. . .	1196.
Le Tourmalet, passage intérieur, a . . .	2175	. . .	1126.

ASCENSION ET VUE DU PIC DU MIDI DE BIGORRE.

Ce Pic est, comme on vient de le voir, une des sommités les plus élevées des Hautes-Pyrénées. Il se trouve exactement placé dans le méridien de la plaine de Bigorre, ce qui justifie sa dénomination ; c'est le plus accessible, le plus fréquenté et le mieux connu de tous ; il jouit d'une grande célébrité. Beaucoup de voyageurs et de naturalistes y ont fait des observations et des expériences ; presque toutes les personnes des deux sexes qui viennent chaque année aux eaux thermales, lui font une visite solennelle ; il domine la partie la plus connue des Hautes-Pyrénées, et sa situation en avant de la chaîne des monts qui limitent la France et l'Espagne, le rend l'objet le plus frappant du beau tableau qu'ils présentent dans leur ensemble. Cette situation fait aussi qu'il paraît dominer les montagnes supérieures qui se trouvent dans un plan plus reculé, lorsqu'on les considère de la plaine.

Des remparts nombreux, et qui deviennent de plus en plus difficiles à franchir, en défendent l'accès de ce côté-là, et on ne peut guère l'aborder que par la vallée de Barèges ou par la gorge de Grip. La première route est la moins longue et la moins fatigante des deux ; c'est celle que suivent les curieux qui ne veulent que se procurer le plaisir d'arriver à cette sommité, et ne tiennent aucun compte des dispositions naturelles que présente la montagne dans ses plus rapides escarpemens. De Barèges, on remonte le Gave, et arrivé près du Tourmalet, on monte par des prairies le long du *Couret* ou torrent d'*Onchet*, jusqu'aux cabanes de *Toue* ; alors l'ascension devient plus rapide, et l'on atteint bientôt le lac qui fournit le *courant* ou *Gave* auquel il a donné son nom. Tout ce trajet se fait assez facilement, même à cheval, et l'on n'est déjà plus qu'à cinq ou six cents mètres du sommet que l'on voit s'élever en forme de cône, et présenter un escarpement très-rapide.

Le lac d'Onchet a 250 toises de long (486 mètres environ) sur 150 de large (292 mètres environ) *. Il est borné au couchant par des rochers escarpés, des promontoires sourcilleux

* Moisset, ingénieur en chef du département.

que peut seul parcourir l'intrépide chasseur qui poursuit l'isard jusques dans ses retraites les moins accessibles. On rencontre au-dessus du lac, un petit plateau nommé la Hourque de *Cinq-Ours*, espèce de col où se réunissent les deux chemins par où on peut monter au pic. C'est un point de repos où l'on s'arrête communément avant que d'entreprendre l'ascension du sommet qui est longue et pénible, sans présenter cependant aucune difficulté. De ce point, on peut arriver au but en moins de deux heures lorsqu'on a de l'agilité et l'habitude des montagnes; c'est une ligne presque droite à parcourir, au bout de laquelle on se trouve sur le bord d'un précipice effroyable d'où la vue semble embrasser l'horizon rationnel de notre globe.

Lorsque le ciel est pur et sans nuages, on découvre de tous côtés, de ce magnifique observatoire, des objets dignes d'attention, et des points de vue ravissans; au midi, se déploient comme un vaste croissant, et se rangent en amphythéâtre tous ces monts de différentes grandeurs que séparent d'immenses intervalles, et sur la croupe desquels on voit, comme autant de taches blanches diversement configurées, de nombreux amas de neiges et de glaces, qui contrastent agréablement avec la couleur sombre et rembrunie des roches qui les avoisinent. Ces glaces et ces neiges forment, dans la partie la plus élevée de la chaîne, une auréole resplendissante qui la couronne et borne au loin l'horizon.

Placé au centre apparent de la courbe que décrivent ces monts, on peut facilement déterminer leur position respective, et l'œil juge à-peu-près de leur hauteur relative. Leur grandeur ne paraît plus accablante; ils semblent s'être rabaissés au niveau de l'observateur pour laisser contempler leurs sommités orgueilleuses qui, battues par les vents, les ouragans et tous les météores des régions élevées, présentent dans leur âpre rudesse, dans leurs arêtes sourcilleuses, l'image du chaos et de la destruction.

Chacun de ces monts principaux est le centre ou le noyau

d'un ordre secondaire de monts qui lui sont pour ainsi dire subordonnés, et qu'il domine comme un maître; ou plutôt, ainsi que l'a dit un voyageur, c'est un père entouré de ses enfans qu'il protège contre les assauts des orages et les efforts du temps.

Du côté du nord, on découvre une surface qui n'a de bornes que celles du ciel, et dans laquelle on distingue à peine ces inégalités de sol que l'habitant de cette région appelle des côteaux ou même des montagnes, et qui, vues de cette hauteur, ressemblent assez bien aux buttes d'une taupinière. C'est là que d'un coup d'œil on embrasse tout le département, et une partie de celui des Basses-Pyrénées, du Gers et de la Haute-Garonne, où se confondent, par des nuances insensibles, les objets terrestres avec les vapeurs légères d'un atmosphère dont les limites se perdent dans l'immensité des cieux. On assure que par un jour très-serein, on peut distinguer de cette élévation, à l'aide d'une lunette d'approche, le pont de la ville de Toulouse, qui est à plus de 180 kilomètres de là.

L'étendue de la vue sur la plaine varie beaucoup en raison de l'état de l'athmosphère qui se trouve toujours plus ou moins chargée d'une vapeur légère, d'une espèce de fumée dans laquelle nous respirons fort à l'aise, et qui semble cependant incommode et mal saine quand on en juge de ces hauteurs où l'on jouit d'un air plus léger et plus pur. C'est elle qui fait qu'on ne peut distinguer les objets que très-confusément; on les voit comme au travers d'un verre dont la transparence serait très-imparfaite, et qui ferait éprouver aux rayons lumineux des réfractions qui en altèrent la pureté.

Il arrive quelquefois que des nuages et un épais brouillard empêchent de rien distinguer sur la terre; alors on se croit au milieu d'une mer sans rivages, au-dessus de laquelle dominent, comme autant d'écueils, les sommets les plus élevés; ce spectacle n'est pas sans attraits, et il remplace souvent celui auquel on s'attendait en montant sur le pic; quelquefois les montagnes sont entièrement dégagées de vapeurs, tandis que la plaine est couverte de nuages qui, situés près de terre, ressemblent par leur forme et leur couleur, à des flocons de laine suspendus et nageant dans l'air. En général, l'atmosphère est toujours plus ou moins chargée au moment où le soleil s'élève sur l'horizon, et à celui où il s'abaisse ; il faut, pour jouir du coup d'oeil le [illegible]s étendu, devancer l'aurore, ou attendre que cet astre soit [illegible] milieu de sa course. Le lever du soleil, vu de ce point, est [illegible] spectacle magnifique : dès que cet astre paraît, il remplit [illegible] feux rayonnans l'immensité de l'espace, et les objets prennent une nouvelle couleur; tout s'anime aux regards du père du jour : les monts projettent au loin des ombres qui modifient une trop vive clarté, et nuancent le tableau, d'où résultent des efforts de l'umière qu'il est impossible de rendre.

Lorsqu'on peut distinguer les objets dans la plaine, et qu'on fixe ses regards près de soi, on voit bien distinctement toutes les dispositions de sol que présente le département des Hautes-Pyrénées, et dont j'ai donné une esquisse au commencement de cette section ; c'est de cette hauteur que j'ai pris la vue générale que j'en ai tracée.

Ascension et vue de Vignemale.

Cette montagne n'est inférieure au *Mont-perdu* que de 80 mètres. Elle est conséquemment la plus élevée des Pyrénées françaises, puisque le Mont-perdu se trouve sur le versant d'Espagne (*) ; c'est un groupe de sommités innombrables entassées les unes sur les autres, et formant un noyau d'où descendent des prolongemens qui séparent les vallées d'*Ossone* et de *Cauteretz* en France, celles de *Broto* et de *Theue* en Espagne ; ces prolongemens conservent encore une grande élévation loin

(*) C'est pourquoi je n'en parlerai point, quoique je l'aie vu d'assez près pour en décrire l'aspect et les approches. *V*. M. Ramond.

du noyau qui leur a donné naissance, et présentent plusieurs pics très-remarquables.

On peut aborder Vignemale par le val de Gaube, qui, comme on l'a vu, est un prolongement de la gorge de Cauteretz, ou par la vallée d'Ossaue, qui débouche dans celle de Gavarnie. C'est par la première de ces vallées que je suis parvenu au plus petit des trois sommets de cette montagne, le seul que l'on puisse atteindre; et c'est de cet observatoire, qui n'est inférieur à la grande sommité que de 3 ou 400 mètres, que j'ai vu bien distinctement, et par le plus beau jour, toute l'ordonnance des monts qu'il domine, et même de ceux qui se trouvent un peu plus élevés.

Du lac de Gaube, on commence à apercevoir la masse gigantesque de Vignemale qui, vu de ce point, présente une perspective comparable à celle du Marboré, mais dont le cirque, quoique plus étendu, n'offre point ces gradins symétriques et ce contour régulier qui caractérisent celui de Gavarnie; il y a plus de rudesse, plus d'âpreté dans les formes, et l'on aperçoit comme des déchiremens qui sillonnent profondément, et de haut en bas, toute la surface de cette imposante barrière.

Lorsqu'on approche du cirque, on voit, dans toute leur élévation, les *trois pics* inégaux qui, de ce côté-là, surmontent l'énorme masse de Vignemale; on les nomme les *Sommités Jumelles* : celle qui est à droite est la plus élevée; elle s'appelle, en langage du pays, *ét Soum-d'era-Costa*, le Sommet de la Côte; les deux autres, placées sur la même ligne, de l'est à l'ouest, n'ont point de nom; elles décroissent dans le rapport de leur éloignement du pic principal. Entre tous les trois, se voient de larges et profondes anfractuosités dont le fond est rempli de neige; leurs flancs arides en sont aussi couverts sur plusieurs points. Un énorme rocher est situé, comme une clef de voûte, entre le premier et le second de ces pics, à une grande distance de leurs sommités.

On ne saurait aborder en face ce mur perpendiculaire, dont

les fondemens semblent raffermis par l'énorme tas de glace qui se trouve à sa base, et qui offre une surface très-inclinée. Il faut nécessairement se diriger vers la gauche pour gravir sur le *troisième pic*. On monte très-rapidement, dès le point de départ, à travers des amas de neige que l'on rencontre à chaque instant, et des roches escarpées sur lesquelles il faut s'élever comme par une échelle. Il faut deux heures pour atteindre le col qui se trouve à la base du pic, et d'où l'on domine sur le vallon de *l'Oulette*.

On voit alors en face, et dans la ligne méridienne, ce troisième pic sur lequel on peut gravir sans de grandes difficultés, à travers des fragmens calcaires qui couvrent tout le flanc de la montagne. Avant d'arriver au sommet, on traverse plusieurs tas de neige qui se prolongent jusques dans l'enceinte du cirque par une pente assez rapide, ce qui commande quelques précautions pour les passer. Il faut encore une heure de marche pour atteindre le sommet d'où l'on domine toutes les hauteurs voisines. Alors se voient, dans toute leur étendue, ces larges ravins, ces immenses anfractuosités qui séparent les sommités Jumelles, dont le vives arêtes, coupées à pic, ôtent tout espoir de communiquer de l'une à l'autre; chacune est entourée d'un *vaste glacier* d'une profondeur incommensurable, que l'observateur étonné considère avec effroi, d'une élévation que la vue ne saurait apprécier.

Toutes ces neiges, toutes ces glaces ne forment qu'une seule masse, dont le centre se trouve entre les trois pics et les hauteurs situées plus au midi. De ce centre dont la surface est immense, partent des prolongemens qui s'étendent de tous côtés entre les différens mamelons des montagnes circonvoisines, et parviennent jusqu'aux sommets des vallées qui aboutissent à Vignemale, pour fournir à l'écoulement de divers Gaves ou torrens; le plus considérable de ces prolongemens paraît être celui qui descend dans la vallée d'Ossone; il est probable que ceux qui se dirigent du côté de l'Espagne sont moins étendus.

Parvenu à ce point de vue, on regrette peu de ne pouvoir atteindre les deux autres sommités; et si l'on se tourne du côté du nord, on voit bien distinctement à l'est, et sur le même plan, du nord au sud, d'abord le *Pic du Midi*, qui ne présente aucun glacier visible; puis *Neouvielle* dont le flanc occidental est chamarré de neige; le *Pic-long* et les *montagnes de Troumouse*, également blanchies; sur un plan un peu moins éloigné, le *Pimené* qui n'a point de glaciers, et le *Mont-perdu* tout couvert de frimats. Plus près, et sur la même ligne que le Mont-perdu, d'orient en occident, on voit le *Marboré*, ses *gradins* et la *brèche de Roland*, vaste môle presqu'entièrement couvert de larges nappes de neige; plus en-de-çà sont le *Pic-blanc* et le *Pouey-Mouron* ou Pic-noir.

Directement au nord, et sous les yeux du spectateur, se trouve l'arête de montagnes qui sépare le val de Lectoure de celui de Gaube; on la nomme dans le pays *Costa de l'oumé* (Côte de l'homme). A l'est du val de Lectoure se voient les montagnes de la vallée de Gavarnie, avec lesquelles se continuent celles du versant boréal de la vallée d'Ossoue, dont les sommités se présentent sous la plus heureuse perspective. On remarque à l'extrémité, le pic de *Succugnac* qui paraît peu éloigné; il ne faudrait guère que deux heures pour aller du point où l'on est, par cette vallée, au village de Gavarnie, près duquel elle débouche.

Un peu à gauche on voit, dans tout son cours, le val de Gaube, qui présente à son extrémité, sous le plus beau des aspects, le *lac* du même nom; plus loin, la vue se repose sur les hauteurs qui bordent au nord le val de Cerret, et sur le *Monné* qui domine Cauteretz, et paraît avoir une grande élévation. Plus à gauche, est la crête qui sépare le val de Gaube de celui du Marcadal, et dont les sommités portent différens noms dans le pays; au-de-là sont les montagnes qui bordent à l'est la vallée d'Azun.

Tout-à-fait au couchant est le *Pic du Midi* de Pau, qui fait partie de la crête centrale. Vu de ce point, la bifurcation de sa sommité paraît très-distinctement, et c'est ce que l'on nomme *la Hourque* (la Fourche); la partie du côté droit a l'aspect d'une tour carrée; l'autre ressemble assez à un dôme de forme conique.

Si on se retourne du côté de l'Espagne, la vue est interceptée à peu de distance par plusieurs monts qui font partie de Vignemale, et dont la nomenclature est très-incertaine; ils bornent au midi la vaste mer de neige qui se trouve au centre de cette grande masse; on en désigne trois sous les noms de *Cerbellona*, *Plan d'Aube* ou *Plateau du levant*, et *Montferrant*. Le premier est à l'ouest; il répond au *Soum-d'era-costa*, et c'est le plus élevé. Le second est situé à l'est; ses flancs sont tous couverts de neige; on pourrait atteindre son sommet qui est fort haut, et voir de là les restes du glacier, et le versant d'Espagne; c'est par la vallée d'Ossoue qu'il faut l'aborder. La troisième sommité est située entre les deux autres; elle paraît aussi être la moyenne en hauteur.

A l'est de toutes ces sommités, est une échappée de vue qui laisse apercevoir une partie de l'Espagne, et plusieurs plans du versant méridional des Pyrénées. Un embranchement de la vallée d'Ossoue paraît offrir, de ce côté, un passage facile qui, probablement, conduit aux mêmes points que le port de Gavarnie.

Tels sont tous les objets, tous les points de vue qui se présentent aux yeux de l'observateur situé sur la troisième sommité de Vignemale; c'est incontestablement l'un des aspects les plus beaux et les plus variés que puissent offrir les Hautes-Pyrénées.

Ascension et vue du Marboré et de la brèche de Roland.

La situation de ces monts qui se trouvent dans la direction de la crête, et sont un point intermédiaire entre les hauteurs de Vignemale et du Mont-perdu, est bien différente de celle du Pic du Midi; aussi les objets qui s'offrent à la vue sur cet autre observatoire, sont-ils différens. C'est de ce point que l'on peut juger de la disposition des deux versans des Pyrénées, et de la situation relative des différens pics, eu égard à l'arête centrale.

Pour s'élever jusqu'à ces sommités, il faut passer par Gavarnie, arriver jusqu'au cirque, et prendre à droite un sentier étroit, pratiqué sur les débris des roches qui encombrent l'aire du cirque. Ce sentier conduit à des escarpemens très-rapides, sur lesquels on s'élève, en tournant différens rochers qui sont assez difficiles à franchir. Parvenu à une certaine hauteur, il faut gravir par une espèce de ravin d'une roideur effrayante, creusé dans le roc, et où l'on ne peut choisir ses pas; après avoir ainsi monté comme par une échelle tournante, on serpente le long des précipices sur des corniches très-étroites; plus loin, on traverse un filet d'eau qui provient de très-hautes cascades. On va ainsi d'un rocher à l'autre, par des pentes fort inclinées, et l'on gagne le haut de l'escarpement d'où tombent ces cascades. Une montée fort herbeuse et très-rapide, qui conduit aux premiers gradins des tours du Marboré, se présente ensuite, et l'on a bientôt atteint un mur de rochers qui tient à ces gradins. Ce point stationnaire est un grand pâturage nommé *Malhada de Serrades*, d'où l'on s'élève, du côté du couchant, jusqu'à un vallon de neige qui est assez rapide, et à la partie supérieure duquel est une espèce de col, entre deux sommités assez distantes. Ce col, qui offre un passage pour aller au port de Gavarnie, domine ce port, et présente une échappée de vue fort belle.

On prend la gauche de ce vallon qui est borné au nord par un long mur calcaire, coupé à pic, et l'on gravit sur des roches nues et décharnées, jusqu'au tiers de sa hauteur environ. Alors on se dirige droit au midi, et l'on monte, au milieu d'un autre vallon couvert de neige, d'une grande inclinaison; à sa partie supérieure se voit le flanc du glacier qui est aux pieds du Marboré, et que recouvre ordinairement une assez grande quantité de neige; lorsque la glace est à nud, ce qui arrive rarement avant la fin de l'été, il est prudent de mettre des crampons pour gagner le grand escarpement; quelquefois on s'est vu obligé d'y pratiquer des pas avec la hache, pour pouvoir y placer le pied ; ce passage est toujours difficultueux ; il faut au moins trois heures pour y arriver du fond du cirque.

Parvenu au-dessus du glacier, on aperçoit, par une échappée de vue, à droite, la montagne de Vignemale, que les gens du pays appellent *Plan de Laulio ;* en face, est le mur de rocher, dans lequel se trouve la brèche de Roland que l'on voit alors de la manière la plus distincte. Ce long mur, qui est fort mince au voisinage de la brèche, où il menace ruine encore, a depuis cent jusqu'à deux cents mètres de hauteur dans les différens points de son étendue, et il présente l'aspect d'un ouvrage d'art ; mais la nature en a fait seule tous les frais. A l'extrémité du mur, du côté droit, est la *fausse brèche* qui est surmontée par le pic du *Taillon.* Pour arriver à la brèche, on se dirige à gauche et horizontalement sur le vaste tapis de neige qui recouvre l'énorme glacier : l'accès en est défendu par un grand entonnoir dans lequel se prolongent ce glacier et les neiges qui le recouvrent ; cette excavation est due à l'action du soleil, qui est là plus forte qu'ailleurs, à cause du défaut de mur. Il n'est point nécessaire de tourner cet entonnoir et de s'accrocher au mur de la brèche pour y arriver, ainsi que l'ont dit quelques voyageurs ; on descend avec beaucoup de facilité dans ce large bassin, en se dirigeant obliquement, et l'on atteint de même le bord opposé qui avoisine la brèche.

Cette brèche, qui a cent mètres d'ouverture, est dominée et comme protégée par les tours du Marboré qui s'élèvent majestueusement, et semblent destinées à défendre ce passage ; ces monts pyramidaux et symétriquement placés, forment une espèce d'ornement à cette belle et immense architecture.

Près de la brèche, on n'aperçoit plus aucune trace de végétation ; c'est un désert affreux ! Sur le versant du nord, ce sont des neiges accumulées à une hauteur considérable ; sur celui du midi, elles sont moins abondantes et moins durables, et lorsque l'ardeur du soleil les a fondues, elles laissent à découvert de longs ravins, de vastes éboulemens, où l'on ne trouve nul vestige de vie et de fécondité; des roches hérissées, plus âpres du côté de la France, plus dégradées du côté de l'Espagne où elles semblent plus disposées à s'engloutir dans les précipices qu'elles dominent; de toutes parts, des monts entassés, plus élevés, et présentant un aspect plus sauvage du côté du nord; quel spectacle à-la-fois triste et imposant!

Mais dans le lointain, du côté du midi, se présente une grande et belle perspective. La vue s'étend sur les vastes plaines de l'Aragon, où elle n'a d'autres bornes que celles que prescrit sa propre faiblesse; comme sur le Pic du Midi, mais en sens inverse, le spectateur voit les monts s'abaisser devant lui, les vallées se dessiner, et la plaine confondre ses limites avec celles de l'horizon. Ce sont des vues parfaitement semblables; et sans l'imperfection de nos organes, on pourrait distinguer facilement Saragosse du haut de la brèche, comme Toulouse du haut du Pic du Midi.

Les monts intermédiaires qui séparent ces deux observatoires, ont, du premier de ces points, un tout autre aspect; ils ne se déploient point à la vue sous la forme d'amphithéâtre; la grande élévation de ceux qui sont le plus rapprochés, ne permet plus de distinguer les autres que d'une manière très-confuse, et on ne voit point ces glaciers, ces amas de neige qu'ils présentent dans l'exposition septentrionale. L'immense perspective que la brèche de Roland présente au midi, tandis qu'elle est interceptée sur beaucoup de points du côté du nord; la moindre élévation des monts de l'Aragon comparés à ceux des Hautes et des Basses-Pyrénées; les plaines de France visibles seulement par-dessus les monts à une distance considérable, quand la vue plonge immédiatement du haut de cette crête sur les plaines d'Espagne; tout cela prouve qu'il y a une énorme différence entre l'inclinaison des deux versans des Pyrénées,

nées, et que les monts s'abaissent bien plus rapidement du côté méridional.

Ascension et vue du Piméné.

Cette montagne, bien moins élevée que les précédentes, offre un aspect ravissant à sa sommité, dont l'accès est assez facile, c'est par la vallée d'Estaubé qu'on approche de sa base et que l'on atteint l'espèce d'isthme qui la sépare des montagnes méridionales, dont la situation respective et l'ordonnance graphique se présentent alors de la manière la plus frappante; c'est là que tous les objets environnans présentent le plus beau, le plus satisfaisant des spectacles, par leur immensité, considérée sous un rapprochement qui ajoute à tout ce qu'ils ont d'imposant et de majestueux, quand on les considère des points de vue plus éloignés dont nous avons parlé.

Là, on voit à ses pieds les deux vallées d'Estaubé et de Gavarnie, que terminent des cirques majestueux; devant soi, au midi, le *Marboré*, avec ses tours qui surmontent *Tuquerouye*, et le *Mont-perdu* qui domine les plus grandes hauteurs, et présente comme une large croupe dirigée de l'est à l'ouest. Elle est surmontée au couchant par une espèce de chapiteau ou de dôme très-élevé, dont l'immense surface est recouverte de glaces et de neiges resplendissantes. Au couchant, on voit la vallée d'Ossone, *Vignemale* et son énorme glacier; au levant, et du nord au sud, le *Pic du Midi*, *Neourielle* et le *cirque de Héas*; au nord, le *Pic-long*, les montagnes qui le supportent, et le *Counmélie* dont l'élévation paraît bien petite de ce point.

Après la vue du *Pic du Midi*, c'est celle du *Piméné* que doivent rechercher tous ceux qui veulent, à peu de frais, embrasser et saisir d'un coup d'œil l'ordonnance générale des Hautes-Pyrénées, la position respective de leurs grandes masses; cette dernière position est même préférable à l'autre : on y voit les objets dans un éloignement moins considérable, et ils se présentent sous un aspect bien plus frappant, et tout aussi varié. Le naturaliste y trouve aussi de quoi observer, et c'est là qu'il peut coordonner, lier entr'elles les pensées et les notions qu'a dû lui donner l'étude partielle des monts, sur la structure générale de la chaîne. C'est un des beaux observatoires des Hautes-Pyrénées; c'est celui dont la situation est la plus heureuse. J'ai joui de ce point de vue par un très-beau jour: étant parti de *Héas*, je traversai la vallée d'Estaubé, et je descendis à Gavarnie par l'isthme méridional qui est au bas du pic.

NEIGES, GLACIERS, CASCADES, LACS, TORRENS OU GAVES, LAVANGES OU AVALANCHES, ORAGES.

En parlant de l'élévation considérable des Monts-Pyrénées, en parcourant les sommités qui dominent le centre de la chaîne, nous avons reconnu l'existence d'une quantité considérable d'amas permanens de neige et de glace; la conservation de ces amas est due en partie à la froide température qui règne dans la haute région qu'ils occupent, et en partie aussi à leur exposition qui les garantit plus ou moins de l'ardeur du soleil.

Leur situation, qui est généralement déterminée par ces deux causes simultanées, éprouve cependant un grand nombre de variations qui paraissent tenir au voisinage d'autres montagnes, et à la chaleur qu'elles réfléchissent.

La description locale des neiges et des glaces qui se rencontrent dans les Hautes-Pyrénées, demanderait de nombreuses observations. Là où on les trouve en plus grande abondance, c'est près des plus hautes sommités et sur les croupes dont l'exposition est au nord; voilà pourquoi le versant de la France en offre une grande quantité, tandis qu'on en trouve peu ou presque point du côté de l'Espagne.

Chaque hiver, tous ces monts, tous les gouffres, toutes les anfractuosités qui les séparent, sont couverts de neige, et elle s'y accumule en plus ou moins grande quantité; mais au retour du printemps, les rayons du soleil et une température plus douce, opèrent une fusion générale à laquelle résistent seulement certaines parties de cette grande nappe ; ici, la neige reste dans son état primitif ; ailleurs, elle éprouve un commencement de fusion auquel succède un refroidissement subit qui la transforme en glace, et voilà à quoi tient la différence des glaciers et des amas de neige : des observateurs peu attentifs ont souvent pris l'un pour l'autre ; on voit beaucoup plus de ces derniers que des premiers dans les Pyrénées.

L'étendue de ces glaciers et de ces amas de neige n'est point constante : elle varie souvent d'une année à l'autre, comme tous les phénomènes météoriques qui, dans leur succession, n'ont rien de constant et de régulier pour nous dont la vue et les observations ne peuvent embrasser l'éternité. Mais ces variations prouvent que ces neiges et ces glaces ne sont point éternelles dans toute leur masse, indépendamment de la nécessité qui veut que la couche d'une année prenne la place de celle d'une autre ; les amas, les glaciers sont seuls éternels comme la base qui les supporte : ils se renouvellent avec le temps dans toutes les parties qui composent leur masse ; et comme la fusion s'opère surtout par les points qui touchent la terre, chaque année ajoute une nouvelle couche à la surface, et fait disparaître celle qui est tout-à-fait dessous.

La limite inférieure des neiges et des glaces permanentes est très-difficile à déterminer ; elle est, pour chaque montagne, en raison composée de sa latitude, de son élévation, et de la place qu'elle occupe dans la chaîne. Le Pic du Midi qui est fort élevé, comme on vient de le voir, n'en conserve que dans quelques anfractuosités qui sont à l'abri du soleil, parce qu'il est très-voisin de la plaine dont la température modifie celle de l'atmosphère qui l'environne. A Neouvielle, il y a un glacier permanent et un vaste champ de neige à 2900 mètres environ, parce que cette montagne est beaucoup plus haute et plus rapprochée du centre de la chaîne. Le Pic-long qui en est encore plus voisin, et qui est aussi plus élevé, a des neiges et un glacier, encore plus bas. Dans le voisinage du Mont-perdu, enfin, il y a des neiges permanentes en vastes champs, au-dessous du port de Pinede, à 2440 mètres environ, ainsi qu'autour du lac, au niveau duquel descendent les magnifiques glaciers qui naissent vers la cime de cette haute montagne. (*)

C'est la fusion périodique et variable des neiges et des glaces qui fournit à l'écoulement aussi périodique et variable de ces nappes d'eau, de ces cascades qui tombent de rochers en rochers, et viennent se confondre quelquefois dans un réservoir commun que l'on appelle lac, pour s'échapper de nouveau, et descendre en torrens ou en Gaves jusques dans la plaine.

Le nombre et la situation des lacs que l'on trouve dans les Hautes-Pyrénées, est impossible à déterminer, et il en est beaucoup sans doute qui ne sont pas connus. Il en est de même des chutes d'eau ou des cascades qui les alimentent et fournissent à leur écoulement successif. Nous avons indiqué les plus remarquables, soit des lacs, soit des cascades, en décrivant les vallées par lesquelles on peut pénétrer dans le grand dédale des Monts-Pyrénées.

Un phénomène également remarquable, et qui se présente assez fréquemment dans les Pyrénées, est la chute inattendue et comme instantanée d'une masse d'eau ou de neige qui roule du sommet des monts dans les vallées, avec un fracas et souvent des dégâts épouvantables. On nomme ce phénomène *avalanche* ou *lavange ;* le premier mot est plus usité dans les Alpes ; l'autre l'est davantage dans les Pyrénées ; tous les deux expriment la même chose. Les habitans du pays l'appellent, dans leur langue, *lid* ou *lit,* et ils distinguent la *lit de terre* qui roule du haut des monts dans le fond des vallées, et la *lit de vent* qui s'élève en tourbillons dans la haute région ; celle-ci est

(*) Ramond.

la tromhe de terre. Il existe donc des lavanges de plus d'un genre: quelquefois, après un grand orage, les montagnes se détrempent, et laissent couler de leurs flancs des torrens de boue qui produisent des éboulemens terribles, et ravagent tout sur leur passage : d'autres fois, la neige tombant en gros flocons, est agitée, rapprochée, amoncelée, condensée, par des vents impétueux qui en lancent la masse irrésistible contre les arbres qu'elle déracine, ou contre la paisible habitation du laboureur qu'elle renverse; on voit comme d'énormes ballons que le vent dirige et pousse avec rapidité, et que la masse même des rochers ne peut arrêter dans leur chute; tantôt, dans un temps calme, et par le plus léger accident, une parcelle de neige, une pierre se détache d'un promontoire, et se précipite. Son volume et sa vitesse s'accroissent dans sa course; c'est bientôt une masse énorme à laquelle rien ne résiste. On met aussi au nombre des lavanges le débordement des lacs, quand la digue qui les retient, cédant aux constans efforts de l'eau, leur permet de s'échapper; c'est un événement propre à bouleverser tout un canton, et qui présente l'affreuse image d'un déluge; souvent ce débordement est produit par la chute d'une grande quantité d'eau à la suite d'un orage, par celle d'une avalanche, par l'éboulement d'un rocher; la masse qui tombe, déplaçant un volume d'eau égal au sien, la fait extravaser; si la digue est rompue en entier, le lac disparait pour toujours, et l'on ne trouve plus à sa place qu'un bassin aride et désert, environné de murs coupés à pic et plus ou mois élevés en forme de cirque; il en existe plusieurs dans les Hautes-Pyrénées, comme on l'a vu dans la description des vallées.

On sait qu'en général les régions montagneuses sont le théâtre habituel des météores et des mutations atmosphériques; mais les Pyrénées présentent, à cet égard, des particularités très-remarquables. Lorsqu'on s'élève sur les hauteurs qui les dominent, on y jouit rarement d'un ciel serein; souvent, au milieu du plus beau jour, on voit l'horizon s'obscurcir tout-à-coup : des nuages s'amonceler sur les sommités, se diriger de l'une à l'autre avec une espèce d'ondulation qui les fait ressembler aux vagues d'une mer agitée, s'étendre jusques dans la profondeur des vallées, et après avoir dérobé au spectateur la clarté des cieux, lui présenter la vive lumière des éclairs, précurseurs de la foudre qui bientôt gronde sur la tête, et répand par-tout l'épouvante. A de semblables hauteurs, c'est une chose terrible qu'un orage, et les entrailles même de la terre semblent n'être pas un asile assuré contre les ravages qu'il opère; le mugissement des vents, les éclats du tonnerre, le débordement des torrens, menacent de tout engloutir. C'est la nature en convulsion, soumise à des déchiremens affreux!... Est-il étonnant qu'un semblable phénomène soit souvent l'occasion des terribles événemens que nous avons rapportés plus haut; qu'il produise ces éboulemens, ces crevasses qui présentent ensuite l'image de la destruction?

STRUCTURE ET COMPOSITION DES HAUTES-PYRÉNÉES.

DES MODIFICATIONS QU'ELLES ONT ÉPROUVÉES.

Il me reste à traiter une partie bien importante de la topographie des Hautes-Pyrénées : c'est celle qui a pour objet la disposition intérieure et pour ainsi dire organique de cette grande masse dont je viens d'esquisser les formes extérieures; mais c'est aussi celle sur laquelle il est le plus difficile d'avoir des faits précis et des notions exactes. La géologie est la moins avancée de toutes les parties de l'histoire naturelle, et cela doit être. Que d'obstacles s'opposent à ce que l'on perce cette enveloppe superficielle qui nous dérobe les secrètes dispositions de la nature! Que d'efforts il faudrait pour pénétrer jusques dans les entrailles de la terre! Et comment soumettre le globe à une dissection qui puisse nous dévoiler son intime structure?.....

Ce qui retarde les progrès de la science, en général, retarde aussi l'époque à laquelle nous pourrons avoir une connaissance complette sur la géologie particulière des grandes chaînes de montagnes qui sont l'objet des observations et des recherches des naturalistes. Celle des Pyrénées a déjà fixé l'attention de plusieurs d'entr'eux qui, non contens de voir ce qu'elle offre d'apparent, ont voulu saisir et déterminer l'ordonnance des parties de ce grand tout, les rapports mutuels des différentes masses, et des diverses substances qui entrent dans sa composition. Les écrits de MM. *Dietric*, *Darcet*, *Pallasson*, *Lapeyrouse* et *Ramond*, sur cet objet, sont connus de tous ceux qui s'occupent tant soit peu d'histoire naturelle. Voici ce que j'ai pu résumer de ces différens auteurs sur le sujet qui m'occupe; je ne présente qu'un précis, et il n'a pour objet que les faits qui m'ont paru constatés; je laisse de côté tout ce qui est raisonnement, déduction, hypothèse, système, tout ce qui, en un mot, ne peut trouver place dans une statistique dont le cadre ne doit embrasser que ce qui est démontré.

La constitution des Pyrénées a sans doute éprouvé dans la série des siècles, et par l'oeuvre du temps, des altérations, des modifications auxquelles toutes les choses naturelles sont assujetties, et on distingue aisément les traces de ces mutations plus ou moins éloignées, plus ou moins considérables sur ces montagnes hérissées de pics, déchirées dans leurs flancs, sillonnées par une infinité de torrens, et qui, sûrement, n'ont pas conservé leur état primitif. Leur altération doit être attribuée à plusieurs causes : l'action des pluies, des orages, des tremblemens de terre, etc. (*)

(*) Ce dernier phénomène n'est pas rare dans les Hautes-Pyrénées. Voici ce qu'on écrivait de Bayonne il y a près d'un siècle et demi : « Le grand tremblement qui s'est fait sentir en tant de lieux, s'est » passé si légèrement dans cette ville, que nous n'en avons eu que la » peur; mais il a fait tomber la plupart des cheminées de celle de » Pau; et l'on nous mande de Bagnères en Bigorre, situé au pied des

Nous avons vu cette région présenter par-tout l'image du chaos et de la destruction ; mais sous ce désordre apparent, on trouve les indices certains d'une uniformité constante de structure et d'altération, qui décèlent l'agent paisible de ces lentes métamorphoses.

A travers les ruines qui en sont le résultat, à travers ces éboulemens subits, ces rochers confusément entassés, l'œil de l'observateur parvient à découvrir le plan régulier que la nature a suivi dans ses opérations primitives, et dans celles par lesquelles elle modifie successivement son propre ouvrage.

Il aperçoit des bancs de différentes natures, disposés avec ordre et simétrie, superposés les uns aux autres par lits ou couches, et se prolongeant en général de l'ouest-nord-ouest à l'est-sud-est. Ils forment un angle de 77 degrés à l'est avec le méridien de Paris, et ils sont communément inclinés d'environ 30 degrés avec la perpendiculaire. (*)

Ces bancs sont tour-à-tour calcaires et argileux ; ils sont entremêlés de masses granitiques qui observent rarement la dis-

---

» Pyrénées, que plusieurs maisons ont été renversées, et tous ceux » qui étaient dedans écrasés ; que des montagnes d'une hauteur exces» sive s'étant ouvertes, une a été abîmée ; et que la vallée de Campan, » voisine de ladite ville de Bagnères, et la plus peuplée de tout le pays, » en a aussi été endommagée à tel point, et notamment le couvent des » capucins de Notre-Dame de Medous, fondé par la maison de Gra» mont, que les religieux qui en sont échappés se sont vus réduits à » se hutter aux environs de ce lieu-là ; mais ce qui est encore digne » de remarque, les bains chauds qui sont en ladite ville de Bagnères, » devinrent tellement frais par la sortie des feux souterrains, que » ceux qui y étaient furent obligés de se retirer. » (PALLASSOU, essai sur la minéralogie des Pyrénées.)

Ce tremblement de terre eut lieu le 21 juin 1660. Il y en a eu depuis beaucoup d'autres moins remarquables.

(*) *Pallassou*, essai sur la minéralogie des Monts-Pyrénés. Introduction.

position régulière des bancs. Cette roche forme, en général, la base des Monts-Pyrénées, et on en trouve souvent jusques sur les sommités les plus élevées.

« En général, les bancs s'étendent à de grandes distances » dans leur direction. Comme elle varie néanmoins quelquefois, » il est possible qu'ils se croisent dans l'intérieur des mon- » tagnes, et que les matières qui semblent être la continuation » du même banc, soient au contraire le prolongement d'un » autre; mais l'ordre successif des lits calcaires et des lits ar- » gileux ne se trouvant pas dérangé, on est autorisé à croire » qu'ils n'éprouvent, qu'ils ne subissent que de faibles si- » nuosités. » (*)

Il est très-difficile de déterminer la largeur respective des bancs de chaque espèce; d'ailleurs, le calcaire et l'argileux se trouvent souvent mêlés et confondus. Le quartz s'y trouve aussi quelquefois, et la plupart des schistes en contiennent en quantité.

Les chaînes de montagnes sont en général composées de trois bandes : l'une granitique, qui forme la base; l'autre argileuse et schisteuse, qui repose sur cette base, et la troisième calcaire, qui couvre la surface. M. *Pallas* assure que cette division existe dans toute l'étendue des états russes. M. *Ferber* en dit autant pour les Alpes. Il n'en est point ainsi des Pyrénées : le granit forme bien le noyau de ces montagnes, mais il sert souvent d'appui immédiat aux bancs calcaires, qui, à leur tour, soutiennent aussi les bancs argileux. Le plus souvent on voit d'énormes masses, formées par des couches alternatives de ces deux substances (**). La plupart des sommités, cependant, sur-tout les plus élevées, sont entièrement calcaires; et si l'on en voit quelques-unes de granitiques, c'est que les injures du temps, l'action de l'air et des eaux du ciel, ont détruit l'enveloppe calcaire qui y avait été déposée par la mer dont le séjour ou le pasage sur ces

---

(*) *Pallasson*, essai sur la minéralogie des Monts-Pyrénées.

(**) *Darcet*, dircours sur l'état actuel des Pyrénées.

hauteurs est attesté par l'existence de corps marins que l'on trouve en abondance à Gavarnie, à la Canau et au Mont-perdu (*).

La disposition régulière de tous ces bancs, est donc l'ouvrage de la mer qui, par le mouvement de ses eaux, a successivement déposé différentes matières. Les pierres calcaires sont des amas de coquilles, de madrépores, ou de débris de corps marin réduits en poussière; et les schistes argileux sont le produit d'une espèce d'humus ou de terre, provenant des décompositions végétales, altérée par l'action de l'eau, et devenue compacte par le laps du temps.

L'inclinaison des surfaces primitives sur lesquelles s'est formé le dépôt de ces substances calcaires et argileuses, explique leur propre inclinaison, et la succession des dépôts rend raison de la formation des feuillets que présentent les schistes; mais ce qu'il n'est pas aussi aisé d'expliquer, c'est l'existence de quelques lits calcaires entre des masses ou des bancs de granit, que l'on trouve quelquefois aussi par lits très-réguliers, comme les montagnes des environs de Gavarnie en fournissent la preuve. Attribuera-t-on aussi la formation de ces couches à l'action de la mer? Ce serait penser, avec *Thalès*, que tout vient de l'eau, et qu'elle est l'unique cause des dispositions qu'offre le globe.

M. *Ramond*, en résumant toutes ses observations sur les Hautes-Pyrénées, dit qu'elles sont fondées sur le granit; que ce granit se montre à découvert dans la partie moyenne de la chaîne, et qu'il y forme un terrein très-étendu et très-élevé; que sa composition est absolument la même que celle du granit fondamental des Hautes-Alpes, et qu'il appartient à la même époque de cristallisation générale, et aux mêmes couches de la croûte du globe.

C'est ce qu'il appelle l'axe primitif des Hautes-Pyrénées: « Que de cet axe, ajoute-t-il, on se porte, soit au nord, soit au » midi, on trouvera de part et d'autre la même succession de

(*) Voyez M. Ramond, voyage au Mont-perdu.

» roches, d'abord primitives, puis secondaires, enfin, tertiaires, » formant autant de bandes subordonnées qui se répètent sur ces » deux faces, et s'aligne nt parallèlement à sa direction.»

En comparant les Alpes aux Pyrénées, sous les rapports de leur structure, il y trouve les différences suivantes (*) :

« 1.° La chaîne des Pyrénées est essentiellement plus simple ;

» 2.° Cependant, il y a eu plus de trouble dans la formation » des montagnes superposées au primitif ;

» 3.° Le calcaire, soit primitif, soit secondaire, y est sensi» blement plus abondant ;

» 4.° Le secondaire y est élevé à une hauteur plus considérable ;

» 5.° L'invasion s'est effectuée dans une directon contraire ».

Je n'en dirai pas davantage sur un sujet aussi obscur et aussi difficile : je laisse à nos géologues le soin de scruter le sein de nos montagnes pour y chercher la raison de leur existence, et les causes qui les ont modifiées dans la succession des temps. Il leur reste encore beaucoup d'observations à faire pour donner à leurs raisonnemens la clarté et la précision qui peuvent seules convaincre les esprits justes.

2.° RÉGION DES COLLINES, COTEAUX ET MONTICULES.

La transition de la région montagneuse à celle de la plaine, n'a pas lieu d'une manière brusque, et il existe des gradations dans l'abaissement successif du sol. On a vu que les plus grandes hauteurs, à quelques exceptions près, avoisinent la crête centrale des Pyrénées, et que les monts sont, en général, d'autant moins élevés, qu'ils s'éloignent davantage de cette crête. Les points où les vallées débouchent, présentent encore des montagnes qui s'étendent plus ou moins loin, comme autant de racines ou de prolongemens des versans latéraux qui continuent à li-

(*) Voyage au Mont-perdu.

miter le cours des torrens ou des rivières. Les points situés entre les débouchés des vallées, et qui correspondent à un ou plusieurs chaînons de montagnes, offrent sur-tout de ces prolongemens dont l'étendue et l'élévation sont très-remarquables. On en voit de ce genre entre les gorges de la vallée de Lourde, et de celle de Bagnères, comme aussi entre l'embouchure de celle-ci et celle de la vallée d'Aure, plus encore entre celle-ci et la vallée de la Garonne. Les premiers, pour ce qui concerne ce département, sont peu considérables, et on doit les regarder comme appartenant encore à la chaîne des monts (les grands prolongemens qui existent de ce côté, appartiennent au département des Basses-Pyrénées); les autres s'étendent fort au loin, et après avoir formé la deuxième région du département, ils vont se perdre dans les départemens limitrophes, de la Haute-Garonne, du Gers et des Landes.

Cette seconde région est divisée en deux autres bien distinctes par le cours de l'Arros, et toute sa surface est sillonnée par de nombreux ruisseaux qui, se dirigeant du sud au nord, tracent, dans le même sens, autant de cannelures plus ou moins profondes, qui séparent les nombreux mamelons dont cette surface est hérissée. On voit là, en petit, et comme en miniature, ce que nous avons observé en grand dans la région des hautes montagnes. Les courans sont moins encaissés; mais les petits chaînons qui les bordent, se rapprochent et s'éloignent aussi alternativement, pour former tantôt des défilés étroits et sauvages, tantôt des vallons spacieux et riants.

Ce sont ces vallons que l'agriculture a le plus enrichis; ce sont eux que l'homme industrieux a choisis, de préférence, pour y placer son habitation, ses vergers, ses domaines privilégiés. Les côtes, moins fertiles, moins agréables à habiter, sont moins soignées par la main de l'homme, excepté celles qui, par leur exposition et leur peu d'élévation, sont propres à la culture de la vigne. Les plus hautes, celles qui sont par trop arides, restent incultes, ou sont couvertes d'arbres forestiers.

Ces côtes observent entr'elles une sorte de parallélisme, comme les vallées qui les séparent, et elles offrent dans leur longueur de nombreuses alternatives d'élévation et d'abaissement, qui varient les sites et les points de vue, d'une manière pittoresque: de nombreux passages permettent que l'on aille de l'une à l'autre, et les cols que l'on doit traverser, ne présentent que peu de difficultés. On monte chaque versant par des rampes ou des sinuosités plus ou moins douces, qui conduisent au sommet de la colline, d'où l'on domine le versant opposé.

La plupart des rivières et des ruisseaux qui traversent cette région, tirent leurs sources des collines et des monticules qui la forment. L'Arros seule puise les siennes aux pieds des monts qui forment le versant oriental de la vallée de Campan, parmi des mamelons détachés, dont la disposition singulière et méthodique paraît être l'effet de l'art.

Il y a plusieurs sources d'eaux minérales dans la partie de cette région qui avoisine les montagnes; celles de Capvern sont très-connues et assez fréquentées.

On remarque aussi, à peu de distance de là, le grand plateau inculte et presque stérile, que l'on nomme la *Lande de Lannemezan*. Cette lande s'étend depuis la base des monts jusqu'au voisinage de ce chef-lieu qui, sans doute, dans les temps reculés, était aussi entouré de landes, ainsi que l'indique l'étimologie de sa dénomination. Le travail de l'homme en a fertilisé les environs; il serait bien à désirer qu'on en fît autant de la grande étendue de terrein qui reste inculte; mais il n'y a pas moyen de l'arroser, à moins qu'on ne fît de fortes dérivations de l'Arros ou de la Neste (ce qui présente beaucoup de difficultés), et l'on sait que l'eau est le premier aliment des végétaux.

3.° RÉGION DE LA PLAINE.

Cette troisième et dernière partie du département est facile à décrire, à cause de l'uniformité de son sol. J'ai déjà indiqué ses limites et sa forme; il me reste donc peu de chose à dire sur cet objet.

Sa surface, dont l'inclinaison est sensible du midi au nord, est parcourue, dans ce sens, par les rivières de l'Adour et de l'Echez; celle-ci se perd dans la première, à *Maubourguet*, peu avant l'extrême frontière du département, de ce côté. Leur direction est telle, qu'elles vont toujours en se rapprochant l'une de l'autre jusqu'au confluent. Leur convergence est une suite nécessaire de celle des côteaux qui bordent la plaine.

On a déjà vu quelles sont les sources de l'Adour; l'Echez tire les siennes de plusieurs vallons agréables, situés entre les dernières racines que les Pyrénées projètent dans la plaine de Tarbes; son cours, moins rapide que celui de l'Adour, arrose de fertiles prairies, dès son origine; et le cultivateur n'est point alarmé par ses débordemens.

On a dérivé plusieurs canaux de ces deux rivières, soit pour des moulins, soit pour le nettoiement des rues, soit pour l'arrosement des terres; les deux plus remarquables viennent de l'Adour. Celui d'*Alaric* parcourt le terrein situé sur la rive droite de cette rivière, et s'étend depuis Pouzac jusqu'au-delà de Rabastens où il se perd dans l'Adour, après avoir traversé le ruisseau de l'Esteux. Son cours est de 108 kilomètres depuis la prise d'eau jusqu'à sa rentrée dans l'Adour, au-dessous de Maubourguet; ce canal sert à l'arrosement des terres, et il fait mouvoir cinquante-neuf moulins à farine. La tradition fait remonter sa construction jusqu'à l'an 507, sous le règne d'Alaric, roi des Visigoths, dont il porte le nom; mais il n'y a rien de certain à cet égard.

Le canal de la *Gespe* unit l'Adour et l'Echez dans une direction oblique, et sous un angle d'environ 45 degrés. Beaucoup d'autres petits canaux sont dérivés, soit des deux rivières, soit des deux canaux principaux pour faire mouvoir des moulins ou arroser des terres.

Toute la surface de la plaine, en général, est fertile et bien cultivée ; elle offre quelques inégalités de sol peu remarquables. Les versans des côteaux qui la bordent, sont couverts de bois dans presque toute leur étendue ; on cultive la vigne sur quelques points d'une heureuse exposition, ainsi que dans toute la plaine.

Des Torrens, Rivières, Ruisseaux, Lacs, Étangs et Marais.

La grande étendue et la haute élévation des montagnes qui bordent le département, et déversent au nord les eaux qu'elles reçoivent ou qu'elles attirent des nuages, ont dû nécessairement donner naissance à un grand nombre de courans dont la plupart, et les plus considérables, nous sont déjà connus, par tout ce que nous avons dit en décrivant la surface du département.

Ces courans, après avoir parcouru un espace déterminé par leur origine et leur volume, se perdent les uns dans les autres, et finissent par confondre leurs eaux dans deux fleuves : celui de la Garonne et celui de l'Adour, qui portent à l'Océan les nombreux tributs qu'ils ont reçus dans leurs cours.

Les courans qui versent leurs eaux dans le bassin de la Garonne, sont :

1.° Le torrent de l'*Ourse*, qui tire son origine des montagnes de la vallée de Barousse, et se perd dans la Garonne, près le village de *Loures*, à 18 kilomètres de sa source ;

2.° Le ruisseau de *Nistos*, qui tire son origine des montagnes du même nom, et va se perdre dans la *Neste*, près le village d'*Aventignan*, à 21 kilomètres de sa source ;

3.° La rivière de la *Neste*, qui recueille toutes les eaux provenant de la vallée de Louron et de celle d'Aure, depuis les hauteurs de Clarbide, de Lapez, de Plan et de Bielsa, jusqu'à son embouchure ; son cours est d'environ 48 kilomètres ; elle est flottable pour de petits radeaux, depuis *Saint-Lary*, au-dessus de Vielle, jusqu'à la Garonne ;

4.° Le ruisseau de la *Save*, qui a sa source dans les landes de

Pinas ; il ne parcourt que l'espace de 6 kilomètres dans le département ; il devient rivière dans celui du Gers ;

5.° Le ruisseau de la *Gesse*, qui a sa source dans les landes d'Uglas et d'Arné ; il ne parcourt que 12 kilomètres dans ce département, et devient rivière dans celui du Gers ;

6.° Le ruisseau de la *Gimonne*, qui tire son origine des landes de Bazourdan ; il parcourt 12 kilomètres dans ce département, et devient rivière dans celui du Gers ;

7.° Le ruisseau du *Gers*, qui tire son origine des landes de Lannemezan ; il a 36 kilomètres de longueur dans ce département, et devient rivière dans celui du Gers ;

8.° Le ruisseau de la *Solle*, qui a sa source dans les landes d'Uglas et de Monlong ; il se perd dans la rivière de la *Baïze-Devant* ; il a 21 kilomètres de cours ;

9.° La rivière de la *Baïze-Devant*, qui tire son origine des landes de Lannemezan ; elle a 33 kilomètres de cours dans ce département ; elle grossit considérablement dans celui du Gers ;

10.° Le ruisseau de la *Baïzolle*, qui a sa source dans les mêmes landes ; il a aussi 33 kilomètres de cours dans ce département ; il devient rivière dans celui du Gers ;

11.° La rivière de la *Baïze-Darré*, tire son origine des landes de Lannemezan et de Capvern ; elle a 36 kilomètres de cours dans ce département, savoir : 21 kilomètres sous le nom de ruisseau, depuis sa source, et 15 kilomètres sous le nom de rivière ; elle devient considérable dans le département du Gers.

Les courans qui versent leurs eaux dans le bassin de l'Adour, sont :

1.° Le ruisseau de *Bouès*, qui a sa source dans les landes de Bernadets ; il a 27 kilomètres de cours dans ce département ; il grossit beaucoup dans le département du Gers ;

2.° La rivière de l'*Arros*, qui tire son origine des montagnes d'Esparou ; c'est un torrent depuis sa source jusqu'à l'Escaladieu, longueur d'environ 18 kilomètres ; elle reçoit dans ce trajet,

trajet, les petits torrens d'Avezaguet, Aiguette, Lesquelu et le Luz.

A partir de l'Escaladieu, l'Arros passant par Tournay et Saint-Sever-de-Rustan, a, jusqu'à la limite du département, 36 kilomètres de cours; en tout, 54 kilomètres dans ce département.

Elle est assez considérable dans le département du Gers où elle se jette dans l'Adour, après 48 kilomètres de cours.

3.° Le ruisseau de l'Esteux, qui prend sa source dans les communes de Souyeaux, Le Houre et Laslades; il a 45 kilomètres de cours jusqu'à sa jonction avec le canal d'Alarie qu'il traverse pour aller se perdre dans l'Adour, un peu plus bas. Il est presque à sec lorsqu'il fait de grandes chaleurs.

4.° Le fleuve Adour, qui traverse le département du midi au nord; son cours est de 102 kilomètres; il passe à Campan, Bagnères, Tarbes, Vic et Maubourguet.

Il tire son origine du Tourmalet, et il porte son nom et le tribut de ses eaux jusques dans l'Océan, au *Boucaut* de Bayonne.

L'Adour est grossi dans son origine par les torrens d'Aspialet, de Gauber, d'Ariste, de Rimoulas, et par l'Adour de Beaudéan.

Depuis ce dernier confluent jusqu'à Tarbes, espace d'environ 24 kilomètres, l'Adour est grossi par les ruisseaux de Gailleste, de l'Oussouet et de l'Ourdouloustre.

Depuis Tarbes jusqu'à la limite du département, espace d'environ 72 kilomètres, l'Adour reçoit la rivière de l'Echez, et les ruisseaux de l'Ouet et de l'Esteux.

L'Adour est la rivière la plus considérable du département; son volume d'eau est petit, parce qu'il est beaucoup diminué par le grand nombre de dérivations que l'on a faites pour l'arrosement des terres; beaucoup de ces canaux servent aussi à faire mouvoir des moulins et des usines. Toute l'eau dérivée rentre de nouveau dans l'Adour, après avoir rempli l'usage auquel elle est destinée.

5.° La rivière de l'Echez, qui tire son origine des montagnes situées entre Lourdes et Bagnères ; elle parcourt une gorge assez resserrée jusqu'au village de Juillan, espace de 18 kilomètres ; elle reçoit dans ce trajet, les ruisseaux de l'*Aube* et l'*Adeis*.

Depuis Juillan jusqu'à Maubourguet où elle s'unit à l'Adour, son cours est d'environ 40 kilomètres ; elle est grossie dans ce trajet, par les ruisseaux de la *Geüne*, le *Sous*, la *Geline* et le *Lys* ; elle traverse, dans tout son trajet, les communes de Semac, Juillan, Bordères, Vic et Maubourguet.

6.° Le ruisseau de l'*Ouet*, qui prend sa source dans les landes de Gardères ; il a 76 kilomètres de cours dans ce département, et se perd dans l'Adour, un peu au-dessous de Castelnau-Rivière-Basse, à la limite du département.

7.° Le ruisseau de *Gabas*, qui tire son origine des landes d'Ossun ; il a 18 kilomètres de cours dans ce département ; il traverse celui des Basses-Pyrénées et une partie de celui des Landes, pour aller se perdre dans l'Adour.

8.° Le ruisseau de l'*Ousse*, qui a sa source dans les landes de Bartrez ; il a 12 kilomètres de cours dans ce département ; il se jette dans le Gave de Pau, au-dessous de cette ville.

9.° Le Gave de *Barèges*, qui a pour origine la cascade de Gavarnie ; il traverse les villages de Gavarnie, Gèdre, Praguères, et les communes de Luz, Nestalas, Préchac, Argelès, Lourdes, Peyrouse et Saint-Pé ; il a près de 72 kilomètres de cours dans ce département ; il est grossi pendant tout ce trajet, par les Gaves torrens d'Ossoue, Héas, Praguères, par le Bastan qui descend du Tourmalet, par les Gaves de Cauterets, de Saint-Orens, d'Azun, du Nez, etc. etc., par les eaux surabondantes du lac de Lourdes.

Ce lac est le seul que nous ayons à décrire en ce lieu ; nous avons déjà parlé de ceux qui sont situés dans la région montagneuse du département, et dont le nombre est aussi difficile à déterminer, que l'étendue et la forme de la plupart d'entr'eux ; on a dû remarquer que leur élévation varie beaucoup ;

ceux qui avoisinent le plus les hautes sommités, ne sont, à proprement parler, que des glaciers perpétuels : jamais leurs bords ne sont entièrement dégagés de neiges et de glace : le froid qui y règne, empêche que les poissons n'y vivent : presque tous ceux qui sont au-dessous de ces hauteurs excessives, fournissent en abondance de la truite et quelques autres espèces de poissons.

Le lac de Lourdes a 6 kilomètres de circonférence, sur 9 mètres de profondeur. Il est très poissonneux : on y pêche du brochet et d'excellentes anguilles. Il fournit, par sa grande étendue, à une forte consommation, dans toutes les saisons de l'année.

Il n'existe ni étang ni marais dans le département des Hautes-Pyrénées, par-tout les eaux trouvent un facile écoulement ; et comme les lacs et les rivières fournissent une assez grande quantité de poisson, on n'a pas senti le besoin de former des pièces d'eau, propres à élever et nourrir cette espèce de comestible.

---

§. III.

TOPOGRAPHIE DES ÊTRES NATURELS.

I.re ZOOLOGIE.

De l'Homme.

Il n'en est pas de l'homme comme des animaux qui conservent toujours, et en tous lieux, le caractère de leur espèce, ou, du moins, ne présentent que de très-petites différences, tant qu'ils jouissent de l'indépendance que leur a donné la nature. La civilisation à laquelle ils sont totalement étrangers, la différence des temps et des lieux, qui n'exerce qu'une très-faible influence sur eux, agissent, au contraire, d'une manière si puissante sur le premier de ces êtres, que les naturalistes ont cru devoir assigner différentes races à l'espèce humaine, pour classer convenablement les grandes variétés qu'elle présente; il est cependant probable qu'elles n'ont qu'une seule et même origine. Si le genre humain, considéré dans son ensemble, présente des traits distinctifs aussi tranchans, l'observateur attentif les retrouve encore, sous des nuances plus légères, dans des limites très-circonscrites, et il en voit la raison dans la disposition du sol, dans le climat, dans les mœurs et dans les habitudes; circonstances qui modifient, altèrent et changent la nature primitive de notre être.

C'est ainsi que les habitans du département des Hautes-Pyrénées présentent, sous le rapport de leur taille et de leur constitution physique, des différences très-remarquables qui tiennent essentiellement à la disposition du sol qu'ils occupent, et aux habitudes que leur situation comporte. Nous avons divisé tout le territoire du département en trois régions, pour décrire sa surface; nous suivrons la même division dans cette section et dans plusieurs autres, comme propre à permettre plus d'exactitude dans nos descriptions, plus de précision dans les détails. En effet, l'homme de la plaine diffère de celui des vallées, et tous les deux, de l'habitant des côteaux.

Le premier est, en général, moins fort, moins vigoureux, moins leste; sa constitution semble affaiblie par la mollesse d'une vie peu active et peu pénible, comme il arrive dans tous les pays dont la fertilité et la facile culture épargnent beaucoup de soins et beaucoup de travaux à l'agriculteur. Son teint pâle, toujours hâlé, et quelquefois livide, est en harmonie avec la faiblesse du corps, et il a le caractère de celui de tous les habitans des pays de plaine, quoiqu'à un plus faible degré, parce que celle de ce département est très-limitée, et que le séjour en est généralement très-salubre. Ce que je viens de dire ne doit donc pas être pris dans un sens absolu, mais comparativement à l'aspect que présentent les Bigorrais dans les deux autres régions.

Ceux qui habitent la région des collines, sont évidemment plus robustes que les précédens; les travaux auxquels ils sont assujettis étant plus pénibles, par la seule disposition physique du sol, ils sont dans la nécessité de développer plus d'activité; les dons qu'ils attendent de la nature, il faut qu'ils les méritent par des soins plus assidus et une culture plus laborieuse; leurs membres acquièrent donc plus de force par l'exercice auquel ils sont habituellement soumis. Leur physionomie a un caractère plus prononcé; leur teint est plus animé; il offre quelquefois les vives couleurs de la montagne, presque jamais la pâleur de la plaine.

Les fiers montagnards ont sur-tout un aspect qui leur est propre: une taille avantageuse, des membres qui joignent la force à l'agilité, un port ferme et assuré, une contenance mâle et énergique, des formes athlétiques, que des exercices fréquens et pénibles, des travaux constans et soutenus, ont développé dès l'enfance, en agissant sur tous les organes qui concourent à la locomotion.

Leur physionomie répond à cette constitution physique; ils ont le regard vif, le teint frais et coloré; beaucoup d'expression dans l'ensemble des traits du visage, où l'on démêle cependant un peu de rudesse, dernier reste de la nature sauvage. En effet, si l'on veut reconnaître quelques nuances de ce caractère primitif que les naturalistes et les philosophes assignent à l'homme sortant des mains de la nature, c'est dans les Pyrénées qu'il faut venir les chercher, quand on ne peut franchir les mers et pénétrer dans les immenses déserts de l'Afrique ou du nouveau Monde.

Les habitans de ce département sont, en général, sains, agiles et bien faits; on remarque entre eux tous des traits communs de physionomie, mêlés à ceux qui caractérisent en particulier l'habitant de chaque région. Ils sont forts, actifs, courageux, quelquefois audacieux et intrépides.

Leur teint, généralement considéré, est moins rembruni, moins foncé que celui des peuples méridionaux de la France placés sous la même latitude.

La grande élévation du sol, celle des Pyrénées qui défendent le pays des ardeurs du midi, et réfléchissant sans cesse les vents frais qui viennent du nord, nord-est et nord-ouest, contribuent puissamment, sans doute, à prévenir un accroissement de nuance dans la partie colorante du derme.

Les cheveux, la barbe et les sourcils sont communément d'un noir foncé; on en voit de châtains, il y en a peu de blonds; il n'est pas rare de trouver parmi les montagnards, principalement dans la vallée de Barèges, des cheveux courts et crépus. Les habitans des côteaux et de la plaine les ont presque tous longs et plats; il y en a peu qui les aient bouclés.

La taille moyenne des habitans des Hautes-Pyrénées, prise dans les trois régions, est d'un mètre 660 millimètres. J'ai déjà parlé des différences que chacune d'elles présente sous ce rapport.

Les femmes observent dans les proportions de leur taille, la force de leur constitution et les nuances de leur teint, les mêmes rapports que les hommes, relativement à la région qu'elles habitent. Elles sont plus grandes, plus fortes et plus colorées dans les montagnes; elles le sont moins dans les côteaux, et moins encore dans la plaine. Par-tout elles ont, en général, les cheveux noirs ou châtains; c'est dans la plaine qu'il y a le plus de blondes. Comme elles participent aux travaux agricoles, leur constitution physique emprunte quelques-uns des caractères de celle de l'homme; elles ont les membres forts et vigoureux, et les grâces naturelles au sexe féminin, sont remplacées par des dehors qui devraient n'appartenir qu'à l'homme. On découvre cependant, à travers les altérations que l'habitude du travail a dû nécessairement produire, les formes primitives de la beauté, qui recevraient un développement complet sous une éducation différente, et que n'altéreraient pas les devoirs et les soins du ménage, auxquels seulement la nature semble avoir destiné cette moitié du genre humain.

Les femmes, dans les Hautes-Pyrénées, sont, en général, d'une taille moyenne, et elles sont assez bien faites; leur teint est plutôt clair que coloré, et leur physionomie, chez beaucoup d'entr'elles, offre un mélange de douceur et de vivacité, qui paraît tenir au fond de leur caractère dont nous parlerons dans un autre lieu.

Pour ce qui est des traits de la figure, ils varient beaucoup; mais il est des différences tranchantes, en raison de la région qu'elles habitent. Dans la plaine, les femmes ont, généralement, le visage arrondi, la bouche grande et le nez court et retroussé; il y a peu d'exceptions à cet égard. Dans la montagne, au contraire, elles ont l'ovale plus allongé, le nez droit, et la bouche moyenne; leur menton est effilé, et la mâchoire inférieure dépasse souvent la supérieure; ce caractère est sur-tout remarquable dans la vallée de Barèges, et il est commun aux hommes. Dans les côtes, on trouve un mélange de ces deux genres de physionomies; c'est l'effet de la transition d'une région à l'autre.

Des Animaux domestiques, Mammifères et volatiles.

Le nombre des animaux domestiques de ce département, soit mammifères, soit volatiles, est très-limité; on en trouvera ci-après le tableau n.° 1. La variété de l'espèce canine appelée *Chiens de Bergers*, est très-remarquable dans les montagnes où elle est d'une taille et d'une force vraiment extraordinaires; c'est cette variété qui porte le nom de *Chien des Pyrénées*: elle est préposée à la garde des troupeaux qu'elle défend contre l'attaque des loups et des ours qui, sans elle, détruiraient bientôt l'unique richesse de tout un peuple de pasteurs.

L'emploi et l'utilité des autres espèces d'animaux sont trop connus pour que je m'y arrête, et elles n'offrent aucun caractère qui mérite qu'on en fasse une mention particulière.

Des Animaux sauvages, mammifères et volatiles.

Cette classe est infiniment plus nombreuse que la précédente, comme on peut le voir par l'inspection du tableau ci-joint n.° 2.

qui est divisé, comme le précédent, en mammifères et en oiseaux.

On peut le regarder comme complet pour ce qui est des espèces sédentaires; on aurait pu dénommer un plus grand nombre d'espèces d'oiseaux de passage; mais leur séjour dans ce département est si court, et la synonimie des chasseurs est si variable, qu'on a dû les omettre, de peur de tomber dans de fréquentes méprises.

Des Poissons.

On en trouvera ci-après le tableau, par ordres, genres et espèces, et l'on verra que le nombre de celles-ci est très-limité; mais le nombre des individus y supplée; et il est peu de départemens qui fournissent autant de poisson que celui-ci; *voyez* le n.° 3.

Des Amphibies.

Le tableau des ordres et des genres est ci-joint; les espèces sont peu nombreuses, et la quantité des individus est très-petite. Les amphibies ne causent aucun dommage dans ce département, et les accidens qui en résultent sont extrêmement rares. *Voyez* le n.° 4.

Des Insectes et des Vers.

Le nombre en est considérable; on en verra ci-après le tableau, par ordres, genres et espèces. Comme ces êtres ne sont, pour la plupart, d'aucune utilité ni d'aucun intérêt, je me borne à en présenter la nomenclature: *voyez* le n.° 5.

2.° PHYTOLOGIE.

La flore des Pyrénées est extrêmement riche; la grande variété de sites qu'elles offrent dans un espace très-resserré, rapproche des genres et des espèces qu'on ne trouve ailleurs qu'à des distances considérables. Le département des Hautes-Pyrénées doit donc offrir une abondante moisson aux amateurs du règne végétal. On y trouve, sous la même latitude, et presque dans les mêmes lieux, les plantes alpines et celles des plaines; les plantes aquatiques et celles qui ne croissent que sur les tertres arides : tel est l'effet des transitions rapides, et de la variété des expositions. Sans doute ce champ fécond n'a point été épuisé par les nombreuses herborisations qui y ont été faites depuis le célèbre *Tournefort* jusqu'à nos jours; et il offrira long-temps encore de belles espérances aux botanistes qui voudront ajouter, par quelques découvertes, à nos richesses végétales.

Je vais présenter, dans plusieurs cadres, tout ce que les observations successives des naturalistes, et les soins de l'agriculture, nous ont fait connaître dans ce département.

Plantes cultivées.

On les trouvera classées dans le tableau ci-joint n.° 6, avec la distinction de plantes des *terres labourées*, des *prés*, des *vignes*, des *jardins*, des *forêts* et des *limites*.

Plantes indigènes non cultivées.

On en trouvera également ci-après le tableau n.° 7, avec la distinction des lieux où elles croissent le plus habituellement.

Plantes exotiques.

Le nombre des plantes exotiques qui sont naturalisées dans ce département, ou que l'on cultive dans des serres, est fort limité. Peu de personnes s'occupent de ce genre de culture; on en trouvera ci-après le tableau n.° 8, avec l'indication des lieux où elles se trouvent.

3.° LITHOLOGIE ET MINÉRALOGIE.

Les Pyrénées ne sont pas moins fécondes en richesses lithologiques et minérales, qu'en richesses botaniques, et on y rencontre un grand nombre de substances dont plusieurs sont particulières à cette région. Quoique cette partie de la topographie laisse encore beaucoup à désirer, je vais présenter pour ce département, un tableau assez étendu des diverses substances déjà connues, que le règne minéral y présente.

En parlant de la structure des Hautes-Pyrénées, j'ai décrit les grandes masses qui les composent, le noyau granitique qui en est la base, et les bancs, soit calcaires, soit argileux, qui revêtent cette base ; j'ai dit que ces roches de diverses natures sont disposées par lits, par couches, par feuillets tous parallèles, et plus ou moins inclinés, depuis la ligne perpendiculaire jusqu'à la ligne horizontale qu'ils atteignent rarement. On en voit cependant plusieurs exemples aux environs de Gavarnie, et notamment dans le pourtour du cirque de ce nom. Il est quelques montagnes où les couches se présentent sous toutes les directions. Ces couches ne sont pas toujours composées de la même substance, et le plus souvent, il y en a plusieurs de mêlées et de confondues. Le rang qu'on leur assigne est déterminé par la nature de la substance qui prédomine.

Le granit, le schiste et le calcaire sont donc les roches qui composent en masse les Hautes-Pyrénées, et ils servent d'enveloppe ou de gangue à toutes les autres substances soit terreuses, soit métalliques. Ils composent, soit séparément, soit en commun, les montagnes de différens ordres dont nous allons parler ; après quoi nous passerons à l'examen de ces roches principales, pour arriver enfin à la description particulière des pierres, des métaux et des terres, qui sont les premiers élémens de l'énorme colosse des Pyrénées ; nous parlerons aussi de la nature particulière du sol qui forme les deux autres régions du département, et des proportions qui existent entre les diverses substances qui s'y trouvent mélangées ; enfin, nous traiterons de tout ce qui a rapport aux sources d'eaux thermales qui abondent dans les Hautes-Pyrénées, et qui sont une des principales richesses du pays.

DES MONTAGNES PRIMITIVES ET DES MONTAGNES SECONDAIRES.

Notre globe a été indubitablement soumis à des secousses violentes, à des changemens qui en ont altéré la disposition superficielle, soit par l'action de l'air, des eaux et du feu, soit par un mouvement intestin qui agit continuellement, et tend à détruire pour récréer, à dissoudre pour combiner de nouveau. De [illegible] la dégradation perpétuelle et l'abaissement des montagnes, [illegible] aussi le rehaussement successif du fond des vallées et des lits des fleuves, effets que les naturalistes ont constatés par leurs observations.

On appelle montagnes primitives, celles qu'on croit être de première création, et qui, quoiqu'exposées aux ravages du temps, subsistent encore dans leur premier état quant à leur disposition intérieure, ne laissant apercevoir que des altérations superficielles, plus ou moins considérables. Ces altérations ont été produites par l'action continuelle de l'air et des eaux qui, s'insinuant dans les interstices des couches que présentent le granit, le schiste et le calcaire primitif, les ont séparées, ont opéré de lentes érosions, et préparé ces grands éboulemens, ces affaissemens subits qui ont donné lieu à la formation des montagnes secondaires.

Celles-ci sont sablonneuses, composées de débris, et présentent un mélange frappant de granit, de schiste, de calcaire, roulés et détachés des montagnes primitives; on y trouve même de gros blocs de ces substances qui sont encore dans leur état naturel; on y voit aussi du quartz, du spath calcaire et du marbre en grande masse. Les Hautes-Pyrénées présentent à chaque instant cette opposition du primitif au secondaire. Celui-ci moins dur, moins compact que l'autre, fournit sur-tout aux éboulemens qu'amènent chaque année la fonte des neiges, les orages, les avalanches. Ces éboulemens donnent souvent lieu à la formation de montagnes d'un troisième ordre.

Celles qu'on appelle de première origine dans les Pyrénées,

et sur-tout dans ce département où leur grande élévation les a plus exposées aux ravages du temps, ont éprouvé de très-grands bouleversemens, et elles ont un [illegible] de décrépitude qui frappe dès le premier aspect. On trouve à chaque pas dans le fond des vallées, et jusques dans les plaines qu'arrosent la Garonne et l'Adour, des témoignages non équivoques de leur dégradation dans les rochers et les cailloux roulés qui composent souvent des collines entières, et par-tout, le fond du terrein que parcourent les eaux des torrens.

DES DIFFÉRENTES ESPÈCES DE ROCHE.

1.° *Roches granitiques.*

On sait que le granit est une roche ordinairement très-dure, formée de quartz, de spath, de mica, et quelquefois d'une substance métallique qui la colore. Souvent, cette roche n'est composée que de deux de ces principes, et le granit prend le nom de celui qui abonde le plus.

On trouve dans les montagnes, soit primitives, soit secondaires, des Hautes-Pyrénées, ainsi que dans les vallées, les granits suivans :

1.° Granit spathique et quartzeux blanc et gris ;

2.° Granit spathique et quartzeux, mêlé de mica de différentes couleurs ;

3.° Granit formé avec le mica noir ou gabro. On en voit de cette espèce dont les parties paraissent fort grossières, et qui, malgré cela, a une dureté supérieure à celle de tous les autres ; elles s'y trouvent mêlées comme des clous.

4.° Autre granit fort abondant en mica, ayant peu de consistance et de dureté ;

5.° Autre granit dans la composition duquel il entre du spath calcaire et du schiste ;

6.° Un faux granit rouge que l'on trouve roulé, et qui, dans certains endroits, fait le corps de la montagne. Il est fort dur, et fait feu avec le briquet ; il est infusible, et parait avoir le caractère d'une pierre de sable. C'est le *Brasier* de M. Demarets. Il y en a de différentes couleurs.

On trouve encore d'autres granits diversement colorés et jaspés ; ces variétés sont extrêmement nombreuses dans les Hautes-Pyrénées ; leur couleur est due aux différens micas et au fer.

2.° *Roches schisteuses.*

Le schiste, composé ordinairement d'un mélange de terre argileuse, de mica, de chaux, et même de fer auquel il doit souvent sa couleur, n'est guère moins abondant que le granit dans les Pyrénées où il forme des montagnes toutes entières ; on en trouve aux sommités les plus élevées. Les dégradations auxquelles cette roche est principalement exposée, donnent lieu à ces pointes hérissées qui présentent l'aspect de la destruction. Il s'en détache quelquefois des masses énormes qui roulent au fond des vallées, et dont les débris, entraînés par les eaux, et portés sur les terres, les augmentent et les bonifient.

Il y a plusieurs espèces et de nombreuses variétés de schistes.

1.° Schiste formé par couches de spath calcaire et de schiste ; il en existe une variété avec des paillettes de mica.

2.° Schiste formé par couches et par feuillets fort épais, contenant de la terre martiale qui se trouve déposée dans l'interstice des couches par la décomposition du vitriol. Il se casse en losanges de 3, 4 et 5 pieds de grandeur. Il y en a de calcaire et d'autre qui ne l'est point ; on l'emploie pour la couververture des cabanes, et pour servir de pont aux ruisseaux qui traversent les chemins. Il y a plusieurs variétés de cette nature de pierre.

3.° Schiste composé de couches bien distinctes, qui ne fait point effervescence avec les acides, et dont les parties sont fort unies ; il est de couleur grise, et a de la dureté.

4.° Schiste qui se divise par feuillets. Il est doux au toucher, et se broie aisément sous les doigts. Sa couleur est le gris ; il y a plusieurs variétés pour les couleurs.

5.° Schiste; ardoise noire, grossière, et disposée par couches épaisses. Elle est dure et compacte : on l'emploie pour couvrir les toits.

6.° Schiste; ardoise noire, dont les feuillets sont minces; elle est sonore, compacte, et d'un bon usage pour les toits.

7.° Schiste; ardoise charbonneuse, légère et grise comme les pierres calcinées.

8.° Schiste; ardoise verte, bleue, violette, rouge etc., distribuée par lits. Elle est bonne pour couvrir.

Il serait aisé de multiplier le nombre des espèces ou des variétés de schistes, mais je me bornerai là; une plus longue nomenclature ne présenterait aucune utilité.

On trouve souvent dans les montagnes formées par cette roche, des crevasses perpendiculaires remplies de cristaux de quartz ou de feld-spath. Les carrières d'ardoise en exploitation dans ce département, sont extrêmement nombreuses; tous les édifices, et jusqu'aux cabanes du pauvre, en sont couverts. Il en existe de plusieurs qualités, comme on vient de le voir; les plus estimées se trouvent dans les vallées de Barèges et de l'Oussouet près de Labassère; c'est sous ce nom que ces dernières sont connues.

7.° *Roches calcaires.*

Le calcaire primitif existe en très-grandes masses dans les Hautes-Pyrénées, depuis la base des monts jusqu'à leurs plus hautes sommités; il compose aussi, comme les roches précédentes, des montagnes entières. Le plus souvent il est placé par couches alternatives d'une grande étendue avec le granit et le schiste. Sa disposition par bancs et par couches est moins variable que la leur; il est moins mélangé, et il offre conséquemment moins de combinaisons; sa nature est presque toujours la même. Il a une couleur grisâtre, légèrement nuancée en rouge; c'est de la chaux carbonatée qu'il est très-facile de réduire, en faisant volatiliser l'acide carbonique par la calcination.

Il est quelquefois disposé par couches lamelleuses ; c'est alors une véritable pierre fésile à laquelle on donne le nom de schiste calcaire. Tels sont :

1.° Celui qui se présente le premier dans les Pyrénées, quand on quitte la plaine : il a quelques traits de ressemblance avec le grès. Son tissu est serré et compacte, quoique feuilleté. Il fait effervescence avec les acides ; on en fait de bonne chaux. Il est ordinairement gris.

2.° Un autre schiste calcaire qui a toutes les propriétés du précédent, ainsi que la même disposition de couches ; c'est une pierre noire fort dure.

3.° Autre schiste calcaire, grisâtre, dont les couches sont disposées en losanges ; il est moins dur que les précédens.

4.° Autre schiste calcaire formé par lits ; il est tendre, et se brise sous les doigts ; il contient un peu de fer auquel il doit sans doute sa facilité à se détruire.

Il existe aussi dans les Hautes-Pyrénées, du calcaire coquillier, dont l'existence est rapportée à une époque plus récente ; on en a trouvé à différentes élévations et sous diverses formes.

On doit rapporter à cette espèce de roche, les marbres, qui ont un si grand rapport avec ce qu'on appelle schistes calcaires. Ces deux substances se trouvent souvent ensemble, et elles observent entr'elles les mêmes dispositions de couche et la même inclinaison.

Quelquefois le marbre se trouve distribué par couches parallèles, depuis 3 ou 4 centimètres jusqu'à trois mètres d'épaisseur, entremêlés de couches de schiste de la même épaisseur, et observant le même arrangement. D'autrefois on trouve dans l'interstice des couches une substance siliceuse, d'un grain très-fin, qui fait feu avec le briquet, et résiste à la fusion comme le silex.

La meilleur marbre, celui dont le grain est le plus serré, est enveloppé extérieurement par le schiste dur ou compacte. Ce schiste traverse quelquefois le marbre dans divers sens, et souvent il décrit une ligne perpendiculaire ; dans les marbres colorés, le schiste est impregné des mêmes couleurs, et s'il avait plus de finesse dans le grain et plus de dureté, il réunirait tous les avantages du marbre.

Le spath cristallisé ou feld-spath, entre aussi pour beaucoup dans la formation du marbre des Pyrénées ; l'arrangement de ses parties et la cristallisation qui lui est propre, rendent cela sensible.

On trouve dans ce département, des marbres homogènes et d'une seule couleur, en blanc, en gris et en noir ; les mêmes marbres se trouvent aussi panachés ou colorés diversement ; souvent le feld-spath y est uni à du mica de différentes couleurs. Il existe des masses énormes de marbre dans les Hautes-Pyrénées, et les variétés qu'on y remarque sont très-nombreuses. Ils abondent tous plus ou moins en feld-spath, et c'est lui qui leur donne la forme saline ; aussi appelle-t-on marbres salins, ceux de ces marbres qui sont très-parsemés de veines et de taches blanches.

On ne saurait énumérer les carrières de marbre qui sont en exploitation dans ce département ; il suffit, pour concevoir combien elles sont nombreuses, de savoir que jusques dans les plus petits villages, cette pierre se trouve employée dans la bâtisse des maisons, et même dans celle des granges et des cabanes ; on en décore les églises, et plusieurs en sont entièrement pavées. Celui qu'on emploie le plus communément, est d'un gris bleuâtre ou noirâtre ; on s'en sert comme de pierre de taille, et même en moellon ; c'est le plus abondant ; il en existe sur-tout dans tout le trajet qui sépare Lourdes d'Argelés ; celui-ci est fort grossier, et se trouve très-parsemé de veines et de taches de spath blanc ; il s'en trouve quelquefois de propre à faire des dessus de cheminées. La plupart des marbres des Hautes-Pyrénées ne sont point susceptibles de recevoir un beau poli, et ils ne sont utiles que pour les usages que je viens d'indiquer.

Il existe seulement trois carrières connues qui fournissent de beau marbre ; ce sont celles de Campan, de Sarancolin et de Beyrede.

La première, dont j'ai déjà indiqué la situation, est adossée au chaînon dont le versant opposé fournit le marbre de Beyrede, et il paraît que ces deux marbres appartiennent à la même masse. Le marbre de Campan est vert panaché, avec des taches et des veines blanches, grises et rouges ; la couleur rouge, là où elle existe, est légèrement nuancée, mais elle colore des masses assez considérables, comme on peut le voir par la simple inspection de la marbrière. Il est fâcheux que ce marbre, dont la beauté est remarquable, ne puisse pas résister davantage aux injures de l'air, et qu'on ne puisse l'employer qu'à des ouvrages intérieurs. Peut-être que si on l'enduisait d'un encaustique convenable, à la manière des anciens, on préviendrait sa trop prompte altération. Sa grande facilité à s'altérer, provient de la portion trop considérable d'alumine ou terre argileuse qui entre dans sa composition. La carrière de Campan offre une extraction facile et abondante ; la montagne est toute de marbre : c'est là qu'il faudrait rétablir une exploitation, depuis long-temps abandonnée. Les réparations qu'exigent Trianon et le palais de Versailles, devraient engager le Gouvernement à la reprendre.

La marbrière de Sarancolin fournit un marbre d'un rouge foncé, avec des veines et des taches blanches et grises. On devrait l'exploiter pour l'usage du pays, et faire de ce marbre des dessus de cheminées et des tables. J'en dis autant de la suivante.

Le marbre de Beyrede, plus connu sous le nom de marbre d'Antin, est extrait d'une carrière encore plus belle et plus considérable, qui est située près de Sarancolin, à l'opposé de celle de Campan. Ce marbre est d'un rouge très-vif, veiné comme le précédent, et ayant les mêmes taches.

Ces trois carrières qui contiennent une immense quantité de

marbre dont le grain est fin et serré, sont enveloppées par un schiste calcaire, compacte, de couleur grise; il a des veines colorées, semblables à celle du marbre, dans les filons qui traversent les carrières.

4.° Roches composées.

Parmi les cailloux roulés par les différens Gaves qui descendent des Hautes-Pyrénées, ainsi que dans les montagnes de seconde ou de troisième formation, on trouve des pierres qui sont évidemment le résultat d'une sorte d'agrégation accidentelle qui a succédé aux éboulemens, et qui est résultée du rapprochement de débris fournis par les roches primitives, de granit de schiste et de calcaire; c'est cette dernière substance qui en fait presque toujours le ciment. Souvent, les substances qui composent ces pierres, ne sont que collées l'une contre l'autre, comme une brèche : ainsi, on trouve des pierres formées par des molécules de schiste calcaire et de spath calcaire, mêlés avec différens micas, et même du granit; une autre pierre schisteuse, formée par lits striés de schiste et de spath calcaire. Ces deux substances restent distinctes d'autres pierres schisteuses qui contiennent du fer décomposé; ce fer se trouve quelquefois, par couches, dans l'intérieur de la pierre.

Il existe aussi des pierres formées par de petits morceaux de schiste de même nature, fortement appliqués l'un contre l'autre. Le vrai schiste se trouve souvent agrégé avec le quartz, le spath, les différens micas et le granit; enfin on voit des pierres en grosses masses, formées par des morceaux de marbre bien appliqués les uns sur les autres.

On trouve souvent, dans l'intérieur du granit, des morceaux de schiste, de même que dans le schiste on trouve des morceaux de granit; quelquefois il existe, dans l'un et dans l'autre, des pyrites d'une grosseur assez considérable.

Il y a, dans les Hautes-Pyrénées, quelques carrières de pierre argileuse ou ollaire, disposées par couches inclinées à l'horizon.

Cette pierre est compacte, douce au toucher; elle se taille aisément, et se cuit au feu. Il en existe plusieurs variétés dans lesquelles on trouve du quartz et du mica.

Nous devons aussi ranger dans cette classe, le granit secondaire qui est également formé par l'agrégation des sables que les eaux ont entraînés et déposés, avec un mélange plus ou moins abondant d'autres substances. Le temps et la dessication en ont fait des pierres plus ou moins dures; le caractère de cette espèce de granit est d'être formé par couches horizontales, ou légèrement inclinées. Il en existe peu dans les Hautes-Pyrénées; un granit de cette même nature est celui que l'on trouve dans l'interstice des roches feuilletées.

Il serait fort aisé d'étendre la nomenclature des roches de différente nature, soit simples, soit composées, que contiennent les Hautes-Pyrénées; mais outre que les naturalistes eux-mêmes ne les ont pas classées d'une manière assez positive pour que je puisse en faire mention, je dois m'abstenir d'entrer dans des détails trop minutieux, qui ne pourraient intéresser que la science de l'histoire naturelle, et qui sont comme étrangers à l'administration.

Des différentes espèces de Pierres.

Le nombre des substances pierreuses que renferme ce département, ne peut qu'être très-considérable, et les recherches successives des minéralogistes en ont enrichi la science et nos muséum; celui de la nature, dans la portion limitée des Hautes-Pyrénées, renferme sans doute encore grand nombre de richesses inconnues qui doivent y appeler de nouveaux observateurs. On trouvera, sous le n.° 9, un tableau succinct de ce que nous connaissons déjà sur ce point.

Des Métaux et des Mines.

La chaîne entière des Pyrénées a fourni des métaux dès les temps les plus reculés; et s'il est douteux que les Phéniciens y aient fait des exploitations, il est certain que les Carthaginois, et, après eux, les Romains, en ont tiré de grands produits; d'abord, par des échanges faits avec les naturels du pays, qui tiraient eux-mêmes les richesses métalliques des entrailles de la terre; ensuite, par des établissemens publics qui facilitèrent et étendirent les exploitations.

Les mines qui existent dans les Hautes-Pyrénées, sont en grand nombre; et il en est plusieurs qui sont devenues célèbres par les tentatives infructueuses que l'on a faites pour les exploiter.

Elles sont toutes abandonnées aujourd'hui. Cet abandon a eu lieu à cause de l'insuccès des entreprises faites, et cet insuccès, à l'égard de quelques-unes, n'a peut-être tenu qu'à l'ignorance des mineurs. Pour la plupart, cependant, il a existé des difficultés réelles, et peut-être insurmontables pour des particuliers, savoir: la situation de ces mines dans des lieux dont l'accès est interdit par les neiges pendant une grande partie de l'année, et à des hauteurs qui rendent les transports très-coûteux; la rareté du bois dans ces hautes régions, où l'imprévoyance et l'incurie ont produit un dénuement presqu'absolu d'un combustible qui n'est remplacé ni par la tourbe, ni par le charbon fossile; enfin, le défaut de capitaux assez considérables pour faire les premières avances: chose indispensable quand on entreprend des travaux dont les résultats sont longs et difficiles à obtenir.

Souvent, faute de fonds suffisans, le concessionnaire est dégoûté de son entreprise lorsqu'il est sur le point d'en recueillir le fruit. Le Gouvernement seul pourrait entreprendre et diriger des exploitations de cette nature; et quand même les produits ne couvriraient pas entièrement les déboursés, l'opération serait avantageuse, puisque les frais se consommeraient sur le territoire de l'Empire, et qu'elle affranchirait la nation des frais d'importation, qui sont tous au profit de l'étranger. C'est ainsi qu'il existe, dans le département, plusieurs mines, dont l'exploitation devrait fixer l'attention de l'autorité publique.

On y trouve du *fer*, du *cuivre*, du *zinc* et du *plomb* en abondance; il y a, outre ces métaux dont les mines sont très-connues, de la *manganèse* en quantité, de la *plombagine*, du *cobalt* et du *nikel*. On trouvera ci-après, n.° 10, le tableau des mines de ce département.

DES DIFFÉRENTES ESPÈCES DE TERRE.

Les terres et les métaux sont, comme l'on sait, les élémens primitifs du globe terrestre, en général, et, en particulier, de toutes les substances composées qu'on y trouve. Le nombre de ces élémens est indéterminé, et l'on voit, chaque jour, de nouvelles découvertes en ce genre, depuis que l'analyse chimique est venue agrandir la sphère de nos connaissances. J'ai déja donné la liste des métaux dont l'existence est connue dans le département des Hautes-Pyrénées ; je vais parler maintenant des terres qui y abondent le plus ; après quoi je traiterai de la nature du sol dont elles sont la base.

La silice, la chaux et l'alumine forment ici, comme partout, la grande masse de la substance terreuse, et les autres espèces de terres primitives s'y trouvent en si petite quantité, qu'elles influent infiniment peu sur la nature du sol ; le mélange des trois premières est donc ce qu'il importe le plus d'envisager et de connaître pour déterminer ce qui différencie les diverses parties du territoire.

Les Pyrénées furent originairement formées, dans leur ensemble, par une immense quantité de chaux carbonatée, de silice sous diverses formes et agrégations, et d'alumine sous des combinaisons infinies ; les dégradations successives qu'ont éprouvé ces monts, ont couvert de leurs débris toute la surface des vallées, des collines, et des plaines adjacentes, ensorte qu'on n'y retrouve plus aujourd'hui que les mêmes substances, les mêmes élémens. La prédominance de la chaux sur la silice y est sensible, comme elle l'est dans les montagnes où presque toute la superficie est calcaire.

mais l'une et l'autre le cèdent en quantité à la terre argileuse qu'ont fourni ces énormes masses de schistes d'une facile destruction.

1.° De la Chaux.

Cette substance alkaline se trouve rarement à l'état de pureté dans ce département, quoiqu'elle y soit extrêmement abondante sous diverses combinaisons. Le carbonat de chaux, surtout, y existe en grandes masses, non seulement dans les hautes montagnes, comme on l'a déjà vu, mais même dans les monticules et les côteaux. Par-tout cette pierre est exploitée pour les bâtisses et les réparations des routes. La meilleure est employée à la fabrication de la chaux, et il existe une immense quantité de carrières et de fours à chaux qui fournissent à la consommation du pays, et dont on pourrait multiplier les produits à volonté, si l'exportation en était assurée. La chaux qu'on fait dans les Hautes-Pyrénées est peu coûteuse, et elle est d'une excellente qualité. Il existe beaucoup de spath calcaire dans les Hautes-Pyrénées, soit en cristaux, soit en stalactites. On le trouve dans les grandes fissures, et surtout dans les grottes et les cavités souterraines.

2.° De la Silice.

On peut voir dans le tableau des pierres, toutes celles dont cette terre est la base. Elle existe souvent à l'état natif, et les Hautes-Pyrénées abondent en cristal de roche assez pur, mais dont l'étendue ne répond pas à sa beauté; on ne le trouve guère que par fragmens qui ne sont d'aucune utilité dans les arts.

Il est à croire cependant que ce département n'est pas entièrement dépourvu de cette substance en grandes masses, et que des recherches à cet égard ne seraient pas infructueuses. Le quartz et le silex se rencontrent dans les trois régions du département, et leurs débris sont mêlés à la terre végétale, comme ceux des autres substances.

3.° De l'Alumine.

La terre argileuse forme le fond du terroir de la plus grande partie du département, et il en existe en tous lieux. On en trouve de vastes dépôts d'une assez grande pureté à l'entrée des montagnes, et notamment dans la gorge de la vallée de Campan, où il existe plusieurs filons d'un *kaolin* propre à faire de la porcelaine ; on en trouve aussi, mais en petite quantité, dans beaucoup d'autres endroits, et je ne doute pas que des recherches suivies ne conduisissent à d'importantes découvertes sur ce point. Il y a au voisinage de Bagnères, des argiles assez fines pour rivaliser avec les plus belles terres de pipe ; on pourrait en tirer grand parti, si la rareté du combustible n'y mettait obstacle. On ne fabrique sur les lieux qu'une poterie grossière, mal travaillée, et plus mal cuite encore, parce qu'on est souvent réduit à se servir d'un feu de fougère. C'est une branche d'industrie à créer entièrement, et dont la perfection dépend du développement de quelques autres ressources territoriales et locales.

Si l'on parvenait à découvrir dans les Hautes-Pyrénées une assez grande quantité de kaolin pour fournir à une manufacture de porcelaine, il ne serait pas impossible d'y trouver le *pétunzé* nécessaire pour opérer les mélanges qui doivent procurer la demi vitrescence, et fournir la couverte de cette belle poterie.

Il existe à Pouzac, près de Bagnères, une terre argileuse très-blanche, très-fine et très-onctueuse, propre au dégraissage des laines ; c'est une excellente terre à foulon, dont on fait grand usage dans la préparation des draps du pays. La carrière en est inépuisable ; elle tient beaucoup de la terre à porcelaine, et ne serait peut-être pas impropre à la poterie, si on lui faisait subir quelques préparations préalables.

La terre argileuse propre à la fabrication des briques et des tuiles, est fort commune dans ce département, et on en fait un grand usage pour la consommation du pays.

4.° De la Marne.

Il en existe en quantité sur plusieurs points du département, et on en trouve presque par-tout ; mais l'exploitation de cet engrais naturel a été négligée par l'insouciance des habitans qui, pour la plupart, ignorent l'utile emploi qu'ils pourraient en faire pour fertiliser leurs champs. C'est surtout sur les lieux arides ou incultes que cette substance abonde, comme si la prévoyante nature avait voulu venir au-devant des désirs et des besoins de l'homme. Les plateaux situés à la racine des monts, en contiennent presque tous, plus ou moins. Le territoire des landes de Lannemezan en offre en grande abondance ; les habitans de cette région en font quelque usage. Il serait aisé d'en déverser sur tout le territoire environnant qui en a grand besoin ; si une industrie plus active présidait aux spéculations agricoles, on pourrait fertiliser beaucoup de terres incultes, en y faisant concourir des arrosemens convenables, par le moyen des dérivations.

NATURE DU SOL.

Le sol est composé des débris des roches primitives, que le temps a froissés et réduits en poussière, et d'un mélange de matières animales et végétales triturées et dissoutes par l'eau, d'où est résulté l'humus ou terre végétale qui couvre aujourd'hui, à des profondeurs plus ou moins considérables, presque toute la surface des terres. Les sommités, les arêtes, les plans fort inclinés des montagnes, sont restés seuls à nud ; ils offrent seuls quelques points visibles du squelette de notre globe ; là, point de végétation, point de site habitable pour tout ce qui doit naître, croître et périr : affreuse image du néant, qui repousserait l'observateur, s'il ne voyait la source première de toute fécondité dans ces pics arides et décharnés qui opèrent de salutaires changemens dans l'atmosphère, attirent les nuages, défendent les vallées et la plaine des terribles effets de l'ouragan, et déversent sur le sol, par mille canaux divers, ces eaux bienfaisantes qui menaçaient de l'inonder et d'en détruire toutes les productions.

Les Pyrenées offrent, bien plus que les Alpes, cet air de nudité qui caractérise plus ou moins tous les monts primitifs, et leurs flancs sont, pour la plupart, frappés d'une stérilité absolue. Il faut que la vue vienne se fixer sur les pentes plus douces des monts secondaires, et s'abaisse jusques dans le fond des vallées, pour retrouver les effets de cette puissance active qui anime et vivifie tout.

La décomposition des schistes soit calcaires, soit argileux, l'accumulation de ces débris sur les divers plateaux, le long des ravins, près des torrens et des Gaves, ont formé les premières couches du sol végétal qui s'est accru successivement par la destruction même des roches granitiques, et par l'addition des principes que la végétation naturelle y a accumulés dans le cours des siècles, avant que l'homme y porta son industrie, et sa culture presque toujours destructive de la fécondité naturelle, pour en substituer une factice qui trop souvent ne peut la suppléer.

Le sol des vallées et celui des montagnes, naturellement peu productif par son peu de profondeur, plus encore que par sa nature où le calcaire abonde, est léger, peu lié dans ses parties; il est souvent sablonneux dans les vallons. Nous en ferons connaître l'emploi au chapitre de l'agriculture.

Cette nature de sol se soutient dans la plaine, le long du cours de l'Adour et de l'Echez, dont les bords sont, dans une très-grande étendue, presqu'entièrement formés par les alluvions de ces deux courans. Des cailloux roulés, du gravier et du sable calcaire, argileux et siliceux, en composent le fond qui a une assez grande profondeur, et il conserve de la légèreté et de la friabilité à sa surface; les engrais, les arrosemens et tous les procédés de la culture, en ont beaucoup augmenté la fertilité primitive. Il est à remarquer qu'en s'éloignant du lit des deux rivières pour se rapprocher des côtes, le sol devient plus compacte, plus tenace, plus argileux, il a moins de cailloux, moins de sable; il se rapproche un peu de la nature du terrein des côtes.

Dans cette région, la terre argileuse domine en général, et d'une manière très-marquée, sur plusieurs points; le terroir acquiert plus de ténacité, il devient d'une couleur roussâtre; c'est ce qu'on appelle, en terme vulgaire, *la terre forte*. On y distingue facilement de la terre calcaire mêlée à l'argile, comme dans celle de la plaine on remarque la terre siliceuse avec une moindre quantité d'argile. Quelques côteaux, et le pays de landes particulièrement, offrent un sol dont le fond est composé d'une argile blanche et sablonneuse, appelée dans le pays *boubée* ou *boulbenne*, terre froide ou terre de lande.

On pourrait assigner les caractères suivans au sol de chacune des régions du département: dans celui des montagnes, il y a une quantité presque égale de terre calcaire, de terre siliceuse et d'argile, mêlées ensemble; dans celui de la plaine, c'est l'argile qui prédomine, puis la silice; dans les côteaux, la terre argileuse est encore plus abondante; mais le calcaire l'emporte sur la terre siliceuse. Par-tout le fond est argileux; seulement il y en a plus dans la plaine que dans la montagne, et plus encore dans les côteaux.

Les changemens qu'apportent la culture et l'emploi des engrais, dans la nature du sol, sont plus sensibles et plus considérables dans la plaine; dans les vallées, si nous en exceptons les bas-fonds, la nature primitive du sol n'a presque pas été altérée. La terre végétale y repose sur les roches primitives, et elle s'en détache aisément; sa profondeur est peu considérable; elle n'est que de quelques pouces dans bien des endroits, et l'agriculteur est souvent réduit à porter lui-même le sol cultivable sur les lieux que les pluies ou de violens orages ont entièrement dépouillé. Dans la plaine de l'Adour, et dans les vallées un peu spacieuses, dans les vallons surtout, le sol végétal a plus de profondeur, et repose sur un lit de cailloux ou sur des blocs détachés des montagnes. Dans les côtes, la terre cultivable repose presque par tout sur un tuf argileux, et quelquefois sur des bancs calcaires ou granitiques.

C'est encore une chose à faire, que l'analyse exacte des principes constituans de la terre végétale sur les différentes parties de notre territoire; il faudrait, pour y parvenir, avoir recours à des expériences suivies et multipliées. Ce que j'en ai dit m'a été suggéré par la seule inspection des terres, et je suis loin de prétendre avoir déterminé la vraie nature du sol des Hautes-Pyrénées, quant aux justes proportions de ses élémens. Ce n'est qu'en s'aidant des connaissances de la physique et de la chimie, et en faisant des recherches méthodiques, qu'on pourra atteindre ce but d'une importance majeure pour les arts, et surtout pour l'agriculture.

DES EAUX THERMALES ET MINÉRALES.

Ces eaux sont extrêmement abondantes dans les Hautes-Pyrénées; elles jaillissent de toutes parts pour se mêler aux eaux superficielles que versent les torrens; elles se présentent, en certains lieux, sous un volume considérable, et avec des propriétés médicales dont on a su tirer parti pour le soulagement de l'humanité souffrante.

Nous avons, dans ce département, que l'on pourrait appeler à bon droit le département des Eaux-Minérales, quatre grands établissemens thermaux, et quelques autres d'une moindre importance, indépendamment des sources isolées dont les effets sont constatés, ou à constater, et qui n'ont point encore donné lieu à des établissemens publics. Les premiers sont ceux de *Bagnères*, *Barèges*, *Saint-Sauveur* et *Cauterets*; les seconds sont ceux de *Capvern* et de *Cadéac*. Après avoir traité successivement de chacun de ces établissemens, je parlerai des sources éparses que l'on pourra rendre utiles par la suite.

C'était une opinion fort accréditée autrefois, que les eaux thermales devaient leur existence à des feux souterrains qui les rechauffaient au sein des montagnes comme dans une chaudière, et l'on attribuait au soufre l'entretien de ces feux, sans faire attention qu'il faudrait d'énormes masses de ce combustible pour rechauffer les nombreuses fontaines qui jaillissent des Pyrénées, et que l'on faisait provenir d'un réservoir commun.

Les nouvelles découvertes de la chimie et de la géologie ont prouvé qu'il suffit que des filets d'eau rencontrent, dans les fissures des rochers, des substances ferrugineuses, alumineuses, pyriteuses, etc., pour donner lieu à des décompositions spontanées qui communiquent à cette eau un grand degré de chaleur, et l'imprégnent, en même temps, des différens gaz que l'on découvre dans les sources minérales.

Telle est, en effet, dans les Hautes-Pyrénées, la génération des eaux thermales. L'inspection des diverses roches à travers lesquelles elles s'ouvrent un passage, le démontre suffisamment. Ce sont par-tout des schistes, soit apparens, comme à Bagnères, Saint-Sauveur, etc. etc., soit recouverts d'une couche de marbre, comme à Barèges, ou de granit, comme à Cauteretz.

Dans ces deux derniers endroits, les eaux paraissent donc provenir d'une roche calcaire ou d'une roche granitique; mais elles ne font que donner passage aux eaux qui proviennent de la roche schisteuse profondément cachée.

EAUX THERMALES DE BAGNÈRES.

On compte dans cette ville, et sur les côteaux qui l'avoisinent, près de trente sources, dont plusieurs étaient connues dès le temps des romains; Bagnères leur doit sa célébrité et le grand concours d'étrangers qui y affluent tous les ans. Il en existait autrefois qui ont cessé de couler, et il serait très-facile d'en découvrir de nouvelles.

On trouvera ci-après, n.° 11, l'indication de toutes celles qui sont connues, avec le degré de chaleur de chacune d'elles, d'où il résulte que le minimum de sa température est de 18° 3/4, et que le maximum s'élève jusqu'à 41°.

On pourrait diviser les eaux thermales de Bagnères en deux classes bien distinctes, eu égard à leur température, les unes étant très-chaudes, et les autres tempérées; les premières sont celles qui sont les plus rapprochées du réservoir commun, situé du côté de la montagne de la Reine, d'où elles paraissent toutes provenir; les secondes en sont assez éloignées pour perdre beaucoup de chaleur dans le trajet souterrain qu'elles parcourent, et pendant lequel elles se mêlent probablement aux eaux pluviales qui imbibent le terrein. Il en est même dans lesquelles on opère sciemment un mélange que facilite le cours plus élevé de l'Adour; procédé qui sans doute doit nuire à la nature primitive de la source.

La plupart de ces eaux, claires et lympides, ne sont point minérales; elles sont inodores et insipides: leur pesanteur ne diffère pas de celles de l'eau commune; elles ne délayent point le savon, elles le glomèrent; elles contiennent donc de la sélénite qui s'y trouve en plus ou moins grande quantité, selon leur degré de chaleur, ce qui établit les principales différences qui existent entr'elles; quelques-unes, cependant, ont une légère dissolution de soufre et de fer, peut-être aussi du sel marin.

Les sources du *Petit-Bain*, du *Dauphin*, de *Saint-Roch* et de *la Reine*, sont toutes les quatre de propriété communale, et leur efficacité est des plus marquées, en raison même de leur grande chaleur.

La première est au centre de la ville, et on n'en tire aucun parti; on pourrait y faire un établissement fort avantageux.

La dernière est la plus abondante et la mieux située de toutes celles de Bagnères; elle coule à mi-côte près d'un bosquet délicieux qui domine la ville, et d'où la vue s'étend sur les sites les plus variés et les plus agréables. C'est la plus belle exposition de la contrée. Il y a une douche et quelques baignoires pour l'usage des pauvres. Ce bain fut construit, dit-on, par les ordres de la reine Jeanne de Navarre. Près de là, est l'ancien hospice des capucins, où l'on avait conduit, pour l'usage de ces moines, une partie de cette source féconde qui fournit constamment 165 mètres cubes d'eau par heure ou 3960 mètres cubes par jour, ce qui pourrait fournir à l'entretien de plus de 20 baignoires de grande dimension, à quatre fortes douches et à deux bains de vapeur : ressources suffisantes pour fonder le plus beau des établissemens thermaux. On pourrait tirer parti des bâtimens déjà existans, quoiqu'ils soient en mauvais état ; on pourrait aussi, au besoin, joindre à la source de la Reine, celles de Saint-Roch et du Dauphin qui l'avoisinent, et elles en tempéreraient la chaleur d'une manière convenable pour la partie qui serait consacrée aux bains. Voilà le site où devrait se déployer toute la magnificence du Gouvernement, dans la fondation d'un grand hospice thermal qui pourrait servir d'entrepôt à ceux des autres établissemens thermaux, en même-temps qu'on y traiterait des militaires à demeure. Les sources réunies pourraient fournir au traitement journalier de cinq ou six cents malades.

Parmi les sources qui sont de propriété particulière, il en est qui sont plus accréditées, plus fréquentées, soit à cause de leur ancienne renommée, soit parce qu'elles sont plus commodes ou plus agréablement situées. Les eaux du *Foulon* sont réputées excellentes contre les maladies de la peau ; on attribue les mêmes vertus au bain *des Pauvres* ; celles *des Prés* et *de Salut* attirent la foule chaque année.

L'une de ces deux dernières est aux portes de la ville; l'autre en est la plus distante de toutes, et c'est ce qui a beaucoup contribué à l'accréditer. La route qui y conduit est une superbe allée de peupliers, dont les contours sinueux, ainsi que le paysage environnant, sont faits pour charmer la vue. C'est une promenade délicieuse qui seconde à merveilles l'efficacité des eaux de Salut. L'établissement est vaste et commode ; une petite place plantée de tilleuls, termine l'avenue, et c'est là le rendez-vous de tous ceux qui vienvent faire leur cour à la Nymphe du lieu, et aux languissantes beautés que sa Naïade y rassemble. La grande affluence et l'espèce de circulation que ce concours établit, offre un tableau mouvant dont les personnages changent sans cesse, et qui, en récréant les sens et l'imagination, complète les heureux effets d'un exercice salutaire.

Je ne dirai rien des effets merveilleux que la tradition attribue aux eaux de Bagnères; j'en laisse le soin aux conteurs et aux romanciers. Depuis que leur nature est mieux connue, depuis qu'on en a mieux observé les effets, on a réduit leurs vertus à une juste valeur. Mais si elles ont cessé d'opérer des miracles, elles n'en produisent pas moins des cures étonnantes, et leur efficacité dans beaucoup de maladies est trop évidente, se trouve constatée par trop de faits, pour qu'on puisse la mettre en doute. Il est à désirer que des expériences suivies, des observations bien exactes, dépouillées de toute prévention systématique et de tout intérêt personnel ou local, achèvent de nous faire connaître et la nature réelle de ces eaux bienfaisantes, et toutes leurs propriétés comme remèdes curatifs. L'établissement d'un hospice permanent, dirigé par des médecins éclairés, peut seul assurer l'exécution de ces vues, soit pour les eaux de Bagnères, soit pour toutes celles qui se trouvent dans les Hautes-Pyrénées.

Eaux thermales de Barèges.

Les sources de Barèges sont les plus utiles et les plus recommandables de toutes celles du département; leurs effets salutaires sont connus de toute l'Europe; elles sont spécialement consacrées au soulagement des militaires blessés que le Gouvernement y envoit chaque année, à grands frais; c'est là spécialement qu'il a porté ses vues de conservation et d'amélioration; cependant on n'y voit encore qu'une ébauche d'établissement dont l'existence est menacée chaque hiver; dans cette région désolée et inhospitalière, on ne saurait rien faire de stable sans des précautions extraordinaires, sans une combinaison de moyens conservateurs dont le plan est encore à concevoir. Les révolutions auxquelles la gorge de Baréges est continuellement exposée, tiennent à sa grande élévation, et à la disposition des monts voisins, qui donne lieu à de fréquens éboulemens : la terre, l'air, les eaux, tous les élémens, semblent conjurés pour ruiner les ouvrages que l'audace humaine voudrait y construire.

L'imprévoyance des habitans a beaucoup concouru, il est vrai, à multiplier les causes de destruction, par l'abatis des forêts séculaires qui protégeaient Baréges, et il est bien reconnu que le seul moyen d'en prévenir les effets ou de les détourner, est de réparer, par des semis ou des plantations, les dégâts qu'a produits l'avidité, par le défaut de surveillance de l'administration. Une autre cause de destruction à laquelle il est peut-être plus difficile de remédier, c'est le rehaussement du lit du Bastan, d'où résultent des changemens très-fréquens dans son cours. Le sol même où les maisons de Baréges sont bâties, était, il y a peu d'années, la propriété de ce torrent qui menace de tout envahir. Il faudrait faire des plantations et des ouvrages d'art, bien entendus, sur ces rives, pour le contenir dans ses limites, et prévenir les ravages auxquels Baréges est sans cesse exposé.

On évalue le produit des sources de Baréges, dans leur état actuel, à 15,40 mètres cubes d'eau par jour, comme on peut le voir par le tableau ci-joint n.° 12. Cette eau est employée, d'abord, dans sept bains et trois douches, puis elle reflue dans deux grandes *piscines* où elle est encore employée à baigner les pauvres et les militaires malades. On porte à trois cent cinquante le nombre de ceux qui peuvent y être traités, ce qui est souvent insuffisant. Il serait possible d'augmenter le volume d'eau, en recueillant les petits filets qui se perdent dans le voisinage, ou en recherchant quelques sources de plus, que l'on présume abonder dans le flanc de la montagne à laquelle l'hospice est adossé.

Cet

Cet hospice est composé de quelques bâtimens assez solides et de mauvaises baraques d'un espace fort limité, et où les militaires sont entassés de la manière la plus gênante et la plus nuisible. Si l'on se borne à faire en ce lieu un établissement provisoire et de peu d'importance, au moins faut-il donner de l'extension aux logemens des malades, afin qu'ils y trouvent un asile indispensable pour l'efficacité du traitement auquel ils sont assujettis pendant le séjour qu'ils font à Baréges. Ils y resteraient moins de temps, s'il existait à Bagnères un hospice où on pût les recueillir, et leur faire continuer l'usage des eaux. Les plus malades demeureraient à Baréges jusqu'à la fin de la saison, et l'on évacuerait les moins malades, pour faire place aux autres.

Toutes les sources de Baréges, une seule exceptée, surgissent dans le lieu même qu'occupent les bains et les maisons adjacentes, parmi d'anciennes alluvions du Bastan où elles s'épanchent au sortir du rocher; le bain dit de la Chapelle est puisé dans le rocher même; la source a beaucoup diminué de volume, et elle a perdu de sa chaleur; il est à craindre qu'elle ne se perde entièrement, comme cela a déjà eu lieu. Il y a une source chaude perdue sous les bâtimens de la boucherie; elle est plus élevée que le niveau des autres auxquelles on pourrait la réunir.

On fait remonter à quatre siècles l'époque de la découverte des eaux de Baréges, et on rapporte qu'elles formaient alors une espèce de cloaque d'où s'exhalaient des vapeurs qui fixèrent l'attention des habitans. Eux seuls profitèrent d'abord de cette importante découverte, et ces eaux restèrent ignorées jusqu'au temps où madame de *Maintenon*, qui se trouvait à Bagnères avec le *duc du Maine*, se rendit à Baréges par le Tourmalet où elle fit ouvrir un passage; la renommée de ces eaux thermales date de ce jour. On n'en tira cependant aucun parti sous le règne de Louis XIV; ce ne fut qu'en 1735 qu'elles devinrent l'objet de l'attention du gouvernement.

L'ingénieur *Polard* fit exécuter la route qui conduit de Tarbes à Baréges, par Lourdes, Pierrefitte et Luz, et le fontainier *Chevillard* fut chargé de recueillir les deux principales sources dont les habitans faisaient usage. Il y réussit, aidé par les conseils de *Polard*. Alors furent formés les bains *de l'Entrée*, le bain *du Fond*, celui de *Polard*, et les *trois douches*. Le bain *de la Chapelle* fut construit depuis par des ouvriers du pays. En 1775, *Geusy*, fontainier de Bayonne, recueillit la source qui fournit au bain de ce nom; on y a joint depuis deux autres baignoires.

En 1777, il fallut faire d'importantes réparations aux bains de Baréges; les sources de la Chapelle et de l'Entrée étaient perdues; M. *Moisset*, ingénieur en chef de ce département, fut chargé de les retrouver, et les procédés ingénieux qu'il employa pour cela, lui firent découvrir les moyens d'augmenter beaucoup les sources, si l'on voulait remonter plus haut, et déblayer le terrein. C'est à lui que nous devons l'établissement des *piscines*, dont la construction, quoique trop resserrée, eu égard au nombre des malades auxquels il est destiné, atteste le bon goût et les talens de l'architecte. Cet édifice est presque tout souterrain; on y descend par deux escaliers symétriques qui conduisent aux deux portes d'entrée; les piscines sont voûtées; une terrasse en plate-forme couvre le tout, et sert de promenade aux malades.

Nous n'avons point encore d'analyse complète sur les eaux de Baréges, qui paraissent ne différer de celles de Saint-Sauveur et de Cauteretz que par la dose des principes. On y a reconnu une petite quantité de sulfure alkalin, qui donne lieu à un dégagement de gaz hydrogène sulfuré; du muriate de magnésie, de soude; une terre calcaire, une terre argileuse, et une substance grasse, savonneuse. Leurs effets, quoique constatés par des cures extraordinaires, ne sont cependant point encore assez connus, parce qu'on a négligé de recueillir les observations, et de les soumettre à une appréciation méthodique. On ne cite que des faits isolés, entre lesquels il n'existe aucune liaison; la topographie médicale des eaux thermales est encore à faire

EAUX THERMALES DE SAINT-SAUVEUR.

Les bains de Saint-Sauveur sont peu distans de ceux de Barèges, dont ils peuvent être regardés comme une annexe. Les eaux y sont plus tempérées, et elles proviennent toutes d'une même source qui a neuf centimètres de diamètre environ; il y a maintenant une buvette, une douche (*) à bain, et treize baignoires, savoir: deux dites *du Milieu*, deux *de la Châtaigneraie*, trois *de la Terrasse*, trois *de Bezegua*, et trois *de la Chapelle*. Ces bains sont tenus avec beaucoup de propreté; ils sont tous consacrés à l'usage des particuliers, on n'y reçoit point de militaires; il faudrait tout créer si l'on voulait y établir un hospice, et le peu d'abondance de la source ne permettrait pas d'y fonder un grand établissement, car les baignoires qui existent, ne peuvent être toutes remplies plusieurs fois en même-temps.

Les principes de cette source minérale, d'après l'analyse qu'en a donnée le médecin-inspecteur *Fabas*, sont:

1.º Sulfure alkalin et terreux.	3 parties.
2.º Matière grasse, savonneuse.	13.
3.º Terre vitrifiable ou insoluble dans les acides. .	20.
4.º Terre calcaire ou soluble.	4.
5.º Natrum alkali de soude.	23.
6.º Sel marin.	9.
Total.	72 parties

Une portion de fer imperceptible, quoique le sédiment de l'eau en grande masse présente souvent sur la surface quelques taches de couleur ocreuse.

(*) L'eau de cette douche, qui est la plus chaude, n'a que 29°; celle de la Terrasse et de la Chapelle n'en a que 25.

L'aménagement des eaux de Saint-Sauveur a été très-soigné, et on y a fait des ouvrages bien étendus. On a construit, du côté du Gave, une terrasse dont les fondemens sont très-profonds, et qui concourt à la solidité des édifices; on pourrait prolonger cette terrasse le long de la maison *Bezegua*, et accroître ainsi le terre-plein, pour déployer davantage l'emplacement des bains, qui se trouve un peu resserré; par ce moyen, on pourrait aussi augmenter le nombre des baignoires; mais celles qui existent suffisent au traitement des personnes qui viennent faire usage des eaux de Saint-Sauveur.

La découverte de ces eaux est d'une date fort ancienne, et qu'on ne saurait assigner; mais leur emploi est très-récent, et tous les édifices de l'établissement, ainsi que le beau chemin en rampes spirales qui y conduit, sont de nouvelle construction. On raconte qu'un évêque de Tarbes, exilé à Luz, fit élever dans le voisinage des sources, une petite chapelle portant pour inscription: *Vos haurietis aquas de fontibus Salvatoris.* Voila l'origine et la dénomination de Saint-Sauveur. *Voyez* pour le tableau des bains, le n.° 13.

EAUX THERMALES DE CAUTERETZ.

Ces eaux, dont la célébrité rivalise celles de Baréges, sont plus abondantes et plus élevées en température. Leur situation sur le penchant de la montagne ou dans des ravins très-distans des habitations, en rend l'accès et l'emploi difficiles; mais cet inconvénient est bien compensé par la douceur du climat, la beauté des sites, la fixité du sol, et le grand nombre des sources dont le produit est infiniment supérieur à celui des sources de Baréges.

On ne saurait apprécier les différences qui peuvent résulter de la base des principes qui leur sont communs, et quoiqu'on ait fait un usage plus borné de ces derniers pour le traitement des blessures, leur efficacité dans des cas pareils n'est point contestée.

Sources et Établissemens de l'Est.

Il y a dans cette région qui domine Canteretz, à la distance de plus de cent mètres, quatre grandes sources, situées sur trois plans différens; il est dommage qu'elles soient aussi distantes de toute habitation, ce qui occasionnerait de grands frais pour rendre accessible le grand établissement qu'on pourrait faire sur les lieux, ou bien nécessiterait le transfert des eaux au niveau de Canteretz, par le moyen d'un aquéduc. Si les habitans pratiquaient un chemin en rampes douces pour conduire du vallon jusqu'aux sources, il y aurait toutes sortes d'avantages à bâtir sur l'endroit même qu'elles occupent, et on ne saurait choisir un lieu plus favorable; il est fort aisé de faire sur le flanc de la montagne, à l'aide de quelques escarpemens, une plate-forme assez étendue pour y construire un grand hospice; il serait garanti de tout accident par la forêt aux pieds de laquelle il se trouverait situé; et l'on pourrait y arriver par une avenue commode, et plantée d'arbres. C'est là qu'était l'ancien Canteretz dont on voit encore quelques ruines. Ainsi employées sur place, les eaux ne perdraient rien de leur température ni de leurs vertus, et l'exercice que nécessiterait l'éloignement où elles se trouvent, deviendrait salutaire aux malades, si, au lieu d'un sentier rapide et inégal, il y avait pour y parvenir une route belle et ombragée. On pourrait même, d'après les vues de l'inspecteur des eaux, *Labat*, établir une communication de ces sources à celle de la Raillère, par une avenue pratiquée sur le flanc de la montagne, ce qui prolongerait la promenade, et la rendrait encore plus agréable.

Des quatre sources de l'Est, deux ont été concédées à des particuliers, et elles ont été exploitées avec quelques soins: ce sont celles de *Canarie* et de *Pause*: les deux autres sont celles de *César* et des *Espagnols*; elles ne présentent que des établissemens informes, quoiqu'elles soient les meilleures.

1.° *Sources de Canarie.*

Les eaux de Canarie proviennent de deux sources dont l'une était appelée la *Source d'Amour*, et l'autre la *Grande Source*; elles sont très-anciennement connues. Les comtes de Bigorre, en 1500 environ, en firent concession aux moines de Saint-Savin, qui y érigèrent un petit hospice sous le nom de *Cabanes des Pères*; cet établissement fut acquis ensuite par *Dupont-Canarie* dont il porte le nom; il a été ultérieurement acquis de ce particulier par M. *Bruzaud* de Cauterets, qui a rapproché ces eaux de l'enceinte de la commune, et a fait un établissement dont nous parlerons ci-après. L'ancien établissement de Canarie est abandonné, et il n'offre plus que des ruines.

2.° *Bains de Pause.*

La source de Pause est très-abondante, elle alimentait autrefois six baignoires abritées par des planches; cet établissement a été refait à neuf sous l'inspection de M. Labat, qui a fait fouiller la source de nouveau. Aujourd'hui il y a treize cabinets qui se communiquent par un beau vestibule pavé en schistes. Le cabinet du milieu contient une douche à six robinets fixes, plus élevés les uns que les autres, et de différens diamètres, appropriés aux divers cas maladifs. A l'entrée, et sur le vestibule, est une buvette à robinet. Quatre des autres cabinets contiennent deux baignoires chacun; les autres n'en ont qu'une: total, 16 baignoires. Le réservoir qui leur est commun, longe le derrière de l'établissement. On a à volonté de l'eau chaude et de l'eau froide dans tous les bains. Jamais la douche ni la buvette ne manquent d'eau pendant que l'on se baigne, parce qu'elle provient de la source mère, et non du réservoir qui ne se remplit que par le trop plein de la source, lorsque la douche et la buvette ne donnent pas. Il y a dans le vestibule un chauffoir qui a autant de cases numérotées qu'il y a de baignoires, afin d'empêcher la confusion des linges.

Ce bel établissement appartient à M. *Cazenave-Manuquet*

de Cauterets, qui avait acquis la source de la vallée de Saint-Savin.

3.° *Bains des Espagnols.*

La source des Espagnols est voisine de celle de Pause, et les deux établissemens se tiennent. Ce dernier, dont la construction est voûtée, parait être de fondation romaine; il n'y avait autrefois qu'une piscine informe qui ne recevoit de jour que par deux étroites fenêtres; il y a maintenant une douche qui sert aussi d'étuve ou de bain de vapeur, et deux baignoires latérales assez bien disposées. Cet établissement est susceptible de recevoir une grande extension.

4.° *Bains de César.*

Les bains de César paraissent être aussi de construction romaine, comme les précédens; il y avait autrefois une large piscine surmontée d'une voûte, et éclairée, sur le devant, par deux ouvertures de forme ovale. On y a fait un mur de séparation, et maintenant il y a deux baignoires, une de chaque côté, et deux buvettes qui coulent continuellement. On a joint à l'ancien édifice, un cabinet à douche. Cet établissement est aussi susceptible d'une grande extension.

5.° *Établissement nouveau de Canarie, appelé* Bains de Bruzaud.

Ces bains sont au bas de la montagne, et ils touchent à Cauterets; ils ont été construits dans les années 1798 et 1799, en remplacement des anciens Canaries dont les eaux ont été dérivées par un long aquéduc; les tuyaux sont en terre cuite, et ils ont 4 ou 5 centimètres de diamètre. Ce transfert, joint au peu de soin que l'on a pris pour faire l'aquéduc dont le diamètre est trop fort, eu égard au volume de la source, a beaucoup diminué la température de l'eau qui n'a plus que 28 degrés.

L'établissement *Bruzaud* contient douze cabinets, dont les quatre extrêmes renferment chacun deux baignoires; il y a, en outre, un joli salon qui sert de pièce d'attente, une douche à quatre robinets de différentes grosseurs et élévation, et une buvette fort commode : un long péristile, recouvert, s'étend d'un bout des bains à l'autre, et il y a, comme à Pause, un chauffoir à cases numérotées ; des terrasses, des jardins ombragés, des cabinets de verdure, achèvent d'embellir ce superbe établissement qui se trouve à la portée des malades, même pendant le mauvais temps ; il a été construit sous la direction de l'inspecteur des eaux.

Si le Gouvernement se décide à former un grand établissement thermal à Cauterets, toutes ces sources qui sont très-rapprochées l'une de l'autre, seront plus que suffisantes pour cela, et elles pourront fournir sans peine au traitement de 5 ou 600 malades, à l'aide de *piscines* construites dans le goût de celles de Barèges.

SOURCES ET ÉTABLISSEMENS DU SUD.

On trouve après le bassin de Cauteretz, vers l'endroit nommé *Mauhourat*, et au-dessus, plusieurs autres sources très-importantes. Elles sont situées depuis 1500 jusqu'à 3000 mètres des habitations ; la première est celle de *la Raillère* ; les autres sont celles du *Pré*, du *Mauhourat*, de *Bayard*, des *Œufs* et du *Bois*.

Source de la Raillère.

C'est la moins éloignée de toutes ; c'est aussi la plus abondante. L'établissement qu'on y voit n'est composé que de quelques baraques qui abritent une douzaine de baignoires en bois ; un hangard recouvre la buvette ; un bâtiment en pierre, qui avoisine ce hangard, contient trois baignoires, et il pourrait devenir la base d'une grande et belle construction, propre à remplacer les baraques. L'importance de cette source commande une semblable construction, et il est à désirer qu'elle puisse s'effectuer bientôt.

Source du Pré.

Elle est située au-delà du premier pont, et avant Mauhourat, près la cascade du même nom. Le propriétaire n'en a encore tiré aucun parti, quoiqu'elle soit susceptible d'un grand établissement par son abondance et la haute élévation de sa température. Une baraque qui abrite quelques baignoires en bois, est tout ce qu'on y voit.

Sources de Mauhourat, du Bayard, et des Œufs.

Ces trois sources sont comme groupées, à très-peu de distance de là, et elles sortent du creux des rochers. On arrive à la première, par une excavation que l'on a pratiquée pour en recueillir les eaux que l'on n'emploie qu'en boisson; chacun va puiser, selon ses désirs, au filet d'eau qui coule continuellement, et filtre à travers les fissures du roc. Le produit n'en est pas très-abondant. Les deux autres surgissent plus bas, et presqu'au niveau du Gave dont les eaux se confondent avec celles des sources qu'il serait très-difficile de recueillir; il faudrait, pour cela, faire des excavations, et conduire les eaux au-dessous du lieu où elles sortent, à l'aide de canaux construits convenablement.

Une quatrième source est tout près de là, mais elle ne donne presque rien; c'est la source des *Yeux*, ainsi nommée, parce qu'on l'a quelquefois employée dans les maladies de ces organes. Il serait très-facile d'en découvrir d'autres encore dans le voisinage, et déjà M. Labat en a soupçonné quelques-unes, à la recherche desquelles il s'applique soigneusement.

Source du Bois.

Celle-ci est situé fort au-dessus des précédentes, et il faut beaucoup monter dans le bois pour l'atteindre. Il n'y a qu'un établissement informe, une hutte de pierres, recouverte en planches et en chaume. Il contient cependant six baignoires en bois; ces bains ne sont guère fréquentés que par les pauvres;

leur grande chaleur et la nature des eaux les rendent très-efficaces.

Il y a dans le voisinage de Cauterets, quelques autres sources dont je ne ferai pas mention, à cause de leur peu d'importance actuelle; on trouvera ci-après, n.° 14, le tableau de celles dont on fait usage, avec l'indication de leur degré de chaleur.

EAUX THERMALES DE CAPVERN.

Ces sources, situées dans une gorge très-étroite, entre deux côteaux resserrés, à une petite distance de Tournay, jouissent déjà d'une grande renommée, et elles sont fréquentées chaque année par un assez grand nombre de personnes.

Ces eaux, dont nous n'avons point l'analyse exacte, sont évidemment ferrugineuses; il suffit de les goûter pour s'en convaincre; leur température est très-faible, et même elles sont sensiblement froides au toucher. On voit à Capvern une ébauche d'établissement; les sources sont recueillies, et déversées dans sept ou huit baignoires qu'abrite un édifice assez mal construit; ces baignoires sont la plupart en bois. Il y a une fontaine qui coule en forme de douche, et qui sert pour la boisson.

L'emplacement, quoique fort étroit, est susceptible d'un plus grand établissement, et il suffirait, pour le former, d'escarper un peu la montagne d'où les sources proviennent. On en pourrait tirer alors meilleur parti, et le concours des baigneurs deviendrait plus considérable. Ce site, quoique sauvage au premier abord, n'est pas sans agrément; il serait aisé de faire des rampes douces pour descendre dans le ravin au fond duquel coule un petit ruisseau qui naît au sommet de la gorge; un bois touffu, et susceptible des plus beaux embellissemens, offre un abri charmant, et des promenades récréatives sur le penchant du côteau opposé.

Déjà quelques particuliers ont bâti sur celui-ci pour offrir un asile aux baigneurs; l'accroissement de ces habitations tient uniquement au perfectionnement de cet établissement thermal qui, par sa situation et par sa nature, mérite un intérêt particulier.

EAUX THERMALES DE CADÉAC.

On trouve dans la vallée d'Aure, à 2 kilomètres d'Arreau, deux sources minérales, situées sur l'une et l'autre rive de la Neste, dont l'importance n'est pas douteuse, et qui sont connues depuis plusieurs siècles. La tradition, dont on ne saurait repousser en tous points le témoignage, leur attribue des cures merveilleuses, et il existe des expériences bien constatées qui attestent leur efficacité.

Ces eaux sont fortement hépatiques, et on y trouve en général les mêmes principes que dans les eaux de Barèges, mais elles sont froides au toucher. M. *Ducuing* d'Arreau, qui est propriétaire de l'une de ces sources, y a fait un petit établissement. Il ne manque à ces eaux qu'un plus grand concours de malades, pour acquérir une juste célébrité.

SOURCES THERMALES NÉGLIGÉES OU PEU FRÉQUENTÉES.

Je me bornerai à en faire l'énumération, sans présenter aucune vue sur l'emploi qu'on pourrait en faire; c'est à l'industrie locale à le déterminer, et à tirer de l'oubli celles de ces sources qui peuvent être utilisées.

1.° Il existe dans le bassin de Luz, sur la route de Barèges, une source importante, c'est celle de *Visos*. Elle jouissait autrefois d'une grande réputation; les habitans du pays font seuls usage de ces eaux qui ont fort peu de chaleur. Une autre source très-remarquable est celle du petit Barèges; elle est sulfureuse et froide; on y voit encore un reste d'ancien établissement; elle est abandonnée.

2.° Sur le côteau de Davantaigue, près de Beaucens, il y a aussi une source sulfureuse et froide; les habitans du pays l'emploient en boisson.

3.° Dans la vallée de Castelloubon, près du Nez, au fond du village de Cazost, il existe trois sources gazeuses à l'usage des habitans; il y en a encore dans le voisinage, au fond de la gorge de *Menilh*.

4.° Près du Tourmalet, entre les cabanes de *Tramazaignes* et le village de Grip, sur la rive droite de l'Adour, est une source hépatique qui mêle ses eaux à celles du torrent, dont on pourrait les séparer.

5.° A *Labassère*, près Bagnères, il existe une source minérale assez abondante; elle est hépatique et froide; on l'emploie en boisson avec beaucoup de succès.

6.° A *Siradan*, à *Loudenvielle*, dans les hautes vallées d'Aure et de Barousse, il existe d'autres sources encore; elles peuvent devenir d'un grand intérêt.

7.° Enfin, on voit suinter des eaux minérales de différens rochers, sur la route qui conduit de Bagnères à Lannemezan, près du château de Mauvezin.

ADMINISTRATION DES EAUX THERMALES.

MÉDECINS-INSPECTEURS.

Les établissemens thermaux qui sont de propriété nationale, sont administrés par M. le Préfet qui en afferme le produit par adjudication et aux enchères publiques. Le prix de la ferme est versé entre les mains du trésorier de l'hospice civil de Tarbes, pour être employé à la réparation, au perfectionnement et à l'agrandissement des bains qui, presque tous, sont susceptibles d'amélioration.

Il y a près de chaque établissement, un Médecin-inspecteur chargé de surveiller l'emploi des eaux thermales, et de distribuer les heures des bains de manière à ce que chaque malade ait son tour, et que l'usage qu'il fait des eaux, soit approprié à sa maladie. Ces Inspecteurs veillent aussi à la conservation des édifices, et indiquent les réparations ou les changemens qu'il est utile d'y faire pour le bien du service.

Ils pourraient contribuer bien davantage à la prospérité de ces établissemens, et devenir plus utiles à l'humanité, si chacun d'eux prenait le soin de faire des expériences et des observations suivies sur l'emploi et l'efficacité des eaux qu'il administre, et si, tous ensemble, ils rapprochaient et comparaient leurs observations respectives, afin de s'éclairer mutuellement par une discussion méthodique et lumineuse. Ils pourraient aussi s'occuper en commun, et d'après les principes actuels de la physique et de la chimie, de l'analyse de toutes les eaux thermales ou minérales du département. Les rapprochemens qu'on pourrait faire des résultats de cette analyse des eaux, avec ceux de leur application aux diverses maladies, donneraient nécessairement, après un certain nombre d'années, quelques notions positives et sur la nature de ces eaux qu'on ne connaît pas encore, et sur leurs effets qu'on n'a point cherché à constater avec assez de soin.

§. IV.

TOPOGRAPHIE MÉTÉOROLOGIQUE.

Le climat de ce département, comparé à celui des autres régions de la France, comprises entre les Alpes, les Pyrénées, le Rhin et l'Océan, présente des différences qu'on ne pourra déterminer et apprécier avec justesse, que par le rapprochement d'un grand nombre d'observations météorologiques recueillies sur les principaux points de l'Empire, et cette appréciation doit être l'objet de la *Statistique générale* qui aura pour élémens tous les mémoires particuliers. Dans un travail particulier, comme celui qui nous occupe maintenant, on ne peut que présenter des faits locaux, ou établir, tout au plus, quelques données comparatives qui se rapportent aux différens points du département dont il est question. En général, plus le sol est varié et inégal, et plus, à latitudes égales, les vents sont inconstans et les variations de la température fréquentes. Cette inconstance et cette variation sont encore plus fortes, si la contrée est dans le voisinage des mers, est près de monts très-élevés. Or, telle est précisément la situation de ce département qui, comme on l'a déjà vu, est borné au midi par les plus hautes montagnes de la chaîne des Pyrénées, et qui se trouve très-près de l'Océan. Aussi la température y est-elle extrêmement variable; aussi les vents, les orages, la pluie, la neige, la grêle, tous les météores, en un mot, s'y succèdent-ils avec une rapidité et une inconstance extrêmement remarquables. Chaque saison présente ses phénomènes particuliers d'une manière plus sensible; mais il n'est pas rare de voir de ces anomalies, des ces transpositions, qui semblent indiquer un renversement des lois de la nature, tandis qu'elles n'en sont qu'un effet.

Le printemps est habituellement tempéré, mais pluvieux; les gêlées tardives sont cependant assez fréquentes; l'été est sec et orageux; l'automne belle et agréable; l'hiver assez doux, mais nébuleux.

On verra par les tables météorologiques ci-jointes, sous le n.º 15, quels sont les changemens les plus fréquens qu'ont éprouvés à Tarbes le *baromètre*, le *thermomètre* et l'*hygromètre* pendant une série de douze années; on verra aussi combien il y a eu de jours de pluie, de neige, etc.; quels ont été les vents dominans. Celui du sud-ouest est le plus fréquent, et c'est lui qui amène la pluie dans toutes les saisons, et dans l'été les orages les plus violens; mais il dure peu, et il passe souvent au rumb du sud ou à celui du nord-ouest, ou même du nord plein qui amène et maintient le beau temps; les vents d'est et du nord-est sont très-rares; lorsqu'ils soufflent, le ciel est extrêmement pur et serein, l'air vif, d'un froid piquant, et très-agréable à respirer; il souffle quelquefois un vent solaire qui suit la direction de l'astre du jour sur l'horizon, et qui finit communément par se fixer au couchant d'où il pousse des nuages. Le vent du sud, quand il est plein, est extrêmement chaud, rend la respiration pénible, et affaiblit considérablement les forces vitales. Il souffle assez fréquemment à l'approche des équinoxes et des solstices. Dans l'hiver et au printemps, il opère par fois une fusion subite des neiges qui couvrent les Pyrénées, d'où il résulte des inondations qui causent beaucoup de dégâts dans les vallées et dans la plaine; la région des côtes est à l'abri de ces effets, si ce n'est le vallon de l'Arros; il vient quelquefois du sud un vent frais, et même glacial, mais ce n'est qu'un vent de nord, réfléchi par les montagnes; il souffle plus bas que le vent chaud d'Espagne, et il est l'effet d'un véritable contre-courant; il est plus dangereux pour les fruits précoces que le vent direct lui-même, parce que celui-ci a lieu dans la haute région de l'air, et que lorsqu'il est réfléchi, il se trouve refroidi par les glaciers et par les nappes de neige qu'offre le versant boréal des Pyrénées.

Je n'ai aucune donnée pour apprécier la quantité de pluie qui tombe dans l'année sur le sol du département, et personne n'a fait à cet égard d'observations suivies et susceptibles de calcul; mais la présence des hautes sommités qui le bordent au sud, fait présumer qu'il en tombe en abondance dans la région montagneuse, d'où elle s'écoule avec une grande vîtesse par les torrens et les gaves qui ont une pente extrêmement rapide; la propriété qu'ont les montagnes d'attirer les nuages et de distiller leurs eaux par la disposition anguleuse de leurs crêtes et de leurs flancs, doit diminuer beaucoup la quantité de celle qui tombe sur les côteaux et dans la plaine, et il n'est pas rare de voir la première de ces deux régions éprouver de fortes sécheresses pendant les chaleurs de l'été; quant à l'autre, elle ne peut jamais manquer d'eau, parce que les rivières qui la parcourent et les dérivations qu'on leur a fait subir, l'arrosent continuellement, et sur presque tous les points, sans la rendre pour cela trop humide, parce que les eaux ont par-tout un facile écoulement, à cause de la déclivité du sol. La pluie dure peu, habituellement; souvent, après une belle journée, le temps se couvre tout-à-coup, et il pleut dans la nuit; mais le soleil se lève de nouveau, radieux et resplendissant.

La cause qui attire la pluie sur les montagnes, au détriment de la partie basse du département, y attire aussi la neige qui tombe en grande abondance sur les hauteurs, tandis qu'on en voit peu dans la plaine, sur les côteaux et même dans les vallons où elle ne séjourne guère, et où la température, en hiver, est tout aussi douce, et quelquefois même davantage que dans la plaine et sur les côtes. Cette particularité tient à la disposition des montagnes qui brisent les courans d'air, et garantissent constamment le fond des gorges de certains vents, en raison de la direction des chaînons. Il existe aussi, par cette même raison, un grand nombre de différences entre la température habituelle des diverses vallées, ainsi que de leurs différentes parties, et cela se conçoit aisément; mais dans toutes, elle est extrêmement variable.

La grêle et les frimats tombent aussi plus fréquemment sur les montagnes que sur le reste du sol, et les gorges, les vallons sont presque toujours garantis des fâcheux effets de ces météores, précisément à cause du voisinage des hauteurs; mais le pays des côtes, et la plaine même, n'en sont pas exempts, et il est certains lieux qui sont périodiquement sujets à la grêle, d'autres l'éprouvent presque tous les ans; ce sont surtout les cantons situés à la racine de la chaîne; voici, dans l'ordre des chances qu'ils courent, ceux qui, d'après une expérience constante, sont le plus souvent grêlés :

Arrondissement de Tarbes : Tournay, Trie, Ossun, Tarbes sud, Poyastruc, Rabastens, Tarbes nord, Galan.

Arrondissement de Bagnères : Castelnau-Magnoac, Lannemezan, Bordères, Arreau, Nestier, Mauléon-Barousse.

Arrondissement d'Argelés : Lourdes, Saint-Pé, Luz.

§. V.

TOPOGRAPHIE MÉDICALE.

L'ÉTAT habituel de l'atmosphère, ainsi que le climat (dont la nature, plus ou moins favorable, est déterminée par la longitude et la latitude des lieux, et surtout par la disposition superficielle des terres, d'où dépendent en grande partie la salubrité ou l'insalubrité du sol, la direction des vents et les mutations atmosphériques), influent d'une manière bien marquée, sur l'existence et la santé des hommes, ainsi que l'a observé le prince de la médecine; aussi l'on peut juger, en général, des avantages dont jouissent les habitans des Hautes-Pyrénées, et des inconvéniens auxquels leur situation les expose, d'après ce que j'ai raporté dans les sections précédentes sur la topographie physique, et sur la météorologie des diverses régions de ce département, d'où il résulte que la constitution naturelle de ces contrées est remarquable par un passage fréquent et rapide de l'humidité à la sécheresse, et du froid au chaud (ce qui établit les inconvéniens du climat), en même-temps que l'air y est constamment salubre, ainsi que les eaux, et que l'activité du fluide électrique donne de l'énergie aux forces vitales (sur quoi sont fondés tous ses avantages). Il n'existe dans les Hautes-Pyrénées aucune de ces causes, soit permanentes, soit périodiques, qui rendent certaines contrées habituellement insalubres, ou qui y développent, par intervalles, des germes de maladies et de contagions qui les désolent et les dépeuplent : on n'y voit jamais de ces *épidémies* meurtrières qui laissent après elles le deuil et la misère; mais outre les affections *sporadiques* ou passagères qui dépendent des accidens particuliers auxquels les hommes sont exposés sur tous les points du globe, on remarque dans ce département quelques affections qui tiennent aux localités, et qui ont le caractère *endémique* : tels sont, par exemple, les *goîtres*, suivis ou non suivis de l'*idiotisme*, qui appartiennent à quelques vallées, et certaines *dis-*

positions fiévreuses qui sont propres à quelques points de la plaine de Tarbes.

On trouvera ci-après, sous le n.° 16, le tableau des différentes espèces de maladies qui se présentent le plus souvent dans ce département. On verra par là, que le tempérament des hommes, robuste mais irritable, est très-sujet aux affections vives et aiguës, comme les *pleuresies*, les *peripneumonies*, les *rhumatismes aigus*, les *catharres*, affections qui tiennent aux grandes variations de l'atmosphère, et qui sont surtout fréquentes dans les montagnes : que celui des femmes plus irritable encore, mais plus faible et plus nerveux, les rend sujettes aux *spasmes*, aux *maux de nerfs*, aux *affections pulmonaires*, surtout dans la classe aisée, et depuis qu'elles vont les bras nuds et la gorge découverte, et qu'elles s'exposent imprudemment aux impressions de l'air.

Les maladies *chroniques*, autres que celles qui résultent d'un mauvais traitement appliqué à une maladie aiguë, sont peu fréquentes dans le département des Hautes-Pyrénées, à l'exception des *rhumatismes* que l'état variable de l'atmosphère rend très-communs. Depuis quelques années, cependant, le *vice scrofuleux* et quelques autres, dont l'introduction paraît dûe à la fréquentation des étrangers, se présentent assez souvent. Le premier peut aussi devoir son existence au grand usage du maïs qui augmente la viscosité des humeurs, et surtout à celle du cochon dont il se fait une très-grande consommation ; mais le *siphilis* a probablement la plus grande part à son origine et à sa propagation.

Le défaut de renseignemens, et même d'observations complètes et suivies de la part des médecins et des officiers de santé, ne m'a pas permis de donner une table étendue des maladies, telle que j'en avais d'abord conçu l'idée et le plan : ce défaut me force aussi à restreindre les considérations que j'aurais eu à exposer, et il ne me reste ici qu'à présenter quelques données sur la nature et l'influence des affections morbifiques qui sont propres à certains points de l'une des parties les plus saines et les plus salubres de l'Empire français, malgré ces dispositions locales qui sont extrêmement circonscrites.

La première et la plus remarquable est celle des goîtres, souvent accompagnés de l'imbécillité, et quelquefois indépendans de cette seconde affection qui, elle-même, existe aussi toute seule chez quelques individus. C'est dans les bas-fonds, dans des bassins particuliers que se trouvent ces *goitreux* ou *cagots* dont l'origine a été rapportée par quelques savans à des évènemens historiques, sur lesquels le merveilleux a répandu toutes ses fictions, mais qui paraissent devoir leur fâcheux état à des causes purement physiques et locales. On ne saurait douter, il est vrai, qu'il n'y ait eu, de temps immémorial, dans les vallées du versant boréal des Pyrénées, des familles séquestrées de toutes les autres, regardées comme faisant partie d'une race infâme et maudite, privées de tous droits politiques, restreintes au seul exercice de quelques professions, et condamnées à rendre aux communautés, des services bas et réputés honteux; que ces familles ne soient, plus particulièrement que les autres, affectées de goitres, et sujettes à la misère et aux maladies (*) : mais est-ce bien le reste d'une ancienne colonie de ces malheureux proscrits qui, dans la Brétagne, l'Aunis, la Guienne et la Gascogne, étaient condamnés à l'esclavage le plus abrutissant, et portaient les dénominations de *cacous* ou *caqueux*, de *coliberts*, de *cahets*, de *caffos* (**), sans qu'on sache trop qu'elle est l'origine de ces misérables peuplades, et celle de l'indigne traitement auquel ils étaient soumis? ou bien n'est-ce pas plutôt des goitreux originaires, repoussés de la société à cause de leur infirmité, qui ont donné naissance à cette population viciée, et qui, forcés de s'unir entr'eux, ont perpétué le vice qui faisait leur honte et leur malheur, comme il a fait ceux de leurs descendans?

(*) RAMOND. Observations faites dans les Pyrénées, chap. XI.

(**) *Ibidem.*

C'est l'idée à laquelle je m'arrêterai de préférence, malgré l'autorité des savans *Court-de-Gebelin* et *de Marka*, qui leur ont assigné chacun une origine différente. Le fanatisme a pu ensuite faire exclure de la communion chrétienne, des hommes, que des raisons de salubrité avaient d'abord fait séquestrer, à l'exemple de ces lépreux et de ces pestiférés qui, après avoir été convenablement privés de toutes communications avec les hommes sains, furent aussi proscrits par des préjugés religieux, dont la police abusa si souvent dans les temps d'ignorance et de crédulité. On n'en usa pas ainsi dans les Alpes envers les cretins originaires de ces contrées, dont il faudrait aussi expliquer l'existence par une colonie de *goths ariens et proscrits*, si on n'en trouvait la raison dans les mêmes causes qui ont produit et qui perpétuent les cagots des Pyrénées. Dans le *Valais*, la *Maurienne*, le *val d'Aost*, les goîtreux, loin d'avoir jamais été proscrits, ont toujours fait partie de la population, et ceux d'entr'eux dont la maladie se trouve compliquée d'imbécillité, ce qui constitue le cretinisme proprement dit, sont un objet de vénération : la famille qui possède un cretin dans son sein, est réputée favorisée du ciel ; la pitié qu'inspirèrent d'abord ces êtres malheureux, est sans doute l'origine de cette espèce de culte ; et c'est ainsi que les sentimens les plus louables, dégénèrent chez l'homme en superstition ; il ne peut jamais garder un juste milieu ; tout semble l'entraîner sans cesse vers les extrêmes. Ce respect religieux pour les cretins, ressemble à celui que plusieurs peuples de l'orient nourrissent envers les fous qu'ils regardent comme les inspirés des Dieux.

M. de Saussure, dans son voyage des Alpes, observe qu'on ne voit de cretins ni dans les plaines ouvertes de toutes parts, ni dans les endroits élevés de plus de 5 à 600 toises au-dessus du niveau de la mer : il rejette comme cause les eaux de neige ou de glace fondue, par la raison que, dans les hautes vallées situées au pied des glaciers où l'on ne boit point d'autre eau, il n'y a point de cretins; et qu'enfin, il y en a beaucoup à Sumatra; il rejette aussi les eaux imprégnées de quelque terre que ce puisse être, par la raison que ces eaux sont beaucoup plus communes dans les plaines que dans les montagnes; il rejette la mauvaise nourriture et la débauche, parce que cela a lieu par-tout.... Les cretins font-ils une caste particulière? non, dit-il, puisque les enfans des étrangers qui viennent s'établir dans des lieux sujets à cette infirmité, en sont souvent attaqués eux-mêmes. Il observe que dans le Valais, les gens aisés font élever leurs enfans à la montagne, et les y laissent jusqu'à l'âge de dix à douze ans; que plusieurs y envoient leurs femmes pendant les derniers temps de leur grossesse, et qu'il n'y a pas d'exemple que ces précautions n'aient eu un succès complet.

La cause de cette infirmité est, selon lui, la chaleur jointe à la stagnation de l'air. La chaleur seule ne produit pas cet effet, comme l'expérience le prouve; mais il a pensé que lorsque l'air est renfermé dans de profondes vallées et fortement réchauffé par le soleil, il y contracte un genre de corruption dont la nature ne nous est pas connue, et qui produit sur les fibres tendres des enfans, un relâchement d'où résultent les gonflemens et l'attonie générale, qui est le caractère spécifique de cette maladie. Il pense bien que les exhalaisons des marais qui occupent le fond de quelques vallées sujettes au cretinisme, peuvent contribuer à cette maladie; mais c'est plutôt par la chaleur dont ces vapeurs rendent l'air susceptible, et par le relâchement qu'elles occasionnent, que par les miasmes qu'elles renferment; en effet, des fièvres et d'autres maladies graves règnent sur les pays marécageux, et non le cretinisme; tandis que des villes et villages sont désolés par cette maladie, sans qu'il y ait des marais dans le voisinage.

Des médecins instruits pensent que c'est aux concours de plusieurs causes, qu'il faut attribuer cet affligeant phénomène, comme des eaux insalubres chargées de certains principes terreux, un air stagnant, une mauvaise nourriture, la misère, la malpropreté, des habitations malsaines : et, en effet, tout cela paraît se rencontrer, en tout ou en partie, dans les lieux où ce vice organique abonde le plus, sans qu'on puisse cependant déterminer qu'elle est la cause la plus influente.

Quoi qu'il en soit, le crétinisme est une véritable affection morbifique, qui se perpétue de génération en génération dans quelques familles, et qui se montre, par fois, dans quelques autres, soit par l'effet des alliances et du croisement des races, soit par l'influence des causes qui lui ont donné primitivement naissance.

Une chose frappante, c'est que la partie orientale du vallon d'Argelés où il y a des bas-fonds et des eaux malsaines, offre beaucoup de goitreux, tandis qu'il n'en existe presque pas du côté opposé. La vallée de Barèges, et spécialement les cantons d'Argelés, Pierrefite et Luz, est le foyer principal, et presque unique, des goitres et du crétinisme dans ce département. Il est des goitreux dont l'état étonne, effraie l'observateur : des individus courbés sous le poids des glandes qui entourent la gorge, conservent quelquefois encore l'usage de la parole et de leurs facultés intellectuelles; mais il en est qui, avec un gonflement moins volumineux, ont tout-à-fait perdu l'usage de la voix et de l'entendement; ils sont réduits au pur instinct des bêtes, et vivent sans aucune relation intellectuelle avec leurs semblablables. Quelquefois même la maladie se manifeste par une stupidité absolue, accompagnée de l'amaigrissement du cou, ce qui annonce que le principe obstruant s'est porté sur d'autres organes que sur la glande tyroïde.

Il n'existe point de goîtreux dans les hautes vallées, et presque pas dans la plaine et dans les côteaux : on en rencontre quelques-uns à l'entrée des vallées d'Aure et de Barousse. On a remarqué que les goîtres sont beaucoup plus communs chez les pauvres que chez les gens aisés, chez les femmes que chez les hommes. L'augmentation de l'aisance est une cause sensible de diminution dans ce fléau, et l'assainissement opéré dans certaines communes, a considérablement diminué le nombre des individus qui en sont atteints, ainsi que l'intensité du mal; voilà un double remède, dont l'efficacité permettrait d'espérer l'extirpation totale de cette affection, s'il était employé avec soin, et par une police administrative bien entendue.

Il est très-peu de communes dans ce département où il règne habituellement des fièvres pernicieuses qui nuisent à la population, et opèrent, dans l'espèce, une dégénéressance sensible. Ce n'est guère que dans les cantons de Vic et de Maubourguet qu'on remarque la fâcheuse influence de la stagnation des eaux, qui, en grande partie, est due à l'incurie des habitans dont les soins pourraient aisément assainir ces contrées, ou, du moins, diminuer l'intensité du mal qui les afflige et qui les vicie jusques dans les principes de leur existence et de leur organisation. C'est surtout dans le voisinage d'*Artaignan*, de *Lafitole*, de *Maubourguet* et de *Larreule*, que l'on trouve des marais, ou plutôt de petites mares d'où s'élèvent continuellement des vapeurs malsaines et délétères qui affectent les deux sexes et tous les âges, mais plus particulièrement la classe des gens pauvres, chez lesquels la misère et une mauvaise nourriture concourent à aggraver les effets résultans de l'insalubrité du sol. On voit particulièrement dans le petit village de *Gensac*, canton de Rabastens, non loin de Lafitole, une population faible, hideuse et dégradée, par la cause permanente que je viens d'indiquer. Dans tout son voisinage séjournent des eaux bourbeuses et infectés, d'où se dégagent continuellement des gaz malfaisans, tel que l'hydrogène sulfuré, qui, se mêlant à l'air de l'atmosphère, le vicient dans ses principes, et altèrent la vitalité dans les êtres qui le respirent. Ce lieu est extrêmement remarquable par l'état piteux de ses habitans, et c'est un point vers lequel devraient se diriger les soins de l'administration. Il m'a paru très-facile de procurer un écoulement aux eaux stagnantes, en faisant quelques saignées et quelques canaux qui les conduiraient à l'Adour; et je ne doute pas qu'on n'obtînt les plus heureux effets de cette mesure sanitaire qu'on devrait étendre à celles des autres communes qui présentent le même inconvénient, quoiqu'à un moindre degré.

La variole opère dans ce département, comme par-tout, des ravages que tempère un peu l'usage de l'*inoculation ;* mais cet usage n'est pas assez généralement établi, et il en résulte d'abord la privation de ses heureux effets, et ensuite, ce qui est bien plus fâcheux, de grands obstacles à l'introduction du procédé de la *vaccination*, dont l'heureuse découverte tend à détruire, jusques dans sa source, ce fléau destructeur. On a peu vacciné encore dans les Hautes-Pyrénées, quoique de bons esprits en aient préconisé les avantages ; et si l'administration publique ne prend aucun moyen pour propager cette utile pratique, elle éprouvera, plus qu'ailleurs, des difficultés et des lenteurs à devenir populaire, ce qui peut seul la rendre éminemment avantageuse.

En général, dans ce département, la jeunesse et l'âge viril offrent de la vigueur, et promettent une *longévité* qui se réalise davantage dans la région des côtes que dans la plaine, et, sur-tout, que dans la montagne où un travail pénible et une nourriture trop peu substancielle, conduisent à une vieillesse prématurée, principalement chez les femmes. Les hommes sont plutôt capables d'efforts violens et prompts, que susceptibles de résister à des fatigues longues et continues. Cette constitution vive et irritable des habitans, rend extrêmement dangereux l'abus des médicamens, et leur administration n'est pas toujours confiée à des mains habiles et à des esprits circonspects. Il y a généralement trop peu d'instruction dans les personnes qui exercent le plus noble, comme le plus dangereux des ministères. Cependant, il est dans les trois branches de l'art de guérir, médecine, chirurgie et pharmacie, quelques hommes justement estimés, et dont les talens honorent la contrée. C'est dans les campagnes que se montre, surtout, la suffisance doctorale à côté de l'ignorance, et MM. les examinateurs des écoles de médecine devraient se rendre plus difficiles à accorder des diplômes d'officiers de santé. Outre que leur trop grand nombre nuit à la garantie que le Gouvernement a droit d'exiger de tous ceux qui exercent la médecine, il nuit aussi aux intérêts de ceux qui, dignes de la confiance publique, sont souvent forcés, par une trop grande concurrence, à détourner leur attention des études continuelles qu'exige cette science si difficile, pour pourvoir, par d'autres voies, à leur existence.

C'est un objet qui mérite une attention spéciale de la part du Gouvernement. Il y a quelques sages-femmes dans ce département, mais elles n'ont aucune instruction.

ÉPIZOOTIES.

Les bestiaux sont sujets, dans ces contrées, aux maladies qui les affectent partout ailleurs; mais elles y exercent rarement de grands ravages; il n'y a pas eu d'épizootie générale depuis celle de 1774 et 1775, qui fit périr un grand nombre d'animaux domestiques. Il s'en manifesta une à la fin de l'an 5 et au commencement de l'an 6, dans les communes d'Arreau, Bazus, Cadéac, Ancizan, Pailhac, Lançon et Gouaux, toutes dépendantes du canton d'Arreau, arrondissement de Bagnères: il y périt 4 bœufs, 112 vaches et génisses, 57 veaux, 5 chevaux, 17 jumens et pouliches, 9 mules, 21 ânes ou ânesses, 2 cochons, en tout, 205 animaux. L'administration municipale du canton d'Arreau ne négligea aucun moyen pour arrêter les progrès de cette contagion; des artistes vétérinaires furent envoyés dans toutes les communes; le Gouvernement fit des fonds pour indemniser les propriétaires des animaux. Il résulte du rapport des artistes vétérinaires, que cette maladie était endémique, et que l'intempérie des saisons, pendant l'an 5, avait beaucoup contribué à l'aggraver. Beaucoup d'animaux moururent subitement sans aucun symptôme maladif.

La même maladie s'était manifestée dans le canton de Bordères, même arrondissement. Il y périt 2 bœufs, 204 vaches ou génisses, 15 veaux, 17 chevaux, 49 jumens et pouliches, 6 mules et mulets, 39 ânes et ânesses, 6 cochons, en tout, 336 animaux. Les mêmes mesures avaient été prescrites et suivies. C'était mêmes symptômes, mêmes causes. Dans le mois de thermidor de l'an 6, la commune de Benac, arrondissement de Tarbes, éprouva le même fléau : les animaux mouraient dans moins de dix minutes, sans qu'aucun symptôme antérieur annonçât la maladie ; elle fut très-meurtrière et très-alarmante ; elle était endémique ; on l'attribua aux mauvais fourrages et à l'insalubrité des étables, à l'usage des breuvages échauffans, administrés par l'empirisme. L'artiste vétérinaire employa la saignée à la jugulaire, les rafraichissans et les tempérans. Cette année, une maladie épizootique s'était manifestée dans plusieurs communes du canton d'Aucun, arrondissement d'Argelés ; elle a affecté particulièrement les chevaux. Quelques bêtes à laine ont aussi été attaquées du claveau, sur les montagnes d'Aragnouet, à l'extrémité de la vallée d'Aure, où on a assigné un cantonnement pour préserver les troupeaux non atteints, et examiner le caractère de la maladie, qui n'a pas eu de suite.

Ce département manque d'artistes vétérinaires suffisamment instruits, et l'empirisme dicte presque toujours leurs ordonnances. Il serait bien important qu'on y attirât quelques jeunes gens sortis des écoles vétérinaires nationales, afin de substituer une doctrine saine dans les traitemens épizootiques, à une routine aveugle et pernicieuse.

§. VI.

TOPOGRAPHIE DOMESTIQUE.

Elle a pour objet le dénombrement et la description des *villes*, des *bourgs*, des *villages* et des *hameaux* ; mais la distinction à établir entre ces quatre sortes d'aggrégations, est assez difficile à déterminer, surtout dans ce département où presque tout ce qui porte le nom de *ville*, a l'apparence d'un *village* par le peu d'étendue du lieu, le petit nombre de ses habitans, et la construction des maisons ; à défaut de caractères tranchans pour établir ces quatre divisions, je me conformerai à l'usage du pays, et j'appellerai ville, bourg, village ou hameau, ce qu'on est dans l'habitude d'appeler ainsi ; je ne ferai pas mention indistinctement de tous les lieux qui pourraient rentrer dans ce cadre, qui, comme l'on voit, n'exclut que les habitations isolées, les fermes, les métairies, les maisons de campagne ; j'aurais beaucoup trop à faire, puisqu'on compte dans le département 724 lieux qui peuvent se ranger sous les dénominations sus-indiquées ; d'ailleurs, ce travail ne serait que fastidieux : je citerai seulement les endroits qui présentent quelqu'intérêt, et j'omettrai jusqu'aux chefs-lieux de communes qui n'auraient pas une population de mille habitans, lorsqu'ils n'offriront rien qui soit digne de remarque.

I.er Arrondissement.

Tarbes, chef-lieu du département des Hautes-Pyrénées, ancienne capitale du comté de *Bigorre*, connue, du temps de César, sous le nom de *Bigorra*, et plus tard sous celui de *Turba*, et enfin de *Tarba*, a une très-ancienne existence ; elle était classée par les Romains entre les principales *cités* de la 3.e Aquitaine, d'abord, et ensuite de la Novempopulanie.

Sa situation au milieu d'une plaine fertile, est des plus avantageuses : de belles avenues, des promenades charmantes, un sol dont l'aspect est varié autant que les productions naturelles qui y croissent ; un ciel serein et pur ; un climat doux et tempéré ; le voisinage de deux rivières ; la perspective des Pyrénées qui ne sont qu'à 18 kilomètres de distance : rien de plus délicieux, de plus enchanteur que cette position. Un poëte, voulant peindre tous les agrémens de la ville de Tarbes, la désigne ainsi : *Clara situ, speciosa solo, jucunda fluentis.*

Cette ville est peu considérable ; sa distance de Paris est de 1,237 kilomètres ; elle est de forme allongée (direction est-ouest), et deux places intérieures assez spacieuses la partagent en trois parties presqu'égales ; une belle rue la traverse dans toute sa longueur, et elle a pour parallèles, au midi et au nord, deux autres rues que l'on nomme Grand et Petit-Fossé, parce qu'elles occupent la place des anciens fossés de la ville. Ces deux rues établissent de nombreuses communications des maisons voisines avec les jardins, les vergers, les prairies, que leurs propriétaires possèdent au voisinage; il en est peu qui n'aient pas un enclos de ce genre, plus ou moins étendu, ce qui donne beaucoup d'agrémens aux habitations.

Les rues traversales sont au nombre de sept ou huit; elles sont presqu'aussi spacieuses que la grand'rue, et conduisent pour la plupart à des fauboursgs ou à des quartiers distincts et séparés de l'ancienne ville que l'on divisait autrefois en *Bourg-vieux* et *Bourg-neuf*.

On compte cinq faubourgs à Tarbes, savoir : celui de *Rabastens*, situé au-de-là du pont de l'Adour; il précède le quartier et le *forum du Marcadieu*. Ce forum est partagé en deux parties, par une longue suite de maisons; celle qui est plantée d'arbres, sert de *foiral* pour les bestiaux; dans l'autre se tient le *grand marché*; c'est cette place que l'on traverse pour entrer dans la ville lorsqu'on vient par la route d'Auch ou de Toulouse. Celui de *Bagnères*, au midi; celui de *Vic*, au nord; celui de *Sainte-Anne*, route de Pau, au couchant; enfin celui de *Sainte-Cathérine*, route de Lourdes, au sud-ouest.

Les deux places dont j'ai parlé plus haut, occupent toute la largeur de la ville, et s'étendent du Petit au Grand-Fossé. La première, vers l'orient, est plantée d'ormeaux et de tilleuls qui offrent, dans l'été, un abri impénétrable aux rayons du soleil; on l'appelle place de *la Pourtete*, parce que c'est là qu'était anciennement la petite porte du vieux bourg, près du château. La seconde, nommée place du *Maubourguet*, a plus du double d'étendue; la partie du nord est aussi plantée de tilleuls et d'ormeaux, et offre une très-belle promenade. C'est la plus fréquentée de toutes.

Il y a une troisième promenade située hors de la ville, entre le faubourg de Bagnères et le faubourg de Sainte-Cathérine, immédiatement au-dessous de l'hôtel de la préfecture. Elle offre trois longues allées plantées de tilleuls, sur un plan très-uni et en contiguité de belles et vastes prairies, d'où lui est venu le nom de promenade des *Pradeaux*. Un canal toujours plein d'eau, et qui a deux mètres de largeur, la sépare de ce grand tapis de verdure sur lequel la vue se repose agréablement, après la contemplation du magnifique amphithéâtre des Pyrénées, qui se présente dans le lointain, et borne l'horizon; cette promenade est charmante, surtout dans la saison de l'été. Au printemps et en automne, elle est un peu humide, parce que le terrein en est bas.

A tous ces agrémens, la ville de Tarbes réunit celui d'avoir des rues bien pavées, et continuellement arrosées par des eaux courantes et limpides, qui y entretiennent une fraîcheur salutaire.

Les maisons peu élevées, et n'offrant que deux ou trois étages, y sont joliment bâties et bien percées. Les murs sont construits avec des cailloux qu'a roulés l'Adour, cimentés avec de la chaux, et mêlés de quelques briques. Les cadres des croisées et le seuil des portes sont de marbre; les toits sont couverts en ardoise. Les appartemens en sont propres et bien tenus.

Le plus remarquable des édifices de Tarbes, est *l'hôtel de la préfecture*, ancienne habitation des évêques; il est composé d'un corps-de-logis et de deux pavillons régulièrement bâtis. Il est situé à l'extrémité occidentale de la ville, sur un tertre assez élevé d'où la vue domine les faubourgs voisins, et embrasse toute la plaine de ce côté-là; elle n'est bornée que par les Pyrénées et la côte de Gers, qui terminent l'horizon.

Les deux *églises paroissiales de St. Jean et de la Sède*, n'appartiennent à aucun ordre régulier d'architecture; la seconde, qui est la plus grande des deux, était, dit-on, l'ancienne citadelle de la ville, dont les évêques avaient fait leur cathédrale. On voit dans le chœur de cette église, six belles colonnes de marbre d'Italie, qui soutiennent un couronnement d'une riche ordonnance. Le pavé de l'église est en marbre du pays, ainsi que la porte d'entrée qui répond au couloir transversal.

Outre ces deux édifices qui sont actuellement consacrés au culte, il existe encore le couvent et l'église des *Carmes*, quartier du Marcadieu, ainsi que le couvent et l'église des *Cordeliers*, près la place du Maubourguet; celui des *Capucins*, faubourg de Bagnères, est presque entièrement démoli; le couvent des *Ursulines* a été transformé en caserne.

L'ancien collége, occupé autrefois par les doctrinaires, est bien bâti; il est encore consacré à l'instruction publique. C'est là que siégent aussi le tribunal criminel et celui de première instance.

L'hôpital civil est encore un édifice à citer; il est spacieux, bien aéré et régulièrement bâti, situé à l'extrémité occidentale de la ville, dans une position très-salubre; il a dans sa dépendance un jardin vaste et fertile.

Nous ferons aussi mention de *l'ancien séminaire*, situé près de la promenade des Pradeaux; c'est un bâtiment vaste et régulier, dont on pourrait tirer parti. On en avait fait pendant quelque temps un hôpital militaire, ce qui l'a beaucoup délabré.

Enfin il existe à Tarbes une *salle de spectacle*, dont la coupe élégante fait honneur au bon goût de l'ingénieur ordinaire du département, M. *Siret*, qui en a donné le plan. Cette salle est d'une construction toute récente. Elle est située près de l'église de St. Jean, sur la petite place du même nom, au centre de la ville. C'est M. *Despagnet*, ex-receveur-général du département, qui l'a faite bâtir.

Tarbes est le siége de la préfecture, du tribunal criminel du département, du tribunal de première instance de l'arrondissement central, du tribunal de commerce. Il y a une direction et deux bureaux de l'enregistrement et des domaines; une direction des contributions directes ; un receveur général ; un payeur de département ; une sous-inspection des eaux et forêts ; une inspection des douanes ; une poste aux lettres ; une poste aux chevaux ; c'est la résidence du général de brigade commandant le département, du commissaire des guerres, du chef d'escadron commandant la gendarmerie, et d'une brigade de cette arme ; enfin, c'est un lieu d'étape.

Tarbes est divisé en deux cantons de justice de paix, *intrà et extrà* ; il y a une mairie ; une école centrale ; une commission administrative des hospices.

Il ne reste à Tarbes aucun monument dont on puisse rapporter l'origine aux époques qui précédèrent et qui suivirent immédiatement la conquête des Gaules par les Romains ; on sait seulement que ce peuple y occupa, dès le commencement de son empire, une forteresse nommée *Bigorra*, qui a donné le nom à toute la contrée.

Tarbes était payenne du temps des Gaulois ; elle embrassa le christianisme sous les Romains ; et comme elle était ville capitale de la contrée, elle devint métropole ecclésiastique vers le temps de l'empereur Constantin.

Tour-à-tour pillée et saccagée avec tout son territoire, par les Vandales, les Alains, les Goths, et toutes les hordes venues du nord, la croyance religieuse des habitans fut modifiée, changée ou proscrite par ces divers conquérans. Leur résistance opiniâtre, et leur persévérance dans la foi catholique, leur attira de cruelles persécutions de la part d'*Evaric*, roi des Goths, prince *arien*, et ennemi juré des catholiques.

La ville fut pillée de nouveau, et subjuguée par les *Arabes*, en 732, lors du passage d'Abderame.

Enfin, l'an 845, les *Normands* vinrent l'assiéger, et s'etant rendus maîtres du château qu'habitaient les anciens comtes, ils pillèrent la ville, renversèrent les plus beaux édifices, et ravagèrent toute la contrée.

L'éloignement des Normands et la délivrance de la ville fut

attribuée à l'intercession de *saint Lezer*, et de quelques autres qui furent invoqués pendant cette horrible guerre. Un secours efficace de la part des *Basques* et des *Béarnais*, qui vinrent surprendre les Normands, suivit de près les prières du peuple. On les renouvela, par la suite, chaque année, dans une procession générale qui avait lieu le 24 de mai, en commémoration de la délivrance de la ville.

Malgré toutes ces dévastations, il restait encore, au onzième siècle, quelques vestiges du monastère de saint Lezer, construit près de la cathédrale. Le château de Bigorre subsistait aussi en entier à la même époque; il paraît même, par le traité de Bretigni, qu'il fut occupé par les Anglais, en 1360. Vers la fin du quatorzième siècle, l'archevêque d'Auch convoqua, à Tarbes, un concile provincial, au sujet de la préséance que l'évêque de Lectoure disputait à celui d'Acqs. Dans le même siècle, vers l'an 1387, il y eut à Tarbes un *congrès* formé par les ambassadeurs de France, d'Angleterre, d'Aragon et de Castille, pour conférer sur les moyens de faire cesser la guerre qui existait entre ces quatre grandes puissances. Ils ne purent arrêter les articles de paix, et se donnèrent rendez-vous à *Oléron*.

Pendant les disputes féodales, les troubles religieux et les guerres civiles dont ces troubles furent l'occasion ou le prétexte, et qui déchirèrent la France pendant si long-temps, Tarbes fut souvent assiégée et saccagée par les protestans; les fossés dont était entourée la partie nommée le Bourg-vieux, retraite ordinaire de toute la population dans ces momens de crise, et l'espèce de château fort qui en défendait l'accès, ne purent jamais la garantir long-temps des efforts des assaillans, et un coup de main les rendait bientôt maîtres de la place.

Il ne reste pas aujourd'hui la moindre trace de ces fortifications féodales; les fossés ont été comblés, pour être convertis en rues; les restes du château que l'on voit encore au centre de la ville, servent maintenant de prison, et la ville, ouverte de toutes parts, trouve sa sûreté dans les progrès qu'a fait la civilisation

civilisation dans l'abolition du régime féodal, la tolérance universelle, et la force d'un gouvernement respectable aux yeux des nations.

Jusqu'à l'époque de la révolution, Tarbes a possédé, pour l'ordre ecclésiastique, le siége épiscopal du comté; pour l'ordre politique, elle a été de même le séjour ordinaire des comtes particuliers de Bigorre, et le lieu principal où l'on rendait anciennement la justice. Les juges nommés *Viguiers*, s'appelaient en latin, *Vicarii commissum*, ou *Vica judices*, et en langue vulgaire, *Begues*; leur jurisdiction s'appelait *Viguerie*.

C'est encore à Tarbes que s'assemblaient les Etats de Bigorre, auxquels étaient admis des députés des trois ordres, clergé, noblesse et roture ou tiers-état; les sénéchaux ou gouverneurs ont aussi, pour la plupart, habité cette ville, dont ils préféraient le séjour à celui de tout autre endroit.

La cour du sénéchal de Bigorre, qui siégeait à Tarbes, était composée d'un juge-mage, et de plusieurs officiers conseillers du roi.

Tarbes est environné de villages qui en sont comme la banlieue, et qui ne contribuent pas peu à embellir cet agréable séjour. *Bordères*, *Aureillan*, *Séméac* (*), *Soues*, *Laloubère* et *Odos* (**), sont peu éloignés de la ville, et se trouvent à-peu-près à la même distance. Leur situation dans la plaine, et au milieu d'une culture abondante et variée, en fait des lieux de plaisance et des buts de promenades charmans.

La ville de Trie est située sur la rivière de la Baïze-Darré, à 30 kilomètres Est de Tarbes. C'est un un chef-lieu de commune et de canton; et il y a, outre la mairie et la justice de paix, un bu-

---

(*) C'était l'ancienne campage des ducs de Gascogne, et de la maison de Grammont. Henri de ce nom, y fit bâtir un superbe château, entouré d'un parc magnifique, dont il ne reste rien.

(**) On y voit encore l'ancien château où mourut la célèbre Marguerite, reine de Navarre, sœur de François I.er

reau pour l'enregistrement, une poste aux lettres et une brigade de gendarmerie. C'est aussi un lieu d'étape.

La grande place qui occupe le centre de la ville, est de forme carrée. Les maisons situées tout au tour, présentent un couvert formé par des arcades en bois. Au milieu de la place est une halle attenante à l'église, vaisseau d'une capacité considérable et d'une solide construction. Cet édifice, en voûte, est terminé par une tour très-élevée que surmonte un clocher dont la flèche est d'une très-grande élévation. Ce monument est remarquable dans son genre.

L'existence de cette ville date de plus de quinze siècles. On voit dans les chroniques du diocèse d'Auch, que sa fête locale fut instituée à Rome, en l'an 360, pour le 5 d'août, jour de *Notre-Dame-des-Neiges*. L'église est aussi dédiée à Notre-Dame. Elle fut érigée en collégiale par le pape Sixte IV, le 3 juin 1484, et la cure se trouva unie au chapitre, qui était composé de douze chanoines. Ce chapitre fut supprimé par arrêt du conseil, il y a environ 50 ans.

Le monastère des carmes de cette ville fut fondé par un roi de Navarre, dont on ignore le nom, on ne sait aussi à quelle époque. Tous les titres furent brûlés, en 1571, par *Montgomeri*, chef des huguenots, qui fit démolir le couvent, après avoir fait pendre le prieur devant la porte de l'église, et jeter les autres religieux, au nombre de vingt, dans le puits du cloître. Les maisons de Montespan, d'Antin, Sarriac et autres, concoururent, dans la suite, au rétablissement de ce monastère. L'église, surmontée d'une voûte, est un beau vaisseau. Elle est devenue, ainsi que le couvent, la propriété de plusieurs particuliers.

Trie avait été murée aux temps de la féodalité, et on y voit encore des portes et des vestiges de fossés. Elle fut exposée plusieurs fois aux ravages et aux dévastations qui suivirent les guerres civiles et religieuses.

Le pont de nouvelle construction qui a été jeté sur la rivière, est d'une bonne architecture; il n'a qu'une seule arche, d'une grande élévation, nécessitée par les crues subites et les débordemens auxquels la Baïze-Darré est sujette.

La ville de Galan est située sur la rivière de la Baïze-Devant, à 30 kilomètres Est de Tarbes. C'est un chef-lieu de commune et de canton. Il y a, outre la mairie et la justice de paix, un bureau d'enregistrement.

Cette ville est agréablement située : on y remarque une promenade élevée, en forme d'esplanade, attenante à l'église dont la construction remonte aux premiers temps de la féodalité, et qui parait avoir été originairement une espèce de château ou de forteresse. Le corps de l'édifice est bâti en pierres de taille, dont plusieurs ont souffert de fortes érosions, ainsi que l'espèce de tour carrée qui la domine, et qui sert aujourd'hui de clocher. Les portes actuelles sont évidemment d'une construction postérieure à celle de l'édifice, ce qui, joint à l'existence d'un fossé profond qui entoure la place et l'église au sud et à l'est, semble confirmer ma conjecture sur cette transformation ; près de là, au sud, est une porte en pierre, par où l'on entrait sans doute dans la citadelle.

Dans cette église, consacrée au culte catholique, on voit, exposées à la vénération des fidèles, deux statues en bois, dont l'une représente St. Julien, et l'autre St. Michel en habit militaire, et costumés à la grecque. C'est l'ouvrage d'un habile sculpteur de Tarbes, M. *Ferrère*.

La ville de Tournay (autrefois appelée *Rostan*) est située sur l'Arros, à 15 kilomètres est sud-est de Tarbes ; c'est un chef-lieu de commune et de canton ; il y a, outre la mairie et la justice de paix, un bureau d'enregistrement et une brigade de gendarmerie ; c'est un lieu d'étape.

On remarque, au centre de la ville, une très-grande place, de forme carrée.

Le bassin qu'occupe cette ville, est un des plus beaux que l'on trouve sur le cours de l'Arros : il présente des sites variés et un sol fertile qu'ont embelli les soins de l'agriculture et l'industrie des habitans. Il y avait autrefois un couvent de minimes, dont le fondateur fut *Raymond de Cardeillac*, dans le seizième siècle.

La ville de Saint-Sever-de-Rustan est située au nord-est de Tarbes, à 18 kilomètres de distance, sur la rivière de l'Arros; c'est un chef-lieu de commune et de canton.

Cette ville faisait anciennement partie du comté de Bigorre; mais elle en fut démembrée par la suite. On y voit encore un superbe édifice qui, avant la révolution, était un couvent de bénédictins, très-richement doté.

Ce couvent a été bâti sur un plan vaste et régulier: un grand vestibule placé dans le milieu, devait conduire, par deux escaliers symétriques, à deux grandes ailes latérales et uniformes. Il n'y a que l'aile du nord de bâtie: l'escalier qui existe de ce côté-là, est magnifique, et de la plus grande hardiesse; il est tout construit en pierre de taille. Le monastère de Saint-Sever est un monument de goût, et de solidité dans la construction; il est dommage qu'il ne soit pas achevé. Son heureuse situation et les dépendances qui l'entourent, en font un séjour enchanteur; mais l'entretien d'un édifice aussi vaste est très-dispendieux, et son grand isolément, empêchent que cette habitation ne soit recherchée.

Saint-Sever a été saccagé par *Legier* ou *Lizier*, chef des protestans, pendant le long séjour qu'il y fit en 1575. On doit la restauration de ses ruines aux religieux bénédictins de Saint Maur, qui vinrent porter la réforme dans le monastère que cette congrégation y possédait.

La ville de Rabastens, au nord nord-est de Tarbes, sur le canal de l'Alaric, à 18 kilomètres de distance, est un chef-lieu de canton. Il y a, outre la mairie et la justice de paix, une poste aux lettres, une poste aux chevaux, une brigade de gendarmerie; c'est aussi un lieu d'étape.

Cette ville est une des plus anciennes du comté de Bigorre;

elle possédait autrefois des fortifications et un château fort qui en faisaient un lieu de sûreté dans les temps malheureux des guerres civiles et religieuses. Elle a soutenu plusieurs siéges, et a été prise et reprise plusieurs fois. Le plus mémorable de ces siéges est celui que les protestans y soutinrent contre le maréchal de Montluc, dans le seizième siècle. Ayant été prise d'assaut par la valeur du parti catholique, après la résistance la plus opiniâtre, tous les habitans furent passés au fil de l'épée. Il ne reste maintenant que quelques ruines de ces tristes monumens de la féodalité.

La ville de Vic-Bigorre est située au nord, sur l'Echez, dans la plaine de Tarbes, à 18 kilomètres de distance. C'est un chef-lieu de commune et de canton. Il y a, outre la mairie et la justice de paix, une commission administrative des hospices, un bureau d'enregistrement, une poste aux lettres, et une brigade de gendarmerie; c'est aussi un lieu d'étape.

Quelques historiens, et entr'autres le savant *Scaliger*, trompés par l'équivoque des mots, ont pris cette ville pour la capitale du comté de Bigorre; c'était une erreur bien grossière. Le mot *vic*, *vicus*, voulait dire bourg, anciennement, et on avait ajouté l'épithète de *Bigorre*, pour distinguer celui-ci des autres; c'est ainsi qu'on a dit *Vic-Fezensac*, *Vic-de-Sos*, etc.

La ville de Vic-Bigorre a toujours été un des lieux les plus considérables de la province, et les comtes de Bigorre l'ont toujours regardé comme tel, et en ont traité les habitans avec distinction. Pierre, vicomte de Marsan et comte de Bigorre, leur donna, en 1151, la permission de bâtir un château pour se défendre contre les Béarnais, alors leurs ennemis. Le comte Bozon-Mathas, et la comtesse Pétronille sa femme, qui avait à Pujo et à Soubagnac, près de Vic, deux châteaux dont on voit encore les ruines, leur accordèrent, en 1288, un singulier privilége : tout meurtrier qui aurait tué un habitant de cette ville, devait être enterré vif sous le cadavre.

La ville de Vic fut donnée en ôtage en 1256, pour garantie du traité de paix qu'Alphonse, fils aîné du roi d'Aragon, et Roger, comte de Foix, négocièrent entre Eschivat de Chabannais, comte de Bigorre, et Gaston, seigneur-vicomte de Béarn. La comtesse Constance se réserva la jouissance de la ville de Vic, lorsqu'elle consentit à résigner le comté de Bigorre à sa sœur Margueritte de Béarn, épouse de Bernard Roger, comte de Foix; celui-ci se réfugia dans le château de Vic l'an 1300, lorsque Philippe-le-Bel le déposséda du comté de Bigorre; mais il en fut chassé par les officiers du roi.

Vic a essuyé tous les malheurs des guerres civiles, et particulièrement depuis l'an 1569, jusqu'en l'an 1592. Ses habitans devinrent belliqueux au milieu de ces troubles, et on a remarqué qu'ils ont conservé depuis un caractère martial. On compte un grand nombre d'officiers qui ont servi avec distinction dans les armées des rois de France, et particulièrement sous Louis XIV.

On voit encore à Vic les restes de l'ancien château qui comprenait alors toute la ville; une partie des murs qui formaient l'enceinte, subsistent encore, ainsi que deux portes qui sont surmontées chacune d'une tour carrée dont l'élévation est considérable; les fossés qui entouraient le château, sont comblés. Il y a à Vic une assez jolie promenade, nouvellement plantée; elle est devant la maison commune, sur la grande place, et se prolonge, par de belles allées, jusqu'à l'Echez.

L'église de Vic, qui se trouve dans l'ancienne ville, est de gothique structure. C'est un grand vaisseau qui n'a rien de remarquable que la solidité de sa construction.

La jurisdiction de la ville de Vic s'étendait autrefois sur les terres de Liac, de Sarriac, de Baliran, de Camalés, de Talazac; sur les comtés d'Artagnan et de Parrabère, possessions situées à peu de distance de cette ville, et appartenantes à autant de familles distinguées du pays, qui ont fourni plusieurs militaires de marque.

La ville de Maubourguet est située plus au nord que Vic, au confluent de l'Echez et de l'Adour; c'est un chef-lieu de commune et de canton; elle se trouve à 30 kilomètres de distance du chef-lieu du département. Il y a, outre la mairie et la justice de paix, un bureau d'enregistrement.

L'église en est remarquable : elle a été bâtie par les Templiers, à leur retour de la Terre-sainte. On y voit des traces du mauvais goût qu'ils dûrent apporter de la Syrie; c'est un alliage du gothique avec l'oriental; la porte d'entrée offre des arabesques que le temps a un peu altérés. Le clocher est octaèdre à sa base; le sommet est une pyramide octogone.

Maubourguet faisait autrefois partie, ainsi que Castelnau et lieux circonvoisins, du territoire que l'on nommait *la Rivière-Basse*, ou *le Bas-Comté de Bigorre*, qui fut démembré du Haut-Comté en l'an 1256, pour être donné à Gaston VII, dit de Moncade, vicomte de Béarn, et à Mathe de Bigorre, son épouse.

Les bourgs de Labatut-Rivière, *Auriebat*, *Sauveterre* et *Monfaucon*, formaient en quelque sorte la banlieue de Maubourguet dont ils ne sont pas fort éloignés. Ce sont autant de chefs-lieux de commune, dont les trois derniers sont situés sur la côte qui borde la plaine à l'orient. Labatut est dans la plaine même.

La maison des seigneurs de *Labatut-Rivière* était fort ancienne et très-distinguée; il en est question dans les coutumes de Bigorre, de l'an 1097.

Auriebat offre un des plus beaux points de vue que l'on puisse imaginer; il domine à la fois la plaine de l'Adour et celle de l'Arros, qui se confondent à peu de distance, par l'interruption de la côte qui les sépare depuis leur origine. Les côtes du département du Gers, celles du Béarn et les Pyrénées, se présentent, de là, sous l'aspect le plus beau et le plus varié.

L'église d'Auriebat est remarquable par sa régularité et sa structure; elle est toute bâtie en pierres de taille; le clocher qui la surmonte, est une longue flèche qui se découvre au loin. L'intérieur présente un autel en marbre, d'une élégante structure; le tabernacle est entouré d'une gloire en marbre blanc; les figures des séraphins ont du mérite, comme ouvrage de l'art; de chaque côté est un ange adorateur, aussi en marbre blanc, dont l'attitude, les formes et l'expression donnent du prix à cette composition. L'autel est incrusté de marbres variés en couleur, d'albâtres et de diverses pierres selon le goût de l'Italie d'où cet autel a été tiré. Les marches sont en marbre du pays. Le chœur offre, de chaque côté, trois entablemens de très-beau marbre blanc et veiné; on en voit aussi derrière l'autel. Un beau bénitier tout d'une pièce, également en marbre, se voit au milieu de l'église. Il faut monter dans le clocher pour jouir de toute l'étendue de la vue que présente Auriebat.

Il y avait là un ancien château dont on voit encore des vestiges; entr'autres, une porte qui est surmontée d'un reste de tour. On distingue aisément les traces des anciens fossés. Sur la même ligne, et jusqu'à l'extrémité de la côte, on trouve aussi d'anciennes traces de fortifications féodales.

Ces différentes terres ont appartenu d'abord aux comtes d'Armagnac, comme tout le pays de Rivière-Basse, puis à des seigneurs particuliers.

Les habitans de Monfaucon, fatigués de la domination anglaise, après le traité de Brétigni, s'adressèrent à Charles V pour en être délivrés, et lui offrirent de se donner à lui; leur demande fut accueillie, leurs priviléges et coutumes confirmés, et même ils furent affranchis de la jurisdiction de la ville de Rabastens, alors rebelle, et tenant le parti des Anglais. Ces priviléges et coutumes furent de nouveau confirmés par Charles VI, au mois de janvier 1395, puis par Jean de Graille, vicomte de Béarn, en 1426, dans la ville de Tarbes, en présence de l'évêque de Lescar et de Pamiers.

La ville de Castelnau-Rivière-Basse est située à l'extrémité nord du département, près du ruisseau de l'Ouet, à peu de distance de l'Adour, sur un plateau assez étendu qui forme la crête des côteaux d'où l'on domine la plaine de l'Adour et de l'Arros. La vue de Castelnau n'est bornée au midi que par les Pyrénées; dans les autres points de l'horizon, elle se repose sur de riants côteaux d'une riche culture. Elle est à 60 kilomètres de Tarbes; c'est un chef-lieu de commune. Il y a, outre la mairie et la justice de paix, un bureau d'enregistrement.

La place publique a la forme d'un trapèze; le côté du midi est occupé par l'église paroissiale, à laquelle est adossée une halle; il n'y a aucun édifice remarquable. Castelnau avait été murée autrefois, et l'on voit encore des fossés tout autour, excepté au nord-est, ainsi que des restes de murs dont la maçonnerie est de la plus grande solidité. Hors de cette enceinte, il existe, du côté du nord, une grande place qui sert de foiral.

Cette ville a long-temps appartenu, comme tout le pays de Rivière-Basse, aux comtes d'Armagnac. Il existe encore une moitié de tour et quelques autres vestiges d'un château assez considérable. On prétend même que l'église actuelle était la chapelle du château. Le château et la ville furent occupés pendant long-temps, depuis le baron d'Arros, lieutenant-général de la reine de Navarre, un des principaux chefs des protestans, par une garnison de Béarnais, qui, de là, exerçait ses ravages sur les contrées voisines du comté de Bigorre. On avait donné à ses déprédateurs le nom de *croquants*.

Tout près de Castelnau est le village de *Mazeres*, situé dans la plaine, entre l'Adour et l'Ouet. On y voit une église qu'on peut regarder comme un monument d'antiquité; elle est de structure gothique, bâtie ou du moins revêtue en pierre de taille; elle a une seule nef avec une voûte. La façade principale qui regarde Castelnau, est surmontée d'un pignon ayant une embrâsure pour la cloche. L'édifice est surmonté, outre cela, par deux petits tourillons qui, vus de Castelnau, offrent un aspect pittoresque. On prétend que cette église a appartenu aux Templiers. On trouve dans une chapelle séparée du corps de l'église, une pierre blanche portant une inscription, en caractères gaulois, assez difficile à déchiffrer. On y lit ces mots latins : *Universis, pateat quod.* Cette pierre, qu'on prétend avoir été trouvée sur le tombeau de Ste. Libérate, est, de même que les trous pratiqués dans le mur qui sépare la chapelle de l'église, l'objet de la vénération des crédules du canton, qui leur attribuent des vertus miraculeuses pour guérir plusieurs maladies des enfans.

La ville d'Ibos se trouve en plaine du côté du couchant, à 6 kilomètres de Tarbes : c'est un chef-lieu de commune et de canton.

La ville d'Ibos a été particulièrement exposée aux ravages des protestans auxquels ses habitans résistèrent toujours avec une valeur et un caractère qui démentent assez les railleries insultantes, qui sont comme passées en proverbe, sur la faiblesse de leurs facultés et la grossiéreté de leur esprit.

En 1592, un prébendé d'Ibos, par des vues d'intérêt personnel, prit parti pour la ligue, qui vint mettre garnison dans l'église, et la transforma ainsi en citadelle. Les ligueurs s'y fortifièrent tellement, qu'ils gardèrent pendant deux ans ce poste important, d'où ils faisaient leurs incursions sur les contrées voisines. Ils n'en délogèrent qu'à l'époque de la trêve. Alors Philippe de Montaut, baron de Benac, sénéchal de Bigorre, pour ôter toute retraite et tout lieu de défense à ces factieux, fit abattre la voûte de l'église qui offre encore plutôt l'aspect d'une forteresse féodale, que celui d'un temple religieux. Elle est très-solidement bâtie en pierres de taille. Le clocher actuel est une tour carrée d'une grande hauteur.

On voit devant l'église une vaste place où il existe quelques arbres en décrépitude. Il y a aussi des traces d'anciens fossés.

Le bourg d'Ossun est situé dans la plaine, au sud-ouest de Tarbes, dont il est éloigné de 12 kilomètres. C'est un chef-lieu de commune et de canton. C'était une très-ancienne et très-noble seigneurie ; en l'an 1096, *Raymond*, seigneur d'Ossun, assista à la dédicace de St. Pé de Generest. Plusieurs personnages de cette famille ont marqué d'une manière très-brillante dans la profession des armes.

On voit près d'Ossun, entre cette ville, Juillan et Louey, un très-joli plateau nommé *la Lande-Maurine*, où les laboureurs ont trouvé, à diverses époques, des tombeaux et des ossemens humains. Ces vestiges et le nom du lieu, autrefois inculte, semblent confirmer la tradition, qui veut qu'il ait été le théâtre d'une bataille que les Maures perdirent après qu'Abderame, leur chef, eut été défait et tué par Charles Martel, près de Tours. Il est certain qu'après cette bataille, les Sarrazins furent repoussés au-de-là des Pyrénées, et qu'ils avaient, à cette époque, des établissemens militaires dans cette contrée, qu'ils ont dû défendre contre la valeur française. La dernière victoire dont la tradition a conservé le souvenir, fut attribuée aux efforts des peuples du Béarn et de Bigorre, qui s'étaient unis aux vainqueurs, contre leurs ennemis communs.

On indique près de là, sur une hauteur, l'ancien emplacement d'un camp romain, qui porte le nom de *César*.

Le bourg de Benac est situé près des sources de l'Echez, dans un riche et superbe vallon, à 12 kilomètres de Tarbes. C'est un chef-lieu de commune, dépendant du canton d'Ossun, dont il est éloigné de 6 kilomètres. Il y avait un très-ancien château que l'on démolit.

II.e Arrondissement.

La ville de Bagnères, chef-lieu de cet arrondissement, est située au sud-est, à 18 kilomètres de distance de Tarbes, sur la rive gauche de l'Adour, à l'entrée de la vallée de Campan, au bas de la colline anciennement appelée *Montacrabarde*, et aujourd'hui *Mont-Olivet*, dans un des sites les plus agréables et les plus romantiques que présentent les Hautes-Pyrénées.

Cette heureuse situation, jointe à ses eaux thermales, y attire chaque année, dans la belle saison, un grand nombre d'étrangers qui y viennent recouvrer la santé au sein des plaisirs et de la distraction; c'est un centre où aboutissent de nombreux sentiers et de belles avenues qui conduisent à des points de vue magnifiques, et découvrent des aspects récréants.

Bagnères est la seconde ville de ce département, par son importance; les maisons, construites dans le même goût, et avec les mêmes matériaux que celles de Tarbes, y sont plus ramassées, ce qui donne à la ville une forme arrondie; elle est assez étendue pour loger plus du double de ses habitans, et les étrangers y trouvent toute l'aisance, toutes les commodités des grandes villes; on y en a vu jusqu'à 4000.

Les rues, qui sont au nombre de 22, sont assez spacieuses et bien pavées, pour la plupart; elles sont continuellement arrosées par des eaux dérivées de l'Adour. Ces courans perpétuels y entretiennent la fraîcheur et la propreté.

Une place de forme oblongue, plantée d'un rang d'arbres dans sa périférie, occupe le centre de la ville : c'est la promenade du *Coustous*; elle est très-fréquentée, autant à cause de sa position, qu'à cause des agrémens qu'elle offre. Un parapet en marbre, de quelques pieds d'élévation, en forme l'enceinte, et lui donne l'air d'un stade romain. Il y en a une autre plus grande, située au nord de la ville, et entièrement plantée de tilleuls et d'ormeaux de la plus grande beauté : c'est la promenade des *Vignaux*; elle est peu fréquentée, sans doute à cause de son éloignement.

Outre ces deux places qui servent de promenade, on en compte neuf autres, grandes ou petites, qui servent à différens marchés, ou qui contribuent à la circulation de l'air; mais il n'en est aucune de remarquable. Il y a aussi une halle assez spacieuse, supportée par vingt piliers en pierre, sous laquelle sont établies de chaque côté, différentes boutiques de marchands. La charpente en est hardie. Vers le milieu du versant oriental de la colline appelée Mont-Olivet, on trouve de charmantes promenades qu'on appelait autrefois *les allées de Bourbon*. On les a un peu négligées, et elles ont besoin de quelques réparations. On y respire un air frais et pur; on y jouit d'une vue étendue et ravissante. Les grandes routes de Bagnères à Toulouse, Tarbes, Campan, ainsi que le chemin de Salut, offrent aussi des promenades fort agréables, et qui sont très-fréquentées pendant les belles soirées de l'été et du commencement de l'automne.

L'église paroissiale est assez grande; mais il n'y a rien de remarquable dans son architecture. Elle est très-solidement bâtie; la voute maîtresse est de structure gothique. Cette église est fort ancienne; elle est dédiée à St. Vincent, martyr. Après l'église paroissiale, il n'y a que celle de l'hôpital, dédiée à St. Barthelemi, apôtre. L'ancienne église de St. Jean, qui appartenait à l'ordre de Malthe, a été transformée en une salle de spectacle. Il ne reste plus du couvent des dominicains, que le clocher, de forme octogone. Nul autre édifice ne mérite qu'on en fasse mention, si ce n'est l'hôpital qui est assez joli, et l'établissement de *Frescati* où se trouvent réunis une salle de bal magnifique, un beau sallon de concert, un cabinet de lecture, des sallons pour le jeu, de grandes salles à manger, des bains, et de jolis appartemens. Ce grand et bel édifice est à peine achevé. C'est M. *Lougau*, ancien consul d'Espagne à Paris, qui l'a fait construire. C'est un monument de goût et de magnificence.

Bagnères est le siége de la sous-préfecture, et celui du tribunal de première instance du 2.e arrondissement. Il y a une recette pour les contributions directes, un bureau d'enregistrement, une poste aux lettres, une poste aux chevaux, et une brigade de gendarmerie; c'est aussi un lieu d'étape. Il y a une mairie, une justice de paix, une commission des hospices.

La ville de Bagnères était un lieu déjà fréquenté du temps des Romains, qui en appelaient les habitans *Vicani-Aquenses*, à cause de ses bains, d'où lui vient également le nom qu'elle porte aujourd'hui; mais on n'y trouve aucun monument qui remonte à l'époque de la conquête de ce peuple, si ce n'est les inscriptions que je vais rapporter. Les trois premières sont gràvées sur des pierres de marbre, et se voient encore, l'une à la fontaine d'eau froide près de l'ancien Portail-Dessus, l'autre sur un des pilastres de la porte du jardin de M. Duzer, et la 3.e au coin de la maison de M. Adorret, chirurgien.

Voici ces inscriptions :

I. NUMINI AUGUSTI SACRUM SECUNDUS
SEMBEDONIS FIT NOMINE
VICANORUM-AQUENSIUM È SUO
POSUIT.

II. M A R T I.
I N V I C T O.
C A J U S.
M I N I C I U S.
P O T I T U S.
V. S. L. M.

III. N Y M P H I S. (*)
P R O S A L U
T E S U A S E
V E R. S E R A.
N U S. V. S. L. M.

L'abbé *Pallassou*, qui rapporte ces deux dernières inscriptions dans son essai sur la minéralogie des Pyrénées, les avait puisées dans la *Notitia utriusque vasconiæ*, d'OÏENARD, ainsi que les suivantes, qui étaient gravées sur des marbres qui furent trouvés tout près de Bagnères :

(*) Cette inscription se trouvait aussi à Bordeaux, dans le jardin botanique.

IV. ACHONI (**),

GEO

LABVSLVS

VSLM.

V. GEO.

GHONI.

AVLINI.

AVBINI.

VSLM.

La tradition veut que *César* le conquérant des Gaules, ait campé dans ce pays-ci, et l'on indique près de Bagnères, sur un monticule, un camp circonscrit qui porte le nom du premier empereur des Romains.

La ville de Bagnères a été long-temps en proie aux fureurs des guerres civiles et religieuses, comme toutes celles du comté de Bigorre; mais ses habitans ont toujours resté fidèles au catholicisme. Elle fut protégée, dans ces temps malheureux, par *Raymond de Cardeillac*, seigneur de Sarlabous, et par le comte de Grammont. Le seigneur de Beaudéan en fut ensuite gouverneur; après sa mort tragique, il fut remplacé par *Jean de Cardeillac*, seigneur d'Ozon.

Le bourg de Campan est situé assez avant dans la vallée du même nom, à 24 kilomètres de distance de Tarbes, et à 6 kilomètres de Bagnères; c'est un chef-lieu de commune et de canton.

Campan occupe le centre d'un vallon délicieux, et se trouve entouré d'une riche culture. C'est là que commence à se déployer le brillant tableau des beautés pittoresques qu'offre la vallée de Campan. Cet endroit a tout l'air d'une ville, et par son étendue, et par l'élégance et la propreté des maisons.

Tout près de là, sur l'Adour, était anciennement le monas-

(**) ACHON, suivant *Bullet*, était une fontaine divinisée: Ac, eau; ON, bonne; ACHON, bonne eau. *Voyez le mémoire sur la langue celtique.*

M. le Président d'Orbessan explique ainsi la dernière ligne de ces inscriptions: *Vivens sanus, luit merito*; ou bien, *Vita salva* ou *servata luit merito.*

tère de l'ordre des Citeaux, qui fut ensuite transféré à l'Escaladieu. Sous Philippe-le-Bel, en l'an 1300, il y avait à Campan un château fort qui n'existe plus. Les habitans soutinrent fortement le parti catholique contre les protestans. Après la mort du seigneur de Beaudéan, qui fut tué par les protestans entre Bagnères et Pouzac, les Campanois marchèrent en diligence pour joindre le camp du duc de Grammont, et assiéger la ville de Tarbes qui était occupée par les huguenots. Aussitôt que le capitaine Brisse, qui commandait dans la place, fut averti que les canonniers de Campan avaient dressé leurs batteries, il prit le parti de déloger, et il se sauva pendant la nuit avec la garnison.

L'Escaladieu n'est remarquable que parce qu'il y avait autrefois une belle et riche abbaye de l'ordre des Citeaux, située sur l'Arros, dans un charmant vallon, à peu de distance du bourg et du château de Mauvezin. Le bâtiment était immense, le corps-de-logis, les cloîtres et l'église étaient bâtis avec autant de goût que de solidité, et d'après un plan régulier. Il est devenu la propriété d'un particulier qui en a fait démolir une grande partie ; de vastes jardins, de superbes prairies, des bois agréablement situés, le cours tortueux et paisible de l'Arros, tout cela faisait de cette abbaye un séjour enchanté.

Nous avons déjà vu que cette abbaye de l'Escaladieu avait remplacé le monastère de l'ordre des Citeaux, qui était situé près de Campan dès l'an 1136. Cette translation eut lieu en 1242. Beatrix, comtesse de Bigorre, la favorisa, et son mari, Pierre, vicomte de Marsan, enrichit le nouveau monastère de biens considérables.

L'abbaye de l'Escaladieu devint très-recommandable par la régularité qu'on y observait, et par le grand nombre de pieux personnages qui la choisirent pour retraite. On l'appelait l'école de la vertu. Elle fut la mère de plusieurs monastères du même ordre. St. Bertrand, évêque de Comminges, y avait fait, dit-on, des miracles. Le procès-verbal en fut dressé, d'après l'ordre du pape Alexandre III, par Vital, protonotaire du St.-Siége,

et

et, sur l'attestation des religieux qui avaient été les témoins de sa vie et des miracles qu'il avait opéré, Bertrand fut canonisé.

Pétronille, comtesse de Bigorre, qui avait été cinq fois épouse, choisit l'abbaye de l'Escaladieu pour sa retraite, à la fin de ses jours. Elle y fut enterrée, après avoir fait donation au monastère de biens très-considérables.

Tout près de là est l'*ancien château de Mauvezin*, qui appartint d'abord aux comtes de Bigorre, puis aux comtes de Foix. Il est situé sur un monticule très-élevé, d'où il domine les gorges voisines.

Il a tous les caractères d'une forteresse féodale. Il est totalement abandonné, et bientôt il n'offrira plus que des ruines. Ce château était regardé comme imprénable; et, en effet, sa situation est telle, qu'il était à l'abri de toute surprise de la part des assiégeans.

Il fut assiégé vers l'an 1374, par le duc d'Anjou, qui força la garnison à lui remettre cette place au bout de six semaines, après être parvenu à la priver de l'eau que lui fournissait un puits extérieur, qui pouvait seul suppléer à celle des citernes intérieures que la chaleur avait entièrement desséchées. Le capitaine Raymonnet-de-l'Espée, gentilhomme gascon, qui commandait le château pour les Anglais, entra en pourparler avec le duc, et capitula. Il prit ensuite parti pour la France, et servit en Italie, où il fut tué dans une escarmouche, devant Naples.

La ville de Lannemezan est située sur la Baïze-devant, tout près de l'origine du Gers, à 31 kilomètres de Tarbes, et à 25 de Bagnères. C'est un chef-lieu de commune et de canton. Il y a, outre la mairie et la justice de paix, une poste aux lettres et une brigade de gendarmerie.

Cet endroit ne présente rien de remarquable que sa situation au milieu des landes, d'où lui vient sa dénomination.

On voit, au milieu du plateau de Lannemezan, les traces

d'une ancienne voie romaine ; elle se prolongeait le long des crêtes, jusqu'à Bordeaux, sans traverser aucune rivière, ce qui rendait les ponts inutiles. On assure que les Romains avaient aussi projeté la formation d'un canal le long de cette route ; ils y auraient sans doute détourné toutes les eaux de la Neste. Un tel projet était digne d'un peuple aussi grand dans ses conceptions, et aussi heureusement entreprenant.

La ville de Labarthe est un petit endroit situé sur le ruisseau de Torse, près de la Neste, à 29 kilomètres de Tarbes, et 25 de Bagnères ; c'est un chef-lieu de commune et de canton ; il y a, outre la mairie et la justice de paix, un bureau d'enregistrement.

On n'y voit rien de remarquable aujourd'hui. C'était anciennement la résidence des barons de Labarthe, dont le château n'existe plus ; on en voit encore quelques ruines.

La ville de Sarancolin est située sur la Neste, à l'entrée de la vallée d'Aure, à 40 kilomètres de Tarbes, et à 25 de Bagnères; c'est un chef-lieu de commune et de canton ; c'est un lieu d'étape.

Sarancolin est très-ancien, et assez mal bâti ; c'était autrefois une ville murée ; on y voit encore des restes de fortifications et quelques portes ; elle était regardée comme la capitale d'Aure. L'église est le seul édifice qu'on y remarque : elle fut construite par les Templiers, et dédiée à St. Pierre. Ce patronnage lui fut enlevé par les habitans, en faveur d'un prêtre espagnol qui, étant mort à Sarancolin, devint, sous le titre de *St. Ebon*, le patron de la ville ; il y a joui, jusqu'à la révolution, de la plus grande faveur. Les habitations des Templiers n'existent plus. Il y avait autrefois un chapitre de chanoines et un couvent de Bénédictins.

La ville d'Arreau est située au confluent de la Neste d'Aure et de celle de Louron, à 50 kilomètres de Tarbes, et à 30 de Bagnères ; c'est un chef-lieu de commune et de canton. Il y a, outre la mairie et la justice de paix, un bureau d'enregistrement, un bureau des douanes, une poste aux lettres, et une brigade de gendarmerie.

Cette ville, qui est fort ancienne, n'offre aucun monument remarquable. Elle avait autrefois des portes qui ont été abattues. L'église paroissiale, et celle de St. Exupère qui est plus petite, sont de mauvais goût, mais la construction en est solide. Les Templiers possédaient la première; l'autre fut bâtie en l'honneur de St. Exupère qui était originaire d'Arreau.

Le village de Vielle est situé tout près de la Neste, dans le vallon de ce nom, à 60 kilomètres de Tarbes, et à 42 de Bagnères; c'est un chef-lieu de canton; il y a un bureau des douanes.

Il n'y a aucun monument d'antiquité. Les Templiers y ont possédé autrefois une chapelle, de même que dans les lieux voisins d'Ancizan, Guchen, Agos, Vignec, et St.-Lary près duquel est Ste. Marie de Mont-Carmel; on y voit aussi, à très-peu de distance, quelques ruines de l'ancien château d'Arnaud, où résidèrent, en premier lieu, les comtes d'Aure. Ce lieu porte encore le nom d'*Arnaud*, dans le pays. Plus loin, dans la vallée, à l'endroit nommé *Tramasaygues*, il existe encore un château fort; mais il se trouve dominé par la hauteur contre laquelle il est adossé.

Le village de Bordères, dans la vallée de Louron, est situé sur la Neste, à 55 kilomètres de Tarbes, et à 55 de Bagnères; c'est un chef-lieu de commune et de canton.

Il y avait autrefois, au centre de ce village, un grand monument féodal, espèce de forteresse colossale, bâtie en pierre de taille; il était entouré d'un rempart fort élevé, et d'une grande épaisseur. Dans l'intérieur étaient le logement du maître, une prison à deux étages, et un cachot qui, par une porte, communiquait avec le fossé extérieur. Un incendie qui eut lieu en 1740, brûla la toiture de cet édifice, avec tout le village. Les ravages du temps, et les efforts des habitans dans la révolution, ont contribué à le faire tomber tout-à-fait. Il correspondait à trois autres forts moins considérables, placés de distance en distance, et qui s'étendaient jusqu'à l'extrémité de la vallée, vers le sud.

On attribue la construction de ces forts, aux Vandales ou aux Sarrazins; les rois d'Aragon les ont occupés dans le 13.e siècle, et notamment le château de Bordères, d'où *Don Roger d'Espagne*, fils cadet du roi d'Aragon, dicta des lois à tous les pays voisins, pendant plusieurs années.

Son fils aîné s'allia à la maison de Montespan, qui fut réunie à celle d'*Hector Pardeillan-Gondrin*, d'Antin, et *Magdelaine-Julie-Victoire*, sa fille aînée, épousa *Astorg-Crussol-Duzer*.

Mauléon-Barousse est situé dans la vallée de Barousse, sur la rivière de l'Ousse, au confluent des deux torrens qui la forment, à 70 kilomètres de Tarbes, et à 58 de Bagnères; c'est un chef-lieu de commune et de canton.

Ce lieu est assez mal bâti; l'église en est ancienne, et elle se trouve attenante à la cour de l'ancien château de Mauléon, bâti sur un rocher éminent, situé au confluent des deux torrens qui en baignent le pied. Les tours et les murs du château subsistent encore. A 3 kilomètres en-deçà, dans le vallon de *Troubat*, il existe aussi un ancien château qui tombe en ruines, et qui était très-fort par sa position; c'est le château de *Bramevaque*, qu'on dit avoir été habité par les anciens souverains du pays des Quatre-Vallées.

La ville de Castelnau-Magnoac est située entre le Gers et la Geze, sur la crête occidentale du vallon qui portait autrefois le nom de *vallée de Magnoac*, à 42 kilomètres de Tarbes et de Bagnères; c'est un chef-lieu de commune et de canton. Il y a, outre la mairie et la justice de paix, un bureau d'enregistrement, une poste aux lettres, et une brigade de gendarmerie; c'est aussi un lieu d'étape.

L'église en est assez grande, et bien bâtie; la maison commune, construite au milieu de la place, est toute neuve; elle est supportée par des piliers élevés qui forment une halle; c'est un assez joli édifice. Il existe encore à Castelnau, un grand bâtiment qui, avant la révolution, était un couvent de religieuses; à cette époque, il y avait aussi un chapitre de chanoines.

Près de la ville, est un monticule où était anciennement situé un château appartenant aux barons de Labarthe; il n'en reste plus de traces; on a fait des jardins et planté des vignes sur ce tertre qui offre une vue magnifique: elle embrasse l'origine du vallon que parcourt le Gers, et s'étend jusqu'au-de-là des confins du département, vers le nord. A l'est, elle se repose sur de riants côteaux, et au couchant, sur les vastes forêts de Campuzan, Puntous, etc.

La ville de Monléon est située entre le Gers et le ruisseau de Cierq, sur la crête orientale du vallon de Magnoac, à 48 kilomètres de Tarbes et de Baguères; c'est un chef-lieu de commune et de canton.

Cette ville est fort ancienne; elle se trouve agréablement située; c'était autrefois le chef-lieu du pays de Magnoac, suivant les titres et les chroniques du diocèse d'Auch; il n'y a rien de remarquable. Dans le voisinage, on trouve les ruines de plusieurs châteaux et forteresses féodales.

III.e Arrondissement.

La ville d'Argelés, chef-lieu de cet arrondissement, est située au sud-ouest, dans la vallée de Lavedan, sur la rive gauche du Gave, à 30 kilomètres de Tarbes. C'est moins son importance que sa position centrale qui l'a faite choisir pour être le chef-lieu de la sous-préfecture. Son heureuse situation dans le beau vallon qui porte son nom, a été déjà décrite; on n'ajoutera rien à ce qui en a été dit, quoique les sites charmans qu'il présente soient un sujet toujours neuf et toujours intéressant. On trouve dans le voisinage, les hameaux autrefois fortifiés, d'Agos, Vidalos, Beaucens, etc..., où il existe encore des restes de tours; celle de Vidalos subsiste en entier.

Outre la sous-préfecture, il existe à Argelés un tribunal de 1.re instance, une justice de paix, un bureau d'enregistrement, un bureau des douanes, une poste aux lettres, et une brigade de gendarmerie; c'est aussi un lieu d'étape.

Cette ville ne présente rien de remarquable; elle emprunte tous ses agrémens des lieux enchanteurs qui l'avoisinent.

La ville de Lourdes, anciennement *Lorde*, se trouve à l'embouchure de la même vallée, sur la rive droite du Gave; elle est à 18 kilomètres de Tarbes, et à 12 kilomètres d'Argelés; c'est un chef-lieu de commune et de canton: il y a une mairie, une justice de paix, un bureau d'enregistrement, une poste aux lettres, une poste aux chevaux, et une brigade de gendarmerie; c'est aussi un lieu d'étape.

Lourdes a une très-ancienne existence, et sa situation à l'embouchure de la vallée de Lavedan en avait fait une place très-importante dans les temps féodaux; l'historien Froissard attribue aux Romains la construction du château qui subsiste encore, dans la vue de contenir, sous leur obéissance, les habitans indisciplinés et à demi-sauvages des vallées de Lavedan.

Ce château a été bâti sur la pointe d'un rocher très-élevé, qui domine la ville à l'entrée de la gorge; les pieds de cette forteresse sont baignés par les eaux du Gave qui, roulant avec fracas au travers d'énormes blocs de pierre, ne sauraient être franchies qu'avec de très-grandes difficultés; on traverse le Gave, plus haut, sur deux ponts bâtis en pierre, dont l'un, plus ancien, porte le nom de Pont vieux.

Quelques historiens, et entr'autres le savant Scaliger, avaient appliqué à la place ou au château de Lourdes, l'ancienne dénomination de *Lapurdum*, ou *Laburdum*, mais il est bien prouvé qu'elle désignait la ville de Bayonne; Scaliger lui-même reconnut sa méprise, et la corrigea. Néanmoins, on a souvent, depuis, qualifié de *Lapurdenses*, les habitans de Lourdes. Aux temps de Charlemagne, le château de Lourdes fut appelé *Mirambel* (belle vue), mais la première dénomination lui est restée.

Les comtes de Bigorre se sont toujours dits seigneurs de la place de Lourdes, qu'ils regardaient comme une des plus fortes du pays. Ils y assignaient les parties contendantes, pour prononcer sur leurs droits respectifs; ils y recevaient encore les hommages qui leur étaient dûs. Le château de Lourdes a été donné souvent en ôtage par les comtes de Bigorre, pour sûreté de leurs engagemens. Simon de Montfort, comte de Leycester, ayant surpris la bonne foi d'Eschivat, comte de Bigorre, s'en empara. Éléonore son épouse, et Simon de Montfort son fils, le cédèrent à Thibaut, roi de Navarre, qui y établit un gouverneur. Après le traité de Brétigni, il fut sous la puissance des Anglais; en 1374, le duc d'Anjou en fit le siége, mais il ne put s'en rendre maître; la ville fut saccagée, et ses titres originaux contenant ses priviléges et libertés, furent brûlés. Après cet incendie, l'an 1388, Jean de Béarn, gouverneur de Lourdes, et Dominique Cazaux, qui connaissaient ces priviléges, les renouvellèrent, et les présentèrent au duc de Lancastre, lieutenant du roi d'Angleterre en Guienne, qui les confirma; l'an 1406, Jean, fils du roi de France, et lieutenant en Guienne, en fit autant; ils furent encore confirmés par les rois Louis XIII et Louis XIV. Après la résistance opiniâtre que les assiégés opposèrent aux efforts du duc d'Anjou qui commandait, à ce siége, l'élite de la noblesse française, les Anglais conservèrent paisiblement cette place, et ce fut la dernière qu'ils possédèrent tant qu'ils furent maîtres de l'Aquitaine.

Le château de Lourdes, devenu une prison d'état, conserve cependant l'apparence d'une place forte. Une grande tour carrée, un bastion et quelques parapets, subsistent encore.

La ville de Saint-Pé (*) est située au-dessous de Lourdes, sur la rive droite du Gave, au confluent du ruisseau de Génié; elle se trouve au sud-ouest, et à 39 kilomètres de Tarbes; elle est à 24 kilomètres d'Argelés. C'est un chef-lieu de commune et de canton; c'est aussi un lieu d'étape.

Ce lieu s'appelait autrefois *Gennéres* ou *Geyres*; la fondation du monastère de bénédictins, qui y existait autrefois, sous l'invocation de St. Pierre, fut l'époque et l'occasion du changement de nom.

Cette fondation fut faite par Sance-Guillaume, duc de Gascogne, en reconnaissance de ce qu'il avait recouvré la santé dans un voyage qu'il avait fait en ce lieu, dépendant alors de la paroisse de St. Hilaire de Lassun, où, disait-on, il se faisait souvent des miracles. Centulle, vicomte de Béarn, Guillaume de Benac et Arnaud-Raymond de Lous, cédèrent au duc, moyennant compensations, différens morceaux de terre nécessaires pour la fondation. Il dota le monastère de revenus considérables, lui accorda des privilèges, l'enrichit de meubles, de vases précieux, et le dédia à Dieu et à St. Pierre; un grand nombre de seigneurs dépendans de son duché, signèrent l'acte de concession.

L'un de ses successeurs, Gaston, confirma, avec le comte d'Armagnac, les immunités du monastère de Saint-Pé; et quelques annéез après, Addo, abbé de Saint-Pé, évêque d'Oléron, fit la dédicace de l'église du monastère, en présence d'un grand nombre de seigneurs, d'abbés et de prélats de Gascogne. Soixante ans, environ, après la fondation, les immunités du couvent furent de nouveau confirmées.

Le duc Centulle gratifia, à son tour, le monastère de St.-Pé, et lui donna le territoire d'Exere et autres.

(*) On retrouve gravés sur les marbres des hameaux de Couaraze, de Saint-Pé, de Lamarque, quelques traits de l'enfance d'Henri IV, comme on a retrouvé les premières histoires. (Voyage dans les Pyrénées françaises, par Picqué.)

Ce monastère passa de la dépendance de l'évêque de Lescar, sous celle de l'évêque de Tarbes; ce qui devint le sujet d'une vive et longue contestation entre ces deux évêques. Cette contestation fut portée par devant le pape, et fut agitée dans plusieurs conciles; elle demeura indécise, et les évêques de Lescar oublièrent leurs prétentions.

L'église dédiée à St. Pierre, subsiste encore; c'est un grand vaisseau voûté; il y a deux chapelles aux deux côtés du chœur. L'ancien couvent de bénédictins était de nouvelle construction; l'édifice est régulier, mais il n'offre rien de remarquable. Il est devenu la propriété de plusieurs particuliers.

La ville de Saint-Pé conserve quelques restes de fortifications, et une ancienne porte qui est située du côté du Gave.

Le bourg de Saint-Savin, situé dans le vallon d'Argelés, sur un plateau élevé du versant droit, se trouve à 36 kilomètres de Tarbes, et à 3 kilomètres seulement d'Argelés. C'est un chef-lieu de commune et de canton.

Ce lieu est devenu célèbre par l'établissement d'un monastère de bénédictins, qui fut fondé par Charlemagne, détruit par les Normands, et rétabli par Raymond, comte de Bigorre.

L'abbaye de Saint-Savin est aujourd'hui une propriété particulière; c'est un assez bel édifice, ainsi que l'église attenante qui est beaucoup plus ancienne, et qui a été bâtie près des ruines de l'ancien palais émilien. Le domaine des moines se composait de jolis bosquets, de riantes prairies et de fertiles guérets, qu'arrosaient des sources abondantes de l'eau la plus vive et la plus pure. Il a été divisé en plusieurs lots, et vendu.

Les bénédictins de Saint-Savin jouissaient de plusieurs priviléges très-importans; ils avaient des droits sur les bains de Cauteretz; le seigneur de Solon les leur ayant contesté, le procès fut jugé selon l'usage de la contrée, par un combat au bâton, dans lequel le champion des moines demeura vainqueur.

St. Savin, espagnol de naissance, à qui était dédié le monastère, a été en grande vénération dans ce canton. On rapporte de lui un grand nombre de faits miraculeux, qui, dans les temps d'ignorance, étaient fortement accrédités auprès des montagnards; ils nourrissaient alors leur crédulité des contes les plus absurdes. On trouve dans plusieurs historiens, la relation du prétendu ensorcellement que produisit *un petit abbé de Saint-Savin, qui, monté sur un sureau, après avoir exorcisé des maraudeurs béarnais, les fit massacrer à l'aide des enchantemens.* Aussitôt, excommunication du pape contre le Lavedan qui fut frappé de stérilité. L'anathème ne fut levé qu'après que deux députés se furent rendus à Rome pour appaiser le pape, et acheter la paix. Le Lavedan a payé longtemps aux Béarnais une redevance onéreuse, en vertu du contrat de paix qui fut conclu alors; on peut le voir en entier dans l'ouvrage imprimé à Pau en 1694, sous le titre de : *Lous préviledges franquises*, etc.

Cauterets est situé dans la vallée du même nom, à 48 kilomètres de Tarbes, et à 18 d'Argelés; il fait partie de ce canton; c'est un chef-lieu de commune; il y a un bureau des douanes.

L'importance de ce lieu est entièrement due aux sources d'eaux thermales qu'il renferme; la beauté du vallon de Cauteretz n'ajoute pas peu de prix à ce précieux don d'une nature bienfaisante. Les habitations répondent, par leur élégance et leur propreté, à tous ces agrémens, et les complètent. C'est un des établissemens thermaux de ce département dont le séjour est le plus recherché. On y trouve un remède efficace contre plusieurs maladies, et tout ce qui peut récréer les sens et l'imagination, par le spectacle de ce que la nature offre à la fois de plus imposant et de plus romantique.

La ville de Luz est située vis-à-vis l'embranchement de la gorge de Barèges, et à peu de distance de Saint-Sauveur; elle est à 48 kilomètres de Tarbes, et à 18 d'Argelés seulement. C'est un chef-lieu de commune et de canton; tous les villages situés dans les vallées supérieures, en dépendent. Il y a, outre la mairie et la justice de paix, un bureau d'enregistrement et un bureau des douanes. C'est le chef-lieu de toute la contrée.

Les antiquités de Luz se réduisent à l'hôtel-de-ville qui tombe en ruines, et dont l'architecture n'a rien de remarquable, et à l'église paroissiale qui, dit-on, fut bâtie par les Templiers; elle est entourée d'un mur de fortification qui présente des créneaux, des embrâsures, et qui est surmonté d'une tour carrée sous laquelle se trouve la porte d'entrée; l'ancien cimétière est renfermé dans cette enceinte, à l'orient de l'église. On voit à la petite porte d'entrée, un tombeau découvert qui sert de bénitier. On y voit aussi une autre petite porte murée par où entraient les cagots ou goitreux, dans le temps de leur proscription.

Près de Luz, se trouvent les masures de l'ancien château de Sainte-Marie, placées sur un rocher très-élevé qui domine tout le vallon, et défend l'entrée de la gorge de Barèges. Le château de Sainte-Marie resta en la puissance des Anglais aussi long-temps que celui de Lourdes, et Jean de Béarn en était aussi gouverneur pour leur compte. Ce fut Jean, comte de Clermont, lieutenant du roi en Gascogne, qui le reprit en 1404, aidé par les Baredgiens. Cette forteresse a défendu long-temps tout le Lavedan contre les incursions des Espagnols, et plusieurs capitaines s'y sont distingués par une vigoureuse résistance.

On voit aussi près de là, sur une élévation, des ruines que l'on nomme l'*Hermitage*. C'était anciennement une église qu'on dit avoir été bâtie par les Templiers. Il y avait également une habitation dont il ne reste plus que quelques vieux murs.

Gavarnie, l'un des hameaux qui dépendent de Luz, est situé tout à fait à l'extrémité de la vallée de Barèges; avant la révolution, il appartenait à l'ordre de Malte, et anciennement aux Templiers. L'ancien presbytère présente encore quelques restes de murs de la maison des Templiers; on trouve aussi tout auprès quelques autres vestiges qui rappellent ces chevaliers; dans l'église, sur deux poutres voisines de la tribune, on compte douze crânes qu'on dit avoir appartenu à autant de ces malheureux, décapités dans ce lieu, le jour même du massacre général de l'ordre.

J'AI rapporté à l'article de chacun des lieux que je viens de décrire, tout ce qu'il pouvait y avoir à noter sur les antiquités du département; il ne me reste plus qu'à faire remarquer, généralement, que presque tous les édifices, les châteaux, les forteresses que l'on voit encore répandus sur toute la surface du département, ne remontent pas au-de-là des temps de la féodalité.

Ces nombreuses tours que l'on rencontre presqu'à chaque pas et de distance en distance, se correspondaient toutes entr'elles, servaient de fanaux, étaient un moyen de ralliement entre les diverses peuplades, lors des guerres civiles qui ont désolé si long-temps ce pays. C'était des espèces de télégraphes, à l'aide desquels on se faisait des signaux pendant la nuit, en allumant des feux et en agitant des flambeaux. Devenus inutiles, ces tristes monumens se détériorent tous les jours, et finiront par disparaître bientôt tout-à-fait.

HISTOIRE.

CE département étant presqu'entièrement composé de l'ancien Bigorre et du pays des Quatre-Vallées, dont les intérêts et l'administration furent toujours distincts et séparés, son histoire se divise naturellement en deux parties, pour les temps modernes; mais du temps des Romains, et sous les barbares, le régime de chacun de ces territoires fut le même, et les évènemens qui se passèrent alors, leur sont communs. Quand nous aurons jeté un coup d'œil rapide sur ce qu'étoient les Hautes-Pyrénées dans ces temps reculés, nous passerons à l'examen des diverses vicissitudes dont elles ont été le théâtre sous la monarchie française. J'apporterai aussi, dans cette seconde partie, la plus grande brièveté et le plus de concision qu'il me sera possible.

La France se nommait autrefois *Gaules*, et les peuples qui l'habitaient, *Gaulois*. C'était une nation guerrière, qu'on peut regarder comme *aborigène*. Les *Druides* étaient à-la-fois les législateurs, les juges, les pontifes et les rois de la nation.

C'est à *Jules César* que les Romains dûrent l'entière conquête des Gaules dont ils ne possédaient, jusqu'à lui, que la partie connue sous le nom de *Gaule Narbonnaise*; ils apportèrent ensuite dans cette vaste région, avec les arts et les sciences, leur législation qui a servi de base et de modèle à la nôtre. César divisa ses conquêtes dans la Gaule en trois parties, savoir : la *Belgique*, comprise entre le Rhin, la Marne et la Seine; la *Gaule Celtique* ou *Lyonnaise*, qui s'étendait depuis ces rivières jusqu'à la Garonne; et *l'Aquitaine*, qui comprenait tout le pays situé entre la Garonne, l'Océan et les Pyrénées. La Garonne ne séparait point l'Aquitaine de la province Narbonnaise, puisque le *Couzerans*, le *Comminge* et l'*Albigeois* en faisaient partie (*).

Auguste trouvant l'Aquitaine trop petite, l'augmenta de quatorze peuples, et l'étendit jusqu'à la Loire.

Adrien divisa ensuite les quatre parties de la Gaule en quatorze provinces, savoir : deux Belgiques, deux Germanies, deux Lyonnaises, la grande Séquanoise, deux Aquitaines, la Novempopulanie, les Alpes-Maritimes, les Alpes-Graïes, la Viennoise et la Narbonnaise. *Théodose* en ajouta trois autres, ayant divisé les deux Lyonnaises en quatre, et la Narbonnaise en deux.

C'est de la Novempopulanie, partie de l'ancienne Aquitaine, dont la capitale fut *Euze*, que ce pays-ci dépendit, après la der-

(*) *De Marca.*

nière division ; mais les peuples du Bigorre étaient déjà connus du temps de César, sous le nom de *Bigerrones*; *Pline* les appelle *Bigorri* : leur chef-lieu était *Turba*, Tarba ; *ubi castrum Bigorra*.

Il y avait plus de quatre siècles que les Gaules faisaient partie du vaste empire romain, lorsque, sous l'empereur *Honorius*, les Francs commencèrent leurs incursions en-deçà du Rhin, et prirent pied dans l'ancienne Gaule ; ils s'emparèrent d'abord de la Belgique, et leurs conquêtes se bornèrent là, ou, à-peu-près, jusqu'à Clovis, véritable fondateur de la monarchie française, qui les étendit, avec une étonnante rapidité, jusqu'au-de-là de la Loire.

Vers le même temps, *Stilicon*, premier ministre d'Honorius, vandale d'origine, engagea secrètement divers peuples de son pays à se jeter sur les Gaules, afin de le seconder dans le projet qu'il avait de mettre son fils *Euchernis* sur le trône impérial. Alors les Alains, les Suèves et les Vandales partent des rivages de la mer Baltique, traversent la Germanie, malgré les Francs qui voulaient empêcher leur passage, passent le Rhin, entrent dans les Gaules le 1.er janvier de l'an 406, et s'avancent jusqu'aux Pyrénées, pour tâcher de se rendre maîtres de l'Espagne ; mais les passages étant soigneusement gardés par *Dydimius* et *Vérinianus*, parens d'Honorius, ces barbares ne purent aller plus avant, et ils s'en retournèrent, ravageant tous les pays par où ils passaient ; la Novempopulanie éprouva les premiers effets de leur fureur. Trois ans après, ces hordes, dont les chefs corrompirent les soldats de Constantin le révolté, qui, après sa conquête, leur avait confié la garde des passages, entrèrent en Espagne, où elles s'établirent.

Vuallia, roi des Goths, s'étant engagé envers le patrice Constance à les chasser de l'Espagne, les défit presqu'entièrement, et reçut, en récompense, pour lui et ses soldats, l'Aquitaine jusqu'à l'Océan. Cette donation eut lieu en 419, époque de la fondation du royaume des Visigoths, ou des Goths occidentaux dans les Gaules ; mais cette donation ne comprenait que la 2.me Aquitaine et quelques villes des provinces voisines, particulièrement Toulouse, qui fut alors distraite de la Gaule-Narbonnaise, et devint le séjour ordinaire des rois Visigoths. Il n'y eut de la Novempopulanie que les cités les plus voisines de Toulouse, comme le Couzerans, le Comminges, peut-être Lectoure et Bazas, qui firent partie du royaume des Visigoths (*).

Evarix, meurtrier de son frère Théodoric II, roi des Visigoths, auquel il succéda en 466, étendit beaucoup les conquêtes de ses prédécesseurs en Espagne, et, à son retour, rompant le traité que Vuallia avait fait avec Constance, il s'empara de toutes les provinces comprises entre le Rhône, la Loire, l'Océan et les Pyrénées ; ce qui mit les rois des Goths en rapport avec ceux des Français, qui leur firent aussitôt la guerre, et s'emparèrent successivement de tous leurs Etats. Cet Evarix, qui était arien, comme toute sa nation, persécuta avec violence la religion catholique dans ses Etats, et la Novempopulanie s'en ressentit fortement ; par-tout les églises furent fermées et abandonnées, et il fut défendu de faire des prêtres.

Sous son successeur Alaric, ces contrées respirèrent un peu : les anciens habitans de l'Aquitaine furent gouvernés par le code théodosien, et la religion catholique fut tolérée ; la paix régnait par-tout, lorsqu'en 507 survint un prétexte de mésintelligence entre l'ambitieux Clovis et le sage Alaric ; la guerre fut prompte et terrible ; les Visigoths ayant perdu leur roi à la bataille de Poitiers, furent relégués dans la première Narbonnaise ; ils la possédèrent, sous le nom de royaume de Narbonne, jusqu'à l'arrivée des Sarrazins qui s'en emparèrent. Ce pays-ci passa dès-lors sous la domination française. Les descendans de Clovis le possédèrent constamment depuis cette époque ; et il éprouva, comme toute la France, les malheurs sans nombre qu'entraînèrent les divers démembremens de la monarchie, et

(*) *De Marca*, liv. 1.er, chap. XIII.

le défaut d'unité dans le corps social, que la barbarie, l'injustice et la force gouvernèrent presque toujours sous différens noms.

L'empire qu'avait fondé Clovis par son audace et sa valeur, fut continuellement déchiré par les factions et les partis : ces troubles intérieurs engagèrent de nouvelles hordes à fondre sur les Gaules devenues France, pour en arracher quelques lambeaux. C'est alors que les *Vascons*, peuples d'Espagne qui possédaient tout le pays situé le long des Pyrénées, entre l'ancien comté d'Aragon et l'Océan, et qui, d'abord, avaient été conquis par les rois français, firent une irruption dans la Novempopulanie dont ils s'emparèrent en partie. Leurs premières courses commencèrent en l'an 586; ils descendirent du haut des montagnes, et s'emparèrent des vallées où ils se fortifièrent aussitôt, avec le secours des *Cantabres* leurs voisins, afin d'assurer leur retraite; puis, ils poussèrent leur pointe jusques dans les plaines où ils causèrent beaucoup de dégâts. Ils furent réprimés, l'an 602, par une puissante armée que Théodoric, roi de Bourgogne, et Théodebert son frère, roi d'Austrasie, envoyèrent contre eux. Obligés de se soumettre, ils devinrent tributaires des rois de France; mais ils restèrent possesseurs du pays qu'ils avaient conquis dans la Novempopulanie, et ils établirent *Génialis* duc de leur province. Ce duché comprenait la ville de Pampelune et les contrées adjacentes, avec les vallées de Soule, Basse-Navarre, Bastan et Labour, ainsi que les villes d'Oleron, Bayonne, Acqs, Aire et Béarn (*). L'étendue de

(*) *De Marca*, liv. 1.er, chap. XXIV.

Cet Historien ne parle pas du Bigorre; mais les auteurs dans lesquels il a puisé, confondent, sous la même dénomination, les habitans du Bigorre et ceux du Béarn. Quelques-uns même les ont désignés en commun, sous le nom de *Bigorrais*, qu'ils distinguaient ensuite sous les noms de *Bigorrais orientaux* et *Bigorrais occidentaux* : ceux-ci étaient proprement les Béarnais.

leurs

leurs possessions varia dans la suite, selon le cours de leurs prospérités ou de leurs revers; mais, dès cette époque, les Vascons d'Aquitaine furent distincts et séparés de ceux de l'Espagne, qui gardèrent quelque temps encore leur indépendance. *Sisabute*, roi des Goths, ayant étendu son empire sur toute l'Espagne, en 615, les Pyrénées devinrent la limite méridionale des terres que possédaient les Vascons d'Aquitaine, et ceux d'Espagne furent subjugués. Les Vascons, reconnus par leur souplesse et leur dextérité à combattre, dès le temps des Romains, furent toujours un peuple inquiet et jaloux de son indépendance; ils se révoltèrent contre leur duc, sous Clotaire II, en 626; Haribert, frère de Dagobert, les soumit ensuite à sa domination, mais ils se révoltèrent de nouveau contre Dagobert lui-même, qui les força à composition avec une forte armée. Leur duc Amand, et les principaux seigneurs du pays, prêtèrent serment de fidélité au roi, à Clichi, près Paris.

Cependant ils se révoltèrent encore sous Clovis II, et reçurent parmi eux les factieux qui, sous Clotaire III, avaient été châtiés par la cour. Leur duc, nommé Loup, se mit à leur tête; beaucoup de mécontens dans la Novempopulanie s'unirent à lui, et il étendit considérablement son duché. C'est alors que disparut le nom de Novempopulanie, qui fut remplacé par celui de Vasconie ou de Gascogne. La Garonne servit dès-lors de limite entre cette province et l'Aquitaine, et les ducs de Gascogne possédèrent tout ce qui est compris entre ce fleuve, les Pyrénées et l'Océan, excepté Bordeaux qui resta aux ducs d'Aquitaine.

Les Vascons originaires, venus d'Espagne, qui restèrent, avec leur ancienne langue, dans le pays de Soule, Navarre et Labour, après l'invasion de ce quartier, furent nommés *Bascos*; ce sont les *Basques* d'aujourd'hui. Les anciens habitans de la Novempopulanie qui accrurent, par leur jonction, le duché des Vascons, du temps d'Ebroin, maire du palais, furent désignés par les termes de *Gascoûs*; on voit que ces deux termes

Bascos et *Gascoûs*, descendent également du latin *Vascones*.

La Gascogne fut envahie momentanément, comme tout le pays situé entre la Loire et les Pyrénées, lorsqu'Abdérame, à la tête de ses Maures, passa les monts Vaccéens, entra dans la vallée d'Aspe, et poussa ses conquêtes et ses ravages jusqu'à Tours où il fut défait et tué par Charles Martel, l'an 732 ou 734; c'est alors que les Maures établirent différentes fortifications dans le pays de Bigorre, près des montagnes; ce dont la tradition locale conserve encore le souvenir. Les Gascons, impatiens du joug des Maures, entretinrent des intelligences avec les Français; le prince Charles, qui fut depuis le Grand Charlemagne, les en délivra pour toujours.

Les Gascons s'étaient unis aux habitans de l'Aquitaine, contre Pepin son père; mais le duc d'Aquitaine, Weifer, ayant été défait, les Gascons s'obligèrent, par serment, à être fidèles au roi, ainsi qu'à ses enfans Charles et Carloman; ils furent, en effet, très-humblement soumis au puissant Charlemagne, et l'espèce de pillage qu'on leur attribue lors du passage de Roncevaux, en 778, ne doit point être imputé à la nation entière, mais à quelques montagnards qui voulurent se dédommager du dégât que l'armée leur avait causé à son passage, et lui enlevèrent ses bagages.

Les cinq premiers ducs de Gascons qui possédèrent, sous ce titre, d'abord une partie, puis toute la Novempopulanie, furent *Génialis*, *Aighinan*, *Amand*, *Loup I.*er qui avait le duché de toutes les autres villes de la Novempopulanie, et *Loup II*, dont il est fait mention dans les annales d'Eginhard, pour l'an 769.

Les Etats des ducs des Gascogne étaient donc alors d'une certaine étendue; ils furent gouvernés par les lois de Charlemagne, comme le reste de la France. Les ducs avaient sous leurs ordres, différens gouverneurs pour les villes et les pays qui dépendaient du duché. Ces gouverneurs s'appelaient comtes, et ils avaient sous la suprême autorité du duc, dont ils relevaient, le maniement de la justice, de la police et des finances; il y en eut un particulier pour le Bigorre, qui dès-lors porta le nom de comté. Les ducs de Gascogne possédaient, en outre, les comtés de Comminges, de Fezensac, de Lectoure, de Bazas, et le comté particulier des Vascons, qui comprenait les cités de Béarn, Oléron, Acqs, Aire, et Labour (Bayonne). (*)

Les Gascons recommencèrent à remuer sous Louis, roi d'Aquitaine, et ils l'inquiétèrent beaucoup par leur révolte, au moment où il était occupé à faire le siége de la ville d'Huesca; il les obligea à se soumettre; mais ils se révoltèrent encore après son avènement au trône impérial, en 816; ils furent châtiés, et se soumirent en 818. L'année d'après, Loup Centulle, duc de Gascogne, souleva de nouveau ses sujets; il fut défait, et banni. Pepin, roi d'Aquitaine, pacifia toute la province. Ce duché fut rétabli ensuite en la personne du duc Sance, et le comté particulier des Vascons, que ce seigneur possédait, n'eut plus de comte; il fut réuni au duché.

Il y eut dans l'intervalle, entre le duc Loup et le duc Sance, deux ducs temporaires, comtes de Bordeaux, *Totilus* et *Seguin*, sous lesquels Bordeaux fut réuni à la Gascogne, dont il devint la capitale, afin de contrebalancer la perte qu'avait fait cette province par la révolte du comté de Gascogne, sous le comte Azenerius. (**)

Vers ce temps-là, commencèrent les irruptions des Normands qui vinrent ravager toute la Gascogne, et nomment la ville de Tarbes, *Bigorra*. Le duc Totilus les défit et les chassa, après avoir été battu deux fois; le duc Seguin fut battu, fait prisonnier et tué par ces mêmes Normands, dans une nouvelle incursion qui eut lieu en 841, et qui dura trois ans. Dix ans après, la Gascogne se ressentit encore fortement de leurs ravages, et sous le duc Guillaume Sance, ce pays fut de nou-

(*) *De Marca*, liv. I.er, chap. XXVII.

(**) *Idem....*, liv. III, chap. I.er

veau menacé par ces pirates, même après leurs défaites, par Guillaume, duc d'Aquitaine, en 925, et Hugues, duc des Français, en 945.

Depuis Charlemagne jusqu'à l'avènement d'Henri IV au trône de France, il y a eu en Bigorre une suite non interrompue de comtes qui devinrent, sous la constitution féodale, seigneurs suzerains de toute la contrée, relevant des ducs de Gascogne ou des rois de France. Plusieurs d'entr'eux se sont distingués par leur valeur dans la guerre, ou par leur sagesse dans l'administration.

L'un d'eux, *Eneco*, que les auteurs espagnols appellent Innigo, fut élu roi de Navarre par les Vascons ultramontains, qui sentirent le besoin d'avoir un chef habile pour résister aux Maures et aux Sarrazins, lorsque les Français eurent abandonné leur pays. Cet Eneco, surnommé Arista, qui veut dire *hardi* (*), était gouverneur de la Marche d'Espagne pour les rois de France. Son élection eut lieu vers l'an 829, époque de l'abandon de la Navarre par les successeurs de Charlemagne. Quelqu'un de la race d'Eneco fut pourvu du comté de Bigorre, sous la réserve de l'hommage au roi de Navarre, pour le tenir en réréfief de France : lequel hommage Sance-le-Grand transporta, avec le royaume d'Aragon, à son fils Ramir, lorsqu'il lui donna cette couronne en partage. (**)

Eneco est regardé comme le premier des comtes de Bigorre, dont les successeurs immédiats furent, à ce qu'il paraît, *Donatus Lupi*, *Faquileno*, comtesse de Bigorre, *Dato Donati*, *Lupus Donati*, sans qu'on puisse l'assurer. Depuis ce dernier jusqu'au comte *Raymond* ou *Ramond*, il y a une espace que les historiens n'ont pu remplir.

(*) Voyez *De Marca*, liv. II, chap. VIII. Il dit qu'*arista* vient du gascon *ariscat*, qui veut dire un déterminé, un résolu à tout danger, à tout risque.

(**) *De Marca*, liv. IX, chap. II.

Ce *Ramond* fut le restaurateur de l'abbaye de Saint-Savin ; il eut pour successeur son fils Louis, qui fut remplacé par *Arnaud*, frère de celui-ci, auquel succéda *Garsie Arnaud*, fils de ce dernier. Ce fut ce comte qui jura l'immunité du monastère de Saint-Pé de Générest, fondé par Sance, duc de Gascogne, en l'an 1032. A Garsie Arnaud succéda le comte *Bernard Roger*, qui constitua sur le comté, au profit de Notre-Dame du Puy-en-Veláy, une rente de soixante sols morlàas, comme donation pieuse.

Béatrix recueillit la succession du comté de Bigorre par la mort du comte Bernard, et fut mariée à *Centulle*, seigneur de Béarn et d'Oléron, en 1078. Ce fut sous Centulle qu'eut lieu la première irruption des Aragonais dans la vallée de Lavedan, sous le prétexte que ce comte négligeait de reconnaître la suzeraineté de Sance, roi d'Aragon. Le comte prêta foi et hommage, et la guerre cessa. *Bernard II*, fils de Centulle et de Béatrix, leur succéda, et il fit compiler les anciennes coutumes du pays, qui furent arrêtées par le commun consentement du clergé, de la noblesse et du peuple. Ces coutumes portaient, entr'autres dispositions, que le comte parvenu à la possession du comté, soit par succession, soit pour avoir épousé la comtesse, doit promettre avec serment, qui sera confirmé de celui de quatre gentilshommes du pays, qu'il ne fera aucune violence à ses sujets, au préjudice de leur *for ;* et si cela arrivait, qu'il reparera le tort avec connaissance de cause. Les gentilshommes, après le serment du comte, devaient lui prêter serment de fidélité, et lui en bailler caution.

Centulle II succéda, vers l'an 1114, à Bernard son frère, qui était décédé sans enfans, et il eut à appaiser une révolte des habitans de Barèges, qui s'étaient également rebellés quelque temps avant contre sa mère Béatrix. Ce Centulle fit hommage de son comté de Bigorre au roi d'Aragon Alphonse, surnommé l'Empereur, l'an 1122 ; il força Sans Gassie d'Aure à le reconnaître pour son seigneur de fief, et il en reçut hommage, après une petite guerre.

A Centulle succéda la comtesse Béatrix sa fille, qui fut mariée à Pierre, vicomte de Marsan, vers l'an 1145. Le nouveau comte de Bigorre fut forcé de faire la guerre au vicomte de Lavedan, Ramon Gassie, et à quelques autres seigneurs, pour se faire reconnaître; il les fit obliger à livrer à lui, et à ses successeurs, tous leurs châteaux, trois fois l'an. Ce Pierre est le fondateur de Marsan, et de l'abbaye de Saint-Jean-de-la-Castéle.

Du mariage du comte Pierre et de la comtesse Béatrix, naquit Centulle III, qui leur succéda; il épousa la comtesse Matelle, parente d'Alphonse II, roi d'Aragon, qui leur donna la vallée d'Aran; Centulle bâtit le château de Vidalos; il n'eut qu'une fille nommée Stéphanie, qui fut son héritière, et se maria avec Bernard, comte de Comminges; elle avait épousé, en premières nôces, Pierre, vicomte d'Acqs.

De Stéphanie et de Bernard naquit la fameuse comtesse Pétronille ou Péronnelle; après le décès de sa mère, Alphonse, roi d'Aragon, son proche parent, la fit venir près de lui, et la maria avec Gaston de Béarn, lui constituant en dot le comté de Bigorre dont il avait pris possession; il retint cependant la vallée d'Aran qu'il avait donnée à Centulle III. Après le décès de Gaston qui mourut sans postérité en 1215, Pétronille épousa don Nunno, comte de Cerdagne, fils de Sance, comte de Roussillon; celui-ci était frère de Pierre, roi d'Aragon, et fils du roi Alphonse. Elle quitta bientôt après ce nouveau mari, pour épouser Gui de Montfort, fils de Simon, comte de Montfort, après le décès duquel elle épousa Aymar Rançon, qui étant décédé à son tour, ainsi que Nunno son second mari, eut pour successeur Bozon de Mattas, seigneur de la ville de Coignac en Angoumois; ce fut le cinquième mari de Pétronille. Ce dernier mariage eut lieu en 1228.

Bozon, après la mort de son beau-père Bernard, comte de Comminges, poursuivit, les armes à la main, les droits que sa femme avait sur ce comté, et il y eut un accommodement ait par l'entremise des comtes de Toulouse.

La comtesse Pétronille institua pour son héritier, son petit-fils Esquivat, né d'une fille qu'elle avait eue de Gui de Montfort, et elle lui substitua Jordain son frère, et à défaut d'enfans de l'un ou de l'autre, sa fille Matte, femme de Gaston de Béarn.

Lorsque Esquivat voulut prendre possession du comté de Bigorre, il trouva de l'opposition de la part de Gaston de Béarn, qui faisait valoir les droits de Matte sa femme, prétendant que le mariage de Gui de Montfort et de Pétronille, duquel était née Elis, mère d'Esquivat, était illégitime, puisque Nunno vivait encore alors. Les deux prétendans se firent la guerre, et chacun d'eux recourut à des secours étrangers. Esquivat jugea à propos de faire hommage de son comté au roi d'Angleterre, qui possédait alors la Guienne, et il en reçut main-forte contre Gaston. La querelle se termina par une sentence arbitrale que prononça Roger, comte de Foix, l'an 1256, et par laquelle le vicomté de Marsan et le pays de Rivière-Basse furent cédés à Gaston et à Matte sa femme. Agnès, fille aînée du comte de Foix, fut alors mariée à Esquivat, qui, en l'an 1257, hérita du vicomté de Couserans; l'année d'après, pour enlever à Gaston de Béarn toute prétention sur le comté de Bigorre, il en fit donation entre-vifs à son oncle Simon de Montfort, comte de Licester, et aux siens, promettant de lui délivrer les châteaux de Lourdes et de Mauvezin; Simon ayant pris possession de ces deux châteaux, voulut, en vertu de la donation, jouir aussitôt du comté, et déposer Esquivat qui fut obligé de faire la guerre à son oncle, et de recourir à ce même Gaston qu'il avait voulu frustrer. A l'issue de cette guerre, Esquivat promit à Gaston et au comte de Foix de ne point vendre, ni permuter, ni aliéner le comté; il le posséda jusqu'à sa mort, qui eut lieu en l'an 1283. Il institua pour son héritière générale et universelle, Lore sa sœur, vicomtesse de Turenne.

Mais Gaston de Béarn fit revivre les droits de sa femme, et demanda l'investiture du comté aux Etats de Bigorre, en faveur de sa fille Constance, vu la substitution ordonnée par Péronnelle sa grand'mère, et attendu qu'Esquivat et Jordain son frère étaient morts tous les deux sans enfans. Les Etats reconnurent, en effet, Constance pour comtesse, et lui firent hommage.

Aussitôt Lore porta plainte par devant le sénéchal de Gascogne, et se rendit en Angleterre, où elle fut contrainte de consentir à ce que le comté fût sequestré entre les mains du roi; mais Gaston le délivra au sénéchal de Gascogne, sous des protestations. Les parties plaidèrent longuement, et l'on vit s'élever des prétentions de la part de Constance, de Lore, de Guillaume Tesson, de Matte, comtesse d'Armagnac, et de Mathilde, comtesse de Tyet.

Dans le même temps, le parlement de Paris prononça sur la contestation élevée entre le roi d'Angleterre et l'église du Puy, au sujet de l'hommage et de la propriété du comté de Bigorre, et il donna gain de cause à l'église du Puy; l'arrêt du parlement, à ce sujet, est de l'année 1290.

Constance reprit aussitôt possession du comté; elle le garda pendant deux ans, au bout desquels il lui fut enlevé par l'intervention de la reine Jeanne, femme de Philippe-le-Bel, qui fit rendre un nouvel arrêt par le parlement de Paris, portant que les droits de l'église du Puy, sur ce comté, ayant été reconnus contre les protestations du roi d'Angleterre, et Constance, fille de Gaston, ci-devant vicomte de Béarn, soutenant qu'il lui appartient, on en saura la vérité. En conséquence, le comté fut sequestré entre les mains du roi de France, et ce sequestre dura plus de 120 ans. Cet arrêt est de 1292.

Le commissaire exécuteur de l'arrêt déposséda Constance, malgré ses oppositions et celles des Etats qui déclaraient que le comté appartenait à Constance, et les procureurs de Jeanne, reine de France et de Navarre, furent mis en possession; il fut fait, néanmoins, des instances à la cour, sur la propriété du comté, qui devint peu après l'appanage de Charles-le-Bel.

C'est en suite de la saisie du comté entre les mains du roi, que son conseil, désirant connaître l'état du pays, donna commission au sénéchal de Toulouse, l'an 1300, pour faire faire une enquête sur la valeur du comté, des fiefs et réfiefs de Bigorre.

Après cette enquête, Philippe-le-Bel confirma, par lettres patentes de l'an 1301, tous les priviléges que le comte Centulle avait accordés autrefois aux villes du comté; d'autres lettres patentes des années 1305 et 1306, adressées au sénéchal de Bigorre, confirmaient encore ces priviléges. L'an 1307, l'évêque et le chapitre du Puy cédèrent leurs prétentions au roi Philippe-le-Bel, qui leur donna, en échange, la somme de 300 livres. Mais tout le pays devint bientôt après la proie des Anglais; il leur fut donné en toute souveraineté par le traité de Brétigni; ce fut une partie de la rançon du roi Jean, l'an 1360; le comté de Bigorre fut remis, par son ordre, aux gens du roi d'Angleterre. Les habitans prêtèrent leur foi et hommage à Edouart III, dans la ville de Bordeaux, en 1361. Edouart, prince de Galles, confirma les priviléges de Tarbes, par lettres données à Angoulême, l'an 1366.

Le comté fut reconquis sur les Anglais par Charles V, aidé de la valeur de l'illustre Duguesclin, son connétable.

Les comtes de Foix, qui n'avaient cessé de réclamer ce comté auprès des rois de France, renouvellèrent alors leurs demandes, et on en promit la restitution à Phébus qui s'était distingué contre les Anglais; mais le comte Jean de Grailly, qui avait pour conseil l'abbé Panorme, l'obtint par arrêt du parlement de Paris, du 18 novembre 1425. C'est ainsi qu'un descendant du comte Roger qui, par une piété mal entendue, avait fait hommage de son comté à l'église du Puy, et avait par là favorisé l'usurpation, rentra dans les possessions de ses ancêtres.

Ce comte Jean était fils d'Archambaut de Grailly, devenu comte de Foix, vicomte de Béarn et de Castelloubon, par son mariage avec Elizabeth de Foix, sœur unique et héritière de Mathieu, comte de Foix; c'est par cette alliance qu'Archambaut avait droit au comté de Bigorre, et qu'il prit le nom et les armes de la maison de Foix, qu'il transmit à sa postérité. Jean s'était distingué par sa valeur; il avait chassé le prince d'Orange du Languedoc, et repris Lourdes aux Anglais; les habitans de Bigorre virent avec joie le rétablissement d'un rejeton de leurs anciens comtes.

Il avait épousé, en premières nôces, Jeanne de Navarre, fille aînée de Charles III, roi de Navarre; il se maria ensuite avec Jeanne d'Albret, fille de Charles I.er, père d'Albret, connétable de France; enfin il eut pour troisième femme, Jeanne d'Aragon, fille de Jacques d'Aragon, comte d'Urgel. Il ne laissa que deux enfans de son second mariage, savoir, Gaston IV, comte de Bigorre, et Pierre, comte de Lautrec.

Gaston avait épousé, le 22 décembre 1424, Eléonore d'Aragon, qui devint, par la suite, reine de Navarre; c'était la seconde fille de Jean II, roi d'Aragon, et de Blanche, reine de Navarre. Plein de courage, comme ses aïeux, il contribua puissamment avec ses troupes de Foix, de Bigorre et de Béarn, à la tête desquelles il joignit l'armée française, à chasser les Anglais des places qu'ils occupaient encore en Gascogne. En récompense de ses services, Gaston V, son fils, prince de Vianne, eut l'avantage d'épouser Magdelaine de France, fille du roi Charles VII, et sœur du roi Louis XI; mais ce malheureux prince accompagnant son beau-frère Charles, duc de Guienne, qui venait prendre possession de ce duché, se blessa mortellement contre l'éclat de sa lance, en joutant avec lui. Il en mourut peu de jours après; ce fâcheux évènement eut lieu à Libourne. Gaston IV eut la douleur de survivre à son fils; il ne trouva de consolation que dans les caresses de ses petits-enfans François Phébus et Catherine, qui étaient déjà nés.

François Phébus succéda, en très-bas âge, aux comtés de Foix et de Bigorre, et à la seigneurie du Béarn, sous la tutelle de la princesse Magdelaine, sa mère, qui vécut en parfaite intelligence avec sa belle-mère Eléonore d'Aragon; celle-ci succéda à son père Jean, roi de Navarre, mais elle ne porta pas long-temps la couronne ; elle mourut après quinze jours de règne. Son petit-fils fut son héritier, et la princesse Magdelaine exerça la régence de Navarre, comme celles des autres terres de son fils qui mourut fort jeune dans la ville de Pau, un an après son couronnement.

Alors la princesse Magdelaine vit tomber toutes ces successions sur la tête de sa fille unique Catherine, et elle continua à exercer la régence avec beaucoup de prudence et de fermeté.

Jean de Foix, vicomte de Narbonne et comte d'Etampes, qui avait épousé Marie d'Orléans, sœur de Louis XII, crut, à cause de cette alliance, pouvoir satisfaire son ambition, et s'emparer des pays de Foix, de Bigorre et de Béarn, pensant que la reine Catherine, sa nièce, se trouverait assez bien partagée avec la couronne de Navarre ; il chercha, en conséquence, à faire naître des troubles, et à se créer un parti dans les possessions de cette princesse, en-deçà des Pyrénées ; mais cela lui réussit mal. Alors il ne garda plus aucune mesure, entra dans le pays à main armée, et commit beaucoup de dégâts. La princesse Magdelaine lui opposa Jean, vicomte de Lautrec, avec des troupes d'élite ; et elle parvint bientôt, autant par l'adresse du vicomte que par la force des armes, à rétablir la tranquillité dans les Etats de sa fille. Bientôt après, eut lieu une horrible conspiration contre la vie des deux princesses, et on accusa le vicomte de Narbonne d'en être le fauteur ; le complot ayant été découvert, on instruisit la procédure contre les coupables ; ils furent jugés par le seigneur de Castelbajac, sénéchal de Bigorre, et par Pierre de Béarn, sénéchal de Marsan. Quelques-uns furent exécutés à Pau et à Montaner. Les princesses pardonnèrent au vicomte de Narbonne, qui se rendit à Tarbes pour avoir recours à leur clémence, et on convint d'une paix réciproque.

Après cette pacification, la princesse Magdelaine voulut marier la reine Catherine, et elle lui choisit Jean d'Albret pour époux. Le mariage étant conclu, ils passèrent tous trois en

Navarre, et Jean fut couronné roi à Pampelune; mais il conserva toujours le titre de comte de Foix et de Bigorre; la princesse Magdelaine mourut à Pampelune, l'an 1496.

Le roi Jean d'Albret, sollicité par le pape Jules II de faire la guerre aux Venitiens et au roi de France, s'y refusa. S. S. lança aussitôt contre lui une bulle par laquelle il donnait la Navarre au premier occupant, sous prétexte que Jean d'Albret était fauteur du concile de Pise, et allié du roi de France, ennemi du Saint-Siége. Ferdinand, roi d'Aragon, qui convoitait depuis long-temps cette conquête, s'en empara, et Jean d'Albret la lui abandonna sans résistance, se retirant en Béarn où il mourut l'an 1516. La reine Catherine, sa femme, ne lui survecut que huit mois.

Henri d'Albret, leur fils, succéda à leurs droits sur la Navarre, mais il ne fut pas plus heureux que son père. Il fut bien convenu dans le traité de Noyon, qui eut lieu le 16 août 1516, entre François I.er et Charles d'Autriche depuis Charles-Quint, que la Navarre serait rendue à Henri d'Albret, mais cette condition ne fut pas exécutée; François I.er s'en rendit maître, par la voie des armes, au printemps de 1521; mais elle fut bientôt reconquise, faute de mesures pour la conserver.

Henri d'Albret se trouva donc encore réduit au seul titre de roi de Navarre, ne possédant que la partie située en-de-çà des Pyrénées, avec ses comtés de Foix et de Bigorre, et le vicomté de Béarn; par surcroit de malheur, il fut fait prisonnier avec François I.er, à la bataille de Pavie. Après leur délivrance, le roi le maria avec sa sœur Margueritte, qui lui porta en dot les duchés d'Alençon et de Berri, étant déjà veuve du duc de ce nom; elle avait du savoir et de l'éloquence; elle aimait les beaux esprits; sa cour fut fort brillante de son vivant; c'est elle qui introduisit la religion réformée dans ces contrées.

Le roi Henri, qui était bien aise aussi de se venger du pape, seconda son épouse dans le dessein qu'elle avait de détacher ses sujets du catholicisme. Alors commencèrent les troubles et les guerres intestines qui, sous le prétexte de la religion, ont longtemps désolé le comté de Bigorre, dont les habitans se montrèrent toujours obstinément attachés à la religion de leurs pères, malgré les persécutions que leur firent éprouver les huguenots sous les ordres de Marguerite et de Jeanne sa fille, qui fut l'unique héritière de la maison d'Albret.

Jeanne avait été élevée au Plessin-les-Tours, sous les yeux de son oncle le roi François Ier, qui la maria, avant l'âge de douze ans, avec le duc de Clèves; mais comme elle ne s'était mariée qu'en présence de Jean d'Albret son père, et de Gonzanne de Bourbon, vicomtesse de Lavedan, et que d'ailleurs le mariage n'avait pas été consommé, il fut aisément dissous; le roi Henri II, cousin germain de cette princesse, la maria le 18 octobre 1548, dans la ville de Moulins, avec Antoine de Bourbon, duc de Vendôme, qui prit le titre de roi de Navarre, après la mort de son beau-père Henri d'Albret. La reine Marguerite mourut en son château d'Odos, près de Tarbes, le 21 décembre 1549.

Henri de Bourbon, surnommé depuis le Grand, naquit le 13 décembre 1553, dans la ville de Pau. Il fut présenté au baptême, et nommé par son aïeul le roi Henri d'Albret, qui mourut peu de temps après la naissance de son petit-fils, le 25 mai de l'an 1555.

Le roi Henri II voulait s'emparer de la partie du royaume de Navarre qui est en-de-çà des Pyrénées, mais Antoine de Bourbon se hâta d'en prendre possession; il succéda aux terres de Foix, de Béarn et de Bigorre, et prit le titre de roi de Navarre.

Pendant son règne, la religion réformée fut enseignée dans tous ses Etats, et il fit lui-même la cène à Pau le troisième jour après Pâques de l'an 1555. Son caractère faible et son tempérament voluptueux le rendirent tour-à-tour croyant ou incroyant, et il ne fut, dit Mezerai, ni bon catholique, ni vrai luthérien. Il mourut à Andely, le 17 novembre 1562, d'un coup de mousquet qu'il avait reçu à l'épaule gauche au siége de Rouen.

La reine Jeanne mit beaucoup d'opiniâtreté dans la propagation du luthérianisme, et elle le professa ouvertement, en haine de la cour de Rome, à laquelle elle attribuait la perte de son royaume de Navarre; pour mieux répandre la nouvelle doctrine, elle fit venir Martin de Genève, à qui elle joignit d'autres ministres béarnais qui prêchaient en langue du pays.

Elle défendit l'exercice de la religion catholique dans toute l'étendue de ses comtés de Foix et de Bigorre; fit renverser les autels, abattre les images, prêcher dans les églises, et saisir les revenus ecclésiastiques. Alors plusieurs familles nobles en Bigorre se firent luthériennes; des prêtres, quittant le célibat, embrassèrent la nouvelle doctrine, et le peuple accourut bientôt aux prêches; malgré cette lutte des deux doctrines, on fut assez tranquille dans le pays jusqu'en 1567, qu'un bandit nommé *Jean Guilhem*, descendit de la vallée d'Aure, à la tête d'une petite troupe, et alla se loger dans le village de Gers, sur les frontières de Béarn; quelques habitans de Tarbes et de Rabastens allèrent le joindre aussitôt pour prendre part au pillage, qu'il commença à exercer par tout le Bigorre. Ces brigands portaient tout leur butin au château de Mauvezin, dont ils s'étaient emparés, et c'est à l'abbaye de l'Escaladieu que leur chef fut arrêté avec six de ses compagnons, d'où ils furent envoyés à Toulouse pour être exécutés.

Le parlement de Toulouse prit alors des mesures pour prévenir de nouveaux troubles; il commit différens seigneurs, connus par leur catholicisme, pour tenir le pays sous l'obéissance, et le préserver des ravages des huguenots; ces seigneurs reçurent bientôt eux-mêmes, de la part du roi de France, l'ordre d'aller faire la guerre en Béarn, à ceux dont ils redoutaient l'agression. C'est alors que le féroce Montgomery commença à exercer ses ravages sur tout le pays, qu'il traversa avec de grandes forces, pour aller secourir les Béarnais; on dépêcha contre lui les maréchaux de Damville et de Monluc, qui lui coupèrent toute retraite; mais il revint de Maubourguet sur la ville de Tarbes, que ses troupes prirent et saccagèrent. L'église cathédrale de Ste. Marie de la Sède, l'église St. Jean, le couvent des carmes, l'évêché, les maisons des chanoines et celles de plusieurs particuliers, furent livrées aux flammes. Baguères, Lourdes, Ibos, Vic, Maubourguet, Castelnau-Rivière-Basse, éprouvèrent le même traitement, et leurs églises ne furent pas épargnées; les monastères de l'Escaladieu, de Saint-Sever-de-Rustan, de Saint-Pé, de Larreule, de Tasque, n'échappèrent pas davantage à la fureur des troupes protestantes, et les églises des archiprêtres de Tournay, Campistrous, Cieutat, Chelle, Orleix, Andrest, Monfaucon, Caixon, Montaner, les Angles, eurent le même sort. C'est dans cet incendie général qu'on perdit les anciens titres et monumens du pays de Bigorre.

Au premier passage de Montgomery, la ville de Trie avait éprouvé les mêmes ravages, les moines avaient été jetés dans un puits, et le prieur, qui était oncle de Montgomery, fut pendu, par son ordre, à la porte de l'église, après lui avoir fait grâce, lorsqu'il l'implorait pour lui et ses religieux.

C'est après tous ces maux qu'eut lieu le siége de Rabastens, par le maréchal de Monluc. La place fut prise d'assaut le 25 juillet 1571, et tous ceux qui étaient dedans furent passés au fil de l'épée. L'acharnement de part et d'autre était à son comble. La blessure du maréchal l'empêcha de poursuivre ses conquêtes, et tous les seigneurs qu'il avait sous ses ordres s'étant retirés chacun chez soi, le projet de réduire le Béarn sous l'obéissance du roi, échoua.

L'année suivante, la reine Jeanne d'Albret étant allée à Paris pour traiter du mariage du roi Henri son fils, avec Madame Margueritte de France, sœur du roi Charles IX, elle y mourut le 9 janvier; mais le mariage eut lieu le 18 août suivant. Cette alliance, qui fut si odieuse aux huguenots, fut suivie de l'affreuse journée de la St. Barthelemy.

Le roi de Navarre vint dans son gouvernement de Guienne, où il était à portée de pourvoir à la sûreté de ses possessions : ses sujets catholiques, espérant que le nouveau règne leur serait favorable, rentrèrent dans les villes avec les religionnaires ; mais la haine réciproque des deux partis s'alluma de nouveau, et la guerre intestine recommença l'an 1570 ; elle se soutint, comme le parti de la ligue qui la rechauffait sans cesse, avec des succès alternatifs de part et d'autre, jusqu'à l'avènement du vainqueur d'Ivry à la couronne de France.

En 1592, tout le Bigorre était soumis au parti de la ligue, excepté Lourdes et son château, et les choses restèrent en cet état jusqu'en 1594, que M. de La Force capitula avec M. de La Loubère qui commandait la ville de Tarbes pour les huguenots. Elle rentra alors sous l'obéissance du roi, la garnison fut congédiée, et les habitans rétablis dans leurs maisons ; les Etats ayant ensuite été convoqués à Lourdes, on se départit entièrement du parti de la ligue ; on fit de part et d'autre des promesses de bonne intelligence, et tous crièrent *vive le roi*.

Dès ce moment, le Bigorre jouit d'une profonde paix, qui n'a jamais été troublée depuis ; quelque temps après, Henri-le-Grand réunit ce comté à la couronne de France, mais il assura aux habitans la jouissance de leurs anciens droits et privilèges, par la conservation des Etats qui ont subsisté jusqu'à la révolution.

L'histoire du pays des Quatre-Vallées se réduit à peu de chose. Suivant dom Brugelle (*), ce pays faisait anciennement partie du comté d'Aragon, et il devint le partage d'Arnaud,

(*) *Voyez* cet historien qui discute avec beaucoup de soin les opinions des auteurs qui ont écrit avant lui, et qui a fondé les siennes sur des titres.

fils

fils puîné de Fortunius, comte d'Aragon. Il paraît que les Quatre-Vallées furent ensuite divisées entre les enfans de Garsie Arnaud, fils d'Arnaud; mais l'aîné étant mort sans enfans, elles furent réunies dans la main du puîné, Arnaud III, qui prit alors le titre de *dominus et possessor totius Auræ.*

De trois enfans qu'eut Arnaud, le dernier embrassa l'état monastique; les deux autres, Garsie Arnaud et Auriol Manse, partagèrent la succession de leur père; l'aîné conserva le titre de comte d'Aure, le second prit celui de vicomte de Labarthe; cette dynastie des premiers comtes d'Aure finit en la personne de Sanche Garsie, fils d'Eudes, qui mourut sans enfans mâles.

Bertrande d'Aure, fille ou sœur de Sanche Garsie, dit dom Brugelle, et son héritière universelle, épousa Guy, fils aîné de Bernard II, comte de Comminges. Guy prit le surnom d'Aure; une de leurs filles eut la terre d'Aure en dot, et épousa Sanche II, vicomte de Labarthe; par cet ordre, dit le même auteur, la seigneurie des Quatre-Vallées se trouva réunie en une même famille, et depuis cette époque, elle ne fut point divisée. Sanche II n'eut point d'enfans de Bertrande d'Aure, mais il eut de Mathilde de Comminges, Arnaud Guillaume, qui lui succéda; ce dernier mourut sans enfans mâles, laissant deux filles, Véronique et Brunissende de Labarthe; la première mourut sans enfans; Brunissende, sa sœur, mariée à Bernard de Fumel, prétendit recueillir la succession d'Arnaud Guillaume, leur père.

A cette époque, les Quatre-Vallées étaient possédées par Bernard de Labarthe, cadet de la maison de Labarthe, qui prétendait que n'existant plus de mâles de la branche aînée de cette maison, les Vallées étaient tombées dans la branche cadette. On dit qu'il possédait ces Vallées à l'époque à laquelle Brunissende succéda à Véronique, sa sœur, vers l'an 1280; et, en effet, il donna des coutumes à ce pays, l'an 1300; il est certain que Bernard de Fumel, mari de Brunissende, n'était pas alors en possession des Quatre-Vallées, puisque ce ne fut qu'en 1316 qu'il se rendit à

Sarancolin, qui était regardée comme la capitale d'Aure, pour s'y faire prêter serment de fidélité; ce fut alors que la contestation s'engagea entre Bernard de Labarthe et Bernard de Fumel; elle fut terminée par une transaction passée en 1359, et par laquelle Bernard de Labarthe, qui embrassa l'état ecclésiastique, se désista en faveur de Fumel et de Brunissende, qui, ajoute dom Brugelle, lui relâchèrent plusieurs terres et droits.

Les enfans de Fumel prirent le nom de Labarthe; l'aîné, Arnaud-Guillaume, lui succéda.

Geraud, fils et successeur d'Arnaud-Guillaume, laissa pour son successeur Jean I.er, son fils.

Jean n'ayant point d'enfans, ni de Margueritte de Madaillan, sa première femme, ni de Jeanne d'Albret, sa seconde, disposa des Quatre-Vallées, par son testament du 5 septembre 1398, en faveur de Bernard VII, comte d'Armagnac (*); Jean de Labarthe décéda le 5 octobre suivant. Le vœu des peuples des Quatre-Vallées ayant mis le sceau à sa dernière volonté, Bernard prit possession des Quatre Vallées les 17 et 18 du même mois d'octobre.

Elles passèrent successivement à Jean IV et à Jean V d'Armagnac; ce dernier en fit donation à Isabeau d'Armagnac, sa sœur, qu'il avait épousée; on sait quel fut le malheureux sort de ce Jean V; il fut tué au sac de Lectoure, en 1473. Pour reconnaître les soins de Gaston de Lyon, sénéchal de Toulouse, qui l'avait sauvée lors de la prise de Lectoure, Isabeau l'institua son héritier, tant pour ses biens patrimoniaux que pour les Quatre-Vallées; mais ces deux donations, de Jean V à Isabeau, et d'Isabeau à Gaston de Lyon, ne furent point approuvées par les peuples des Vallées dont on n'avait pu ni dû disposer; la mort de Jean V leur avait rendu le droit de se choisir un souverain, et ils étaient, dit dom Brugelle, vivement sollicités

(*) Brugelle atteste que ce testament est en original, au temps où il écrit, dans l'étude de M. Devezi, procureur au parlement de Toulouse.

par le roi d'Aragon, des Etats duquel les Vallées avaient été originairement démembrées. De quoi, ajoute le même auteur, le roi de France, Louis XI, ayant été averti, il envoya Jean de Villheres-de-la-Graulas, cardinal du titre de Sainte-Sabine, évêque de Lombés, lequel, par ses remontrances et sa grande éloquence, persuada aux peuples de ce pays de se ranger sous la domination du roi de France, ce qu'ils firent en 1475; l'une des conditions du traité fut qu'ils ne pourraient être mis en main plus basse que celle du roi, même en celle d'un prince du sang royal.

Il existait des lettres patentes du mois de novembre 1475, dans lesquelles il était dit que les habitans des Quatre-Vallées se sont *libéralement mis et réduits en la main, obéissance et subjection du roi;* la transaction passée avec l'évêque de Lombez, y est relatée : *à cette cause, et en reconnaissance de leur loyauté*, le roi les confirme dans tous les priviléges, libertés, prérogatives, usances et coutumes, qui, par les seigneurs et comtes d'Armagnac et leurs prédécesseurs, seigneurs des pays d'Aure, Magnoac, Barousse et Nestés, leur ont été donnés, octroyés et confirmés; et en outre, les déclare unis et annexés à la couronne, sans qu'ils en puissent être aliénés, baillés ni transportés à aucun de notre sang, ni autres qu'ils soient; ores ni pour le temps à venir. (*)

Les habitans des Vallées eurent bientôt occasion de réclamer l'exécution de la promesse consignée dans les lettres patentes de 1475; il s'éleva une contestation entre le duc d'Alençon, ayant les droits de la maison d'Armagnac, et admis, par arrêt du parlement du 7 septembre 1510, à purger la mémoire de Jean V, et Louise de Lyon, fille de Gaston de Lyon, donataire d'Isabeau, qui prétendaient, l'un et l'autre, à la propriété des Vallées; sur les réclamations des habitans, et par

(*) Ces lettres patentes ont été renouvelées de règne en règne, par tous les successeurs de Louis XI, jusqu'à Louis XV inclusivement.

une transaction du 8 juillet 1512, Louis XII retint la seigneurie des Vallées en sa main, et laissa jouir la demoiselle de Lyon des fruits qu'elle devait recevoir des mains du receveur du roi. C'était une libéralité bien indifférente aux habitans; il leur importait fort peu que l'on eût assigné à la demoiselle de Lyon une pension sur le revenu des Vallées.

Depuis cette époque, les Vallées ont eu les rois de France pour souverains et pour seigneurs; leurs priviléges ont été renouvelés au commencement de chaque règne, et l'exécution en a été ordonnée dans plusieurs circonstances particulières. Cette réunion à la couronne de France ne supprima point les Etats du pays, et ils ont subsisté jusqu'à la révolution.

On voit donc que le pays des Quatre-Vallées était très-anciennement soumis à une administration particulière et libre comme tous les pays d'Etat; que l'origine de cette agrégation se perd dans la nuit des temps; que les rois d'Aragon furent souverains de tout ce pays; qu'il passa ensuite sous la domination des Arnaud, barons de Labarthe, dont la baronie dépendante du royaume d'Aragon, avait été l'apanage d'un prince souverain qui portait le nom de cette baronie; puis sous celle des comtes d'Armagnac; qu'enfin après la mort de Jean V, dernier comte d'Armagnac, les habitans des Quatre-Vallées, rentrés dans leur indépendance primitive, choisirent Louis XI pour leur souverain, sous la réserve des coutumes et priviléges du pays, qui n'avaient rien de commun avec ce qui existait dans les autres provinces du royaume de France. Les Etats du pays, qui se renouvelaient tous les ans, n'étaient composés que du tiers-état; la noblesse et le clergé n'avaient point droit d'y assister, et cela a été constamment observé. Ces coutumes et priviléges accordés par les souverains aux Quatre-Vallées, avaient été donnés à Valcabrère, capitale de la Barousse, le lundi d'avant St-Barnabé, en l'an 1300.

§. VII.

TOPOGRAPHIE POLITIQUE.

1.° Arrondissemens communaux.

Le département des Hautes-Pyrénées est divisé en trois arrondissemens communaux, dont les chefs-lieux sont *Tarbes*, *Bagnères* et *Argelès*; on les distingue par les noms numériques de 1.er, 2.eme et 3.eme

L'arrondissement de Tarbes comprend toute la région de la plaine, et la plus grande partie de la région des collines. La portion de territoire enclavée dans le département des Basses-Pyrénées, en fait partie. Cet arrondissement occupe le nord du département.

Celui de Bagnères est formé en grande partie par la région montagneuse, et en petite partie par celle des collines. C'est la région orientale du département. Bagnères est à 18 kilomètres de Tarbes.

Le troisième arrondissement est formé tout entier par la région montagneuse, et il comprend les sommités les plus élevées; c'est la partie occidentale du département. Argelès est à 30 kilomètres de Tarbes.

2.° Communes.

Il y a dans le département, 498 communes; savoir:

Dans le 1.er arrondissement, 199; dans le 2.e, 199; et dans le 3.e, 100. (On en trouvera ci-après le tableau par arrondissement et par canton, sous le n.° 17.)

3.° Juridiction des Tribunaux.

Ce département ressort de la juridiction de la cour d'appel séante à Pau, chef-lieu du département des Basses-Pyrénées.

Il a, pour tout son territoire, un tribunal criminel, dont le siége est au chef-lieu. Chaque arrondissement a de plus un tribunal de 1.re instance, duquel ressortent toutes les justices de paix qu'il renferme ; ils siègent tous dans la ville chef-lieu de leur arrondissement respectif.

Il y a 39 cantons de justices de paix dans ce département ; savoir : 15 dans le 1.er arrondissement, qui sont, en remontant du nord au midi, puis en se dirigeant à l'est,

Castelnau-Rivière-Basse,	Ossun,
Maubourguet,	Bernac-Debat,
Vic *intrà*,	Tournay,
Vic *extrà*,	Saint-Sever,
Rabastens,	Aubarede,
Tarbes *intrà*,	Calau,
Tarbes *extrà*,	Trie.
Ibos,	

15 dans le 2.e arrondissement, qui sont, en remontant au midi et redescendant vers le nord,

Bagnères *intrà*,	Nestier,
Bagnères *extrà*,	Mauléon-Barousse,
Campan,	Saint-Laurens,
Vielle,	Mouléon,
Arreau,	Launemezan,
Bordères,	Bourg,
Sarancolin,	Castelnau-Magnoac.
Labarthe,	

9 dans le 3.e arrondissement, qui sont, en allant au midi,

Saint-Pé.	Aucun,
Lourdes *intrà*,	Préchac,
Lourdes *extrà*,	Saint-Savin,
Juncalas,	Luz.
Argelés,	

4.° COMMANDEMENT MILITAIRE.

Le département est une sous-division militaire, qui ressort de la 10.e division, dont le chef-lieu est Toulouse ; un général de brigade y commande la force armée ; il y a un escadron de gendarmerie, reparti par brigades.

GRANDES ROUTES, PONTS ET CHAUSSÉES, CHEMINS VICINAUX.

Le département est traversé en tout sens par vingt-deux grandes routes, soit achevées, soit ébauchées, dont les plus importantes aboutissent au chef-lieu. Elles forment une longueur totale qui a été évaluée à six cent six mille sept cent quatre-vingt mètres, ou cent vingt-une lieues un tiers, de cinq mille mètres chacune.

Les routes achevées, et que l'on entretient, ont 520,826 mètres; les autres ont une longueur de 106,848 mètres.

On divise les grandes routes du département en quatre classes, en raison de leur importance.

Il n'y en a qu'une de première classe; c'est celle de Paris aux eaux thermales de Baréges, par Auch, Tarbes, Lourdes, Argelés, Pierrefite et Luz. Elle communique, par des embranchemens, aux établissemens thermaux de Cauteretz et de St-Sauveur.

Les grandes routes de 2.e classe sont:

1.o Celle de Toulouse à Bayonne, par Montrejau, Lannemezan, Tournay, Tarbes et Pau; elle traverse le département d'orient en occident.

2.o Celle d'Auch en Espagne, par la vallée d'Aure; elle traverse la partie orientale du département du nord au midi.

3.o Celle de Bordeaux à Baguères, par Aire, Madiran, Maubourguet, Vic et Tarbes; elle traverse le centre du département du nord au midi.

Les grandes routes de 3.e classe sont:

1.o Celle de Toulouse à Tarbes, par Martre, Boulogne, Castelnau-Magnoac et Trie; elle côtoie la partie orientale de la limite nord du département.

2.o Celle d'Auch à Pau, par Marciac, Maubourguet et Lembege; elle coupe de l'est à l'ouest, l'extrémité nord du département.

Les grandes-routes de 4.e classe sont au nombre de 16; ce

sont des embranchemens d'une grande utilité. Elles facilitent les communications et les relations commerciales des contrées qui les avoisinent.

Toutes ces routes sont en général fort larges et bien tracées. La construction des plus essentielles date de l'administration de M. Detigny, intendant de la généralité d'Auch ; il en est plusieurs qui ont été faites depuis, toutes celles de la 4.e classe, notamment. Comme celles-ci sont d'une utilité moins générale, et presqu'entièrement consacrées à l'usage des habitans, le Gouvernement ne s'est jamais chargé de leur entretien ; les réparations qu'elles nécessitent, et qui étaient autrefois à la charge des communes, n'ont plus lieu, à cause de la pauvreté de ces communes, et elles sont comme abandonnées, pour la plupart. Celles dont l'entretien est à la charge du Gouvernement, sont les quatre premières désignées plus haut. Leur état actuel est assez satisfaisant ; néanmoins elles sont susceptibles de quelques réparations importantes, pour lesquelles il faudrait qu'il fût assigné des fonds extraordinaires. Avec ceux qui sont déjà affectés, on ne fait qu'entretenir, on ne repare pas ; à tout prendre, cependant, il est peu de routes aussi belles et aussi bien tenues que celles des Hautes-Pyrénées.

Il serait à désirer que l'on prolongeât les deux routes de Barèges et de la vallée d'Aure, jusqu'au-delà des monts ; elles ouvriraient avec l'Espagne des communications importantes, et d'un intérêt général, indépendamment des grands avantages qu'en retirerait ce département.

Ces routes sont traversées par un grand nombre de ponts, dont l'étendue et l'importance sont déterminées par le volume d'eau et la rapidité des torrens qu'ils franchissent. La quantité et la violence des eaux varie beaucoup ; les rivières, les ruisseaux et les torrens sont sujets à des débordemens qui causent des ravages affreux, et souvent, après avoir renversé les digues, les chaussées, les ponts, tous les ouvrages d'art qu'on opposé à leur impétuosité, ils font des irruptions dans les terres, envahissent les possessions de l'homme, et se creusent de nouveaux lits. Une fonte subite de neige, une pluie générale de quelques heures, un orage local, suffisent pour produire ces terribles effets.

De semblables phénomènes qui ont lieu assez fréquemment, rendent très-difficile la construction des ponts et des chaussées, et leur existence très-précaire, quelque solidité qu'on leur donne. Il en est cependant qui ont résisté et résistent encore aux efforts des eaux, et dont la construction honore les ingénieurs qui l'ont dirigée. *Voyez* le tableau ci-joint, n.° 18.

Les chemins vicinaux sont extrêmement nombreux dans ce département, à cause de l'extrême division des propriétés, et du grand nombre de communes et de hameaux qu'il renferme : il est peu de pays qui soient autant coupés que celui-ci, et qui présentent un aussi grand nombre de communications rurales ; mais la plupart sont dans le plus mauvais état, au point même de devenir tout-à-fait impraticables pendant l'hiver. Ceci provient de ce qu'on a négligé d'y faire des réparations depuis plus de quinze ans ; et si l'on n'y fait travailler, il n'en restera bientôt plus aucune trace, tant les riverains ont pris soin d'étendre leurs champs aux dépens de la voie publique. Il faudra des ordres bien pressans pour opérer la restitution de tous les terreins usurpés ; ce qui devient chaque jour plus urgent.

IRRIGATIONS, FLOTTAGE ET NAVIGATION.

Aucune des rivières de ce département n'est navigable, dans l'état actuel des choses ; elles sont toutes sujettes à des crues considérables, lors de la fonte des neiges ; elles charrient jusques dans les plaines, plus ou moins de pierres, de gravier et de sable, qui proviennent des montagnes, et c'est ce qui rend très-difficile l'emploi des barrages, pour en ralentir et en diriger le cours. Cependant ces crues subites ne sont pas toujours également fortes, et même elles n'ont pas du tout lieu lorsque les neiges se fondent lentement ; le plus grand obstacle à ce que les principales de ces rivières, qui ne sont que de vrais torrens, deviennent navigables, est le défaut d'encaissement. L'Adour, qui est le plus grand et le plus fort de ces canaux naturels, n'a point de rives ; il se porte tantôt sur un point, tantôt sur un autre ; il ravage et dévaste toutes les terres qui l'avoisinent, sans pouvoir se fixer, et le terrein caillouteux et sablonneux qui compose le fond du bassin qu'il parcourt, ne permet pas de lui creuser un lit, de lui prescrire des bornes ; il ne permet pas même de faire aux dépens de l'Adour un canal de dérivation, qui ne soit exposé à de fréquentes avaries ; d'ailleurs, en prenant toutes ses eaux, ce qui serait indispensable, on préjudicierait sensiblement aux usines et aux dérivations qui existent tant sur son cours que sur celui des canaux de l'Alaric et de la Gespe.

Ces deux canaux servent à l'arrosement d'une grande partie de la plaine de Tarbes, et font tourner quantité de moulins d'une indispensable nécessité ; cependant, quoiqu'ils absorbent beaucoup d'eau de l'Adour pour les usages auxquels ils sont consacrés, il en reste au fleuve un assez gros volume, même en été, comme on peut le voir là où il ne forme pas différens bras ; il serait encore possible de multiplier les dérivations, pour étendre les arrosemens qui contribuent si puissamment à augmenter la fertilité des terres. Il n'y a pas dans le département d'autres canaux d'irrigation remarquables. On a vu avec quel art les riverains des torrens savent dériver de ces canaux naturels les eaux dont ils ont besoin pour arroser leurs propriétés, lorsqu'elles sont convenablement placées pour cela.

L'Adour n'est plus flottable, quoiqu'il l'ait été autrefois ; il est prouvé qu'on faisait venir, il y a un siècle, à bûches détachées, jusqu'à la place Saint-Martin de Bagnères, du bois de chauffage, provenant des immenses forêts de la vallée de Beaudéan ou de Bagnères. Plus de vingt communes possèdent en copropriété des bois fort étendus sur les montagnes qui bordent ce superbe vallon. Ces bois sont de peu de valeur, à cause des difficultés du transport. Le port d'un char de bois qui coûte 20 fr. depuis l'extrémité de la vallée jusqu'à Bagnères pourrait y arriver pour 2 fr. par le moyen du flottage que l'incurie des administrateurs a laissé perdre, et qu'on ne pourra rétablir qu'à grands frais, parce qu'il faut en venir à un redressement général. La proximité des bois et la grande abondance des cailloux que roule la rivière, réduisent à peu de chose le prix des matériaux, mais la main-d'œuvre coûterait immensément.

Il faudrait, après avoir fait un plan de redressement, et calculé la quantité de bois qui peut être exploitée chaque année, juger en combien de temps des entrepreneurs pourraient être remboursés de leurs avances, en fixant le prix du flottage à la moitié de ce que coûte le transport, et leur concéder ce droit; à la charge de faire les travaux convenables, dont l'entretien et les réparations qui auraient eu lieu d'après des vérifications prescrites à des époques déterminées, passeraient ensuite à la charge des riverains, ou resteraient à celle des concessionnaires, si on voulait prolonger le bail. On pourrait aussi mettre ces travaux à la charge des adjudicataires de coupes de bois considérables, et en faire de même pour la haute Neste et pour le Gave.

Une telle entreprise pourrait devenir extrêmement avantageuse, et produire dans l'avenir de grands revenus. Loin d'être une charge publique, on pourrait mettre en valeur, par cette opération, beaucoup de fonds que l'on reprendrait sur ces torrens, et qui paieraient une partie des frais, soit en les laissant aux propriétaires riverains, à la charge de contribuer à l'exécution des ouvrages prescrits, soit en les abandonnant aux entrepreneurs généraux du flottage ou des exploitations; et il ne serait pas impossible de trouver, même dans le département, des capitalistes qui se chargeraient de ces opérations, si on leur assurait les avantages auxquels a droit de prétendre tout spéculateur qui fait de grandes avances, et qui consacre ses facultés et ses ressources à l'exécution d'un projet d'utilité publique, qui peut se rattacher à d'autres plus importans encore.

Il existe encore, sur l'Adour, une espèce de flottage qui a lieu seulement depuis le fond de la vallée jusqu'au pont de Beaudéan; il se fait à bûches détachées, qui sont entraînées par de grandes masses d'eau que l'on ramasse à l'aide de réservoirs formés entre des montagnes, avec des arêtes, et qu'on lâche ensuite subitement et avec fracas. Ces inondations préparées sont très-pénibles, et même préjudiciables aux rivages que les bûches dégradent par la violence de leur choc. Ce flottage, quoique dispendieux, diminue beaucoup les frais de transport du bois, et il ne coûte guère qu'un franc par char jusqu'à Beaudéan. (*) Cette commune ne fait aucun frais pour l'entretien de ce flottage, qui a une étendue de deux lieues, et qui pourrait être mis en parfait état, à très-peu de frais. Quelques légers redressemens de la rivière, l'expulsion des gros cailloux qui embarrassent son lit, et qui contribueraient à donner de la consistance à ses rives, rendraient la circulation très-aisée. Sa pente, assez régulière et assez rapide, en favorise le mouvement. On a beaucoup de peine, dans l'état actuel, à lui faire charrier des bûches d'un mètre de longueur; de très-légers travaux permettraient le transport de pièces de charpente, et même elles pourraient arriver jusqu'à Bagnères, en faisant les réparations nécessaires dans tout le cours de l'Adour, ainsi que je l'ai dit plus haut.

Une opération très-avantageuse, et qui n'est pas impossible, mais dont les frais sont incalculables, serait de rendre l'Adour flottable dans tout son cours, à l'aide d'un redressement général, et de travaux faits sur ses bords, par tous les riverains,

---

(*) Cette commune a établi un droit de 75 centimes par canne (un mètre et demi, quarré) sur ce flottage, quoiqu'elle ne possède que la plus petite partie du terrein que parcourt la rivière. La ville de Bagnères, propriétaire du reste du sol, n'a jamais rien exigé. Beaudéan perçoit cette rétribution, parce que l'on dépose le bois flotté sur une petite partie de son sol communal.

ainsi qu'en usent isolément quelques particuliers, dont les possessions se trouvent parfaitement à l'abri des incursions du fleuve.

La rivière de la Neste est encore flottable dans une partie de son cours, et on lui fait transporter journellement des radeaux pour l'exploitation des forêts et des bois de la vallée d'Aure; mais c'est à portée de ces bois qu'il importerait d'établir le flottage, ainsi qu'il a existé autrefois dans quelques gorges, à l'aide de barrages semblables à ceux qu'on emploie dans la vallée de Bagnères. Les opérations proposées pour l'Adour, pourraient avoir lieu également pour la haute Neste, afin de faciliter l'exploitation des immenses et belles forêts que contiennent encore les gorges supérieures; elles pourraient aussi s'exécuter pour le Gave de Cauteretz, sur lequel on ferait flotter les bois de la haute vallée, qui sont très-abondans, et dont on ne tire aucun parti.

On a projeté, à diverses époques, l'ouverture de plusieurs canaux de navigation, pour établir des rapports commerciaux plus prompts et plus faciles entre cette contrée et celles qui l'avoisinent. On a d'abord voulu rendre l'Adour navigable dans tout son cours, comme il l'est dans le département des Landes et dans celui des Basses-Pyrénées; mais la rapidité de sa pente dans tout ce département, les crues subites auxquelles il est sujet, le défaut d'encaissement, la mobilité du sol sur lequel il repose, et qui ne permet pas de lui creuser un lit; tout cela rend impossible l'exécution d'un tel projet, et la seule inspection du fleuve, depuis son origine jusqu'à son issue des Hautes-Pyrénées, en détruit l'idée, quelque séduisante qu'elle soit au premier aperçu. Ensuite, on a jeté des vues sur l'Arros; cette rivière n'offre point, en effet, les mêmes inconvéniens que l'Adour; son cours est moins rapide; elle est moins sujette aux débordemens; ils n'y sont jamais aussi fâcheux, parce qu'elle prend sa source à la racine des monts; enfin elle est mieux encaissée, et son lit a plus de fixité; il ne serait donc pas impossible de la transformer en un canal, et peut-être même le ferait-on à peu de frais ; mais, outre que le volume d'eau est trop petit pour donner assez de largeur et de force à ce canal, où serait le grand avantage de cette opération ? Cette rivière est trop excentrique pour le département, dont elle devrait exporter les productions provenant des montagnes et de la plaine ; elle l'est aussi pour celui du Gers, qu'elle ne fait qu'effleurer dans sa partie inférieure, jusqu'à sa réunion à l'Adour. Elle ne pourrait servir qu'au transport des vins que fournissent les côteaux qui bordent le bassin qu'elle parcourt.

Le Gave de Bareges a été jugé susceptible de devenir navigable depuis Lourdes jusqu'à Peyrehourade où l'Adour l'est déjà, et la proposition en fut faite en 1753, mais à des conditions qui n'étaient point acceptables (*). Ce torrent pourrait déjà servir au flottage des bois du troisième arrondissement, et à l'aide de quelques redressemens peu dispendieux, il serait aisé, vu le volume d'eau, de lui faire porter des radeaux, même à une grande hauteur, ce qui faciliterait l'exploitation des marbres et des ardoises qui abondent dans tout cet arrondissement. M. d'Etigni, intendant de la généralité d'Auch, avait travaillé avec beaucoup de zèle à rendre ce Gave navigable (**) ; et si une mort prématurée ne l'eût enlevé à son intendance, il est probable qu'il eût exécuté son projet.

On a eu encore deux autres projets de canaux ; l'un pour la partie orientale du département, et l'autre pour la partie occidentale. Le premier traverserait le département du Gers, et irait joindre la Garonne vers Agen ; le second traverserait le département des Basses-Pyrénées, pour se réunir à l'Adour entre Dax et Bayonne. Mais ni l'un ni l'autre de ces canaux ne pourrait avoir une origine de navigation dans ce département, à cause de la trop grande proximité des montagnes. Tout ce qu'on pourrait faire, serait de les alimenter par des rigoles de

(*) LALANDE, des Canaux de navigation.

(**) *Idem*, *ibidem*.

dérivation. On conduirait dans celui du Gers les eaux d'un petit torrent qui descend dans la Neste, au midi de Sarancolin; et dans celui des Basses-Pyrénées, les eaux du torrent du Nez qui descend dans le Gave de Bariges, à une demi-lieue au midi de Lourdes, et y réunir les eaux du trop plein du lac de Lourdes. Ces deux canaux pourraient être fort utiles aux deux départemens voisins; mais pour l'avantage de celui-ci, il est d'autres vues à réaliser, dont l'importance ne le cède en rien aux considérations qui peuvent faire valoir les projets précédens, et dont l'exécution serait moins dispendieuse.

L'utilité d'un canal de navigation dans le département des Hautes-Pyrénées, est sentie par tous ceux qui s'intéressent à sa prospérité: par les propriétaires agriculteurs, dont les denrées ont besoin d'un écoulement prompt et facile; par les commerçans, dont les opérations et l'industrie seraient plus que doublées; par les fabricans spéculateurs, qui donneraient une plus grande activité à leurs manufactures naissantes, et appeleraient dans le pays de nouvelles branches d'industrie. Les productions a exporter sont abondantes, quoique peu nombreuses, et les objets d'importation deviendraient de la plus grande importance par l'emploi qu'on en saurait faire, et qui s'accroîtrait sensiblement. Il faut ranger dans la première classe les marbres, les ardoises, la chaux, le charbon, qu'on pourrait fabriquer en grand dans les forêts alpestres des communes, le bois même, si l'exploitation des forêts était bien réglée et cessait d'être abusive; les vins de différentes qualités dont la plaine et les côtes abondent, les eaux-de-vie, le lin que l'on récolte en grande quantité, l'excédent des laines du pays, qui ne serait pas mis en œuvre sur les lieux, les draps communs fabriqués dans l'arrondissement de Bagnères, et ceux qu'une industrie plus développée produira dans la suite; enfin, les tissus de laine et les tricots qui s'y fabriquent. Les objets d'importation sont moins considérables, et se réduisent à des laines d'Espagne qui viennent de Bayonne, et dont la consommation augmenterait, si les fabricans trouvaient un débouché facile pour les produits de leurs manufactures, à quelques denrées coloniales, du fer d'Espagne ou de Suède, du grain, du sel, des poissons de mer, comme de la morue, des sardines, enfin du merrain pour le pays vignoble. Mais l'objet que l'on doit avoir le plus en vue dans la construction d'un canal, c'est l'exportation ; l'importation s'accroîtrait à mesure que les objets et les moyens d'échange se multiplieraient.

Pour avoir dans ce département un canal de navigation éminemment avantageux, il faudrait donc qu'il fût, autant que possible, près des objets que l'on veut exporter, et qu'il se trouvât comme au centre des diverses contrées qui doivent les fournir. La plus grande partie pour ce qui concerne les productions spontanées du sol, et celles qui sont le fruit de l'industrie, provient des vallées de Bagnères et de Lourdes, qui débouchent dans la plaine de Tarbes, à peu de distance l'une de l'autre ; cette plaine et les côteaux qui la bordent de part et d'autre jusqu'aux limites du département, fournissent les productions agricoles dont le superflu doit être un objet de commerce extérieur ; c'est donc dans cette plaine qu'il faudrait construire le canal, et c'est là précisément que la chose est le plus praticable ; cela est trop évident, pour que l'idée n'en soit pas venue à beaucoup de personnes, mais la diversité des opinions sur la marche à suivre dans cette opération, a empêché de rien approfondir sur cet objet.

La première idée qui s'est présentée, a été, comme je l'ai déjà dit, de creuser un lit à l'Adour, et de l'encaisser assez pour en prévenir les avaries que son cours impétueux et inégal donne lieu de craindre ; mais cela est absolument impossible ; j'en ai dit plus haut les motifs. On a cru qu'il vaudrait mieux faire de l'Alaric, qui est un canal d'irrigation et de moulins, un canal de navigation, en creusant et élargissant son lit, et en y détournant toute l'eau de l'Adour, dont il est dérivé ; on a même pensé que ce canal était

était originairement destiné à ce dernier usage, et qu'on ne ferait que l'y ramener, ce qui est au moins problématique; mais quoique la chose soit très-facile, elle n'est point proposable, parce que le lit du canal n'a pas plus de fixité que celui de l'Adour, et qu'on léserait, sans utilité, les droits incontestables des riverains qui se servent de ce canal pour arroser leurs terres, et qui y ont construit des usines et des moulins; ce qui porterait un grand préjudice à l'économie domestique et à l'agriculture dans toute cette partie de la plaine, et surtout parce que le même but peut être rempli avec bien plus d'avantage, et sans le moindre inconvénient, en se servant de la rivière de l'Echez que l'on grossirait par des dérivations faites à l'Adour et au Gave, avec lesquels on établirait ainsi d'utiles communications. Ce canal serait éminemment utile, et je me borne à en indiquer le projet; quant aux développemens dont il est susceptible, ils se présenteront d'eux-mêmes lorsqu'on voudra le réaliser.

Il faudra alors déterminer quels peuvent être les frais d'exécution, et, pour les comparer aux avantages qui en résulteraient, présenter un plan général d'exploitation dans les montagnes, et indiquer les améliorations, soit agricoles, soit industrielles, auxquelles l'existence de ce canal donnerait lieu. Si des calculs positifs, établis sur des faits constans, donnaient des résultats désavantageux, il en faudrait conclure que ce département n'est pas même susceptible de la seule opération de ce genre qui soit exécutable, et qu'on doit se borner, pour jamais, à utiliser les eaux qui le parcourent, par des irrigations qu'on ne saurait trop étendre, et à l'aide desquelles on pourrait améliorer la culture de beaucoup de terres, en mettre un grand nombre d'incultes en rapport, et multiplier les prairies qui influent si puissamment sur la prospérité rurale.

La plaine de Tarbes est arrosable sur tous les points de sa surface, et il n'y aurait qu'à faire des dérivations à l'Adour, à l'Echez, aux ruisseaux de Gabas, de l'Ouet, de l'Esteux et autres, et à étendre celles qui existent déjà. Le canal projetté pourrait servir à arroser les landes de Saint-Martin; celles de Lannemezan et de Pinas pourraient être arrosées par une dérivation faite à la Neste, près de Sarancolin. Ce département est le plus avantageusement situé pour ces sortes d'opérations, et il faudrait les avoir en vue comme un objet très-essentiel, alors même qu'on se déciderait à exécuter des canaux de flottage et de navigation. Ce flottage et cette navigation n'auraient lieu qu'en hiver, pendant l'abondance des eaux; l'été, elles seraient employées à l'arrosement des terres.

EXTRAITS ET ANALYSES

Des quatre derniers Chapitres du Grand Mémoire statistique.

POUR L'AN IX (1800.)

CHAPITRE II.

POPULATION, PROFESSIONS, ARTS ET MÉTIERS.

§. I.er

POPULATION.

LA difficulté d'avoir le recensement exact d'une contrée, rend les calculs sur la population, la partie la plus épineuse de la Statistique. ~ Ces calculs sont cependant d'une gr[ande] importance pour apprécier le degré de prospérité d'un pays, et l'etendue des ressources de l'industrie locale. ~ La population de ce département, qui se monte à peu près à 40 individus par myriare carré, ou à 673 par lieue carrée, n'est disproportionnée avec sa surface qu'en apparence, vu la grande étendue de son sol montagneux. ~ Il est même à remarquer que dans les montagnes, la population est plus considérable que dans les autres régions, proportion gardée avec l'étendue du sol cultivable. ~ Voici les divers recensemens de population qui ont été faits jusqu'à cette année.

ANNÉES.	DIVISIONS TERRITORIALES.	POPULATION.	TOTAUX.
1790.	District de Tarbes....	45,452.	178,659.
	de Bagnères.	28,726.	
	de Vic........	25,097.	
	de Labarthe.	45,321.	
	d' Argelés...	34,063.	
An II, (1793).	District de Tarbes....	55,151.	179,789.
	de Bagnères..	25,002.	
	de Vic........	23,336.	
	de Labarthe.	40,806.	
	d' Argelés...	35,494.	
An IV, (1795).	District de Tarbes....	53,916.	174,064.
	de Bagnères..	23,389.	
	de Vic........	22,706.	
	de Labarthe..	40,135.	
	d' Argelés...	33,918.	
An VIII, (1799).	Arrond.t de Tarbes....	80,550.	179,723.
	de Bagnères..	67,216.	
	d' Argelés...	31,957.	
An IX, (1800).	Arrond.t de Tarbes....	82,188.	181,745.
	de Bagnères..	67,610.	
	d' Argelés...	31,947.	

On trouvera ci-après, n.° 19, le tableau général de la population du département, par arrondissement, canton et commune, pour l'an IX ; à quoi il faut ajouter, pour avoir la population totale, les enfans abandonnés et les militaires au service, dont le nombre, peu considérable, est indiqué sous le n.° 20. Le n.° 21 présente le cadre des sexes des différens états et des divers âges. ~ Le n.° 22 indique le mouvement de la population pour l'an IX (1800); d'où résulte la proportion des naissances, des mariages et des décès, avec la population générale.

Des changemens qu'a éprouvé la population de ce département dans l'espace de cent dix ans, depuis 1690 jusqu'en 1800 inclusivement.

Pour calculer et connaître les rapports des naissances, des mariages et des décès dans les divers arrondissemens de ce département, et apprécier les variations qu'a éprouvé sa population dans un espace de temps déterminé, j'ai fait faire un relevé des registres de l'état civil depuis l'an 1690 jusqu'à l'an 1800, et j'ai partagé en deux périodes cette série de 110 années; le premier comprend un siècle entier; l'autre date du commencement de la révolution, et s'étend jusqu'à la renaissance du gouvernement monarchique en France.

PREMIER PÉRIODE.

1.° Arrondissement de Tarbes. Le *maximum* des naissances se rapporte à l'an 1785, et a été de 2461. Le *minimum* se rapporte à l'an 1694, et a été de 853. Ces deux extrêmes qui occupent le commencement et la fin du siècle, semblent indiquer dans les naissances une progression croissante qui a eu lieu en effet, et qui prouve un accroissement successif de population. Il y a eu dans tout le siècle, 179,628 naissances, dont le terme moyen est $1,796,\frac{28}{100}$.

Le *maximum* des mariages se rapporte à l'an 1786, et a été de 605; le *minimum* se rapporte à l'an 1691, et a été de 281. Il y a eu une progression croissante dans les mariages comme dans les naissances; les états que j'ai sous les yeux, en font

91. Il y a eu dans le siècle, 43,625 mariages, dont le terme moyen est 436,$\frac{25}{100}$.

Le *maximum* des décès se rapporte à l'an 1747, et a été de 2511; le *minimum* se rapporte à l'an 1698, et a été de 616. Les décès ont été généralement de sept ou huit cents à mille et quelque chose de plus dans la première moitié du siècle, et de mille à deux mille dans l'autre moitié. Il y a eu dans tout le siècle, 140,125 décès, dont le terme moyen est 1,401,$\frac{25}{100}$.

Le total des décès, comparé au total des naissances, donne pour excédent de celles-ci, 39,503. La différence des termes moyens est de 395,$\frac{3}{100}$ en faveur des naissances.

2.° ARRONDISSEMENT DE BAGNÈRES : Le *maximum* des naissances se rapporte à l'an 1787, et a été de 2060; le *minimum* se rapporte à l'an 1735, et a été de 786. Il est à remarquer à cet égard, que dans cet arrondissement comme dans le précédent, le nombre des naissances a été toujours croissant depuis le commencement du siècle jusqu'à la fin, à quelques anomalies près, parmi lesquelles il faut ranger le *minimum* indiqué; après ce nombre, le plus petit a été de 811, et se rapporte au commencement du siècle, à l'an 1694. Il y a eu pendant tout le siècle, 140,980 naissances, dont le terme moyen est 1409,$\frac{80}{100}$.

Le *maximum* des mariages se rapporte à l'an 1786, et a été de 506; le *minimum* se rapporte à l'an 1710, et a été de 195. Il y a eu dans tout le siècle, 34,940 mariages, dont le terme moyen est 349,$\frac{40}{100}$.

Le *maximum* des décès se rapporte à l'an 1767, et a été de 1,659; le *minimum* se rapporte à l'an 1704, et a été de 592. Il y a eu dans tout le siècle, 93,591 décès, dont le terme moyen est 935,$\frac{91}{100}$.

Le total des décès, comparé au total des naissances, donne pour excédent de celles-ci, 47,389. La différence des termes moyens est de 463,$\frac{89}{100}$ en faveur des naissances.

3.e Arrondissement d'Argelès : Le *maximum* des naissances se rapporte à l'an 1786, et a été de 857 ; le *minimum* se rapporte à l'an 1720, et a été de 364. Je remarquerai encore pour cet arrondissement, comme pour les précédens, que le nombre des naissances a toujours été croissant depuis le commencement du siècle jusqu'à la fin, aux anomalies près de quelques années, parmi lesquelles se trouve celle du *minimum*. Il y a eu dans tout le siècle, 59,030 naissances, dont le terme moyen est $590,\frac{30}{100}$.

Le *maximum* des mariages se rapporte à l'an 1787, et a été de 212 ; le *minimum* se rapporte à l'an 1692, et a été de 101. Il y a eu dans tous le siècle, 14,398 mariages, dont le terme moyen est $143,\frac{98}{100}$.

Le *maximum* des décès se rapporte à l'an 1747, et a été de 901 ; le *minimum* se rapporte à l'an 1716, et a été de 194. Il y a eu dans tout le siècle, 45,770 décès, dont le terme moyen est $457,\frac{70}{100}$.

Le total des décès, comparé à celui des naissances, donne pour excédent de celles-ci, 13,260. La différence des termes moyens est de $132,\frac{60}{100}$ en faveur des naissances.

Si nous établissons nos calculs entre les trois arrondissemens réunis, nous trouverons qu'il y a eu dans l'espace d'un siècle, 379,638 naissances, dont le terme moyen est de $3796,\frac{38}{100}$; qu'il y a eu 92,963 mariages, dont le terme moyen est $929,\frac{63}{100}$; qu'enfin il y a eu 279,486 décès, dont le terme moyen est $2,794,\frac{86}{100}$.

La somme générale des décès, soustraite de celle des naissances, donne pour différence en faveur de celles-ci, 100,152. Le terme moyen des décès, soustrait du terme moyen des naissances, donne pour différence $1,001,\frac{52}{100}$.

Il résulte de ces calculs et des faits sur lesquels ils reposent, qu'il y a eu un grand accroissement de population depuis 1690 jusqu'à l'époque de la révolution, soit dans tout le territoire du département en général, soit dans chacun de ses arrondissemens, et que conséquemment il faut rapporter cet effet à une cause générale et progressivement croissante dans son influence. Elle est, à mon avis, l'amélioration du sort des habitans par celle de l'administration publique, et par les progrès successifs de l'industrie agricole, manufacturière et commerciale.

DEUXIÈME PÉRIODE.

1.° ARRONDISSEMENT DE TARBES : Le *maximum* des naissances se rapporte à l'an 1794, et a été de 2,760 ; le *minimum* se rapporte à l'an 1792, et a été de 1,902. Il y a eu aussi une progression croissante dans les naissances depuis 1790 jusqu'en 1800. Il y a eu dans ces dix années, 26,117 naissances, dont le terme moyen est 2,611,$\frac{7}{10}$.

Le *maximum* des mariages se rapporte à l'an 1794, et a été de 1,062 ; le *minimum* se rapporte à l'an 1799, et a été de 440. Il y a eu pendant ces dix ans, 6,770 mariages, dont le terme moyen est 677.

Le *maximum* des décès se rapporte à l'an 1795, et a été de 3,086 ; le *minimum* se rapporte à l'an 1798, et a été de 1,562. Il y a eu dans ces dix ans, 22,071 décès, dont le terme moyen est 2,207,$\frac{1}{10}$.

Le total des décès, comparé à celui des naissances, donne pour excédent de celles-ci, 4,046. La différence des termes moyens est de 404,$\frac{6}{10}$.

2.° ARRONDISSEMENT DE BAGNÈRES : Le *maximum* des naissances se rapporte à l'an 1791, et a été de 1,859 ; le *minimum* se rapporte à l'an 1790, et a été de 1,343. Les naissances ont été généralement croissantes pendant les dix ans. Il y a eu pendant ce période, 17,823 naissances, dont le terme moyen est 1,782,$\frac{3}{10}$.

Le *maximum* des mariages se rapporte à l'an 1798, et a été

de 589 ; le *minimum* se rapporte à l'an 1795, et a été de 343. Il y en a eu pendant les dix ans, 4,790, dont le terme moyen est 479.

Le *maximum* des décès se rapporte à l'an 1791, et a été de 1,847 ; le *minimum* se rapporte à l'an 1797, et a été de 1,038. Il y a eu dans les dix ans, 14,729 décès, dont le terme moyen est 1,472,$\frac{9}{10}$.

Le total des décès, comparé à celui des naissances, donne pour excédent de celles-ci, 3,094. La différence des termes moyens est de 309,$\frac{4}{10}$.

3.° ARRONDISSEMENT D'ARGELÈS : Le *maximum* des naissances se rapporte à l'an 1797, et a été de 983 ; le *minimum* se rapporte à l'an 1792, et a été de 713. Il y a eu un accroissement successif de naissances dans ce période. Le nombre total pendant les dix ans, a été de 9,438, dont le terme moyen est 943,$\frac{8}{10}$.

Le *maximum* des mariages se rapporte à l'an 1798, et a été de 321 ; le *minimum* se rapporte à l'an 1800, et a été de 118. Il y en a eu pendant les dix ans, 2,497, dont le terme moyen est 249,$\frac{7}{10}$.

Le *maximum* des décès se rapporte à l'an 1795, et a été de 836 ; le *minimum* se rapporte à l'an 1791, et a été de 607. Il y en a eu pendant les dix ans, 7,443, dont le terme moyen est 744,$\frac{3}{10}$.

Le total des décès, comparé au total des naissances, donne pour excédent de celles-ci, 1,995. La différence des termes moyens est de 199,$\frac{5}{10}$.

Il y a eu pendant ces dix ans, dans les trois arrondissemens, 53,378 naissances, dont le terme moyen est 5,337,$\frac{8}{10}$; 14,057 mariages, dont le terme moyen est 1,405,$\frac{7}{10}$; 49,245 décès, dont le terme moyen est 4,924,$\frac{5}{10}$.

La somme générale des décès, soustraite de celle des naissances, donne pour différence en faveur de celles-ci, 4,135. Le terme moyen des décès, soustrait du terme moyen des naissances, donne pour différence 413,$\frac{5}{10}$.

D'où il résulte qu'il y a eu aussi une augmentation de population pendant les dix années de la révolution.

Si nous comparons maintenant ces dix années avec le siècle qui les précède, nous trouverons, 1.° que les naissances y surpassent celles du dixième du siècle, qui se monte à 37,963,$\frac{8}{10}$, de 15,408,$\frac{2}{10}$; 2.° que les mariages y surpassent ceux de ce même dixième, qui se monte à 9,296,$\frac{5}{10}$, de 4,760,$\frac{7}{10}$; 3.° que les décès y surpassent ceux de ce dixième, qui se monte à 27,948,$\frac{6}{10}$, de 21,294,$\frac{4}{10}$.

Ces rapprochemens prouvent que la population s'est accrue dans une progression plus forte pendant la révolution, que pendant un pareil nombre d'années du siècle précédent, et que les mariages y ont été dans de plus fortes proportions. Ce qui s'explique par le changement de régime politique, par les affranchissemens de tous genres, par la plus grande division des propriétés, par l'augmentation de l'aisance du peuple qui multiplie toujours en raison de ses moyens d'existence.

§. II.

PROFESSIONS, ARTS ET MÉTIERS.

Le n.° 23 contient tous les individus du département classés par professions; ce qui indique le rapport de chaque classe avec la population générale. ~ Cette proportion éprouve peu de changemens par les émigrations et les immigrations. ~ Presque tous les enfans se consacrent aux occupations de leurs pères, et restent sur le sol qui les a vu naître. ~ Peu d'étrangers viennent se fixer dans ce département. ~ Quelques Espagnols passent les monts au temps de la moisson, et en hiver pour venir travailler au défrichement des terres. ~ Dans quelques cantons des vallées d'Aure et de Barèges, tous les hommes s'expatrient pendant l'hiver, et vont en Espagne faire de l'huile, ou autres travaux. Ils rentrent au printemps, et rapportent un peu de numéraire dans le pays.

CHAPITRE III.

ÉTAT DES CITOYENS.

ADMINISTRATION PUBLIQUE.

§. I.er

ADMINISTRATION DÉPARTEMENTALE ou PRÉFECTURE.

Elle se compose d'un préfet, d'un secrétaire-général, de trois conseillers de préfecture, et d'un conseil général de 16 membres. ~ Des chefs de bureau sont chargés, sous la surveillance du secrétaire-général, de l'expédition journalière de toutes les affaires.

§. II.

ADMINISTRATION D'ARRONDISSEMENS COMMUNAUX, ou SOUS-PRÉFECTURES.

Le département n'ayant que trois arrondissemens, il n'y a que deux sous-préfectures. ~ Leur administration se compose d'un sous-préfet, et d'un conseil d'arrondissement de 11 membres. ~ Il n'y a point de bureaux pour l'arrondissement central. ~ Les sous-préfets ont un secrétaire en chef, et des commis pour l'expédition des affaires.

§. III.

ADMINISTRATIONS MUNICIPALES ou MAIRIES.

Les communes sont extrêmement multipliées. ~ L'administration de la plupart se compose d'un maire, d'un adjoint et d'un conseil municipal. Il en est qui ont deux adjoints. ~ Les conseils municipaux de Tarbes et de Bagnères, dont la population est au-dessus de 5,000 habitans, sont composés de 30 membres; ceux de Vic, de Campan, d'Ossun, de Lourdes, de Saint-Pé, dont la population dépasse 2,500 habitans, ont 20 membres; tous les autres ne sont composés que de 10 membres. ~ Il y a dans chaque mairie de ville, un secrétaire en chef garde des archives.

OBSERVATIONS GÉNÉRALES.

La science de l'administration publique est encore à faire, et à peine les élémens en sont-ils connus; un très-petit nombre d'hommes, appelés par d'heureuses circonstances à méditer sur les divers objets qu'elle doit embrasser dans son vaste ensemble, s'en sont occupés avec succès; mais nous n'avons encore aucun corps de doctrine, aucun aperçu même sur un sujet si important, base essentielle de toute prospérité, de toute amélioration. La grande multiplicité des lois, des arrêtés, des instructions, qui se modifient les uns les autres, s'abrogent en partie ou en entier, se contredisent souvent, et deviennent presque toujours inintelligibles par leur longueur et leur obscurité, jettent l'administrateur dans un dédale dont il ne saurait sortir; ils donnent souvent lieu à l'arbitraire, dont l'esprit le plus juste et les vues les plus pures ne peuvent pas toujours garantir l'homme public; il est forcé chaque jour de recourir à l'équité naturelle, de s'en rapporter à ses propres lumières, lorsqu'il ne devrait prononcer que d'après le positif des lois et des réglemens qui ont été faits pour tracer sa marche, mais qu'il invoque presque toujours en vain. Il n'est rien de plus indispensable, de plus urgent que la révision des lois administratives, et la formation d'un code qui fixe les bases, l'étendue et les détails du régime administratif, pour tout ce qui peut être prévu et déterminé, et qui laisse seulement à l'arbitrage des administrations les choses sur lesquelles le législateur ne peut étendre sa prévoyance.

Les vices de notre législation ne sont pas les seuls inconvéniens qui rendent la marche de l'administration incertaine et inégale ; la mauvaise organisation de quelques rouages et l'incapacité générale des sous-ordres, n'y contribuent pas moins : le personnel, d'où dépend le jeu de la machine, aurait besoin d'être mieux composé ; ce qui restera impossible jusqu'à ce qu'on ait porté la réforme dans plusieurs parties de l'organisation administrative, et qu'un système complet et régulier, en traçant à chacun la marche qu'il doit suivre, engage à des recherches et à des études, dont le but soit évident, ceux qui veulent se destiner à l'administration publique. Le défaut de principes fixes, l'incohérence des idées de la plupart des fonctionnaires eux-mêmes sur l'objet de leurs travaux, persuadent aisément qu'aucune étude préparatoire n'est nécessaire pour devenir administrateur, et que tous les esprits y sont également propres. Il faut donc, d'abord, créer une doctrine saine, fondée sur une législation claire et positive, puis établir entre les divers échelons administratifs, une corrélation qui tienne lieu d'enseignement classique à ceux qui doivent les parcourir ; qu'en un mot, toutes les administrations soient autant d'écoles pratiques où se développent, dès le début, l'aptitude, le zèle et la vocation des initiés.

Dans l'état actuel des choses, les inconvéniens qui se font le plus sentir, tiennent à la trop grande multiplicite des communes, et à l'incapacité absolue des administrations municipales. C'est aux derniers échelons administratifs que doit et peut s'opérer en résultat tout le bien de l'administration publique, et c'est là précisément que son action se trouve paralysée, et souvent dirigée dans de tout autres vues que celles du bien public. Les actes du gouvernement et les instructions ministérielles sont transmises aux maires avec exactitude et célérité, par le préfet et les sous-préfets ; ils y ajoutent tous les développemens qui sont propres à en faciliter l'intelligence, à en assurer l'exécution, et sous ce rapport, l'organisation des préfectures et des sous-préfectures ne laisse rien à désirer ; la correspondance est régulière et fréquente, les lois, les réglemens, les instructions sont éclaircis, étendus, commentés, mais tout se passe en correspondance, et l'application est le plus souvent nulle ou fautive ; de là, de nouvelles instructions, de nouveaux réglemens, des circulaires sur des circulaires, des rapports négatifs, des actes répressifs contre les autorités elles-mêmes ; que de temps perdu inutilement ! que de frais onéreux pour l'Etat et pour les communes ! que de vains efforts pour produire des effets qu'on obtiendrait facilement par des moyens plus simples et mieux entendus ! ..... Des maires, peu nombreux et salariés, administreraient parfaitement les communes, opéreraient le bien, et il en résulterait les plus grands avantages. Au lieu de près de 500 communes qui existent dans ce département, il n'en faudrait qu'une quinzaine par arrondissement, ou moins encore ; autant que de cantons seulement.

§. IV.

POLICE PUBLIQUE.

1.° POLICE ADMINISTRATIVE.

Les villes de Tarbes et de Bagnères sont les seules où il existe un commissaire de police ; dans toutes les autres, les fonctions en sont remplies par l'adjoint du maire. ~ Il y a un agent spécial de police à Barèges, pendant la saison des eaux, à cause de l'affluence des étrangers. ~ Presque toutes les communes étant rurales, la tranquillité y est rarement troublée. ~ S'il survient quelques petites rixes les jours de fêtes, elles sont bientôt appaisées. ~ La plupart des adjoints font mal la police, par négligence volontaire ou par incapacité. ~ Pour ce qui concerne la salubrité, il règne une apathie universelle. ~ Les maires ne prennent aucune mesure d'assainissement.

2.° GENDARMERIE.

Elle concourt beaucoup au maintien de la tranquillité. ~ Elle n'éprouve nulle part de résistance. ~ L'état des brigades qui existent dans le département, est indiqué dans un tableau sous le n.° 24.

3.° Gardes champêtres.

Il en existe un assez grand nombre dans ce département. ∾ Ils remplissent presque tous mal leurs devoirs. ∾ Ce sont, en général, les premiers maraudeurs du pays. ∾ Ils sont trop peu payés, et trop mal surveillés par les maires.

4.° Mendicité, Vagabondage et Brigandage.

Les causes générales de la mendicité agissent moins dans ce département que par-tout ailleurs. ∾ Les mendians, les vagabonds y sont en petit nombre. ∾ Le brigandage y est comme inconnu.

Moyens propres à éteindre tout à fait la Mendicité.

Tant qu'on ne remontera pas jusqu'à la source de ce fléau destructeur de tout ordre et de toute police, tant qu'on n'en viendra pas à extirper le mal jusques dans sa racine, on verra se reproduire sans cesse les effets dont on se plaint journellement, et auxquels on n'oppose que de faibles palliatifs.

Parmi les mendians et les vagabonds, les uns sont en état de travailler, et les autres ne le peuvent pas à cause de leurs infirmités. Il y a deux sortes d'individus dans la première classe : 1.° ceux qui s'adonnent à cette vie par nécessité, ne sachant où se retirer, ayant l'envie de gagner leur pain, mais n'en trouvant pas l'occasion ; 2.° ceux qui, par habitude ou par esprit de licence, ne veulent point s'adonner à une occupation quelconque, alors même qu'ils en trouveraient l'occasion. Il faut offrir du travail aux premiers, puisqu'ils en demandent, et y contraindre les autres par mesure de police, ou bien les déporter aux colonies pour être soumis à un régime sévère, s'ils se refusent obstinément à travailler ; quant à ceux des mendians qui ne peuvent point être occupés, ils sont en petit nombre, et ils doivent être reçus dans les hospices, ou secourus dans leur domicile par les bureaux de bienfaisance.

Le peu de moyens que peuvent avoir ces bureaux, et qu'on pourrait augmenter en établissant dans chaque commune une taxe des pauvres, serait suffisant pour cet objet, s'ils ne devaient pas en faire part aux mendians valides. Il faut donc recouvrer ceux-ci dans des maisons de répression, et les assujettir à un travail convenable; or, l'Etat peut seul faire les frais de semblables établissemens. Un seul dépôt de mendicité pourrait suffire pour plusieurs départemens; le tribut que fournirait celui des Hautes-Pyrénées se réduirait à peu de chose, mais il serait doux de voir qu'il n'offrît plus que le spectacle d'une population active et laborieuse, et que les étrangers qui viennent aux eaux thermales, ne fussent plus exposés à être assaillis par des malheureux couverts de haillons, qui mettent leur pitié à contribution.

Les dépôts de mendicité dont je viens de parler, étant une fois établis, fourniraient eux-mêmes à une partie de leur entretien, par le produit du travail qui s'y ferait. De sages réglemens en détermineraient l'administration; l'emploi de tous les procédés économiques connus et développés de nos jours, en ménagerait les ressources d'une manière très-avantageuse. L'existence de la mendicité dans un Etat, est le signe certain d'une mauvaise administration; elle offre un spectacle affligeant pour l'homme sensible; elle est la source des plus grands désordres; elle insulte à la fois à la morale, aux lois et au gouvernement; quels sacrifices pourraient donc payer un aussi grand bienfait que son extinction?.....

§. V.

HOPITAUX ET HOSPICES, ÉTABLISSEMENS DE BIENFAISANCE.

Il n'existe dans ce département que quatre hôpitaux ou hospices, qui servent à la fois à recevoir des malades, des infirmes et des enfans trouvés ou abandonnés. Ils sont situés à Tarbes, Vic,

Vic, Bagnères et Lourdes. Leur administration est confiée à cinq personnes, d'après les dispositions de la loi ; les maires des communes où ces établissemens sont situés, assistent et président aux délibérations quand bon leur semble.

HOSPICE CIVIL DE TARBES.

Il a été institué sous le nom de St. Joseph. ~ Ce n'était, avant 1772, qu'une maison de reclusion et de correction pour les filles de mauvaise vie. ~ On y admettait les femmes et les filles enceintes indigentes. ~ L'abbé Souville le dota, fit augmenter le bâtiment, et y fonda seize lits pour les indigens malades des deux sexes. ~ Il y établit une administration dont il fut le chef. ~ Louis XV, en 1772, réunit à cet hôpital celui de St. Blaise, qui existait aussi à Tarbes. ~ On ne connaît ni l'époque ni l'auteur de la première fondation de ces hospices. ~ La tradition attribue aux comtes la donation des premiers fonds, qui se sont accrus ensuite par la bienfaisance de divers particuliers. ~ Il y a dans l'hospice de Tarbes, 40 lits. ~ Il a environ 15,000 fr. de revenu. ~ Il y a, outre l'administration ordinaire, cinq sœurs hospitalières, qui ont sous leurs ordres une infirmière, deux filles de service, une servante de peine, un jardinier, un domestique et un portier. ~ Un trésorier économe tient la comptabilité. ~ Il y a un médecin et un chirurgien. ~ La pharmacie est dirigée par la sœur supérieure.

Observations.

L'hospice de Tarbes est plus que suffisant pour recevoir les malades indigens de la ville ; le nombre de ceux qui se présentent pour y être admis, est très-petit. Ce séjour leur répugne, et ils préfèrent recevoir des secours à domicile.

Si tous les indigens, vieillards, infirmes ou malades du premier arrondissement, devaient y trouver place, il serait insuffisant pendant les trois mois de l'automne ; mais on pourrait les répartir entre cet hôpital et celui de Vic. Le premier serait affecté aux besoins de toute la partie orientale et méridionale de l'arrondissement central, l'autre suffirait au reste de cet arrondissement.

Il y a peu d'aliénés et d'insensés à Tarbes, mais aucun asile ne leur est offert, non plus qu'à ceux qui peuvent se trouver dans le reste du département; et il n'est pas sans exemple que la tranquillité publique et celle des familles soit troublée par ces êtres à qui un dérangement d'organes ne permet plus d'observer ni égards ni bienséances; il peut en résulter de graves inconvéniens, qu'une police bien entendue devrait prévenir. On pourrait en admettre dans l'hospice de Tarbes et dans celui de Bagnères, sur la demande des parens, ou par mesure de police; mais il faudrait, avant, faire disposer des locaux convenables, ce qui serait fort aisé.

HOSPICE CIVIL DE VIC.

Il fut fondé il y a plus de trois siècles, sous l'invocation de St. Jacques. Il porta le nom d'Hôtel-Dieu. ∾ Ce furent les habitans qui le dotèrent. ∾ Depuis, il a reçu des legs. ∾ Un nouveau bâtiment fut érigé il y a 25 ans, l'ancien étant trop petit. ∾ On y établit vingt lits, qui existent encore. ∾ Les revenus sont insuffisans pour ce nombre; ils ne montent qu'à 2000 fr., encore une partie est-elle difficile à percevoir. ∾ Il a été dépouillé par l'Etat. ∾ C'est un établissement à doter.

HOSPICE CIVIL DE BAGNÈRES.

Il porte le nom de St. Barthelemy. ∾ Son existence remonte au 14.e siècle. ∾ Il fut d'abord administré par un prieur et sept prêtres qui lui étaient adjoints. ∾ Ensuite il eut une administration civile. ∾ On y appella, à l'époque de la révolution, des sœurs de la charité. ∾ Il devint militaire peu de temps après. ∾ Il ne lui resta ni dotation ni meubles. ∾ La nouvelle administration l'a un peu rétabli. ∾ Il pourrait contenir 32 lits; il n'y en a encore que seize. ∾ Il y a ordinairement moins de malades. ∾ Il a environ 7 à 8000 fr. de revenu. ∾ L'administration actuelle y maintient des filles hospitalières, qui ont sous leurs ordres deux servantes et un domestique. ~ Un receveur et un secrétaire tiennent la comptabilité. ~ Quatre médecins et quatre chirurgiens y font tour à tour gratuitement le service sanitaire. ~ Un seul pharmacien fournit à l'hôpital.

Observations.

L'hospice de Bagnères est très-spacieux, eu égard à sa destination première, puisqu'on ne devait d'abord y recevoir que les pauvres et les enfans trouvés de la ville. Mais dans l'état où il se trouve, il est insuffisant pour les besoins de l'arrondissement. L'ancien édifice, mal situé, peu aéré, et tombant en ruines, ne peut plus servir à rien, à moins qu'on ne fit reconstruire la partie du sud, qui tient au nouvel édifice; ce qui l'agrandirait beaucoup, et d'une manière très-convenable; mais, sans avoir recours à des réparations aussi dispendieuses, on pourrait doubler le nombre des lits, puisque les deux salles peuvent en contenir aisément 32 au lieu de 16; et en cas de besoin, il serait facile de placer encore 16 lits dans le grenier, après l'avoir plafonné et arrangé à cet effet.

La reconstruction sur les vieux fondemens ne serait indispensable, que dans le cas où le Gouvernement voudrait faire recevoir des militaires malades dans cet hôpital; et dans ce cas, on ne saurait faire rien de plus avantageux. Le local est propre à la construction la plus vaste et la plus commode; mais avant tout, il faudrait à cet hospice une dotation convenable, car il y a, chaque année, un déficit considérable, qu'il faut remplir extraordinairement, encore manque-t-il de beaucoup de choses de la plus indispensable nécessité.

HOSPICE CIVIL DE LOURDES.

On ne peut assigner l'époque de sa fondation; elle est fort ancienne. ~ Le bâtiment tombe en ruines. ~ Il y a 12 lits. ~ Il n'a que 8 à 900 fr. de revenu. ~ Ce revenu fait cependant face à toutes ses dépenses. ~ Le service intérieur est fait gratuitement. ~ Il ne reçoit que cinq ou six enfans trouvés par an.

Observations.

Quelques-uns des membres de la commission de l'hospice de Lourdes, ont acquis un terrein qui domine l'hospice ; il est situé dans une très-belle position ; il a environ 131 ares de surface : les acquéreurs en ont proposé la cession à l'hospice. Il en coûterait 15,000 francs pour y construire un édifice ; le terrein coûterait 6,000 francs, dont l'hospice ferait la rente ; la vente de l'ancien local qui deviendrait inutile, pourrait servir à amortir une partie de cette rente ; il y aurait dans le nouveau local, des cours et une terrasse pour les malades, et un jardin dont le produit diminuerait les dépenses de consommation de l'hospice ; toutes ces circonstances rendent cette acquisition très-précieuse pour étendre convenablement l'hospice de la commune de Lourdes, qui, alors, pourrait être affecté aux besoins de tout l'arrondissement, et y suffire, pourvu qu'on le dotât convenablement. Celui qui existe, n'est réellement qu'une masure informe ; c'est un lieu aussi malsain qu'incommode. L'intérêt des pauvres et celui des militaires qui passent là pour se rendre aux eaux, commandent également la construction d'un édifice convenablement approprié. C'est un hôpital d'une indispensable nécessité à fonder.

BUREAUX DE BIENFAISANCE.

Il n'en existe point dans le département. ~ La bienfaisance particulière s'exerce sans la participation de l'administration publique. ~ Il serait utile d'établir de ces bureaux dans les principales communes.

Observations générales.

La distribution des secours, soit publics, soit particuliers, aux indigens et aux familles infortunées, honore l'humanité, sans doute ; mais la nécessité d'une telle distribution dénote aussi de grands vices dans l'organisation sociale, et dans le régime administratif d'un Etat. On se tromperait donc beaucoup si on jugeait de sa prospérité d'après le nombre et la magnificence des établissemens que la bienfaisance y a érigés; ce sont, au contraire, autant de témoignages de la misère et de l'oppression des peuples, et le nom seul de bienfaisance, en politique, emporte avec lui les idées d'imprévoyance dans le législateur, d'incurie de la part du gouvernement, et de corruption dans les mœurs publiques. C'est ainsi que raisonnent les sévères et peut-être trop justes censeurs des sociétés politiques; mais telle est la fatalité attachée au sort des hommes, que les avantages qui résultent de leur association, semblent devoir être rachetés par des maux proportionnés, et que toute perfection n'est qu'une chimère. Laissons donc aux économistes spéculateurs le soin de découvrir les moyens de répartir l'aisance et le bonheur sur toutes les classes, sur tous les individus de la société, et bornons-nous à observer les faits, à raisonner sur ce que nous voyons.

Aider les malheureux dans leur disgrace, les secourir dans leur misère, est un des premiers besoins de l'homme sensible, comme un des premiers devoirs d'un gouvernement juste et bienfaisant; et puisqu'il est en quelque sorte de l'essence de l'ordre social, qu'une certaine classe d'hommes s'enrichisse et vive dans le luxe aux dépens de la subsistance d'un autre, puisque tous les efforts des gouvernans dans les Etats les mieux policés, n'ont pu encore éteindre entièrement la mendicité, il faut au moins en pallier les inconvéniens, et prévenir, autant que possible, les affreux résultats auxquels elle pourrait donner lieu, soit en offrant un asile et des soins à celui qui, n'ayant d'autre ressource que son travail journalier, se trouve privé de tout moyen d'existence, dès qu'il vient à être malade, soit en donnant des secours à l'indigent qui ne peut s'adonner à aucune occupation, et qui, sans ces secours, serait réduit à mourir de faim.

Il est peu de départemens où il existe moins d'établissemens de bienfaisance que dans celui-ci ; et, sans doute, cela serait un bien, si tous les malheureux sans asile et sans ressource, en trouvaient de suffisans dans la bienfaisance publique, ou dans celle des citoyens. Mais c'est précisément ce qui n'est pas ; car beaucoup d'hospices, regardés autrefois comme indispensables, et dont la fondation était due à des ames pieuses et bienfaisantes, ont cessé d'exister depuis que l'Etat s'est emparé de leurs biens ; d'autres qui ne s'entretenaient que par des dons et des legs, n'ont pu se soutenir, et n'existent plus. Cependant il est vrai de dire que depuis la révolution, il y a moins de malheureux, moins de pauvres, moins de mendians. Les campagnes en ont fort peu, parce qu'en général les laboureurs se sont enrichis, et que des bras qu'on peut employer à l'agriculture, ne restent point oisifs. Dans les villes, on rencontre des fainéans et des pauvres invalides ; il serait aisé de forcer les premiers au travail, et de secourir les autres. De légers secours à domicile, distribués à propos, diminueraient beaucoup l'affluence aux hospices, et ceux-ci deviendraient suffisans pour les malades et les malheureux impotens qui se trouvent abandonnés.

La législation sur les hôpitaux et les hospices est très-imparfaite, et c'est ce qui en rend l'administration si incertaine. La surveillance immédiate des hospices est conférée aux sous-préfets, ainsi que le droit de nommer les commissions administratives, à moins qu'il n'y ait plusieurs municipalités dans la même ville, auquel cas la surveillance et le droit de nommer appartiennent aux préfets ; dans tous les cas, les maires sont présidens-nés des commissions administratives ; mais la loi n'a pas prévu le cas où une commune, quoique n'ayant qu'une seule municipalité, est assez étendue pour contenir différens hôpitaux ou hospices, dont quelques-uns n'appartiennent pas seulement à cette commune, mais bien à tout l'arrondissement, à tout le département, ou même à toute une division ; il paraîtrait naturel que ceux de ces établissemens qui sont affectés aux besoins d'une commune, soient régis sous les yeux de l'administration communale; que ceux qui sont affectés à un arrondissement, soient surveillés immédiatement par l'administration d'arrondissement, et ainsi de suite. Les choses ne sont point ainsi réglées, et même il n'est guère de ces établissemens qui aient une affectation déterminée, et c'est de là que proviennent, en grande partie, les inconvéniens qui subsistent dans cette branche importante de l'administration publique.

Il serait trop dispendieux, et même superflu, de former de ces établissemens dans chaque commune, et ce n'est guère que dans les villes un peu populeuses qu'ils sont indispensables; on sera donc toujours obligé d'en centraliser plusieurs, en les consacrant à recevoir des malades ou des malheureux de plusieurs communes, de plusieurs arrondissemens, ou même de plusieurs départemens; mais il faudrait consacrer à leur égard certains principes de division et de répartition territoriales et administratives. Ainsi, par exemple, on pourrait, outre les hôpitaux et les hospices spécialement affectés aux grandes villes, établir dans les chefs-lieux de canton des communes rurales, un très-petit hôpital pour recouvrer les indigens qui, affectés de maladies aiguës, ne pourraient pas supporter une longue translation; dans chaque arrondissement, un hôpital de second ordre, commun à tout l'arrondissement communal, et propre à donner asile à des malades d'un autre genre, qui, susceptibles d'être transportés, réclament des soins plus long-temps prodigués, et des connaissances plus étendues de la part du médecin; dans chaque département, un hôpital de 3.e ordre; et enfin, dans les chefs-lieux de division, un hôpital central qui serait consacré à recevoir spécialement les malades sujets aux grandes opérations, ceux qui ont besoin de traitemens longs et difficiles, et ceux qui, regardés comme incurables, doivent être reclus pour le repos de la société et celui des familles, tels que les épileptiques, les fous, les femmes de mauvaise vie.

Les établissemens de bienfaisance n'étant plus des fondations particulières, et le Gouvernement s'étant réservé de régler l'emploi et la distribution des secours que la bienfaisance publique et privée destine aux malheureux, il peut, sur de nouveaux principes plus simples et plus conformes à l'utilité générale, régler le classement et l'administration des hôpitaux et des hospices. Partout ils réclament son attention et une réforme complette, propre à signaler les sentimens qui l'animent pour l'ordre public et le soulagement de l'humanité souffrante.

ORDRE JUDICIAIRE.

§. I.er

TRIBUNAL CRIMINEL.

Il y en a un pour tout le département. ~ Il est composé de trois juges, y compris le président, et de deux suppléans. ~ Il y a en outre un commissaire du gouvernement, trois substituts-magistrats de sûreté qui résident dans le chef-lieu de chaque arrondissement, un greffier et trois huissiers. ~ Le tableau n.° 25, indique le nombre des jugemens portés pendant l'an 9.

§ I I.

TRIBUNAUX DE I.re INSTANCE.

Il y en a trois dans le département, un pour chaque arrondissement. ~ Celui de Tarbes a quatre juges, y compris le président, un commissaire du gouvernement, et deux greffiers, dont l'un pour la section de police correctionnelle. ~ Ceux de Bagnères et d'Argelés ont chacun un juge de moins. ~ Il y a pour tous, des suppléans aux juges, et des huissiers. ~ Le tableau n.° 26, indique le nombre des jugemens rendus par chacun de ces tribunaux pendant l'an 9.

§. III.

TRIBUNAL DE COMMERCE.

Il n'y en a qu'un pour tout le département. ~ Il est composé de cinq juges, y compris le président, et de cinq suppléans.

∾ Il y a un greffier et deux huissiers. ∾ Le tableau n.° 27, indique le nombre des jugemens rendus par ce tribunal pendant l'an 9.

§. IV.

Juges de paix.

Il en existe trente-neuf, un pour chaque canton. ∾ Le n.° 28, indique les affaires portées par devant eux dans le cours de l'an 9.

§. V.

Avoués et Avocats.

Le nombre des premiers est fixe. ∾ Il y en a douze pour l'arrondissement central, onze pour celui de Bagnères, et six pour celui d'Argelés. ∾ Les avocats plaident devant les tribunaux, ou donnent des consultations. ∾ On en compte une quinzaine à Tarbes, une douzaine à Bagnères, et sept ou huit à Argelés.

§. VI.

Notaires.

Le nombre en est considérable pour le département. ∾ On en compte quatre-vingt-onze, savoir : quarante-huit dans l'arrondissement central, vingt-quatre dans celui de Bagnères, et dix-neuf dans celui d'Argelés. ∾ Le n.° 29, indique le nombre des actes qu'ils ont passés en l'an 9. ∾ L'administration en avait d'abord fixé le nombre à cinquante-quatre. ∾ Mais cette réduction n'eut pas lieu.

§. VII.

Prisons.

L'état des prisons dans ce département, mérite de fixer l'attention du gouvernement ; elles ne sont ni assez grandes ni assez aérées pour être saines, et les individus y sont comme entassés, sans distinction, dans des lieux bas et humides qui leur occasionnent souvent des maladies contagieuses ; il n'y en a que trois, savoir : celles de Tarbes, de Bagnères et d'Argelés ; elles reçoivent toutes sortes de prévenus ou de coupables ; les détenus ne sont point classés en raison de la nature du délit commis, ou de la prévention portée contre eux, ce qui est contraire aux dispositions textuelles de la loi qui veut que les prévenus ne soient pas confondus avec les condamnés, et qu'il y ait une distinction entre les différentes classes de ces derniers. Il serait sans doute impossible, et même superflu, d'avoir des établissemens particuliers et distincts dans chaque arrondissement, 1.° pour maison d'arrêt ou de dépôt ; 2.° pour maison de justice ; 3.° pour maison de correction ; 4.° pour maison de détention ; 5.° pour maison de force ; que sembleraient exiger les cinq grandes classes de détenus, établies par notre législation ; mais avec un seul établissement, assez vaste et convenablement disposé, on pourrait, à l'aide de cloisons ou de murs de séparation, conserver ce classement utile que commandent la justice et l'humanité, et se conformer ainsi à l'esprit de la loi.

Il faudrait à Tarbes, par exemple, un grand édifice qui pût servir à la fois à tous les besoins que comporte l'existence du tribunal criminel et celle du tribunal civil ; les condamnés aux fers et aux galères résident peu dans ce département ; ils sont envoyés à Agen, lieu de dépôt pour tous les départemens circonvoisins ; dans chacun des autres chefs-lieux d'arrondissement, il suffirait d'avoir un édifice qui servît à la fois de maison d'arrêt et de maison de correction, et où les deux sexes pussent être séparés. Au lieu de cela, il n'existe dans le chef-lieu du département, sous le nom de prison, que quelques chambres mal sûres, fabriquées dans une tour de l'ancien château, un affreux cachot, et une basse-fosse où règne une profonde et horrible nuit. On n'y respire qu'un air méphitique et pestilentiel, sur un sol humide et nud ; encore les prisonniers n'y sont-ils pas en sûreté, comme le prouvent les fréquentes évasions qui y ont eu lieu. Les chambres destinées aux deux sexes y sont contiguës, à moins qu'on ne relègue les femmes dans un lieu étroit et obscur, au rez-de-chaussée, où elles se trouvent séparées des hommes par une cour; elles y sont fort mal.

A Bagnères, il n'y a proprement qu'une prison, qui est celle du *Mauhourat*; c'est une espèce de tour carrée qui a trois étages, et qui faisait partie des anciennes fortifications de la ville; c'est là qu'on met les différens détenus : les trois chambres qui y existent, ne reçoivent le jour que par une fenêtre étroite, et il n'y a point de courant d'air, ni de fosse d'aisance. Pendant l'hiver, il y fait un froid glacial, et une chaleur excessive dans l'été; les détenus y sont en sûreté, mais fort mal à l'aise; ce local est à la fois malsain et trop resserré.

La prison du troisième arrondissement, située à Argelés, mérite à peine ce nom; c'est une mauvaise bâtisse très-resserrée, où les prisonniers se trouvent fort mal, et où ils ne sont même pas en sûreté.

La prison de Tarbes renferme plus de 400 détenus par an; celle de Bagnères, plus de 200, et celle d'Argelés, près de 80. Ils n'y reçoivent que très-peu de secours, et leur situation est, en général, digne d'exciter la commisération. Ils n'ont, le plus souvent, d'autre nourriture que celle que la loi leur accorde; la bienfaisance particulière allège peu leur malheureux sort. Ils couchent sur la paille, et on ne leur donne aucun habillement; ils pourraient s'en procurer si on établissait un atelier dans la maison de correction, et qu'on y fit travailler ces détenus; mais cet établissement est impossible à former dans l'état actuel des prisons. A Tarbes, lorsque les prisonniers sont malades, on les fait transférer à l'hôpital jusqu'après leur guérison. L'entretien journalier d'un détenu est d'environ 1 franc 75 centimes.

La nécessité d'une prison vaste, commode et aérée pour tout le département, a été sentie depuis long-temps, et le conseil général a plusieurs fois émis le vœu d'une imposition départementale destinée à cet objet, ainsi qu'à l'érection d'un palais de justice, qui n'est guère moins indispensable. De tels établissemens, situés à Tarbes, seraient, en effet, d'une utilité générale pour les trois arrondissemens ; et si on donnait assez de développement à celui qui devrait servir de prison, on aurait la faculté d'y réunir les détenus de Bagnères et d'Argelés, qui ne pourraient contenir dans les prisons de ces deux villes ; de plus, on formerait, par cette réunion, un grand atelier de travail, dont les produits seraient au profit des prisonniers, et contribueraient à rendre leur peine moins cruelle, en même-temps qu'ils seraient garantis des dangers et des inconvéniens de l'oisiveté.

ADMINISTRATIONS FINANCIÈRES.

Il y a pour la perception de tous les impôts, un receveur général ; et pour l'acquit des dépenses du trésor public, un payeur de département.

§. I.er

CONTRIBUTIONS DIRECTES.

1.° Contribution foncière.

Elle a été, en l'an 9, de 614,000 fr. en principal, et 122,762 en centimes additionnels. ∾ La répartition entre les trois arrondissemens de Tarbes, Bagnères et Argelés, se fait à peu près dans le rapport de 37 : 18 : 8. ∾ Il est impossible de connaître le rapport de la contribution avec la valeur foncière des terres et avec le revenu net, parce que ce revenu n'a pas encore été évalué, même approximativement. ∾ La répartition de cette contribution entre les communes, n'a aucune base fixe. ∾ Il y a pour le recouvrement de la contribution foncière, un percepteur pour chaque commune. ∾ Les frais de contrainte sont très-onéreux pour les particuliers. ∾ Il y a dans ce département, un receveur général et deux receveurs particuliers d'arrondissement. ∾ Ces derniers reçoivent, des percepteurs, les produits des contributions directes, et des receveurs des régies de l'enregistrement et des douanes, le produit des contributions indirectes. ～ Ils versent deux fois chaque mois, dans les mains du receveur général. ～ Celui-ci fait les fonctions de receveur particulier dans l'arrondissement du chef-lieu.

2.° CONTRIBUTION PERSONNELLE, SOMPTUAIRE ET MOBILIAIRE.

Le contingent du département a été, en l'an 9, de 61,104 fr. en principal, et de 12,121 en centimes additionnels; total, 73,225. ～ La répartition entre les arrondissemens est à peu près comme 57 : 30 : 13 1/2. ～ Avant la révolution, la capitation était analogue à cette imposition. ～ Elle se percevait, suivant les lieux, ou accessoirement avec la taille, ou par le moyen d'un rôle particulier.

3.° IMPOSITION DES CENTIMES ADDITIONNELS.

Le taux de ces centimes a varié. ～ En l'an 8, ils étaient le tiers ou à peu près du principal. ～ Cette année, ils vont du quart au 5.e seulement, comme il est aisé de le voir. ～ Ils servent à acquitter les dépenses administratives, et à faire face aux non-valeurs.

4.° CONTRIBUTIONS DES PORTES ET FENÊTRES.

Elle fut créée en l'an 7. ～ C'est un impôt de quotité, dont le produit est le résultat des rôles.

5.° CONTRIBUTION DES PATENTES.

Elle est divisée en droits fixes et en droits proportionnels. ～ Les droits proportionnels sont répartis sur les sept classes de professions établies par la loi. ～ La perception en est confiée aux receveurs de l'enregistrement. ～ Le 10.e du produit net appartient aux communes, sauf le 5.e qui est destiné aux frais de confection des rôles. ～ Le produit des patentes en l'an 9, a été de 30,749 fr. 26 centimes.

6.° DIRECTION DES CONTRIBUTIONS.

Elle a été créée par la loi du 3 frimaire an 8. ～ Elle est composée d'un directeur, d'un inspecteur et de dix contrôleurs. ~ Elle confectionne les rôles avant le commencement de l'année, et les recouvremens se font avec régularité.

§. II.

CONTRIBUTIONS INDIRECTES.

1.° Droits d'Enregistrement, de Timbre, d'Hypothèque et de Greffe.

L'administration de la régie est composée d'un directeur, d'un inspecteur, de deux vérificateurs, et de quinze receveurs placés dans les principales communes. ~ Le receveur de chaque chef-lieu d'arrondissement est seul chargé de la partie des hypothèques.

2.° Domaines nationaux.

Il n'y a presque pas de biens nationaux dans le département, si ce n'est les forêts. ~ La perception des produits se fait par les receveurs. ~ Les poursuites, quand il y a lieu, se font par la voie judiciaire. ~ Le produit des droits d'enregistrement et du domaine est porté dans le compte rendu du ministre des finances.

3.° Poste aux lettres.

Il y a huit bureaux de poste dans le département. ~ Trois dans le 1.er arrondissement, trois dans le 2.e, et deux dans le 3.e ~ Il y en a un autre à Barèges pendant la saison des eaux. ~ Il y a au bureau du chef-lieu, un directeur, un contrôleur et un commis.

4.° Poste aux chevaux. ~ Diligences.

Il n'y a que cinq maîtres de poste dans le département. ~ Le service des diligences se fait par relais. ~ Le nombre des voyageurs est très-petit pendant la plus grande partie de l'année. ~ Il y en a beaucoup dans la saison des eaux. ~ L'hiver, il ne passe presque personne.

5.° Loterie nationale.

Il n'y a qu'un bureau dans le département. ~ La loterie se

tire à Bordeaux, les 2, 12 et 22 de chaque mois. ~ Le tirage arrive à Tarbes les 6, 16 et 26. ~ La clôture des mises se fait les 7, 17 et 27.

6.° DOUANES.

Il y a six bureaux de douane dans le département. ~ Un inspecteur réside à Tarbes. ~ Le directeur est à Bayonne. ~ La recette est comme nulle, les frais prélevés.

7.° DROITS DE PASSE SUR LES ROUTES.

Il existe des barrières dans 15 communes. ~ Ce droit est affermé. ~ Il a produit, en l'an 9, 58,396 fr.

8.° OCTROIS.

Ils se perçoivent sur le vin, la viande et autres objets de consommation. ~ Il n'y a encore que six communes où il en existe. ~ Le nombre s'en accroîtra sans doute. ~ La plupart des communes cependant ne pourront en établir, parce qu'elles sont trop petites.

ADMINISTRATION DES EAUX ET FORÊTS.

PRODUITS.

§ I.er

FORÊTS, BOIS DE HAUTE-FUTAIE, BOIS-TAILLIS.

L'ancien domaine possédait très-peu de bois dans ce pays. ~ La suppression des corps religieux et les lois sur l'émigration ont beaucoup augmenté, à cet égard, les possessions du domaine. ~ Le produit des bois nationaux varie, selon le prix du bois à Montrejeau; et le succès des adjudications dépend de la hausse ou de la baisse du merrain et des pièces de sapin. ~ On peut, en prennant un terme moyen, porter le produit des coupes annuelles, de 22 à 24 mille francs. ~ Ce revenu est susceptible d'une grande augmentation. ~ Les bois communaux sont considérables. ~ Il se fait chaque année pour plus de 40,000 francs d'adjudications. ~ Ce produit pourrait être infiniment augmenté.

§. II.

ADMINISTRATION.

Elle se compose d'un sous-inspecteur, de deux gardes-généraux et de 200 gardes-brigadiers. ~ Un des gardes-généraux a, sous sa surveillance, le 1.er et le 3.eme arrondissement. ~ Le second est chargé de l'arrondissement de Bagnères. ~ Le nombre des employés supérieurs est trop petit. ~ Les gardes particuliers sont mal choisis. ~ Ils sont trop peu payés. ~ Ils contribuent à la dévastation des forêts. ~ Il faudrait, pour ce département, un inspecteur, un sous-inspecteur et six gardes-généraux de plus.

ADMINISTRATION DES PONTS ET CHAUSSÉES.

L'ADMINISTRATION des ponts et chaussées, dans ce département, se compose d'un ingénieur en chef, de deux ingénieurs ordinaires et de deux conducteurs de travaux.

ADMINISTRATION MILITAIRE.

ELLE a fort peu d'attributions dans ce département. ~ Il n'y a qu'un hôpital militaire, un château-fort et une caserne.

§. I.er

HÔPITAL MILITAIRE DE BARÈGES.

Il se compose de quatre bâtimens. ~ Leur étendue est insuffisante pour les besoins. ~ Ils ne contiennent que 75 lits. ~ On est forcé d'avoir recours à des barraques où les soldats malades sont fort mal. ~ Il est indispensable d'avoir un plus grand édifice. ~ On pourrait acquérir une maison voisine de l'hôpital actuel, et l'y adjoindre. ~ Le service de l'hôpital se fait par

par entreprise, sous la surveillance d'un directeur envoyé par le Gouvernement. ∾ A Tarbes, les militaires malades sont traités à l'hôpital civil. ∾ Le Gouvernement en paye les journées.

§. II.

Chateau de Lourdes.

Sa situation et sa structure ont été déjà décrites. ∾ Ce n'est qu'un poste fortifié. ∾ Ce Château sert de prison d'Etat. ∾ Il est désarmé depuis la paix avec l'Espagne.

§. III.

Caserne.

Il y a, à Tarbes, deux bâtimens consacrés au logement des militaires. C'est l'ancien séminaire et l'ancien couvent des Ursulines. ∾ Celui-ci a besoin de beaucoup de réparations. ∾ En y faisant des écuries, il pourrait loger un régiment de cavalerie. ∾ Le séminaire est en meilleur état. Mais il est mal distribué. ∾ Il a servi d'hôpital militaire pendant la guerre d'Espagne. ∾ Il est maintenant occupé par la manutention.

Il n'y a rien dans le département pour l'armement et l'habillement des troupes. ∾ Le service des subsistances, la fourniture des fourrages et du chauffage, les transports, militaires se font par entreprise. ∾ Les agens principaux de ces différens services, sont au chef-lieu de la division. ∾ Le commissaire des guerres du département, veille à ce qu'ils se fassent exactement.

Il n'y a rien pour la fabrication des poudres et salpêtres.

Un capitaine du génie fait le service de cette arme aux établissemens de Tarbes, Lourdes et Barèges. ∾ Il réside à Tarbes.

ENSEIGNEMENT PUBLIC, ÉDUCATION DOMESTIQUE, IDIOME, ARTS ET BELLES-LETTRES.

L'enseignement public a éprouvé bien des vicissitudes depuis 1789. ∾ La Constituante eut la pensée de créer un systême d'éducation nationale. ~ Le malheur des temps détruisit tout enseignement jusqu'à l'an 3. ~ L'école centrale de Tarbes fut installée à la fin de l'an 4. ~ Elle a eu depuis 80 jusqu'à 120 élèves ~ Cet établissement a été discrédité par des préventions et des préjugés. ~ L'ordre des cours, par rapport au nombre des élèves qui fréquentent chacun d'eux, est le suivant : Dessin, Mathématiques, Latin, Grammaire générale, Littérature, Législation, Physique et Chimie, Histoire, Histoire naturelle ; ce dernier cours était un des plus fréquentés, et occupait le 3.e rang sous M. Ramond. ~ Il n'y a jamais eu de pensionnat attaché à l'école. ~ Il n'y a point d'écoles secondaires dans le département. ~ Il existe des maitres d'école dans presque toutes les communes. ~ Les écoles centrales ont l'avantage d'offrir la combinaison de l'enseignement élémentaire avec l'enseignement transcendant. ~ Il ne leur manque que d'être accrédités par le nouveau Gouvernement. ~ Il faudrait remplir l'intervalle qui sépare l'enseignement primaire, de celui des écoles centrales. ~ Il serait utile de former un corps de professeurs, qui remplace les anciens corps enseignans. ~ Nécessité d'une école normale.

Il y a dans le jardin de l'école, une collection fort incomplette de plantes indigènes, que M. Ramond avait commencée, et que son successeur, M. Ronné, a beaucoup accrue. Elle pourrait devenir intéressante, si on y réunissait toutes les plantes des Hautes-Pyrénées, qui pourraient supporter la transplantation dans la plaine.

Il n'y a point de cabinet de minéraux ; c'est un établissement qu'on aurait pu former avec beaucoup d'avantages, et qui ne saurait être mieux placé qu'aux pieds des Pyrénées, afin d'y réunir des échantillons de toutes les substances minérales que ces montagnes recèlent.

La bibliothèque de l'école a été formée de celles des colléges et des maisons religieuses qui existaient dans le département ; on y a joint les livres qui se sont trouvés chez les émigrés. Elle abonde en ouvrages sur le droit et la religion ; elle renferme de très belles bibles hébraïques, grecques et latines; la bible polyglotte de le Jay, les belles éditions des PP. par les Bénédictins, etc.... Les ouvrages de littérature ancienne sont plus nombreux que ceux de littérature moderne; il y a, en anglais, de bons ouvrages sur le droit public, sur la législation de l'Angleterre, quelques poëtes, etc..... Les ministres de l'intérieur y ont successivement envoyé beaucoup d'ouvrages nouveaux, principalement sur l'histoire naturelle et l'idéologie. Cette bibliothèque peut renfermer environ dix mille volumes.

Les jeunes demoiselles ne reçoivent presque toutes qu'une éducation domestique, et il y a très-peu d'écoles qui leur soient destinées. On en compte 4 ou 5 à Tarbes, dont trois sont tenues par des ex-religieuses; on y enseigne à lire, à écrire et à chiffrer, la morale chrétienne et le travail manuel qui convient au ménage. Je ne saurais faire mention des établissemens de ce genre qui existent dans quelques autres communes, et on peut les regarder comme nuls. Les familles un peu aisées envoient leurs demoiselles dans des pensions à Toulouse, à Bordeaux ou dans d'autres villes plus voisines, pour recevoir une éducation soignée; mais le nombre de ces familles est très-petit; la plupart des mères servent d'institutrices à leurs filles; l'instruction qu'elles en reçoivent est bien bornée; elles prennent dans la société l'usage du monde, et c'est un supplément nécessaire à des soins le plus souvent mal entendus.

L'immense majorité de la population de ce département ne sait ni lire ni écrire, et il est un grand nombre de communes où il est impossible de trouver une seule personne qui connaisse les principes les plus grossiers de ces deux arts, qui sont d'une importance si majeure, par les changemens qu'ils peuvent apporter à l'existence de la masse du peuple. On ne voit encore presqu'aucune relation entre elle et la classe éclairée de la société, qui est plus restreinte que partout ailleurs dans les Hautes-Pyrénées, quoiqu'il y ait quelques personnes instruites, et une aptitude assez générale au développement des facultés morales, et à l'acquisition des connaissances. L'ignorance presqu'absolue qui caractérise la population de ces contrées, doit donc être uniquement attribuée à cet isolément universel, à ce défaut de communications intellectuelles qui subsistera toujours, tant qu'on ne recourra pas aux seuls moyens qui existent de propager et étendre l'étude de ce qu'il importe à chacun de connaitre pour son propre avantage et pour le bien de tous, l'*écriture* et la *lecture*.

Les agriculteurs n'apprennent et ne savent rien des dispositions législatives ou réglementaires qui intéressent leurs personnes, leurs propriétés et leurs droits respectifs, que par la communication et les interprétations d'un maire qui lui-même, souvent, ne sait ni lire ni écrire, ou, ce qui est pis encore, lit et conçoit fort mal ; en sorte que les bienfaits de l'imprimerie, de cette découverte si justement vantée, sont perdus pour la très-grande majorité des habitans de l'Etat le plus civilisé de l'univers. Je répéterai encore ici, que des avantages auxquels une très-petite classe participe toute seule, doivent être comptés pour bien peu de chose en économie publique.

Dans les campagnes, les enfans sont allaités, caressés et tendrement soignés par leurs mères ; nourris, chauffés, allités et habillés de la même manière et aussi grossièrement que leurs parens. En général, toute l'éducation qu'ils reçoivent, est de participer aux travaux domestiques, dès qu'ils en sont susceptibles, et en raison de leur âge et de leur sexe. Les mères cependant leur apprennent, dès le berceau, les signes extérieurs de la religion, et leur inspirent de bonne heure la croyance en Dieu, comme auteur de tout ce qui leur arrive de bien et de mal. Là où il y a des écoles, les garçons y sont envoyés dès l'âge de 4 ans ; ailleurs, les enfans de l'un et de l'autre sexe sont indépendans et sans aucun assujettissement jusqu'à l'âge de 7 ans à peu près, époque à laquelle les filles prennent la quenouille, à l'imitation de leur mère ou de leur sœur aînée, et les garçons s'occupent à garder les troupeaux. Ceux-ci, parvenus à l'adolescence, commencent à manier la charrue, ainsi que les autres instrumens aratoires, et à faire tous les travaux qu'exige la culture des champs. L'exemple de leur père leur sert d'enseignement, et ils parviennent peu à peu à faire tout ce qu'il fait lui-même. Ils connaissent, même avant d'être des hommes faits, toute l'industrie routinière qui est journellement sous leurs yeux; mais aussi il leur arrive rarement de la dépasser. L'imagination et la mémoire sont chez eux des facultés presque nulles, parce que rien ne tend à les développer; et leur jugement, assez sain lorsqu'il porte sur des objets sensibles et grossiers, se trouve en défaut lorsqu'il se compose de notions que la mémoire retrace mal, ou qui devraient être éclairées par des rapprochemens d'idées, dont leur entendement obtus est incapable.

L'idiome des Hautes-Pyrénées a le caractère de tous les patois méridionaux de la France; il est vif, hyperbolique, et bizarrement syncopé; les articulations des voix en sont dures, mais expressives; il est fortement accentué, ce qui lui donne beaucoup de prosodie et d'expression; il se rapproche du gascon, et on voit aisément qu'il est, comme lui, un des nombreux jargons qu'a produit la langue romance, et dans lesquels on trouve beaucoup de mots qui appartiennent au français, à l'italien et à l'espagnol, avec lesquels ils ont une origine commune, mais dont ils n'ont pu atteindre le développement et la perfection. On trouve aussi dans le langage du pays, quelques mots anglais, dont il s'est sans doute enrichi à l'époque où cette nation possédait, avec la Guienne, la Gascogne et le Bigorre. Il y a, enfin, plusieurs mots qui n'ont aucun rapport avec les langues méridionales, et dont le caractère se rapproche de ceux qui composent les langues du nord: ils peuvent être des restes de la langue des Celtes qui peuplèrent anciennement cette contrée, et de celle des Gots et des Visigots qui l'ont habitée postérieurement.

Le patois des Hautes-Pyrénées est doué d'une certaine abondance, d'une certaine richesse qui le rend propre à exprimer toutes les sensations, tous les besoins, tous les rapports sociaux, et même, à certains égards, avec une précision et une finesse qu'il serait peut-être difficile d'égaler dans des langues mieux faites. Il renferme beaucoup de mots propres, qu'on ne saurait traduire dans une autre langue, et qui peignent avec exactitude et précision, les objets ou les idées qu'ils représentent; beaucoup de nuances sont exprimées par des mots synonimes en apparence, mais dont la signification est cependant très-distincte.

Les terminaisons des mots sont presque toutes des voyelles bien articulées; l'*a*, l'*ou*, l'*o* ou l'*é* fermé, abondent le plus; quelquefois le mot est terminé par une consonne précédée d'une voyelle brève, ce qui donne à l'expression de la force, mais un peu de rudesse.

En général, les langues suivent, dans leur développement, les penchans et le caractère des peuples qui les parlent, et cela est également vrai des idiomes particuliers; aussi voit-on que celui de ce pays-ci, dont les habitans sont enclins aux passions vives et gaies, est plus propre à rendre les idées qui se rapportent à ces dispositions habituelles de l'ame, que celles qui naissent de dispositions toutes contraires. Le patois se prête aisément à la fine plaisanterie; et les personnes lettrées, celles qui composent la bonne société, savent très-bien l'employer à cet usage; ils le préfèrent même, sous ce rapport, à la langue française. Il y a beaucoup de mots qui font image, beaucoup d'expressions imitatives que les gens d'esprit recherchent et savent employer avec beaucoup de succès. Souvent, dans la conversation, ils entremêlent une phrase du pays avec le français, dont ils se servent pour leur narration, et cela donne du sel, du piquant, de la vivacité au discours.

L'idiome de ce département, éprouve beaucoup de modifications selon les lieux; on ne le parle pas à la montagne comme dans la plaine, dans les campagnes comme à la ville : il varie quelquefois par la contexture des mots, ou par la construction de la phrase, souvent par la prononciation, par le plus ou le moins d'accent; ce qu'il a de commun avec toutes les langues et tous les idiomes possibles.

Les beaux arts ont été très-peu cultivés dans cette région de la France, et la série des siècles qui précèdent n'a produit aucun monument, aucune composition qui soit digne d'attention; la peinture, la sculpture, la gravure, l'architecture, la musique et la littérature, y ont toujours été très-imparfaitement connues; et on en trouve la raison, non dans le caractère des peuples, dont l'imagination vive et l'esprit pénétrant auraient dû, au contraire, produire de grands résultats sous un aussi beau ciel, mais dans la privation absolue qu'a toujours éprouvé cette contrée, purement agricole, de toute communication avec les grandes cités et les contrées populeuses, où les richesses ont fait naître les arts, enfans du luxe et de l'oisiveté. A peine y a-t-il un siècle que le Bigorre et les autres pays qui composent aujourd'hui le département, étaient encore privés des moindres aisances de la vie; et il a fallu long-temps avant que les pères de famille aient pu songer à cultiver les facultés naturelles de leurs enfans. Il en est peu, présentement même, qui puissent les envoyer, pour leur éducation, dans de bons pensionnats, et dans les villes qui sont le centre du goût et des lumières; les fortunes sont trop bornées pour permettre de grandes dépenses; et de même qu'il est peu de départemens où l'on trouve d'aussi heureuses dispositions dans l'esprit et le caractère de la jeunesse, il en est peu aussi où l'on soit autant privé des moyens nécessaires pour les développer.

On ne peut citer aucun artiste marquant qui appartienne à ce département, ou par son éducation, ou par sa naissance, si ce n'est *Lays*, dont la juste célébrité s'est étendue dans toute l'Europe. Il est natif d'un petit endroit situé à l'entrée de la vallée d'Aure, tout près de Sarancolin; et c'est à la cathédrale d'Auch qu'il reçut sa première instruction musicale. Il serait superflu de parler des talens de cet artiste, qui sait allier la noble simplicité du chant français à la méthode parfaite du chant italien, et dont la voix aussi sensible qu'étendue, se prête à tous les tons, à toutes les manières, à tous les genres, et se fait admirer des connaisseurs, comme elle plaît aux plus ignorans. Mais il n'est pas indifférent de faire remarquer que *Zéliotte* était né dans le département des Basses-Pyrénées; et que *Garat* appartient, par sa naissance, à celui des Landes. Cette rencontre de la naissance de trois hommes d'un talent si supérieur, dans des territoires aussi rapprochés, n'est pas l'effet du hazard; elle tient à des causes locales qui peuvent reproduire les mêmes effets.

Les voix sont d'une bonne qualité dans ce département, et l'on pourrait en dire autant de ceux qui l'avoisinent. Il n'est pas rare d'y en trouver de très-étendues et de la plus grande justesse. Parmi les jeunes gens, on distingue des *tenore* et des *hautes-contre*, qualités de voix qui deviennent tous les jours plus rares.

Il semble donc qu'afin de conserver à notre opéra national la supériorité sur les autres théâtres chantans de l'Europe, il serait convenable que le conservatoire de musique cherchât à recruter des élèves dans les contrées qui peuvent en fournir le plus, et particulièrement dans le midi de la France. Il pourrait déléguer, à des époques réglées, un commissaire chargé de choisir parmi les jeunes gens qui montreraient des dispositions, ou qui seraient jugés capables de soutenir la réputation et la gloire de notre scène lyrique. Ce département fournirait des chanteurs, et même des instrumentistes. La souplesse des organes et l'instinct musical se font remarquer ici plus que dans beaucoup d'autres départemens.

Quant aux belles-lettres, depuis *Paulus Axius* (*), orateur et poëte distingué, qui professait la rhétorique à Bordeaux, du temps de l'empereur Gratien, il faut venir presque jusqu'à nos jours

---

(*) Il était natif du pays de Bigorre, et il y faisait quelquefois sa retraite en sa petite maison nommée *Crebennus*, située en Bigorre, dans un quartier dénué de vignes. (*Demarca*).

pour leur trouver quelques disciples zélés : *Michel de Castelnau*, qui vivait vers le milieu du 16.e siècle, issu d'une famille de Touraine, originaire de ce pays-ci, fut envoyé, par la cour, en Savoie et à Rome, puis en Angleterre, comme ambassadeur. Il fut regardé comme un des premiers hommes de son siècle, et il a laissé des mémoires justement estimés. *Louis-Gile de Cardeillac d'Ozon*, fut également un littérateur distingué ; il était abbé de Saint-Sera, en Poitou, et mourut à Paris en 1732. L'abbé *Torné* (*), qui fut prédicateur du roi, publia, dès son jeune âge, des élémens de mathématiques ; il fit ensuite des sermons qui eurent un grand succès à la chaire ; il avait de l'esprit et du savoir. Il est mort il y a peu d'années.

M. *Despourrins* (**), grand-père de celui d'aujourd'hui, a fait des chansons béarnaises, où l'on trouve des pensées vraiment poétiques, ornées de toutes les grâces du langage ; il a écrit dans cet idiome, avec le goût et la finesse que pourraient comporter les langues les plus harmonieuses, les plus propres à peindre les idées érotiques et champêtres. Voici quelques-unes de ces productions, avec la traduction interlinéaire pour ceux qui n'entendent pas la langue.

CHANSON PASTORALE.

Lahaout sus las mountagnes, u pastou malhurous,
Là haut sur les montagnes, un pasteur malheureux ;

Sedut aou pé d'u haou, negat en plous,
Assis au pied d'un hêtre, noyé dans ses larmes,

(*) Il habitait, dans les dernières années de sa vie, le *prieuré de St. Paul*, près de Campan, dont il avait fait un lieu de délices.

(**) Il habitait *Miramont*, lieu de plaisance situé près de St.-Savin, dans le vallon d'Argelés ; c'est là qu'il cultivait sa muse, et qu'il se livrait à son goût dominant. Il y fit construire une belle maison, dont il fit un séjour enchanté ; la société la mieux choisie était la sienne, dans le temps des eaux, et on allait de Cauteretz, de St.-Sauveur et de Baréges, visiter cet homme aimable.

Sounyabe sou cambiamen de sas amous.
Songeait au changement de ses amours.

Cò leouyé, cò boulatye, dizé l'infourtunat,
Cœur léger, cœur volage, disait l'infortuné,

La tendresse et l'amou que you t'èy dat,
La tendresse et l'amour que je t'ai donné,

Soun aco lous rebuts qu'èy méritat?
Sont-ce là les rebuffades que j'ai mérité?

Despuch t'es acoustade dab yen de counditiou,
Depuis que tu t'es acostée avec des gens de condition.

As prés u ta haout bol, que ma maysou
Tu as pris un si haut vol, que ma maison

N'èy prou haoute enta tu d'u cabirou.
N'est assez haute pour toi d'un chevron.

Tas oilles dab las mies nous'dégnen plus mescla,
Tes brebis avec les miennes ne se daignent plus mêler,

Et tous superbs moutous, despuch ença,
Et tes superbes béliers, depuis lors,

Nou s'appressen d'cous miés qu'ent'aous tuma. (1)
Ne s'approchent des miens que pour les battre.

Encor que you siey praoube dens moun petit estat,
Encore que je sois pauvre dans mon petit état,

Aymi mey moun berret tout espelat,
J'aime mieux mon berret tout pelé,

Que nou pas lou plus bet chapeou bourdat.
Que non pas le plus beau chapeau bordé.

Adiou, cò de tigresse pastoure chens amou;
Adieu, cœur de tig[illegible], bergère sans amour,

---

(1) Ce mot peint les coups de tête que se donnent les béliers.

Cambià, bé pos cambià de serbidou,
Changer, oui, tu peux changer de serviteur,

Yamey nou'n troubaras u taou coum you.
Jamais tu n'en trouveras un tel que moi.

AUTRE.

Deous traits d'ue brunette
Des traits d'une brunette

Moun cò s'ey alebat, (*)
Mon cœur s'est blessé,

Sous oueils et sa bouquéte
Ses yeux et sa petite bouche

Tous mous sens an charmat;
Tous mes sens ont charmé;

Sa gorye clariante
Sa gorge demi transparente

Resplendech coum lou sou,
Resplendit comme le soleil,

Sa taille trioumphante
Sa taille majestueuse

Qu'em ha mouri d'amou.
Me fait mourir d'amour.

Despuch que you t'ey biste,
Depuis que je t'ai vue,

You soy tout interdit;
Je suis tout interdit;

En tu, bère Caliste,
En toi, belle Caliste,

Soun moun cò, moun esprit.
Sont mon cœur, mon esprit.

En tu bé soun fixades
En toi tout-à-fait sont fixées

Mas richesses, mous bés;
Mes richesses, mes biens;

En tu soun acoustades
En toi sont placées

Mas joyes, mous plasés.
Mes joies, mes plaisirs.

Ni las roses musquétes,
Ni les roses musquées,

Ni la flou deou buissou,
Ni la fleur du buisson,

N'égalen tas poupétes
N'égalent ton sein

Ni'n aoudou, ni'n blancou:
Ni en odeur, ni en blancheur:

Hurouse la manéte
Heureuse la petite main

Qu'u die aoura l'aounou
Qui un jour aura l'honneur

De tira l'esplinguéte
De tirer l'épinglette

Qui las tien en présou.
Qui les tient en prison.

---

(1) Mot impossible à rendre, et qui peint l'état d'un cœur violemment épris.

Ataou coum las flourétes
De même que les fleurs
Poussen aou més d'abriou,
Poussent au mois d'avril,
Las grâces gentillétes
Les grâces gentillettes
Qu'et seguin d'ab u hiou;
Te suivent par un fil;
Brillante coum l'aurore,
Brillante comme l'aurore,
Bère coum lou lugrà, (1)
Belle comme l'étoile du soir,
Plus charmante que Flore,
Plus charmante que Flore,
Qui't poudra résistà?
Qui te pourrait résister?

Si tu yères estade
Si tu y avais été
Dessus lou Mount-Ida,
Dessus le Mont-Ida,
Quouan la poume daourade
Quand la pomme dorée
L'aout'cop s'y disputa,
Autrefois s'y disputa,
Per chic que t'ousse espiade
Pour peu que t'eût regardée
Aquet yenti pastou,
Ce gentil pasteur,
Bé la t'aouré baillade
Assurément il te l'aurait donnée
Chense nade fabou.
Sans aucune faveur.

CHANSON ÉLÉGIAQUE.

Bear. bergère toute en plous,
Certaine bergère toute en pleurs,
Ataou countabe sas doulous:
Ainsi racontait ses douleurs:
Moun bet bergé ben ère arribat
Mon beau berger bien était arrivé
'T'am tiene sa prouinesse,
Pour me tenir sa promesse,
U cruel hât qu'aou m'en a enlhebat;
Un cruel destin me l'a enlevé;
Ah! la courte allegrésse!
Ah! la courte allégresse!

Fidel Pigou (2), tu qu'as aoudit
Fidelle Pigou, toi qui as entendu
Ço qu'et m'abé tant de cops dit,
Ce que lui m'avait tant de fois dit,
Et qui't plazés aou me caressa,
Et qui te plaisais à me le caresser,
Permou que you l'aymabi,
Parce que je l'aimais,
Et qui pertout l'anabes cerca,
Et qui partout l'allais chercher,
Ayd'aoum'a ploura, sabi.
Aide-le-moi à pleurer, viens.

---

(1) Vénus, ou l'étoile du berger.

(2) C'est le nom d'un chien.

Triste troupet, b'es esbarrit!
Triste troupeau, que tu es dispersé!

Lou bou pastou ben éy partit;
Le bon pasteur bien est parti;

Bous, agnerous, qui dessus las flous
Vous petits agneaux, qui dessus les fleurs

Aoutour d'et gambadabet,
Autour de lui gambadiez,

Per aci enlà n'aou caou més cerca;
Autour d'ici il ne le faut plus chercher;

En balles nou bélabet!
En vain vous ne béliez! (*)

Roussignoulet, qui ères yalous
Petit rossignol, qui étais jaloux

Quouan entenès sa bère bous,
Quand tu entendais sa belle voix,

Are bé pos tout soulet canta
Maintenant tu peux tout seulet chanter

Chens crente que t'effacen,
Sans crainte qu'on t'efface,

Si mous soupirs nou't bienen troubla
Si mes soupirs ne te viennent troubler

Ou si's pot que nou't glacen.
Ou s'il se peut qu'ils ne te glacent.

AUTRE.

Aou mounde nou y a u pastou
Au monde il n'y a un pasteur

Tan malhurous coum you;
Si malheureux que moi;

Yamey arrés n'ac crederé,
Jamais personne ne le croirait,

You nou counéchi nat plazé,
Je ne connais aucun plaisir,

Despuch lou malhur ey entrat
Depuis que le malheur est entré

Dedens lou mié clédat.
Dans ma bergerie.

Nou mancabi d'or ni d'aryen,
Je ne manquais d'or ni d'argent,

Ah! Diou, b'éri counten!
Ah! Dieu, que j'étais content!

Et l'agnére, deou sou coustat,
Et l'agnelle, de son côté,

Que m'aymabe; Diou, deou me hât!
Qui m'aimait; Dieu, quel est mon sort!

Tous mous plazés et mas gaouyous
Tous mes plaisirs et ma gaieté

Cambiats soun en doulous.
Changés sont en douleurs.

Lou ceou bé s'ère dibertit
Le ciel bien s'était diverti

A'm dà u estat flurit;
A me donner un état fleuri;

Aou miey de ma prouspéritat,
Au milieu de ma prospérité,

Ue agnére abi dens lou clédat,
Une agnelle j'avais dans la bergerie,

L'array deou sou que s'escounè
La lumière du soleil se cachait

Quouan ére pareché.
Quand elle paraissait.

---

(1) Sorte de pronostic superstitieux. On sait que les gens de la campagne y croient facilement.

La qui dessus lou Mount-Ida
Celle qui dessus le Mont-Ida
La poume s'empourta,
La pomme remporta,
Yamey abou tan d'esplandou;
Jamais n'eut tant d'éclat;
You nou'n saberi dise prou:
Je n'en saurais dire assez:
Yalous qu'ère lou diou d'amou
Jaloux était le dieu d'amour
D'aquére bère flou.
De cette belle fleur.

A l'égard deous aoutes pastous,
A l'égard des autres pasteurs,
Ah! Diou, b'èren yalous!
Ah! Dieu, qu'ils étaient jaloux!
En bagnaou la tarridaben,
En vain ils la convoitaient,
Yamey arré que n'ey gagnaben;
Jamais rien ils n'y gagnaient;
Ere que n'entené nat sou
Elle qui n'entendait aucun son
Que lou deou me clarou.
Que celui de mon clairon.

Quouan yougabi deou flayoulet,
Quand je jouais du flageolet,
Hasé l'arricouquet;
Elle faisait la cabriolle;
Aou miei deou troupet, d'u air gauyous,
Au milieu du troupeau, d'un air joyeux,
Que coumbidabe las amous,
Elle conviait les amours,
Et cent cops qu'ère répétat
Et cent fois était répété
L'air qui l'abi amuchat.
L'air que je lui avais enseigné.

Ataou pergude que s'en éy.
Ainsi perdue elle est.
Moun Diou! b'éy lou gran gouey!
Mon Dieu! que c'est un grand chagrin!
Despuch l'agnere s'esbarri,
Depuis que l'agnelle a disparu,
Yamey you n'ey poudut droumi;
Jamais je n'ai pu dormir;
Despuch ença soy demourat
Depuis lors je suis demeuré
Coum u désenciat.
Comme un insensé.

LE DÉPART D'UN MILICIEN.

Adiou, la bère Margoutou,
Adieu, la belle Margoton,
Tu bas perde toun serbidou;
Tu vas perdre ton serviteur;
You m'en baou parti
Je m'en vais partir

Per lou rey serbi:
Pour le roi servir:
Maoudite sie la guerre!
Maudite soit la guerre!
Dens las amous,
Dans les amours,

Tà malhurous
Si malheureux

Nou'n badin sus la terre.
Il n'en naît pas sur la terre.

Dens moun estat bibà counten,
Dans mon état je vivais content,

Nou mancabi d'or ni d'aryen;
Je ne manquais d'or ni d'argent;

De bets chibaous,
De beaux chevaux,

De riches cabaous,
De riches profits,

Ségu de ta tendresse.....
Sûr de ta tendresse.....

Tout b'ey perdut,
Tout j'ai perdu,

Lou sort m'ey cadut,
Le sort m'est tombé,

Las! Diou, quine tristesse!
Hélas! Dieu, quelle tristesse!

You bé t'aymi, et t'aymerey,
Je t'aime, et t'aimerai,

Margoutou, tan que you biourey;
Margoton, tant que je vivrai;

Si pous quità,
Si je puis quitter,

Betleou baou tourna;
Bientôt je vais revenir;

Et quouan serey en campagne,
Et quand je serai en campagne,

Si y a papé,
S'il y a du papier,

You be t'escriouré
Je t'écrirai

Deou houns de l'Allemagne.
Du fond de l'Allemagne.

Tu b'aouras recoumandatious,
Tu auras recommandations,

Et noubelles de mas amous;
Et nouvelles de mes amours;

Toun noum aou cap,
Ton nom à la tête,

Et Pierre sinnat.
Et Pierre signé.

En lettres d'or, per adresse,
En lettres d'or, pour adresse,

Y aoura dessus:
Il y aura dessus:

Aquets mouts sien renduts
Que ces mots soient rendus

A ma bère mestresse.
A ma belle maîtresse.

Si mouri, bère Margoutou,
Si je meurs, belle Margoton,

Aco sera deou maou d'amou,
Ce sera du mal d'amour,

You en soy counten;
J'en suis content;

Et per testamen,
Et par testament,

Bouy esta boutat en terre,
Je veux être mis en terre,

Et sus lou clot
Et sur la fosse

Qu'ey aye, Margot:
Qu'il y ait, Margot:

Ci-gît toun amic Pierre.
Ci-gît ton ami Pierre.

Ces poésies sont répandues dans ces contrées, comme celles de nos troubadours l'étaient il y a quelques siècles ; elles sont confiées à la mémoire et à la tradition populaires ; un jour, peut-être, des rapsodes les *colporteront comme autrefois celles* d'Homère et d'Ossian. Le Poëte des Pyrénées est sans doute resté fort loin de ces modèles, et ses productions n'offrent pas le même intérêt, mais elles sont un monument pour ce pays-ci ; les étrangers qui fréquentent les eaux thermales, en rapportent des fragmens qu'ils retiennent aussi de mémoire, ou qu'ils écrivent sous la dictée.

Je pourrais parler de plusieurs autres littérateurs ou savans qui vivent encore, et qui font honneur au pays ; mais ils n'ont pas encore fourni toute leur carrière, et mon jugement serait anticipé.

MOEURS ET HABITUDES SOCIALES.

Ce département présente, comme tous les autres, deux classes très-distinctes d'habitans, considérés sous le rapport de leurs habitudes sociales ; savoir : celle des gens aisés qui ont reçu de l'éducation, et celle des individus qui, adonnés dès leur enfance au travail manuel, ne participent point aux connaissances et aux lumières qui sont comme le domaine exclusif des premiers. La classe ignorante est, ici comme partout, infiniment plus nombreuse que celle des personnes instruites ; c'est elle qui, à proprement parler, compose le corps du peuple, dont la seconde n'est qu'une très-petite partie. Celle-ci ne laisse pas cependant que d'être très-influente ; c'est elle qui dirige l'opinion, modifie les mœurs, et forme l'esprit public.

Outre que l'instruction, comme je l'ai dit plus haut, est généralement moins répandue dans ce département excentrique et montueux, que dans beaucoup d'autres, on y voit peu de personnes très-éclairées. Le défaut de grands établissemens destinés à l'enseignement public, et la médiocrité des fortunes qui

ne

ne permettent guère aux pères de famille d'envoyer leurs enfans à de grandes écoles, ont toujours empêché la culture et le développement des facultés et de l'aptitude qu'apportent en naissant la plupart des hommes de ces contrées, où l'on trouve beaucoup de ce qu'on appelle de l'esprit naturel. Le voisinage de l'université de Toulouse n'était cependant pas d'une influence tout à fait nulle pour ce pays-ci, et l'école de droit spécialement, de même que le barreau des parlemens de Toulouse et de Pau, y ont fait naître quelques talens dans la jurisprudence.

Les mœurs et le caractère des personnes éclairées, ou qui ont reçu de l'éducation, dans ce département, sont à peu de chose près les mêmes que partout. La fréquence des communications, la communauté d'idées et d'usages qui en résulte, a effacé presque toutes les différences que les localités et le caractère primitif des peuples comportent, et il n'y a réellement plus aujourd'hui qu'un seul esprit de société parmi les personnes du monde, de tout l'Empire; on pourrait même dire, de toutes les nations qui forment l'Europe civilisée. A Tarbes, et dans les principales villes du departement, dans les lieux surtout où affluent les étrangers qui fréquentent les eaux thermales, on voit une urbanité, une politesse aussi parfaite que dans les plus grandes villes; on y trouve de la sociabilité, du liant, et toutes les prévenances qui peuvent rendre ce séjour agréable aux étrangers. De la part de ceux qui tirent profit de leur affluence, ce sont des soins intéressés, des démonstrations engageantes; dans les personnes qui n'en attendent rien, ce sont les manières et le ton de la véritable civilité, dont les étrangers eux-mêmes apportent le type, et que la souplesse d'esprit, la flexibilité d'organes des habitans, sait s'approprier sans ridicule et sans affectation. On découvre dans le fond du caractère des personnes qui composent ce qu'on appelle la bonne compagnie, des passions vives et promptes, comme dans tous les départemens méridionaux; certaine disposition à l'irascibilité, ou du moins à l'impatience; beaucoup plus d'imagination que de jugement; de la sensibilité, qui souvent dégénère en susceptibilité; de la tendance à l'envie et aux jalousies personnelles; quelquefois un faux amour propre, qui fait attacher à de très-petites choses, plus d'importance qu'elles ne devraient en avoir; un esprit de parti, enfin, qui, souvent, est accompagné d'entêtement ou d'obstination que l'on prend pour du caractère. En général, on s'occupe beaucoup, par curiosité, de tout ce qui se passe chez le voisin; et cette curiosité conduit souvent à des réflexions, à des remarques malignes. Il est des caractères durs, secs et cassants; il en est de souples, qui, pour parvenir à leur but, savent très-bien se plier aux circonstances: on ne rencontre point toute la loyauté, toute la franchise qui serait à désirer dans le commerce de la vie; mais il est, à cet égard, des hommes justement estimés. Il est peu d'exemples frappans des inconvéniens qu'entraînent après elles les passions haineuses. Le caractère des habitans de ce département est trop vif, trop léger, trop mobile, pour qu'elles puissent s'enraciner dans les cœurs, et y causer de grands ravages. Le Bigorrais met plus de piquant que de méchanceté dans ses offenses; il recherche plutôt le triomphe de son amour propre, que la vengeance. Si cet amour propre était bien dirigé et plus éclairé, la source la plus féconde des petites dissensions domestiques serait tarie.

Les femmes ont beaucoup contribué, dans ce pays, à adoucir les mœurs; et l'empire presqu'illimité que leur a donné l'esprit de galanterie qui caractérise le Français, se retrouve ici comme dans les autres contrées de l'Empire. Elles aiment la société; les hommages de notre sexe les flattent; mais plus qu'ailleurs, peut-être, elles savent contenir, dans de justes bornes, les prétentions de ceux que la mode rend leurs adorateurs, et qu'une fréquentation qui n'est ni habituelle ni journalière, ne peut faire admettre, dans une telle intimité, que la paix des ménages en soit troublée, ou que des soupçons injurieux provoquent de la mésintelligence entre les époux. Il est peu de maris qui se *montrent* susceptibles de jalousie;

presque tous *semblent* avoir une confiance illimitée dans la foi conjugale, et sont liés d'amitié avec ceux qui fréquentent leur maison.

Presque partout, l'usage et le bon ton veulent qu'une femme jeune, jolie, soit courtisée, et qu'elle tienne cercle chez elle; on compte ses attraits; on apprécie les qualités qui la distinguent, par le nombre des personnes qui sont assidues auprès d'elle. Plus sa cour est nombreuse, mieux elle est choisie, et plus son mérite est grand. C'est le triomphe de la coquetterie, et ce sentiment, qui est l'amour propre des femmes, est souvent le seul qui provoque leurs soins, dirige leurs affections et dicte leurs préférences, qui, le plus souvent, n'ont aucune réalité injurieuse pour les époux. Si les apparences sont trompeuses, les mœurs n'y perdent rien au fond; et on peut dire des Françaises en général, qu'il y a chez elles plus de vanité que de corruption.

A Tarbes, ce ne sont, le plus souvent, que de simples liaisons de parenté, nécessairement très-nombreuses dans une aussi petite ville; des habitudes de l'enfance qui commandent et entretiennent les assiduités qu'on a lieu de remarquer chez quelques dames. Presque toutes, dans les Hautes-Pyrénées, ont beaucoup de sensibilité, l'imagination prompte, et les passions très-vives; mais celles-ci n'ont pas toujours une longue durée; l'amour, qui est celle dans laquelle toutes les autres viennent se confondre, y dégénère quelquefois en galanterie, et les goûts remplacent la passion. En général, cependant, les femmes sont aimantes, et les attachemens solides et durables, fondés sur une estime réciproque, et cimentés par le pur sentiment, n'y sont pas sans exemple.

Les demoiselles observent communément la conduite des mères, et règlent leurs goûts, leurs penchans, sur ce qu'elles voient. Le petit fond de prétentions et de coquetterie qu'elles apportent en naissant, se développe bien vite lorsqu'on prend soin de flatter leur vanité, et de leur inspirer le goût de la parure; lorsqu'on s'empresse de les produire dans la société où mille exemples leur apprennent à trouver leur satisfaction dans de fades éloges, sur les qualités qu'elles ont ou qu'elles n'ont pas, et à ne plus voir dans les hommes que des sujets soumis à leur empire, empressés à satisfaire tous leurs caprices, faits pour regarder leurs désirs comme des lois absolues. Choisissent-elles un époux? c'est un esclave très-soumis qu'elles croient prendre, au lieu d'un appui, d'un protecteur, d'*un ami*. Ces fausses idées, dont on nourrit l'esprit des demoiselles dès leur plus tendre enfance, contribuent le plus à en faire de mauvaises mères de famille, leurs principes se trouvant en opposition directe avec tous les devoirs que leur impose la nature dans le mariage. Au lieu d'être soumises, elles sont impérieuses; au lieu d'être simples et modestes, elles deviennent exigeantes et fâcheuses; au lieu de s'adonner aux soins du ménage, pour lesquels elles sont nées, elles ne s'occupent qu'à prévenir ou vaincre les obstacles qui peuvent contrarier leur indolente oisiveté, ou les priver des jouissances factices auxquelles elles attachent tout leur bonheur; et c'est ainsi que les mœurs de Paris ont passé dans les grandes villes, où il est tout aussi difficile de les réformer que dans le berceau où elles sont nées. Mais dans ce département excentrique et pauvre, les demoiselles sont presque toujours sous les yeux de leur mère, et elles s'habituent de très-bonne heure aux occupations du ménage; elles ont beaucoup de goût pour les ouvrages en tricot et pour les broderies; elles sortent fort peu, et seulement pour visiter quelques amies. La plupart ne paraissent jamais dans la société, si ce n'est dans le temps des bals; elles contractent, dans une vie très-retirée, l'habitude des soins domestiques qui appartiennent à leur sexe. Le goût des faux plaisirs a sur elles peu d'empire; elles suivent, en cela, l'exemple de leurs mères.

Ce que j'ai à dire des mœurs et du caractère de la classe manouvrière de la société, se divise naturellement en plusieurs parties, en raison des professions et du territoire. Les ouvriers et les artisans qui habitent les villes, participent plus ou moins aux usages et à la corruption, qui semblent être le résultat inévitable de l'association. Ils sont, en général, assez industrieux; cependant les arts et les métiers ne sont pas portés, dans les villes de ce département, au degré de perfectionnement qu'ils ont atteint dans nos villes de luxe, et dans nos communes manufacturières.

Quant aux habitans de la campagne, je les distingue en trois cathégories : ceux des vallées et des montagnes, ceux des pays à collines, et en troisième lieu, ceux de la plaine. Les premiers sont en général vifs, laborieux, actifs, sobres et tempérans. La stérilité du sol qu'ils habitent, leur fait un besoin de ces différentes vertus, pour pouvoir fournir à leur subsistance; et c'est un spectacle vraiment intéressant que celui de voir une population assez nombreuse vivre sur un terrein dont la partie cultivable est presque nulle, et que des travaux continuels et assidus peuvent seuls rendre fertile. Dans les vallées, tout est en quelque sorte le produit de l'industrie; c'est l'homme qui fait presque tous les frais des productions qui y croissent. Il porte lui-même dans son champ la terre végétale qui doit faire germer le grain, et souvent, après bien de travaux, une pluie abondante, un torrent qui descend du haut des monts, vient ruiner toutes ses espérances, et réduire sa famille à l'indigence et au désespoir; cependant, qui le croirait? le patriotisme, ou plutôt cet instinct qui attache l'homme au sol qui l'a vu naître et qui a nourri son enfance, est porté au dernier degré chez ces cultivateurs qui ne sont riches que de leurs privations et de leur sobriété; si quelques-uns d'entre eux s'expatrient dans leur jeunesse, pour aller tenter fortune ailleurs, ce n'est que dans le dessein de revenir au lieu natal, et d'y acheter, du fruit de leur travail et de leurs épargnes, quelque modique portion de terrein, qu'ils paient un prix excessif. La valeur des terres dans un pays aussi ingrat, privé de tout débouché, est vraiment une chose étonnante, et qui ne peut s'expliquer que par cet attachement extraordinaire au toit de leurs pères, dont j'ai parlé plus haut.

Ces montagnards sont tous fort ignorans et très-superstitieux ; mais comme ils n'ont aucun des vices de l'opulence, et qu'ils jouissent du nécessaire, la grande simplicité de leurs mœurs qui peuvent nous donner une idée de la vie patriarcale, leur tient lieu de vertus sociales, et de connaissances si souvent fautives, surtout en morale. De bonnes habitudes sont en tout préférables aux dogmes les plus épurés, aux doctrines les plus sublimes ; et si le travail est, comme on le dit, le plus sûr garant des bonnes mœurs, c'est chez ces paisibles et laborieux habitans qu'on doit les trouver. C'est aussi ce que confirme, presque généralement, l'observation. Ils se nourrissent presqu'entièrement de légumes, de farine et de laitage; ils ne boivent que très-peu de vin ; leurs travaux sont presque tous relatifs à la culture et à l'économie rurale. Le commerce est peu connu dans toutes ces contrées ; les objets d'une nécessité indispensable qu'on ne fabrique point sur les lieux, y sont importés, et on donne en échange le produit des bestiaux et du lait que l'on transforme en beurre et en fromage. Du reste, chacun vit des productions du sol qu'il cultive, et s'il fait des échanges, ils ont lieu de voisin à voisin, ou dans un cercle très-circonscrit.

Les habitudes des montagnards n'ont plus cependant la simplicité qui les caractérisait si fortement il y a un demi-siècle; la fréquentation des eaux thermales par l'opulence et l'oisiveté, y a modifié les mœurs patriarcales ; elle a fait naître de nouveaux besoins, et introduit des vices avec l'or et les richesses qu'elle y a portés. Le goût du vin et des liqueurs fermentées semble s'accroître tous les jours chez les montagnards, où l'ivrognerie sera bientôt tout aussi commune que dans les autres parties du département. Il est douteux qu'il y ait aujourd'hui plus d'aisance dans ces lieux agrestes, qu'il n'y en avait autrefois, où les habitans étaient comme privés de toute communication avec leurs voisins. Le goût du luxe a rendu maintenant nécessaire à l'existence des habitans, cette affluence d'étrangers qui viennent y verser chaque année des sommes considérables, et ce serait une grande calamité que de les en priver : ils conserveraient les nouveaux besoins qu'ils se sont créés, sans pouvoir les satisfaire ; ils auraient les vices des sociétés civilisées, accrus de tout ce que l'ignorance et le besoin peuvent y ajouter de pernicieux. Il est impossible d'arrêter la marche progressive de la civilisation ; elle pénétrera bientôt jusqu'au fond des gorges les plus reculées de nos montagnes ; c'est un torrent plus impétueux, plus irrésistible que ceux qui descendent du haut des monts. Comme on ne saurait le détourner, il faut seulement limiter et diriger son cours pour éviter ses ravages, s'il est possible, et le faire tourner au profit des hommes.

Les habitans des collines mènent une vie beaucoup moins frugale que les montagnards, et ils font un plus fréquent usage du vin ; la culture exige moins d'assiduité, de constance et de travaux dans les pays à colline, que dans les vallées ; le sol y est plus fertile ; plusieurs espèces de grains, et la vigne surtout, y croissent avec succès ; il y a peu de pâturages et de bestiaux. Le commerce y est plus connu ; on y tient de nombreux marchés ; il s'y fait beaucoup d'échanges. Le principal objet d'exportation est le vin, dont la récolte surpasse toujours, année commune, les besoins des habitans de cette région.

Quant à ceux de la plaine, ils ont aussi un caractère qui leur est propre ; ils sont lents et paresseux : la grande fertilité du sol qu'ils habitent, les dispense de se livrer au travail d'une manière assidue, et ils perdent du temps dans l'oisiveté. C'est là surtout que la mendicité abonde, et c'est un contraste bien frappant que celui de la misère sur un sol fertile qui ne demande qu'un peu d'industrie et de travail pour produire abondamment. Les habitans de la plaine aiment aussi le vin, mais moins que ceux des collines ; ils sont ignorans et crédules au même degré ; et comme ils ont un caractère plus faible, l'esprit de haine et de vengeance y est moins dangereux. Les caractères y sont plus souples et moins vifs ; on y mène une vie moins laborieuse et plus douce.

Les mœurs et le caractère que je viens de décrire pour chacune des trois régions de ce département, ne sont pas tellement tranchantes, qu'on puisse distinguer, au premier coup d'œil, l'homme de la montagne de celui des côteaux ou de la plaine ; c'est dans la masse de la population que ces différences sont remarquables ; elles se trouvent modifiées chez beaucoup d'individus, et il est des nuances qui marquent le passage d'une région à l'autre. Le caractère général des habitans de ces contrées est d'être simples, bons et généreux ; ils aiment l'indépendance ; ils ont du courage et de la fierté ; ils partagent la vive gaîté de tous les peuples du midi de la France, et ils mettent dans leurs démonstrations cette chaleur, cet empressement qui caractérisent la vivacité, et qu'anime un langage passionné, rapide et métaphorique.

Il y a eu peu de divorces dans ce département, même pendant la révolution, quoique la loi les autorise. L'opinion et la croyance religieuse réprouvent également la dissolution des nœuds du mariage; elle est regardée généralement, dans presque tous les cas, comme une preuve de mauvaises mœurs, comme une marque d'impiété ; il existe quelques séparations de corps entre époux, mais le nombre n'en est pas considérable.

Les rapports sociaux, et les usages établis à cet égard, n'ont rien de particulier dans les Hautes-Pyrénées ; les familles se voient entre elles, les voisins se font des visites, se rassemblent à certaines époques, dans certaines occurrences, se fêtent réciproquement et tour à tour. A la campagne, le goût de la chasse et celui de la table sont les plus forts liens de société entre les hommes ; ils font de longs repas, boivent avec excès, et se livrent à cette sorte d'intempérance qui faisait presque la seule jouissance, les seuls plaisirs de nos aïeux, dans le temps où de libres épanchemens annonçaient de la cordialité, et tenaient lieu des grandes façons et des manières étudiées qui caractérisent aujourd'hui la bonne compagnie.

Les naissances, et les mariages surtout, sont des sujets de grande réjouissance dans les familles. Les proches parens sont invités à assister au baptême ou à la nôce, et un repas, suivi de danses dans lesquelles règne une folle gaité, manifestent la vive joie de tous les conviés. Les décès, au contraire, sont un sujet de tristesse à laquelle on ne s'empresse pas autant de participer; il n'y a que les plus proches parens, auxquels les bienséances commandent de manifester une douleur réelle ou feinte, qui assistent aux funérailles, et qui portent le deuil; signe extérieur, qui, le plus souvent, ne fait que masquer les dispositions intérieures, et le véritable état de l'ame. Il est d'usage dans les campagnes, de faire un repas de famille après l'enterrement, et souvent les convives boivent et mangent avec excès; au sortir du repas, tous se mettent en prière pour le défunt: c'est terminer assez gaiement une cérémonie par elle-même très-lugubre. Il est encore d'usage dans certaines vallées, qu'un des anciens du village, ou un des parens du mort, prononce son éloge aux funérailles; ce panégyrique est accompagné de pleurs et de lamentations, et l'on chante en prose rimée des dialogues et des élégies fort tendres en l'honneur du défunt. Ce sont probablement des restes des anciennes institutions celtiques. Le respect et l'amour des fils envers leurs parens, la tendresse de ceux-ci envers leurs enfans, l'attachement conjugal ou fraternel et celui de l'amitié, ont cependant encore assez de force dans toutes les classes généralement, pour être la source d'afflictions sincères et profondes, quand la nature ou le sort viennent rompre des liens aussi sacrés; et si l'on se voit forcé à faire de pénibles exceptions à cet égard, c'est dans la classe infortunée et chez quelques personnes corrompues, dont les sentimens naturels sont étouffés par la misère et le besoin, ou se trouvent contrebalancés par de vils intérêts, par des passions contraires, qu'il faut en chercher les exemples.

Les habitans des Hautes-Pyrénées se sont créé des divertissemens qu'ils goûtent en commun à certaines époques de l'année : le carnaval est, ici comme partout, une imitation des bacchanales des anciens ; et depuis la classe la plus aisée jusqu'à la plus misérable, tous fêtent le carnaval par des réunions, des danses, des repas, qui se répètent très-fréquemment et se rapprochent davantage à mesure qu'on voit venir le dernier jour, pendant lequel on se laisse aller à toute l'intempérance que l'organisation humaine peut permettre et supporter.

Les fêtes locales consacrées dans le principe au saint que chaque commune s'est choisie pour patron, sont encore des espèces de bacchanales qui se trouvent très-multipliées dans ce pays-ci, et pendant lesquelles toutes les classes de la société se réjouissent et s'abandonnent à des excès souvent nuisibles à la santé, et presque toujours aux bonnes mœurs ; elles sont aussi quelquefois l'occasion des désordres publics ; la table, le vin et des danses, sont les seuls amusemens que l'on y connaisse, et dont on puisse jouir loin des raffinemens du luxe, et dans une contrée purement agricole.

Il n'y a pas de spectacle, même à Tarbes, quoiqu'il y ait une fort jolie salle ; dans la saison des eaux, il vient à Bagnères une troupe temporaire, qui donne quelques représentations au chef-lieu du département, en arrivant, et à la fin de la saison ; elle pourrait y subsister pendant l'hiver, parce que les habitans aiment beaucoup ce genre d'amusement, et que dans cette saison personne n'habite plus la campagne.

La danse de société est ici la même que par toute la France ; c'est Paris qui, à cet égard, comme à beaucoup d'autres, dirige le goût départemental. On danse alternativement les *contredanses* ou *quadrilles*, les *wals* et la *monférine* ; les dames ont d'heureuses dispositions pour cet exercice, et elles y mettent beaucoup de grâce ; les *wauxhals* de Bagnères, de St.-Sauveur et de Cauteretz, où les étrangers se réunissent pour danser dans la saison des eaux, donnent le ton et le goût pour toute l'année aux danseurs des Hautes-Pyrénées, et les bals d'hiver s'en ressentent ; on y voit beaucoup d'élégance, de grâces et de légèreté ; il est peu de pays, après Paris, où l'on danse aussi agréablement et avec autant de goût.

Les villageois sont les seuls dont la danse n'ait aucun rapport avec celle de la bonne compagnie, qui a passé dans toutes les classes intermédiaires ; eux seuls ont conservé la danse originaire de ces contrées, et c'est une chose vraiment curieuse que de les voir, au son du galoubet, d'un tambourin ou même du violon, se réunir en cercles, hommes et femmes, se quitter, se rapprocher encore, et gambader ainsi sur le même ton avec des éclats d'une gaîté folâtre et des hurlemens de joie pendant des heures entières, sans aucune interruption. Ils appellent *gavotte*, cette espèce de danse qui ne demande aucune étude, et pour laquelle il suffit d'avoir le sentiment de la mesure.

Dans l'arrondissement d'Argelés, il existe une danse d'un caractère tout particulier, que l'on nomme *Ballade*, et dont l'origine remonte à la plus haute antiquité. Elle a lieu entre les jeunes gens de chaque village, à l'époque du carnaval, et dans les fêtes locales ; chacun d'eux est en bas et culotte, avec une veste courte, ou même en chemise dont le col est rabattu, la tête nue et poudrée, le corps décoré de rubans de diverses couleurs, placés en sautoirs et en nœuds. Chaque bande part de son village, ayant en tête un espèce de prud'homme ou vieillard, qui, étant autrefois le plus leste et le plus renommé des balladeurs de son temps, est le dépositaire d'un drapeau qu'il confie au plus digne, lorsque la troupe est parvenue aux limites de la commune. Ce drapeau petit et léger, est de taffetas bleu, rose ou blanc. Les jeunes filles accompagnent aussi les danseurs jusqu'à la borne ; chacune d'elles place sur le cœur de son amant un ruban qui, par là, se distingue de ceux des mères et des sœurs, et elle lui recommande la sagesse ; au retour, elles vont toutes en corps les recevoir à l'entrée de la commune, et les conduisent sous le toit paternel, où des baisers et des caresses sont la récompense des agiles danseurs.

Chaque Ballade s'en va au rendez-vous, et revient dans son village en sautant et dansant au son des flageolets, des musettes et des tambourins, toujours le drapeau en tête; celui qui le porte, le fait circuler autour de son cou, de ses bras et de son corps; il l'agite en l'air; à ses côtés sont les musiciens; tous les autres suivent à la file, en sautant et dansant en mesure, sur un air monotone qui ne varie jamais. Cette danse dure toute la journée, et elle n'est interrompue que pour prendre de la nourriture.

Chaque Ballade, en passant d'un village, d'une habitation à l'autre, reçoit en don des ménagères, du beurre, des œufs, du jambon et de la farine; les danseurs en font un repas en commun le lendemain de la fête.

Un exercice plus singulier encore, est celui qu'on appelle la *Chasse de l'ours;* il n'a lieu qu'en carnaval : un des jeunes gens s'habille en ours à l'entrée de la nuit, et va courir les bois une torche à la main; tous les autres le suivent et tâchent de l'attraper, ce qui est assez difficile, quoique la torche les guide, parce que dans la nuit on juge mal des distances, et que le coureur s'efforce de se dérober à leurs poursuites.

Il existe aussi dans la plaine un usage particulier, qui a pour origine les anciennes déclamations ou *pastourelles* des troubadours. C'est de représenter, en plein champ et sur des traiteaux, de la manière la plus grotesque, nos chefs-d'œuvre dramatiques; ces représentations sont annoncées au loin et d'avance. Les acteurs sont des villageois, dont l'accent rude, les gestes forcés et les étranges fautes de langue, donnent un air comique à nos tragédies. A St.-Pé, on représente de temps en temps des pièces maures, en langage espagnol; ces pièces sont entremêlées de romances plaintives : cet usage paraît fort ancien.

CULTE.

Le catholicisme est, depuis la conquête des Gaules par les Romains, la seule religion qu'aient professé les habitans des

Hautes-Pyrénées ; et les atteintes qu'on a cherché à lui porter dans les temps malheureux des dissensions civiles et religieuses, d'anarchie, de proscription, d'intolérance, n'ont fait qu'en suspendre l'exercice, sans altérer la foi, ou plutôt le goût invétéré des habitans de ces contrées, pour les pompes de l'église et tout l'appareil du sacerdoce. On a même remarqué pendant la révolution, chez beaucoup de personnes, une plus grande ferveur pour les pratiques religieuses, qui alors se faisaient clandestinement ; et, maintenant, il se manifeste dans toutes les classes de la société, le désir prononcé de voir renaître la célébration libre et publique des anciens rits de l'église, qui n'ont jamais cessé d'avoir lieu dans l'intérieur des familles, et partout où une inquisition trop sévère ne violait pas les droits les plus naturels et les plus sacrés. L'espoir fondé de les voir respectés sous un gouvernement sage et vraiment libéral, a déjà porté plusieurs communes à rouvrir solennellement leurs églises, relever leurs autels, et rappeler les ministres au sanctuaire ; elles appelent, par leurs vœux, la réorganisation du clergé et la protection de l'autorité publique sur le sacerdoce, qui a conservé ici, sur les esprits et sur les consciences, plus d'empire que dans beaucoup d'autres départemens.

Les scissions qui ont eu lieu au sujet de la prestation du serment, subsistent encore dans toute leur force, et il est une classe de citoyens dont la croyance et le zèle religieux réprouvent les prêtres assermentés, et tous ceux qui portent foi à leur ministère. Le retour des prêtres non assermentés a renforcé encore la ligne de démarcation tracée à cet égard, en sorte qu'il y a réellement aujourd'hui autel contre autel dans ce département, et surtout à Tarbes, qui est le foyer des deux croyances. Il serait bien important de faire cesser ce conflit d'opinions religieuses, qui porte la division jusques dans les familles, et réveille l'esprit d'intolérance, si contraire à la tranquillité publique et aux lois d'une bonne police.

Après avoir fait connaître le respect religieux qu'ont les habitans de ce département pour toutes les cérémonies de l'église, il me reste à parler de quelques particularités qui le caractérisent : l'adoration de la Ste. Vierge est surtout en vogue dans les montagnes, où elle a de nombreux sanctuaires que l'on révère, et que l'on visite processionnellement à certaines époques de l'année.

Le pélérinage qui se fait dans les mois d'août et de septembre, à Notre-Dame de *Héas*, par tous les habitans des vallées voisines, est très-remarquable. On voit circuler, dès la veille, sur le flanc des montagnes, une nombreuse population d'hommes, de femmes et d'enfans, qui tous entonnent des cantiques et manifestent une vive allégresse, une joie qui tient de l'enthousiasme et de l'inspiration. Arrivés à la chapelle dont j'ai déjà fait connaître la situation, chaque dévot s'approche de l'autel, sur lequel est exposée, à la ferveur publique, une petite statue de Notre-Dame, en faisant une infinité de révérences ou de génuflexions, que tous imitent à l'envi; puis il embrasse la statue, la baise pieusement sur les deux joues, et lui passe la main sur le dos, depuis la tête jusqu'aux talons, en suivant ainsi toutes les formes du corps. Les hommes se bornent à cela; mais les femmes prennent la statue dans leurs bras, et lui font mille caresses empressées et familières, à la manière dont elles expriment leur tendresse envers leurs enfans. Les desservans de cette protectrice des montagnes, portent ensuite, au bout d'un bâton, des chapelets de bois et de verre, des anneaux de cuivre, qu'ils font passer et repasser mystérieusement sur la figure de la grande statue de marbre, pour les distribuer ensuite aux crédules et simples montagnards, qui emportent ces bijoux comme des amulettes, des gages assurés de la faveur du ciel.

Il n'y a là, pour toute habitation, que des huttes et des cabanes, où les pèlerins s'entassent pêle-mêle, sans distinction d'âge ni de sexe; encore ces misérables habitations sont-elles insuffisantes pour abriter tous ceux qui y affluent. Ceux qui ne peuvent y être reçus, couchent en plein air. Les hommes emploient la soirée à boire, et quelquefois toute la nuit jusqu'au lever du soleil, qui est plus tardif là qu'ailleurs, à cause de la grande élévation des montagnes. Les garçons et les jeunes filles s'abandonnent à toute la gaité de leur âge, et il en résulte souvent des familiarités que réprouvent la décence, les bonnes mœurs et la religion. Le lendemain matin, on se rend en foule à l'autel pour entendre la messe du chapelain, et pour communier.

Mêmes cérémonies, même affluence à Notre-Dame de Garaison, dont le sanctuaire élégant est situé dans la région des côteaux, près des landes de Lannemezan et de Pinas.

ESPRIT PUBLIC.

Ce que je viens de dire des mœurs et du caractère des habitans des Hautes-Pyrénées, nous met sur la voie pour déterminer quel est l'esprit public qui doit régner parmi eux. Le mot esprit public, qu'on emploie si souvent sans y attacher d'idée précise, offre pourtant une acception bien déterminée, en ce sens qu'il exprime la disposition des esprits et de l'opinion publique, au sujet du système politique et administratif qui existe, et par rapport aux hommes entre les mains desquels réside le pouvoir; c'est sous ce double point de vue que je vais envisager l'esprit public du département.

L'empire de l'habitude est en tout et partout le plus puissant et le plus difficile à vaincre. Il l'est à plus forte raison chez un peuple dont le caractère a de la force et de la ténacité, chez un peuple ignorant et crédule. Les atteintes portées à la décence et aux mœurs, dans les temps de l'anarchie, et qui paraissaient à bien de gens une suite nécessaire du changement de régime constitutionnel, avaient maintenu et fortifié, dans les esprits et dans les cœurs, l'amour de l'ancien ordre de choses; avaient aliéné un grand nombre de personnes des réformes que la succession des temps avait rendues nécessaires, et qui devaient être le fruit de la sagesse. L'adhésion presque universelle qu'avait obtenu, dans l'opinion, les travaux de la Constituante, n'exista plus, dès qu'on voulut aller plus loin, et détruire tout principe d'ordre public, au nom des principes même. Les proscriptions, les emprisonnemens, les réquisitions, l'arbitraire, achevèrent de rendre odieuse la rénovation qu'avaient préparée quelques hommes sages, devenus eux-mêmes victimes de leur zèle, et qui semblait désormais impossible. Les malheureux essais de constitution qui se succédaient avec tant de rapidité, tendaient à confirmer cette idée.

La France victorieuse, couverte de trophées, déchirait ses propres entrailles; tous les maux, les revers militaires eux-mêmes allaient l'accabler, lorsque les rênes du gouvernement furent confiées à un seul homme. De cette époque date le retour de l'ordre, et il n'a fait que se perfectionner de jour en jour : les passions haineuses, si fortement déchaînées pendant dix ans, se sont appaisées peu à peu; les partis se sont éteints; les maux de la révolution ont disparu, et il n'en est resté que les bienfaits.

Des avantages aussi marquans ont été généralement sentis par le peuple, qui jouit en paix de l'affranchissement des terres, de l'abolition des corvées injustes, de l'anéantissement du despotisme seigneurial; par les négocians et les artisans, qui jouissent de la plus grande indépendance dans l'exercice de leur industrie; par les propriétaires, qui ne sont assujettis à aucune redevance que celles des contributions publiques; par ceux même qui, désirant un autre régime, ne peuvent s'empêcher de convenir de tout ce que celui-ci a produit de grand et de bon. Cependant on ne voit dans aucune classe cet assentiment enthousiaste que tant de bienfaits sembleraient devoir inspirer; une apathie générale pour tout ce qui intéresse la chose publique, a succédé à la plus grande effervescence; tous paraissent ne désirer que le repos et la tranquillité, premier besoin des peuples, après des secousses

aussi

aussi violentes et aussi douloureuses, seul sentiment que permet une lassitude absolue.

Toutes les prétentions étant désormais éteintes dans la classe éclairée des citoyens, leurs opinions se rapprochent insensiblement ; quant à la multitude, elle suit à présent, comme dans tous les temps, l'impulsion qu'on lui donne ; toutes les mesures législatives et administratives sont reçues, exécutées avec la plus entière soumission.

CHAPITRE IV.

AGRICULTURE ET ÉCONOMIE.

AGRICULTURE.

§. I.er

DIVISION AGRICOLE DU TERRITOIRE.

1.° Terres cultivées.

Le terrein non-cultivé dans ce département, a une immense étendue. ∾ Il est impossible de connaître au juste sa proportion avec les terres cultivées, jusqu'à ce qu'on en vienne à un arpentement général. ∾ On évalue, par approximation, les terres cultivées à un peu plus de la moitié du sol. ∾ Le peu de profondeur de la terre végétale dans les montagnes et dans quelques parties des autres régions, la rend très-sujette à éprouver des déplacemens par les eaux pluviales. ∾ Elle est généralement très-perméable par sa légéreté et sa friabilité. ∾ La sécheresse se fait beaucoup plus sentir dans les terres fortes que dans les terres légères. ∾ Le peu de neige qui tombe l'hiver dans la plaine et dans les côtes, n'influe guère sur les terres de cette région. ∾ La gelée s'y fait aussi très-peu sentir. ∾ Les terres sont en général d'une culture peu pénible.

2.° Terres incultes.

Ces terres ont peu d'étendue, comparées à la quantité du terrein non-cultivable. ∾ On n'en trouve guère que dans la région des côtes, à la racine des monts. ∾ Les landes de Lannemezan et de Pinas sont considérables. ∾ Elles sont stériles, faute d'eau. ∾ Il faudrait faire des dérivations pour les arroser. ∾ Y faire des semis ou des plantations d'arbres. ∾ Les landes de Saint-Martin sont faciles à arroser et à défricher. ∾ Il y a beaucoup de communaux incultes. ∾ Il est peu de propriétés particulières en friche. ∾ On a beaucoup défriché depuis un demi-siècle.

3.° Emploi du sol.

Il est impossible d'apprécier au juste les quantités respectives du terrein consacré à tel ou tel genre de culture, sans recourir à l'arpentage. ∾ Dans les vallées, la grande culture consiste en prairies. ∾ Les terres à bled y sont en petite quantité. ∾ Peu de vignes. ∾ Peu de semis et de plantations d'arbres. ∾ Il n'y a guère que des bois alpestres. ∾ Dans la plaine, les terres à bled ont la prépondérance. ∾ Il y a cependant des prairies. ∾ On y cultive aussi la vigne. ∾ Presque point de bois. ∾ Les côteaux offrent un mélange frappant de terres labourables, de prairies, de vignes et de bois. ∾ Point de parcs, point de jardins d'agrément. ∾ Chaque propriétaire a son potager. ∾ Très-peu ont des vergers et des espaliers. ∾ Les arbres fruitiers sont cultivés çà et là sans aucun soin particulier.

§. II.

MODE DE CULTIVATION.

1.° Division des possessions.

Les propriétés sont extrêmement divisées dans ce département. ∾ La petite culture y est avantageuse par le peu d'avances qu'elle exige. ∾ Il y a peu de fermages en argent, ou même en nature. ∾ Il y a des colons. ∾ C'est une méthode désavantageuse au propriétaire. ∾ Les grands tenanciers ont des maîtres-valets, des valets, des manouvriers. ∾ Il existe quelques domaines cultivés par des métayers.

2.° Terrage.

Les précautions du laboureur ne peuvent garantir entièrement son champ du dégât des eaux, surtout à la montagne. ~ Le terrage est indispensable en certains lieux. ~ Il est commun partout. ~ Ce procédé est excellent comme moyen d'amélioration.

3.° Engrais et Arrosages.

On fait du terreau avec du genêt épineux que l'on nomme *thuye* dans ce pays, et avec de la bruyère. ~ Du fumier avec de la paille. ~ Le fumier de basse-cour s'emploie dans les prés, ainsi que les cendres lessivées, le mortereau, le marc de vendange, la fiente de pigeon et de volaille. ~ On mêle quelquefois de la marne ou de la chaux avec le fumier ou le terreau, ou bien avec du gazon ou de la terre. ~ Quelques personnes marnent ou chaufournent tout simplement. ~ Il y en a qui emploient le sel. ~ Dans la plaine, on fait parquer les moutons. ~ On y éprouve souvent la rareté des engrais, faute de bestiaux et de prairies. ~ Les arrosages sont très-multipliés dans les vallées et dans la plaine. ~ Ils sont bien entendus. ~ On pourrait arroser, par quelques nouvelles dérivations, beaucoup de terres incultes, ainsi que nous l'avons dit ailleurs.

§. III.

CULTURE DES TERRES LABOURABLES.

1.° Labourage.

On laboure avec une charrue fort simple, nommée la *cabesse* en langage du pays. ~ Elle a un ou deux versoirs, selon les cas. ~ Un seul homme la conduit. ~ Une seule paire d'animaux la traine. ~ Elle a un joug à l'avant-train pour les bêtes à corne, et un collier pour les chevaux dont on se sert peu. ~ Il n'y a point de train pour supporter la charrue. ~ On la place sur une espèce de trépied pour la ramener au logis. ~ On ouvre la terre à 12 ou 15 centimètres de profondeur, terme moyen. ~ Une charrue laboure communément seize ares de terre par jour. ~ Outre la charrue, on emploie la herse, le rouleau et le maillet. ~ La herse est la même que partout. ~ Le rouleau est un triangle dont deux côtés égaux ont chacun 16 décimètres de long; le troisième, qui forme la base, a la longueur d'un mètre. ~ Deux pièces transversales, peu distantes, vont d'un côté à l'autre. ~ C'est là-dessus qu'on met un poids plus ou moins fort. ~ L'avant-train tient à la base. ~ On attache à l'angle une corde ou un lien que tient celui qui dirige le rouleau. ~ On peut, dans un jour, herser, avec une paire de bœufs, plus de 40 ares de terre, et en rouler un hectare. ~ On emploie trois façons de herse, là où deux roulages suffisent. ~ Un homme seul peut émoter plus de vingt ares de terrein dans la journée. ~ Les petits particuliers labourent leurs héritages à la main, et se servent de la pelle et de la pioche, du pic et du foussoir nommé *houssé*, en langage du pays. ~ C'est une pioche triangulaire longuement emmanchée sous un angle de 45 degrés. ~ On appelle ce mode de cultivation, *houtyà*, en terme vulgaire. ~ Il est le plus productif, mais lent et dispendieux. ~ Un ouvrier ne peut travailler ainsi qu'un are de terre par jour. ~ Les grands propriétaires ne font travailler ainsi que les semences du printemps. ~ Les terres reçoivent quatre ou cinq labours avant d'être ensemencées. ~ Le premier se nomme *rompre*, et se donne communément à la fin de l'hiver. ~ Le second a lieu au mois de mai, et s'appelle *dessoucher*. ~ Le troisième, que l'on appelle *tiercer*, a lieu au mois d'août. ~ Un autre labour qui a lieu après celui-ci dans la plaine, s'appelle *tabailloua*. ~ C'est au mois de septembre qu'on laboure pour la quatrième ou cinquième fois, selon les lieux, et c'est ce qu'on appelle *traverser*. ~ On choisit un temps convenable pour faire ces labours, quand on le peut. ~ Souvent on en omet un ou deux, faute de bras. ~ Au printemps et en automne, on laboure les terres dès le point du jour jusqu'à dix heures, et depuis une heure de l'après-midi jusqu'à quatre.

∾ On met l'engrais sur les terres au moment où l'on veut ensemencer.

2.° SEMAILLES.

On est peu dans l'usage de renouveler les semences. ∾ Pour régler les semailles, le laboureur trace des raies légères avec ses pieds, à la distance de cinq pas. ∾ Quelquefois on se sert pour cela de la charrue, ce qui forme des sillons où s'écoulent les eaux. ∾ On se sert de la *marcoire* pour semer le maïs. ∾ Les semailles d'automne se font dans tout le cours d'octobre et de novembre. ∾ On commence par le lin. ∾ Puis on sème successivement le seigle, le froment, l'orge et l'avoine. ∾ Les terres fortes sont les dernières ensemencées. ∾ Peu d'agriculteurs versent sur le bled de l'eau de chaux ou de la chaux vive en poussière. ∾ Quelquefois une lessive légère ou de l'arsenic. ∾ Les semailles du printemps et de l'été se font dans l'ordre qui suit : la baillarge et le trémezeau, au commencement de mars ; le maïs, les haricots, les pois, la pomme de terre, en avril et mai ; le petit millet, en juin ; et le sarrazin, en juillet. ∾ On sème plus tard dans les côteaux que dans la plaine, et plus tard encore dans les vallées. ∾ Toutes les semailles se font à la main. ∾ On ne sème dans le jour que ce qu'on peut recouvrir. ∾ On y emploie la charrue pour les grains d'hiver, pour l'orge et le trémezeau. ∾ Le maïs, les haricots et la pomme de terre, se recouvrent avec le pied. ∾ Le millet et la graine de lin, avec la herse. ∾ On émotte ensuite la terre avec le maillet. ∾ On emploie communément huit décalitres de bled par 22 ares. ∾ On diminue cette quantité, si l'automne est belle et chaude. ∾ Il faut plus de la moitié en sus de semence pour le lin. ∾ Il en faut moins pour les fèves, pour l'orge, pour l'avoine. ∾ La quantité varie selon l'état de la saison, la nature du terrein, et les habitudes de tel ou tel canton. ∾ On sème plus épais dans les gorges et dans les pays froids. ∾ Il serait plus avantageux de semer clair, et de fumer davantage.

3.° Opérations qui succèdent aux semailles jusqu'à la moisson.

Le sarclage est indispensable pour détruire les herbes nuisibles. ~ On les arrache dans les bleds à l'époque du printemps. ~ Le maïs, les haricots, la pomme de terre, se travaillent au pied avec la bêche ou la charrue garnie de la sarcloire. ~ C'est un outil particulier à cette région, formé d'une lame de fer triangulaire, qu'on adapte au train de la charrue. ~ Les herbes arrachées servent à chausser, à rafraîchir et à nourrir la plante.

4.° Moissons.

Les époques des récoltes varient selon les lieux et l'état des saisons. ~ On commence par préparer les instrumens, les granges, l'aire et le grenier. ~ C'est au mois de juillet qu'on coupe les bleds dans la plaine et les côteaux. ~ Dans les vallées, c'est en août. ~ On commence par les orges ; vient ensuite le seigle ; enfin le froment, quelques semaines plus tard. ~ On faucille partout les bleds. ~ Le métivier travaille depuis le lever du soleil jusqu'à l'entrée de la nuit. ~ Un homme coupe ordinairement dix gerbes du poids de 25 kilogrammes. ~ Les gavelles restent sur le sillon deux ou trois jours. ~ La rosée humecte le grain, et l'empêche de tomber. ~ Une légère pluie produit le même effet. ~ Quand les granges ne suffisent pas, on fait des gerbières en plein air. ~ Après avoir dépiqué le grain, ce sont des pailleries. ~ A la montagne, les gerbières se font dans le champ ; ailleurs, c'est près des habitations. ~ On se sert presque partout du fléau. ~ Dans quelques endroits de la montagne, on dépique le bled sur une planche concave, contre laquelle on fait frapper l'épi à tour de bras. ~ Ce procédé est lent, mais il conserve la paille qu'on emploie pour couvrir les cabanes. ~ On nettoie le bled à l'aide du vent. ~ On le lance contre l'air avec une pelle. ~ Puis on passe un balai dessus. ~ Ensuite on emploie le gros crible. ~ Enfin le petit crible. ~ Ce dernier ne s'emploie guère que pour les semences, dont on veut séparer le menu grain. ~ Lorsque le vent est bon, six personnes peuvent vanner, passer, cribler, et remettre au grenier 500 myriagrammes de bled dans un jour. ∼ On cueille le lin à la main, en juillet, et on en forme des faisceaux ou manipules. ∼ On extrait la graine avec le maillet ou un peigne en bois. ∼ On faucille le petit millet en octobre. ∼ On le fait fouler par des chevaux ou des bœufs. ∼ Dans la plaine, on se sert aussi du fléau. ∼ On faucille aussi le sarrazin dans le même mois. ∼ On cueille le maïs à la main, à la même époque. ∼ Puis on arrache le pied qu'on laisse pourrir sur place, ou qu'on emporte pour la nourriture et la litière des bestiaux. ∼ Les haricots se cueillent en même-temps, à la main. ∼ Les pommes de terre se récoltent à la fin d'octobre. ∼ On remue de temps en temps les grains dans les greniers. ∼ On en écarte les ordures et la poussière. ∼ Ces soins suffisent ordinairement à leur conservation, quand ils sont de bonne nature.

5.° Maladies des grains.

Dans les champs, le froment est sujet à la *niesle* et au *charbon*. ∼ Le seigle à l'*ergot*. ∼ L'un et l'autre à la *rouille* et à la *carie*. ∼ Dans les greniers, les bleds ont à craindre le *papillon* et le *charençon*. ∼ Le laboureur ne connait rien qui puisse préserver les bleds des maladies des champs. ∼ C'est un point de recherche bien important. ∼ Des greniers élevés, vastes, bien aérés, exposés au nord, sont rarement sujets au papillon. ∼ Il faut, par précaution, faire plusieurs tas du grain, afin d'en préserver une partie, s'il se manifeste dans l'autre. ∼ En lançant le bled contre les murs, on peut tuer le papillon. ∼ C'est ce que font quelques agriculteurs. ∼ Le vinaigre, l'eau-de-vie, la chaux, les fumigations de soufre, ne produisent aucun effet. ∼ Le meilleur préservatif serait de priver le bled du contact de l'air, en l'enfermant dans des caisses comme en Espagne, ou dans des fosses comme en Allemagne. ∼ Il n'est pas moins difficile de faire périr le charençon, vulgairement appellé *cusson*. ∼ Quelques cultivateurs mettent à cet effet, dans leur grenier, du foin fraîchement récolté sans pluie.

6.° Succession des récoltes.

Il n'y a point d'ordre constant pour l'assolement des terres. ~ Dans la plaine et dans quelques vallons, elles ne se reposent jamais. ~ On sème du bled pendant une année, et du maïs ou du millet pendant deux. ~ Quelquefois on alterne seulement. ~ Dans une partie des côtes, après deux années de rapport alternatif en bled et en menus grains, on laisse reposer les terres pendant un an. ~ Dans d'autres, on sème une année, et la suivante le sol reste en jachère. ~ Quelques fermiers, dans la plaine, sèment du mil après la récolte du seigle, avec ce mil du farouche, après le farouche du maïs avec des haricots, et encore de nouveau du farouche; ce qui fait quatre ou cinq récoltes par an sur le même fonds. ~ Plusieurs agriculteurs suivent la méthode du tiercement, qui est la meilleure : un tiers des terres en bled, un tiers en menus grains, et un tiers en repos. ~ L'année suivante, les menus grains remplacent le bled, et les jachères succèdent aux menus grains. ~ Cela convient aux terres médiocres et aux mauvaises. ~ Dans les bonnes terres bien cultivées, on peut faire alterner le bled avec les menus grains.

§. IV.

CULTURE DES PRAIRIES.

C'est une des principales sources de richesse dans ce département. ~ On ne saurait trop étendre cette culture. ~ Elle influe efficacement sur celle des terres. ~ On distingue ici les prés naturels, en riverains et en champêtres. ~ On peut ajouter en troisième lieu, les gazons des hautes montagnes. ~ Les premiers sont les plus productifs. ~ Eu égard à leur qualité, on distingue quatre classes de prairies : 1.re, 2.e, 3.e et 4.e ~ Celles qui sont au-dessous de la 4.e qualité, servent de pacage. ~ La nature du sol, les engrais, les arrosages et les soins, font la différence qui existe entre de très-bon foin, du foin de bonne qualité, du médiocre et du mauvais.

1.° Opérations antérieures a la récolte du Foin.

Elles commencent dans le mois de mars. ~ On recure d'abord les fossés, les canaux et les rigoles pour les prairies arrosables. ~ Les canaux reçoivent les eaux des rivières et des ruisseaux. ~ Ils sont communément larges d'un mètre, et profonds de trois décimètres. ~ Ils sont plus larges à la prise d'eau, et se rétrécissent insensiblement. ~ Les rigoles communiquent aux canaux d'arrosement. ~ Elles sont larges de 18 à 20 centimètres, et profondes de 4 ou 5. ~ Les fossés entourent les prés, et facilitent l'écoulement des eaux superflues. ~ Tout cela est nettoyé chaque année, et refait au besoin. ~ On recueille au fond, du terreau qui sert d'engrais. ~ Après ce premier travail, on met l'eau dans les prairies. ~ On l'y laisse séjourner. ~ Puis on nettoie la surface. ~ Ensuite on y porte le fumier de basse-cour, ou tout autre. ~ Quatre chars de fumier ou de terreau suffisent pour trente ares, un journal à peu près. ~ Il ne faut qu'un char de cendres; il en faut six de morterau. ~ Ceci convient aux prairies froides et humides où il y a du jonc. ~ Après que le fumier est dissous par les pluies, on passe de nouveau le rateau. ~ Puis on introduit l'eau une seconde fois. ~ Cet arrosement dure moitié moins que le premier. ~ On arrose une troisième fois dans le mois de mai. ~ L'arrosement se fait, dans la plaine, par le moyen d'écluses placées à l'embouchure des canaux. ~ C'est une ou deux pelles de bois encadrées dans un chassis à coulisses. ~ On donne la quantité d'eau qu'on veut, en levant plus ou moins les pelles. ~ On arrose plus ou moins, selon la saison. ~ On arrose trop dans la plaine. ~ Le foin est aqueux, et les eaux stagnantes pendant plusieurs semaines, sont malsaines. ~ L'arrosement des prairies, à la montagne, est très-bien entendu. ~ Là, il y a des eaux de tous cotés, et il ne s'agit que de les diriger. ~ On répand l'eau de source sur les prés, même pendant l'hiver. ~ Mais non pas celle des torrens, qui provient des neiges. ~ Elle serait nuisible alors.

2.° Récolte des Foins, et Opérations subséquentes.

Dans la plaine, on commence à faucher en juin. ∾ Dans les montagnes, quinze jours plus tard. ∾ Partout on se sert de la faulx pour couper l'herbe, de fourches pour l'étendre, de rateaux pour la rassembler. ∾ On enlève le foin avec des chars ou des bêtes de somme, ou à d'os d'homme. ∾ Ces deux derniers procédés sont usités à la montagne. ∾ Là, on a des granges près des prairies, à cause des difficultés de transport. ∾ On s'y sert d'une machine nommée *aye*, qui embrasse le faix d'un homme. ∾ On a deux récoltes dans la plaine et dans les vallons. ∾ On n'en a qu'une sur les côtes et les montagnes. ∾ On met l'eau dans les prairies arrosables, aussitôt après la coupe de la première herbe. ∾ On récolte le regain comme le foin. ∾ Il donne plus de peine, et moins de produit. ∾ Un hectare de pré de première qualité, donne communément 400 myriagrammes de foin (100 quintaux), et 240 myriagrammes de regain (60 quintaux). ∾ Un hectare de 2.e qualité, donne 320 myriagrammes (80 quintaux), et 160 myriagrammes de regain 40 quintaux. ∾ Un de 3.e qualité, donne 240 myriagrammes (60 quintaux), et point de regain, ou fort peu.

3.° Des Germs, et des Prairies alpestres.

Ces herbages élevés nourrissent beaucoup de troupeaux. ∾ Dès le commencement du printemps, les brebis et les vaches montent aux *germs* situés à mi-montagne. ∾ Puis ces animaux s'élèvent successivement jusqu'à la cime des monts, à mesure que les neiges fondent. ∾ Ils y trouvent une abondante nourriture, et n'en descendent qu'à l'entrée de l'hiver.

4.° Des Prairies artificielles.

L'usage en est très-borné dans ce département. ∾ On n'y cultive guère que le *farouche* ou trèfle rouge du Roussillon. ∾ C'est une ressource pour ceux qui manquent de fourrage, surtout dans la plaine. ∾ Cette plante se sème, après un premier labour, vers la fin d'août, et elle naît au bout de quelques jours. ⁓ L'herbe reste très-petite jusqu'au printemps. ⁓ Elle acquiert alors un développement extrêmement rapide. ⁓ On évalue son produit à la moitié de celui que donnerait une prairie. ⁓ La culture du sainfoin et de la luzerne est presqu'inconnue. ⁓ Elle pourrait réussir dans certains cantons. ⁓ La luzerne veut un terrein gras, frais et profond. ⁓ Le sainfoin, au contraire, vient bien dans une terre maigre, graveleuse, sablonneuse, ou même pierreuse, pourvu qu'elle ne soit ni froide ni aquatique. ⁓ La première donne trois coupes chaque année, et produit trois fois autant de foin qu'un pré de médiocre qualité. ⁓ L'autre, semé dans des fonds peu propres au bled, donnerait plus de foin que les prés ordinaires. ⁓ La culture de la luzerne et du sainfoin améliore les terres. ⁓ Le trèfle de Hollande pourrait aussi être cultivé avec succès dans certaines terres. ⁓ Il faut trois décalitres de graine de sainfoin par décare, 17 litres de graine de luzerne, et à peu près autant pour les trèfles. ⁓ On ne saurait douter de l'importance de ces prairies artificielles. ⁓ Les grands propriétaires devraient les mettre en usage.

§. V.

CULTURE DES VIGNOBLES.

La vigne est très-cultivée dans ce département. ⁓ La nomenclature des espèces de raisins est incertaine, et varie beaucoup, selon les lieux ; les principales s'appellent *grand crouchene*, *petit crouchene*, *claret*, *bresparol*, *arrousiac*, *manseng*, *cougnet*, *queue forte*, *tanat*, *manseng blanc*, *rafiat-de-sauvignon*, et *malvoisie*. ⁓ Les anciens vignobles sont plantés indistinctement avec différens ceps. ⁓ On ne les mêle guère aujourd'hui.

1.° Plantation de la Vigne.

On plante la vigne à différentes expositions, communément à trous, quelquefois à fossés. ⁓ On commence par bien labourer le terrein. ∾ On espace les hautins à la distance de deux mètres environ en carré. ∾ On met deux plants à côté de l'échalat ou de l'arbre, selon qu'on emploie l'un ou l'autre. ∾ Les échalas s'emploient surtout dans la basse plaine et dans les côteaux. ∾ Les cérisiers, depuis Vic jusqu'aux Pyrénées. ∾ Quelquefois le prunier, l'érable et le pommier, remplacent le cérisier. ∾ Les hautins s'élèvent jusqu'à un mètre et demi avec les échalas. ∾ Ils sont plus élevés avec les arbres. ∾ La vigne en espalier a des échalas peu élevés, et les ceps sont plus rapprochés dans la direction de la ligne. ∾ Les vignes basses ont les ceps très-rapprochés dans tous les sens.

2.° Travaux qui se font aux Vignobles.

Ils se font tous à la charrue. ∾ On ne laboure les vignes que deux fois dans l'année. ∾ On n'emploie les engrais que lors de la plantation et du provignage. ∾ Le terrage se fait en hiver, ainsi que le recurement des allées et des fossés. ∾ Quelques agriculteurs apportent dans leurs vignes du terreau ou de la marne argileuse. ∾ Après la taille, qui a lieu en mars, on donne une première façon, qui consiste à ouvrir une raie au milieu de deux lignes de plant, et à continuer alternativement de l'un et de l'autre côté. ∾ Ce procédé découvre les racines de la vigne, et les expose à l'air et au soleil. ∾ Le second labour, qui a lieu en mai, fait tout le contraire. ∾ On replante les vieux vignobles. ∾ On entretient les jeunes. ∾ On paye les vignerons à la journée. ∾ Le procédé pour la taille est routinier, et n'a aucune régularité. ∾ Quelques propriétaires font tailler leurs vignes avec soin. ∾ Il y a trop peu d'ouvriers, pour que tous en fassent autant. ∾ Le principe le plus généralement suivi, consiste à laisser un courson au-dessous de chaque long sarment. ∾ Mais ce courson n'est pas toujours heureusement choisi, non plus que les pampres que l'on conserve. ∾ Après la taille, on attache la vigne avec de forts liens, soit à l'échalas, soit à l'arbre, et on dirige dans la ligne des plantations, de l'un et de l'autre côté, les ceps qu'on a laissé dans toute leur longueur, et qu'on unit, soit avec un échalas placé en travers, soit avec une branche d'arbre. ~ On tend les ceps le plus qu'on peut, afin qu'ils puissent résister au poids des raisins. ~ Quelques vignerons mettent un vieux échalas pour support. ~ La vigne ainsi taillée et attachée, présente un charmant aspect: l'alignement des échalas ou des arbres, l'entrecroisement des ceps, le niveau de leurs sommités, offrent une régularité, une simétrie, une élégance qui frappent agréablement la vue. ~ Dans l'automne, ce sont autant de guirlandes de pourpre d'une longueur extraordinaire, suspendues de distance en distance, et surchargées de leur propre poids. ~ On n'ébourgeonne point la vigne. ~ La feuille est quelquefois attaquée par un insecte que les vignerons nomment *charlusquet;* ce sont les *cognaux verts.* ~ Ils roulent les feuilles en cornet. ~ On ne fait rien pour les détruire.

3.° VENDANGES, ET FABRICATION DES VINS.

Les vendanges commencent vers la mi-octobre. ~ Un peu plutôt ou un peu plus tard, selon l'état de l'atmosphère. ~ On se sert d'un vase de bois d'une seule pièce, nommé *sébille* ou *parèche*, pour recueillir le raisin. ~ On l'égrappe rarement. ~ On le foule dans des comportes avec un cylindre de bois. ~ Puis on le met dans de grands tonneaux. ~ On prolonge trop la fermentation de la vendange rouge. ~ Après le pressurage, on remet le vin dans les mêmes vaisseaux. ~ Quelquefois on le met dans des vaisseaux garnis d'une croûte de tartre. ~ Il acquiert ainsi un goût fort que les montagnards recherchent, et qu'ils appellent *hourtalesse.* ~ On ne soigne pas les vins après la fabrication. ~ Ils sont en général âpres et colorés. ~ Ils se gâtent souvent.

4.° QUALITÉS DES VINS. ~ QUANTITÉ DE CE PRODUIT.

La mauvaise qualité des vins tient, en grande partie, à la mauvaise fabrication et au défaut de soins. ~ Ils durent peu, et il faut les consommer sur les lieux. ~ Les obstacles qui s'opposent le plus à leur amélioration dans ce département, sont le défaut de débouché, et le goût des consommateurs de la montagne. ~ Il est cependant quelques vins distingués. ~ Le vin de *Madiran*, bien fait, a des qualités supérieures au vin ordinaire de Bordeaux. ~ Il a plus de feu. ~ Il a besoin de vieillir. ~ Il s'aigrit quelquefois en vieillissant. ~ Les vins blancs sont aussi mal faits que les rouges. ~ On les consomme dans l'année. ~ Ils sont bons pour la distillation. ~ La culture de la vigne s'est considérablement accrue depuis quinze ans. ~ C'est un abus condamnable. ~ Il y a plus de 15,000 hectares de vignobles dans ce département. ~ Ils donnent près de 280,000 hectolitres de vin. ~ Il faudrait restreindre cette culture.

5.° FRAIS DE CULTURE, DE FABRICATION ET D'ENTRETIEN.

La culture des vignes exige de très-fortes avances. ~ L'on est très-embarrassé pour loger les vins. ~ L'utilité des foudres de *Bettom* est à peine connue dans ce pays, et l'on devrait y avoir recours. ~ Les vignes espalières sont moins coûteuses que les autres. ~ Le vin qu'elles produisent est de moindre qualité. ~ Il donne beaucoup d'eau-de-vie. ~ On verra à l'article des dépenses et des produits de l'agriculture, qu'un hectare de vigne ne donne que 21 francs de produit net chaque année. ~ Encore est-il sujet à beaucoup de chances qui peuvent le diminuer.

§. VI.

CULTURE DES BOIS ET FORÊTS.

CETTE culture est extrêmement négligée. ~ Partout on a dévasté les bois. ~ Il y en a fort peu dans la plaine. ~ Les grandes masses se trouvent sur les côtes et les montagnes. ~ Ceux des communes et des particuliers ne sont que de petits lopins. ~ J'en excepte les forêts alpestres ou sapinières.

1.° Classement des Bois et Forêts par rapport a leur situation.

On peut les diviser en quatre classes. ∾ 1.° Les bois de la plaine, généralement formés de chêne. ∾ 2.° Ceux des collines, qui offrent un mélange de chêne et de châtaignier. ∾ 3.° Les forêts des montagnes moyennes, où domine le hêtre. ∾ 4.° Celles des hautes montagnes, qui sont uniquement composées de sapins. ∾ Il y a des arbres et arbustes épars, qui ne forment pas masse.

2.° Leur contenance et leur division.

La contenance ne saurait être déterminée d'une manière précise. ∾ Elle est évaluée à 65,000 hectares à peu près. ∾ Les bois, considérés en général, se divisent en haute futaie, petite futaie, et taillis.

Futaie, Exploitation, Emplois divers.

Bois de chêne : ∾ La plus grande partie est en futaie. ∾ Il est en général de belle venue. ∾ Quelques forêts donnent du bois de marine. ∾ Du merrain. ∾ Toutes, des bois de construction. ∾ Les coupes s'asseoient par contenance arpentée. ∾ De tous les modes de repeuplement, la plantation est le plus usité. ∾ C'est le moins dispendieux. ∾ Le semis est préférable.

Bois de hêtre : ∾ Il n'est d'aucune ressource pour la marine. ∾ D'ailleurs, l'exploitation en est difficile, à cause de sa situation. ∾ On en fabrique des armoires, des comportes, des tables, des cercles, de la cardine et du charbon.

Bois de sapin : ∾ Il se plaît dans les hautes montagnes. ∾ Il y a quelques pins sur les plus hautes sommités, mais ils ne donnent point de résine. ∾ Il y a d'immenses forêts de sapins. ∾ On ne peut douter de la grande utilité de cet arbre. ∾ L'exploitation en est souvent abusive. ∾ L'application de l'ordonnance de 1669 aux sapinières des Pyrénées, est préjudiciable. ∾ Elles ne devraient être exploitées qu'en jardinant. ∾ Le pin et le sapin se reproduisent par semis naturel.

Taillis.

Les masses de bois taillis sont bien moins considérables que celles des futaies. ~ On les divise en douze, seize, et même vingt coupes annuelles, selon l'étendue de leur contenance et l'activité de la végétation. ~ En coupant les souches en talus, on facilite la pousse des rejets.

3.° Consommation du bois.

Il serait difficile de l'évaluer au juste. ~ Elle dépasse les ressources annuelles bien ménagées. ~ La grande consommation résulte de l'extrême division des propriétés ; ce qui multiplie les besoins de tous genres. ~ Il n'y a pas d'autres combustibles que le bois. ~ La consommation pour le commerce n'est pas considérable.

4.° Causes de dégradations ; Moyens d'y remédier.

Les coupes sans ordre ni ménagement, l'audace et l'impunité des délinquans, la licence des communes, l'introduction journalière des bestiaux dans les taillis, ont produit les plus sinistres effets dans ce département. ~ On a aussi défriché beaucoup de bois. ~ D'après les moyens pris par l'administration forestière pour déraciner les abus, la masse des bois n'éprouve plus de diminution. ~ Mais ils sont dévastés. ~ Il faudrait une punition prompte et assurée pour réprimer les délinquans. ~ La création d'un tribunal *ad hoc* ; le renouvellement de quelques dispositions de l'ordonnance de 1669 ; l'amélioration du sort et un meilleur choix des gardes forestiers, qui, la plupart, facilitent les délits ou y concourent par l'effet de leur misère ou de leur immoralité, seraient autant de moyens propres à atteindre ce but. ~ On pourrait rendre les communes responsables des délits forestiers. ~ Il se fait peu de semis, peu de plantations. ~ La nécessité d'une surveillance conservatrice et de l'emploi des moyens réparateurs, est de la plus grande urgence.

§. VII.

§. VII.

CULTURE DES VERGERS, OU DES ARBRES FRUITIERS.

Il y a peu de vergers, proprement dits, dans le département. — Les arbres fruitiers sont cultivés isolément dans les vignes, dans les jardins. — Il y en a peu en général. — Les espèces que l'on cultive le plus, sont le pommier, le poirier, le cérisier, le prunier, le figuier, le pêcher, l'abricotier. — Le noyer et le châtaignier sont cultivés en grand dans certains cantons. — On soigne peu les arbres fruitiers. — On ente et l'on greffe. — Quelques cantons sont propres à la culture du pêcher. — Les pommes reinettes de St.-Savin et celles de la vallée de Barousse, sont justement renommées. — Le raisin choisi est d'un goût agréable. — Les figues sont fort bonnes dans quelques cantons vignobles; celui de *Castelvieilh*, par exemple. — La récolte des fruits est extrêmement casuelle, à cause des gelées tardives et du défaut de précautions.

§. VIII.

CULTURE DES JARDINS. — PÉPINIÈRES.

Les jardins potagers sont aussi multipliés que les familles. — Chacun a le sien, grand ou petit. — Les riches propriétaires en ont de fort étendus. — Il y a peu de jardiniers de profession. — Les plantes potagères cultivées par les laboureurs, sont le chou commun, le poireau, l'oignon, l'ail. — Quelques-uns cultivent un peu de céléri, de chicorée et de laitue. — Outre ces plantes, les propriétaires aisés cultivent l'artichau, l'asperge, le cardon, la carotte, la betterave, le salcifix, la scorsonère, l'oseille, les épinards, les haricots, les pois, les petites raves, en tout ou en partie, selon l'étendue du jardin et les goûts du maître. — Tous ces légumes réussissent assez bien dans la plaine. — A Tarbes, on cultive l'espèce de racine nommée *chervis*. — La pomme de terre et le topinambours se voient aussi dans les jardins. — Dans les vallées d'Aure et de Louron, on cultive en plein champ les pois et les lentilles, dont on fait un grand débit. ~ Il en est de même des haricots dans le vallon de Bagnères. ~ Le concombre, la citrouille et le melon, ne sont cultivés que dans les jardins bien abrités. ~ On emploie partout les engrais et les arrosages. ~ On n'use d'aucun procédé pour hâter la végétation. ~ On a long-temps négligé l'établissement des pépinières. ~ Les Etats de Bigorre en avaient fait une aux portes de Tarbes. ~ Elle fut détruite dans la révolution. ~ Depuis quelques années, un particulier, nommé *Antoine Cardeillac*, en a établi une à Tarbes; les arbres y prospèrent.

§. IX.

HAIES ET CLOTURES.

On a dévasté les haies comme les bois. ~ Dans plusieurs cantons de la plaine, il n'y a ni haie, ni fossés, ni murs entre les possessions. ~ On prétexte le besoin de ménager le terrein. ~ Dans quelques communes cependant, on emploie les haies et les fossés pour clore les terres. ~ L'aubépine vient fort bien dans la plaine. ~ L'épine noire, la ronce, l'églantier, le houx, le troëne, le chèvre-feuille et le sureau, se mêlent dans la plupart des haies. ~ On les taille au printemps. ~ Beaucoup de jardins et de hautins en sont entourés. ~ Dans les côteaux, les haies sont moins belles. ~ On emploie aussi les fossés. ~ Dans les montagnes, il n'y a presque pas de clôtures. ~ En quelques endroits seulement, on trouve des fossés, rarement des haies vives.

ÉCONOMIE RURALE.

Cette branche de l'économie générale embrasse une foule d'objets d'une grande importance, et dont je traiterai successivement; mais, avant tout, je crois devoir présenter quelques considérations générales, qui trouveront ensuite leur application en divers lieux.

L'économie pastorale, dans les Hautes-Pyrénées, est encore bien arriérée, en comparaison des progrès qu'elle a fait dans les Haute-Alpes. Ces montagnes sont pareilles, à beaucoup d'égards; les herbages y sont de la même qualité; l'exposition, le climat, sont à peu près semblables; s'il y a quelques avantages d'un côté, ils sont en faveur des Pyrénées, qui, étant sensiblement moins élevées, sont plus cultivables. En effet, à espaces égaux, il y a plus de lieux fertiles; à hauteurs égales, elles sont plus accessibles, les ravins y sont moins étendus, les torrens moins considérables, les lavanges moins dangereuses, les vallées supérieures plus long-temps habitables; cependant, quelle différence quant aux résultats! Dans les Alpes, les produits en tout genre sont très-considérables, tandis qu'ils sont presque nuls dans les Pyrénées où la masse du travail est énorme, où elle fatigue les deux sexes et tous les âges. Le gros bétail y est dans un état extrême de dégradation, et nulle part il n'en existe d'aussi faible. On ne voit pas un beau bœuf dans toute la contrée; on n'y consomme guère que du veau.

Tous ces désavantages ne tiennent ni à la nature du sol, ni au caractère des habitans qui sont généralement actifs, ingénieux et entreprenans. La race d'hommes y est belle et forte, mais leur nourriture est mauvaise, parce que leurs alimens sont un mélange grossier de mauvaises farines, de mauvaises viandes et de mauvais légumes; ils font aussi trop d'usage des mauvais vins de la plaine.

Les montagnards, en renonçant à vivre de leurs laitages, se sont mis dans la dépendance des habitans de la plaine, puisqu'ils ne peuvent faire venir assez de grain sur leur propre sol; et pour se procurer ces grains, le défaut d'avances les oblige à se défaire de leur bétail de très-bonne heure; ils ne vendent que de chétifs élèves auxquels ils n'ont pas donné le temps de croître; et la plaine, aussi mal servie que la montagne par des échanges également désavantageux, est tout aussi dénuée de beau bétail, tant pour la consommation que pour les travaux agricoles. Ce qui contribue encore à l'appauvrissement de l'espèce dans les montagnes, c'est qu'on les assujettit au travail comme dans la plaine. Cet usage produit donc de très-mauvais effets. C'est la main de l'homme qui devrait faire tous les frais de la culture dans les pays alpestres qui sont destinés par la nature à nourrir des troupeaux oisifs, qui alors deviennent très productifs. Mais, à cet égard, les habitudes sont prises dans les Hautes-Pyrénées, et on ne saurait y rien changer, non plus qu'aux goûts des habitans.

Ce qui serait susceptible de réforme et d'amélioration, c'est la proportion des prairies qui donnent les fourrages d'hiver, avec les pâturages qui fournissent les herbages d'été. Partout la disproportion est extrême, et comme il y a trop peu de prairies, l'accroissement des troupeaux se trouve fort limité; comment garder dans l'été, des bestiaux qui mourraient de faim en hiver?

Les pâturages excédans ne sont généralement utilisés que de la plus mauvaise manière, c'est-à-dire, en y amenant des troupeaux étrangers; et c'est ainsi qu'on se contente du prix de l'herbe, et qu'on laisse aux autres les profits du bétail. Ceux qui achètent de jeunes bêtes au printemps pour les revendre en automne, spéculent un peu mieux, mais ce n'est jamais que vendre l'herbe un peu plus cher, et cette spéculation est toujours plus avantageuse à celui qui fournit le bétail, qu'à celui qui fournit le pâturage.

Une bonne administration et une économie pastorale bien entendue, doivent donc viser constamment à améliorer et étendre les prairies naturelles, à y en substituer d'artificielles quand cela est possible, et à perfectionner l'emploi des engrais et des arrosages, pour avoir des fourrages en plus grande quantité et de meilleure nature. Cette augmentation de fourrages amènerait l'accroissement numérique du bétail, et l'expulsion des troupeaux étrangers; il faudrait ensuite s'occuper de l'amélioration des espèces, ce qui serait aisé avec quelques précautions, si une nourriture abondante pendant l'hiver, entretenait la vigueur qu'ils auraient prise dans les pâturages. Au lieu de cela, on fait mourir les bestiaux de faim dès qu'ils quittent les pâturages, parce que tel qui n'a de foin que pour nourrir cinq ou six têtes dans sa grange, en mène dix à la montagne où la nourriture ne leur manque jamais. Cette disette forcée pendant l'hiver, et les excès de nourriture auxquels ces bestiaux se livrent au printemps, causent souvent de grandes mortalités, sans compter que toujours les produits en souffrent. Ils ne souffrent pas moins d'un autre usage : quelque médiocre que soit la quantité de lait que donne une vache, jamais son veau n'en a la jouissance entière; aussi n'acquiert-il ni développement ni vigueur. On voit un exemple frappant du grand avantage que procure une juste proportion entre les fourrages d'hiver et ceux d'été, dans le vallon d'Argelés et dans la vallée de Campan; le bétail y est mieux nourri, on y songe moins à la culture des champs qu'à celle des prairies, et c'est ce qui fait la supériorité des vaches de ces deux cantons.

Une autre cause de dégradation des troupeaux, est celle qui tient au manque de taureaux pour la reproduction; on n'y emploie que des veaux de l'année, à qui les cornes ne sont pas encore venues, et dont on fait des bœufs aussitôt après, sans attendre, pour les manger, qu'ils aient pris de l'accroissement, et qu'ils soient sortis de l'état où ils étaient dans leur première condition.

Je reviendrai plus en détail sur toutes ces considérations, à mesure que je traiterai de chacune des parties qu'embrasse l'économie rurale. On trouvera sous le n.° 30, le nombre des animaux domestiques de chaque espèce.

§. I.er

BÊTES A CORNES.

Les bœufs et les vaches, dans ce département, sont en général d'une taille médiocre, et d'un vigueur proportionnée à leur poids qui est à peu près de 20 myriagrammes pour les bœufs, et de 12 pour les vaches. ~ Ceci varie selon les cantons, et en raison des soins qu'on donne aux animaux. ~ La race semble dégénérer de jour en jour, à cause de l'exiguïté et de la faiblesse des taureaux qu'on emploie pour la reproduction. ~ Ce ne sont même que de jeunes veaux. ~ Le défaut de fourrage nuit aussi au développement des bestiaux, parce qu'on les nourrit mal. ~ Ceci se voit surtout à la montagne où les pâturages abondent, et où le foin manque. ~ L'hiver, on se trouve surchargé de bestiaux. ~ Forcés d'aller de bonne heure aux pâturages, ils y éprouvent souvent des gourmes ou autres accidens. ~ Dans certains cantons, les bœufs sont seuls employés à l'agriculture. ~ Dans d'autres, les vaches y participent aussi. ~ Celles-là ne donnent que de petits veaux qu'on vend de très-bonne heure. ~ Les bœufs qu'on élève de ces produits sont petits, difformes et maigres. ~ Les vaches qui ne travaillent pas, donnent des laitages et de bons produits. ~ A la montagne, on les envoie de bonne heure aux germs. ~ C'est là qu'on fait le beurre et les fromages.

Les vaches quittent les germs, et vont à la montagne vers la mi-juin ; elles y restent jusques à la mi-octobre ; puis elles paccagent dans les prairies grasses jusques vers le quinze novembre, époque à laquelle on les remet aux germs jusqu'au mois de janvier, (les plus forts troupeaux sont de quinze à vingt) ; elles ne donnent pas de grands profits pendant qu'elles sont sur la montagne ; elles mettent bas ordinairement vers la fin de décembre, et conservent leur lait environ six mois en assez grande abondance. Celles qui sont bonnes en donnent de huit à dix pintes par jour, pourvu qu'elles soient bien nourries. Elles restent constamment renfermées jusqu'au printemps. Les paysans aisés conservent chaque année une paire de veaux choisis, pour remplacer les bœufs ; les autres sont vendus ; ils conservent presque toutes les femelles, et on vend à mesure les vaches les plus vieilles et les plus pesantes, qui ne sont pas propres à fréquenter les endroits difficiles des montagnes. Le pasteur a soin de les guider toujours vers les meilleurs pacages, et de les écarter des endroits périlleux où elles pourraient se précipiter. On lui porte chaque samedi sa ration, ainsi qu'au pasteur de brebis, et on rapporte le produit du troupeau pendant la semaine. Le dimanche, la moitié des habitans de chaque montagne va entendre la messe au village le plus voisin; ces bergers en rapportent des nouvelles pour satisfaire la curiosité de ceux qui ont eu soin de leurs troupeaux pendant leur absence, et qui, à leur tour, vont à la messe le dimanche suivant.

Les bœufs et les vaches de labour travaillent ordinairement, les premiers jusqu'à 10 ans, et les autres jusqu'à 15; alors ils sont réputés vieux. Leur nourriture ordinaire est du foin, et du regain quand ils travaillent; l'hiver, on leur donne de la feuille de maïs sechée en automne, de la paille de froment et d'avoine; ils s'y accoutument difficilement, après avoir savouré le fourrage des prés.

Il se fabrique une grande quantité de beurre dans les Hautes-Pyrénées, et particulièrement à la montagne. Après l'avoir fait cuire, on le met dans des pots de terre pour le conserver; une partie sert à la consommation des habitans; on en exporte beaucoup hors du département; la montagne approvisionne la plaine et le pays des côtes. Ce beurre est généralement d'une très-bonne qualité. Il est quelques cantons renommés qui en produisent de meilleur que celui des autres. Le beurre de la vallée de Campan est généralement connu; il rivalise celui de la pré-vallée.

On fait aussi beaucoup de fromage avec le lait de vache, mais il est maigre, cassant, et d'assez mauvaise nature; il ne ressemble en rien aux différens gruyères qui se font dans les Alpes. Le lait qu'on emploie à cette fabrication, est trop dépouillé de sa crême. La trop grande quantité de beurre que l'on fait, nuit à la qualité du fromage; on ne saurait tout obtenir à la fois. Ces fromages se consomment presque tous dans le département.

Il est rare que les cultivateurs engraissent des bœufs pour la boucherie ; lorsqu'ils deviennent vieux, on les vend pour en acheter d'autres ; quelques propriétaires font la spéculation d'engraisser, mais ils sont en très-petit nombre. Toulouse et Bayonne offrent cependant des débouchés propres à encourager à ces sortes d'entreprises, mais le grand obstacle est toujours le défaut de fourrages ; l'espèce des bœufs est d'ailleurs trop petite, et il faudrait l'améliorer ou la changer, ce qui serait très-facile et très-avantageux dans la plaine. Les côtes, et surtout la montagne, ne comportent pas des bêtes à cornes d'un très-gros volume ; mais on pourrait du moins y améliorer la race existante.

Les bêtes à cornes sont logées dans des étables, mais ces étables sont en général trop basses, trop peu aérées, et fort mal tenues ; on en voit dans quelques communes de très-propres et de très-spacieuses. Le défaut de litière se fait remarquer presque partout, parce qu'on est obligé d'employer la paille à d'autres usages. On voit que tout se tient dans l'économie rurale, et qu'un inconvénient en entraine plusieurs autres.

§. II.

CHEVAUX ET MULETS.

La race des chevaux de Bigorre est presqu'entièrement perdue. ~ Il n'y a plus que quelques étalons pour les besoins indispensables. ~ Le nombre des jumens poulinières est cependant considérable. ~ On les livre presque toutes au baudet. ~ Il est nécessaire que le Gouvernement prenne au plutôt des mesures pour rétablir les races de chevaux. ~ Il est des moyens à employer pour mieux diriger l'intérêt personnel. ~ Il y a beaucoup de mules et de mulets dans le département. ~ Ils sont l'objet d'un grand commerce. ~ Il existe aussi beaucoup d'ânes. ~ L'espèce en est petite et faible. ~ C'est ici, comme partout, la monture du pauvre.

HARAS.

Il existait autrefois en Bigorre, quatorze étalons, sous la dénomination d'étalons royaux ; on imposait annuellement 2,000 francs pour les remplacer. Ils étaient réunis à Tarbes, hors le temps de la monte, et on n'en payait point la saillie. Il y en avait à peu près un pareil nombre connus sous le nom d'étalons approuvés ; plusieurs étaient aussi de très-bonne race. Il n'y avait pas de biens attachés à cet établissement qui a été entièrement détruit à l'époque de la révolution.

Le nombre des jumens a toujours diminué depuis ; quelques particuliers ont des étalons mal choisis, ou qui ont des tares héréditaires. Plusieurs n'ont, pour la saillie, qu'un cheval sur trois baudets à qui ils donnent 60 jumens chacun, ce qui fait en tout 180. La perte de jumens qui a lieu chaque année, comparée au produit net qui sort des entrepôts, est comme 18 à 6. Ce calcul ne souffre aucune exception, car il n'y a pas de garde-étalon qui n'ait plus de baudets que de chevaux. Il est donc urgent, si l'on veut rétablir l'espèce des chevaux, de diminuer le commerce des mulets, en défendant aux gardes d'étalons d'avoir plus de baudets que de chevaux ; en n'approuvant que des étalons de belle et bonne race ; en prescrivant de ne leur livrer que des jumens de bonne qualité. Il faut aussi rétablir le dépôt d'étalons, d'après les anciens réglemens. Cet établissement ne pourrait manquer de prospérer, et ce pays fournirait bientôt, comme avant la révolution, d'excellens chevaux pour les dragons et pour les troupes légères. Il serait facile de le former, à peu de frais, dans le ci-devant séminaire de Tarbes ; ce bâtiment vaste et commode, qui est à la disposition du Ministre de la guerre, pourrait même servir d'entrepôt pour les élèves.

Il n'en a jamais existé dans ce département. L'ancien gouvernement, qui tenait à ce projet, s'était cependant borné à envoyer une trentaine de jumens qui furent placées chez de bons particuliers, à la charge par eux de les soigner et de les entretenir. On leur payait les productions 300 fr., lorsqu'elles avaient deux ans. Les pouliches restaient aux haras; dans les derniers temps, les dépositaires en avaient la propriété. On plaçait les poulains dans un dépôt, jusqu'à l'âge de quatre ans. Une partie passait dans les établissemens voisins, le reste était envoyé au gouvernement. Il y avait parmi le nombre, des chevaux très-distingués.

§. III.

BÊTES A LAINE.

Les troupeaux de brebis sont extrêmement nombreux. ~ Dans la plaine, l'espèce est petite, et il y en a peu. ~ Elle est plus belle et plus abondante dans les côtes. ~ C'est dans les montagnes que l'on trouve d'immenses troupeaux. ~ Ils donnent des produits considérables en laitages, en laines, en agneaux et en moutons. ~ C'est au mois de mai qu'on fait sortir les troupeaux des granges des germs, pour les conduire sur les hautes montagnes. ~ Ils sont sous la conduite de bergers et la garde de chiens. ~ Les agneaux ne vont sur les montagnes qu'en juillet. ~ On fait la tonte en août. ~ Après quoi les brebis commencent à redescendre vers les germs. ~ Elles y parquent jusqu'en octobre. ~ Puis sur les terres des vallons. ~ Celles qui restent à la montagne, remontent aux germs jusqu'à la fin de novembre. ~ De retour à l'étable, elles mettent bas. ~ On les nourrit bien alors. ~ Après quinze jours, les agneaux sont séparés de leurs mères. ~ On commence à leur donner un peu de foin. ~ Ils sont entièrement sevrés en avril. ~ C'est alors qu'on commence à faire les *fromages de brebis* (*), le *caillé*, le *grueil*,

---

(*) Ils valent mieux que ceux de vache, mais n'approchent pas de leurs analogues dans les Alpes. Les meilleurs se font dans quelques cantons des vallées d'Aure, de Louron et de Barousse; il en est de ceux-là qui approchent du roquefort. Ceux d'Oriucles et de Benac, près de Tarbes, sont aussi renommés.

les *jonchées* (*), espèces de laitages. ∾ Les laines sont abondantes, mais peu fines. (**) ∾ Les bergeries sont généralement mal construites. ∾ Il en résulte souvent des pertes considérables. ∾ Les moutons se font à l'âge de trois mois. ∾ On les engraisse avec du regain. (***) ∾ Il s'en fait une grande consommation, ainsi que des agneaux.

Il n'existe point de troupeaux de race à laine superfine dans ce département, et il est de grands obstacles à vaincre pour y en introduire. Les habitudes, les usages, les opinions et de petits intérêts locaux, s'y opposent. Deux propriétaires seulement possèdent quelques béliers d'Espagne, comme objet d'essai et d'expérience. Ils se proposent d'étendre leur spéculation, et de former des troupeaux entiers de mérinos; il n'est pas douteux qu'ils n'obtiennent un grand succès, s'ils réalisent leurs projets. La douceur du climat, la bonté des fourrages, le voisinage des montagnes qui conviennent si bien à ces animaux, devraient engager les forts propriétaires à donner un exemple dont ils ne pourraient que retirer de grands avantages, et c'est à eux que s'adressent mes remarques. Quant aux agriculteurs et aux montagnards, le temps et des exemples multipliés pourront seuls changer leurs habitudes. Accoutumés à spéculer sur le produit journalier et presque instantané de leurs laitages, auquel il faudrait renoncer en élevant des *mérinos*, habitués à une routine aveugle dans l'éducation et la conduite de leurs troupeaux, ils embrasseraient difficilement des espérances qui leur commanderaient de grandes avances de soins et de nourriture, quoiqu'en résultat, ils dussent s'attendre à en recueillir de gros intérêts,

---

(*) Le *caillé* de Benac, le *grueil* de Saint-Pé, les *jonchées* de Tarbes, sont très-renommés, et de fort bon goût.

(**) Celles de Banios, de Campan et autres lieux voisins de Bagnères, sont les plus belles.

(***) Le mouton de Trie et lieux circonvoisins, est d'un goût très-délicat.

par la vente d'une laine aussi précieuse par son abondance que par sa grande finesse. Toutes ces difficultés existent dans les Pyrénées, comme dans les Alpes, où l'on ne peut espérer, de long-temps, l'amélioration de la race indigène et l'introduction de celles d'Espagne, si le Gouvernement ne prend aucune mesure à cet égard.

Il se présente un moyen bien simple pour la prompte amélioration de nos laines, et je ne le crois pas impraticable : il faudrait d'abord ordonner la séparation des moutons indigènes d'avec les brebis, pour en former des troupeaux à part, que l'on éleverait pour la consommation ; ensuite, procurer à chaque propriétaire, ou à plusieurs en commun, le nombre de béliers mérinos qui serait nécessaire pour la monte de leurs brebis. Ces brebis et ces béliers seraient conduits à des pâturages assez distans de ceux qu'occuperaient les moutons indigènes, pour que ceux-ci ne pussent jamais s'y mêler ; ou bien les bergers prendraient garde que ces mélanges n'eussent pas lieu, afin que le croisement s'opérât avec un entier succès. Les mâles qui proviendraient de ce croisement jusqu'à la quatrième ou cinquième génération, seraient mis de bonne heure dans le troupeau des moutons indigènes, et on ne laisserait avec les brebis croisées, que les béliers de race primitive, jusqu'à ce que l'amélioration fût complette. Elle le serait sans doute avant dix ans, sans qu'on se donnât aucun soin pour le choix des brebis ; il suffirait de garder toujours les plus belles provenant des divers croisemens, pour le fond du troupeau, et de se défaire des autres pour la consommation. Le Gouvernement possède maintenant assez de béliers dans les troupeaux nationaux, pour fournir la première avance nécessaire pour cette grande opération ; et, en cas d'insuffisance, il lui serait aisé d'en obtenir de l'Espagne. Le succès serait plus assuré, si l'on répandait des instructions simples, à la portée des bergers du pays, sur les précautions à prendre et les soins à donner ; il le serait encore davantage, si l'on envoyait, en qualité d'inspecteurs, quelques bergers élevés dans les établissemens nationaux. Les avantages qui résulteraient en peu d'années d'une semblable mesure, sont incalculables, et elle est applicable aux Alpes comme aux Pyrénées. Leurs richesses, en ce genre, seraient bientôt décuplées, et les effets s'en ressentiraient dans tout l'Empire.

§. IV.

COCHONS.

Il n'est presque pas de famille dans le département qui n'élève un cochon pour sa provision. ~ Plusieurs en tuent deux, et même trois, chaque année. ~ Le plus grand nombre n'en élève plus d'un que par spéculation, et pour revendre en nature. ~ On les achète jeunes. ~ On les fait paccager jusqu'à l'entrée de l'hiver. ~ Alors on les enferme pour les engraisser avec du son, du maïs, du gland et de la pomme de terre. ~ On les tue en janvier et février. ~ Ils sont généralement blancs, ou noirs tachetés de blanc. ~ Leur espèce est commune, mais de bonne qualité. ~ Quand ils sont gras, ils pèsent communément 10 myriagrammes.

Outre les cochons superflus qui s'élèvent dans les ménages, il en est un grand nombre dans les fermes, dans les domaines, chez les particuliers, qui sont destinés au commerce. ~ On les vend tous en vie, et ils passent dans les départemens voisins. ~ On en expédie beaucoup sur Bayonne où on les sale, et où ils fournissent ces jambons si renommés, dont le prix tient en partie à la bonne qualité des cochons, et en partie au procédé que l'on emploie pour les préparer.

Presque tous les particuliers tiennent leurs porcs sur leurs propriétés. ~ Ceux des pauvres, des malheureux, paccagent dans les communaux. ~ Dans certains cantons, il y a un porcher commun qui garantit les propriétés individuelles de tout dégât; et, ce qui doit être remarqué, il rassemble tout son troupeau au son d'un cornet, lorsque l'heure de la retraite est arrivée ; alors chaque animal court à son étable, où il trouve sa nourriture prête. Le lendemain, dès qu'on lui ouvre la porte, il se rend au lieu commun du paccage, sous la garde du porcher.

§. V.

CHÈVRES.

Il y en a beaucoup dans les Hautes-Pyrénées. ~ Elles font beaucoup de mal. ~ Dans la belle saison, on les mène hors du département pour vendre leur lait. ~ C'est une ressource pour le pauvre. ~ Il faudrait qu'il pût s'en passer. ~ Elle est pernicieuse pour la société.

§. VI.

OISEAUX DE BASSE-COUR.

On en élève beaucoup dans ce département. ~ La volaille s'y consomme toute. ~ Elle est de bonne qualité. ~ On la nourrit et on l'engraisse avec du grain et de la pâte de maïs. ~ On sale beaucoup d'oies et de canards.

§. VII.

ABEILLES.

Il y a peu de ruches dans ce département. ~ Quelques cantons sont très-propres aux abeilles. ~ On ne s'est point attaché à les multiplier. ~ Les ruches sont toutes d'osiers entrelacés, en forme de pain de sucre, enduites de bouze de vache. ~ Elles ont un couvercle de paille, et un chapeau de terre cuite. ~ Elles essaiment trois fois par an. ~ On arrête l'essaim au moyen du tintement d'un corps sonore qui l'attire sur un arbre d'où il descend dans la nouvelle ruche placée dessous. ~ Les abeilles se nourrissent communément elles-mêmes. ~ Dans les hivers rigoureux, on leur donne à manger. ~ La taille du miel se fait à la fin de l'hiver. ~ Une ruche pleine donne annuellement huit litres de miel, et demi-kilogramme de cire. ~ Le miel se consomme, et se vend aux pharmaciens. ~ La cire sert à faire cette bougie jaune et grossière qu'on brûle aux églises. ~ Elle est loin de suffire aux besoins locaux.

§. VIII.

INSTRUMENS RURAUX.

Ils se fabriquent sur les lieux, ~ excepté les faulx et faucilles. ~ La plupart sont communs aux contrées voisines.

1.° Outils pour labourer et ensemencer les terres.

De la Charrue et de ses annexes : ~ La charrue a trois pièces principales : ~ Le soc, ~ le coutre, ~ le versoir. ~ Les pièces qui servent de monture à ces trois instrumens, sont l'aye, la flèche, le cep et les tenilles. ~ Les parties qui servent à diriger la charrue, sont le levier et le marchepied. ~ La charrue est légère. ~ Elle n'est traînée que par une paire d'animaux. ~ Il y a le joug ordinaire et le joug long pour les bœufs et les vaches; ~ le collier ordinaire et le grand collier pour les chevaux.

Du Marquoir : ~ C'est une espèce de charrue en bois. ~ Elle sert à tracer des sillons pour semer le maïs. ~ Elle se compose d'une flèche, d'une pièce transversale, et de trois petites pelles de bois fixées au bas de cette pièce. ~ Elles tracent les sillons où l'on doit mettre la semence. ~ Il y a deux manches recourbés fixés à la partie supérieure de la pièce transversale. ~ Des cordes ou courroies servent à diriger les animaux.

De la Sarcloire (lou Razerot) *:* ~ C'est encore un instrument propre à ce pays-ci. ~ Il se compose d'une demi-lune en fer tranchante par son limbe. ~ Elle sert à fendre la terre. ~ Il y a une flèche et un manche bifurqué. ~ Cet outil ne sert qu'à sarcler et chausser le maïs.

De la Herse : ~ Elle est généralement connue. ~ On s'en sert pour briser les mottes et niveler le terrein après les semailles.

2.° Outils à main-d'œuvre pour travailler la terre.

Ce sont la houe, ~ la houe à deux branches, ~ le rateau, ~ le maillet, ~ la faulx, ~ la fourche en bois, ~ le rateau en bois.

3.° Outils employés à la récolte des Grains.

Ce sont la faucille, ~ la cheville, ~ le fléau, ~ le gros crible, ~ le petit crible, ~ les fourches, ~ le rateau plein, ~ les rateaux, ~ les grands balais, ~ les barres, ~ les petits balais, ~ les pelles de bois.

4.° Outils pour la récolte du Foin.

Ce sont la faulx, ~ la fourche en bois, ~ le rateau en bois, ~ l'aye. ~ Cette machine en bois, est formée, à sa base, de trois pièces réunies en triangle isocèle. ~ Quand la charge du foin se trouve sur cette base, une quatrième pièce qui est fixée à l'angle le plus aigu, vient se joindre à une cinquième qui entre au milieu du plus petit côté. Cette jonction se fait par le moyen de cordes qu'on lâche plus ou moins, selon la quantité de foin. ~ Les hommes portent cet instrument sur leurs épaules, plus ou moins chargé, en raison de leur force.

5.° Outils pour la Vigne.

Ce sont la serpette, ~ les paniers, ~ les comportes, ~ les fouloirs, ~ la cuve, ~ la petite cuve, ~ l'entonnoir de bois.

6.° Outils pour le bois et pour le recepage des Vignes.

Ce sont la hache ordinaire, ~ la serpe, ~ la scie, ~ le haut-volant.

7.° Voitures.

Ce sont la charrette, ~ le tombereau, ~ la brouette, ~ la civière. ~ Une voiture particulière à cette région, et qui sert à l'usage personnel des familles, est celle appelée *char-à-bancs* ou *trouski;* elle a quatre roues, et six places dans les quatre sens; point de couverture.

§. IX.

§. IX.

TABLEAU DES TRAVAUX AGRICOLES.

Septembre : ~ Semailles du froment, de l'orge, de l'avoine et du seigle, dans les terres faibles et dans les terres argileuses ou *boubées*.

Octobre : ~ Vendanges. ~ Récolte du maïs. ~ Labour du terrein qui, ayant nourri cette plante, est destiné à être semé en bled avant l'hiver. ~ Semailles du lin sur les guérets; des fèves et des poids sur le chaume, après qu'il a été fumé. ~ Récolte des pommes de terre. ~ Semaille du froment, de l'orge, de l'avoine et du seigle dans les bonnes terres. ~ Formation des rigoles et des aqueducs pour l'écoulement des eaux pluviales. ~ Transport des terres qui ont débordé les sillons; ce qui s'appelle *relever les contournières*. ~ Labour des terres destinées à recevoir les semences du printemps. ~ Décuvage du vin. ~ Plantation des vignes dans les terreins exposés au levant et au midi. ~ Amas de terre dans les chaumes, pour être transporté sur les terreins maigres. ~ Plantations des arbres et des haies. ~ Recurage des fossés. ~ Engrais des oies.

Novembre : ~ On continue de ramasser les terres entraînées par les eaux, pour les transporter dans les champs et dans les vignes; de recurer les fossés, et de faire des plantations. ~ Taille de la vigne, et provignage dans les terreins chauds, si le temps le permet. ~ Cuisson et sallage des oies. ~ On racle le chaume avec le rateau, pour augmenter les litières.

Décembre : ~ Continuation des travaux du mois précédent. ~ Amendement des provins faits dans les vignes. ~ Coupe des haies et des bois. ~ Labourage à la bèche, de quelques terres qui doivent être ensemencées au printemps. ~ Les prés sont interdits aux bestiaux qui, vers le milieu de ce mois, commencent à être nourris dans les étables. ~ On raccommode les outils aratoires.

Janvier : ~ Continuation des mêmes travaux. ~ Premier labour aux terres à ensemencer en automne. ~ Amendement des prés. ~ Taille de la vigne.

Février : ~ Mêmes travaux. ~ Taille des vignes froides ; leur déchaussage à la houe. ~ Semaille de l'avoine en place du lin et des fèves que la gelée a pu détruire.

Mars : ~ Suite des mêmes travaux. ~ Second labour des terres destinées à recevoir les semences du printemps. ~ Plantation de la vigne dans les terres froides. ~ Plantation des pommes de terre.

Avril : ~ Suite du second labour aux terres. ~ Semailles du maïs et des haricots sur les meilleures terres de la récolte précédente, après qu'elles ont été travaillées à la houe ou labourées deux fois, et ensuite fumées. ~ Second labour aux vignes, après avoir enlevé les rejetons des souches. ~ Castration des veaux de deux ans, et des agneaux de l'année.

Mai : ~ Suite de la seconde façon aux terres et aux vignes, de la semaille du maïs et des haricots. ~ Binage des pommes de terre.

Juin : ~ Récolte du lin et des foins ; ensuite celles des orges, des fèves, des pois et de l'ail. ~ Semaille du maïs pour fourrage d'automne.

Juillet : ~ Récolte du seigle ; ensuite celle du froment. ~ Coupe du chaume laissé par la faucille, destiné, avec l'herbe qui y est entremêlée, à la nourriture des bestiaux. ~ On chausse les pommes de terre et le maïs ; on continue la coupe du chaume ; on dépique les gerbes ; on crible les grains. ~ Récolte des lentilles. ~ Troisième labour aux terres. ~ Semaille du maïs, pour fourrage à l'entrée de l'hiver. ~ Semis des raves. ~ Préparation du lin récolté.

Août : ~ Quatrième labour aux terres. ~ On les fume. ~ On coupe les panicules du maïs pour la nourriture des bestiaux. ~

Labour des terres qui, ayant produit des haricots, des pois, des lentilles, des vesses, doivent être semées en bled la même année.

§. X.

POIDS ET MESURES.

Ils étaient extrêmement multipliés autrefois. ~ Leurs dénominations variaient presque de commune à commune. ~ Le tableau comparatif des anciens aux nouveaux, se trouvera ci-après sous le n.° 31.

§. XI.

VALEUR DES TERRES.

Elle a toujours été considérable dans cette contrée, parce qu'il n'y a ni commerce ni industrie. ~ Toutes les richesses sont en fonds de terre. ~ L'amour du sol établit la concurrence pour les achats. ~ La révolution a fait acheter des terres aux laboureurs. ~ En payant leurs dettes avec des assignats, ils sont devenus aisés. ~ Ils se disputent les lambeaux des grands héritages que les anciens propriétaires se voient forcés de vendre depuis la révolution. ~ Elle a augmenté la valeur des terres, en les dégrévant et les affranchissant. ~ Cette valeur a plus que doublé depuis douze ans dans certains endroits. ~ Partout elle est beaucoup plus considérable. ~ Elle varie en raison de leur nature. ~ Dans la plaine, un hectare de terre labourable de médiocre qualité, est évalué à 2,400 fr. ~ Une hectare de pré, même qualité, vaut 3,200 fr. ~ Un hectare de vigne n'est porté qu'à 1,200 fr. ~ Les bois se vendent le plus cher après les prairies. ~ Les landes ont très-peu de valeur. ~ Dans les côteaux, les différentes natures de terres valent beaucoup moins, ~ excepté la vigne qui vaut davantage dans les cantons essentiellement vignobles. ~ A la montagne, les terres sont presque aussi chères que dans la plaine, parce qu'on y tient encore plus au sol, et qu'il est peu étendu.

§. XII.

PRIX DE LA MAIN-D'ŒUVRE.

La main-d'œuvre a doublé depuis 1790. ~ Tous les ouvriers sont nourris par le propriétaire qui les emploie, et il paye, en outre, depuis 12 jusqu'à 20 sous par jour, pour l'ouvrier qui travaille la terre; depuis 1 fr. jusqu'à 1 fr. 25 c., pour le garçon charpentier, tonnelier, charron et maçon; et depuis 2 fr. jusqu'à 3 liv., pour le maître. ~ La journée de femme est de 40 à 50 centimes. ~ Un charretier avec ses bœufs, coûte 6 fr. par jour. ~ Un bouvier est payé 4 fr.; un faucheur, 2 fr. 50 c.; une laveuse, 30 c.; un tailleur d'habits dans les campagnes, 50 c. ~ Les gages d'un domestique mâle employé au travail des terres, sont de 150 fr.; ceux d'une domestique femelle, 100 fr.; ceux des domestiques mâles, dans les villes, prix moyen, 120 fr.; ceux des demestiques femelles, 80 fr.

ÉCONOMIE DOMESTIQUE.

§. I.er

HABITATIONS.

La construction des maisons et des édifices publics dans les villes, est d'une architecture simple et peu recherchée. ~ La distribution des appartemens est assez bien entendue. ~ L'art de bâtir a fait de grands progrès dans les Hautes-Pyrénées depuis 30 ans. ~ L'affluence des étrangers qu'attirent les eaux, est la cause de ces progrès. ~ Le prix d'une maison ordinaire, à Tarbes, est de 20,000 fr. ~ Il y en a de 30 et de 40,000 fr. ~ Dans les établissemens thermaux, le prix des maisons est à peu près le même, parce que la valeur locative en est considérable. ~ Les maisons rurales sont partout à peu près les mêmes. ~ Elles sont éparses, et plus ou moins isolées; ce qui donne beaucoup d'étendue aux villages. ~ Elles sont généralement mal construites. ~ Quelques toits sont couverts en ardoise, la plupart en paille. ~ La valeur des premières est de 1,200 fr. ; celle des secondes, de 600 fr., terme moyen. ~ Les étables, les granges, les hangards, les celliers, tiennent à la maison rustique. ~ Les basse-cours sont malpropres et malsaines. ~ Les agriculteurs aisés cherchent à se loger commodement et à embellir leur demeure ; ~ surtout depuis la révolution.

§. II.

VÊTEMENS.

La classe aisée de la société se vêtit ici à peu près comme partout, et le luxe a pénétré avec les curieux et les désœuvrés qu'attirent les eaux thermales, jusques dans le fond des gorges de nos montagnes ; de belles toiles, des draps fins, des casimirs, des basins, des mousselines et même des dentelles, des draps de soie, des bas de la même matière ou d'un très-beau coton, des castors, des bijoux en or et en pierres précieuses, servent à revêtir journellement les hommes, et surtout les jeunes gens qui mettent dans la disposition de leurs vêtemens une espèce de coquetterie qu'ils contractent par le commerce des femmes ; ils sont esclaves de la mode comme dans la capitale même, et si elle leur arrive un peu tard, ils n'en sont pas moins empressés à la saisir et à la suivre dans ses subites métamorphoses. C'est encore un des résultats du luxe qu'apportent avec eux les étrangers ; en quittant le pays, ils y laissent, avec leur or, le goût de toutes les jouissances factices qu'il peut procurer. Ce luxe ne s'étend guère cependant au-delà des lieux où il prend naissance, et où il s'alimente lui-même ; c'est seulement au chef-lieu du département et aux établissemens thermaux qu'on en voit les effets.

Les propriétaires agriculteurs qui habitent la campagne, ont su se garantir de la manie de briller ainsi par leur surface, et ils ont conservé les anciennes habitudes. Presque tous se vêtissent avec des toiles et des draps du pays ; ils portent des bas faits avec le lin qu'ils récoltent, et un chapeau assez gros ; s'ils ont quelque habillement plus recherché, ce n'est que pour les jours de fête et de grande solennité, encore la forme en est-elle ancienne et peu recherchée. Les enfans, il est vrai, s'éloignent, autant qu'ils le peuvent, du goût des pères ; et sans doute on ne sera pas long-temps à voir régner l'uniformité entre les manières de la campagne et celles de la ville. Ce ne serait pas un mal, si les fortunes pouvaient le permettre, et si c'était le résultat d'une augmentation générale dans les produits, du perfectionnement simultané de l'agriculture et des arts.

Les femmes qui appartiennent aux deux classes dont je viens de parler, en suivent les usages : les premières sont recherchées dans leurs ajustemens, et idolâtrent la mode ; elle est le sujet de leurs conversations journalières, et l'objet dominant de leurs pensées ; la proximité des eaux qu'elles fréquentent quelquefois, ou dont on leur rapporte en exemple la parure des dames qui s'y trouvent, développe leur goût, et éveille leurs prétentions à briller. Elles prennent ainsi le ton et les modes qui, arrivant des grandes villes, séjournent assez dans le pays pour laisser des traces après elles.

La parure de nos dames est plus élégante que riche, parce que les fortunes sont médiocres, et elles savent suppléer, par leur bon goût, aux objets brillans qui leur manquent. Les bijoux en or sont d'un usage général ; les pierres fines sont peu communes.

Les dames qui habitent la campagne, s'habillent avec moins de prétentions que celles qui sont à la ville, et leurs ajustemens sont moins recherchés et moins dispendieux ; elles suivent en cela l'exemple des hommes. Les unes et les autres font usage dans le négligé, et pour sortir, d'une espèce de mantille en laine qui couvre la tête comme un capuchon, et qui descend jusqu'aux talons. Ce vêtement, dans lequel les femmes s'enveloppent entièrement, n'est ouvert que sur le devant, et se nomme *capuçon* ; il est le plus communément de couleur gris carmelité, doublé en rouge.

La classe des artisans, dans les villes, tient le milieu entre les particuliers aisés et les laboureurs ; les hommes sont très-bien vêtus, et les femmes, surtout les jeunes filles, recherchées dans leur parure.

Les laboureurs sont partout assez bien vêtus. L'hiver, ils s'habillent d'étoffes de laine appelées *cadis* : veste, gilet, pantalon ou culotte, et guêtres ; le tout assez juste, sans cependant gêner les mouvemens. Dans l'été, ces vêtemens sont faits avec de la simple toile, ou avec une espèce de cotonnade de fil de lin, mélangé de coton, et teint diversement selon le goût de chacun ; c'est une marseilloise et un pantalon aisé. Ils portent des souliers, quelquefois des bas, et ils ont la tête couverte avec un chapeau ou un bonnet. Dans certains cantons, et notamment dans la vallée de Baréges, les hommes portent le *berret* des basques ; c'est une espèce de calotte en feutre de laine, couleur de la bête, qui, à l'aide d'un bourlet, embrasse toute la circonférence de la tête ; ils portent aussi la culotte ou le pantalon large.

Les femmes sont aussi vêtues, dans l'hiver, d'étoffes de laine dont le fond est très-foncé, avec rayeure rouge ou bleue ; en été, elles portent de la cotonnade. Leurs vêtemens se composent d'une veste et d'un jupon court ; elles ont un fichu au cou, et sur la tête une espèce de capuchon en laine, de couleur écarlatte, qui descend jusqu'à la ceinture ; c'est ce qu'on appelle, en terme du pays, *capulet*. Il est des femmes qui portent des capulets blancs, d'autres des capulets bruns ; elles portent aussi des coiffes de toile, garnies en mousseline. Toutes les étoffes qu'emploient les habitans des campagnes, se font dans le pays, et avec les laines qu'il produit ; de même que les toiles qui servent à faire des chemises et autres linges nécessaires, sont faites sur les lieux, et avec le lin qu'on y récolte.

En général, les laboureurs mettent du luxe dans leurs habits des dimanches ; la forme en est toujours la même, ainsi que la qualité ; mais celui des jours ouvriers est plus usé, et le plus souvent rapiécé. Les misérables eux-mêmes veulent briller les jours de fête, sauf à être mal vêtus ou presque nuds le reste de la semaine.

§. III.

ALIMENTATION.

Le luxe de la table est aussi connu dans les villes de ce département. — On l'emploie surtout lors des dîners d'apparat. — La variété des vins, l'usage du café et des liqueurs, sont habituels dans la classe aisée. — La cuisine est fort épicée. — A la ville comme à la campagne, on fait deux repas par jour, outre le déjeûner. — On dîne de midi à deux heures. — On soupe de sept à huit. — Les agriculteurs font trois repas par jour en hiver, et quatre en été ; savoir : au lever, de huit à neuf heures, à une ou deux heures de l'après-midi, et à l'entrée de la nuit. — Ils vivent frugalement, et avec des mets grossiers. — Leur nourriture habituelle est de la pâte de maïs et des choux, du pain et de l'oignon cru ou de l'ail, des laitages. — Presque tous les agriculteurs boivent du vin le long du jour et pendant leurs travaux. — Ils en portent aux champs avec eux. — Il est quelques cantons où les laboureurs vivent très-bien. — Le pain est fait avec du seigle dans son tout, ou du méteil. — On fait aussi du pain de millet avec ou sans pommes de terre. — La pâte de maïs bien assaisonnée, devient un mets recherché qu'on sert sur les bonnes tables. — On en fait avec du lait dans les parties de campagne. — Faite avec de l'eau assaisonnée et garnie avec des choux, elle forme ce qu'on appelle la *paste tourade*. — Un autre mets très-recherché, c'est la *garbure*, espèce de soupe qui se fait avec des choux verts, du lard, des cuisses d'oie, du jambon et des épices en quantité. — Les cabarets sont très-fréquentés les jours de fêtes. — Les paysans s'y livrent à une intempérance qui nuit beaucoup à l'aisance de leurs ménages.

§. IV.

ALITAGE ET AMEUBLEMENT.

L'ameublement des maisons aisées est commode et recherché. ~ Il y a plus de simplicité et moins d'aisance dans les maisons de la campagne. ~ L'ameublement des laboureurs se réduit à bien peu de chose. ~ Quelques bancs, tabourets ou sièges en bois. ~ Quelques grabats, composés d'une paillasse placée sur des planches mal agencées, recouverts de gros draps, et d'une seule couverture de laine. ~ Quelques-uns ajoutent à leur lit une couette en plume, et des rideaux de toile ou de cadis teint en jaune. ~ Ajoutez à cela une ou deux armoires, une table, et pour toute batterie de cuisine, quelques pots, poêlons, poêles et chaudrons; pour toute vaisselle, quelques vases d'une poterie grossière, rarement des assiettes et des fourchettes d'étain.

§. V.

CHAUFFAGE.

On ne brûle que du bois dans ce département. ~ Il n'y a qu'un feu dans les maisons rustiques. ~ Dans les familles aisées, il y en a un ou deux, outre celui de la cuisine. ~ Les laboureurs se pourvoient de combustibles sur le terrein qu'ils cultivent. ~ Les malheureux s'en procurent par la maraude. ~ Les propriétaires ont des bois sur leur héritage. ~ Ceux qui n'en ont pas, l'achètent chèrement.

§. VI.

BLANCHISSAGE.

On lessive le linge. ~ On savonne le plus fin. ~ On le fait toujours sécher au soleil ou à l'air. ~ Aucun des procédés nouvellement découverts pour le blanchissage, n'est mis en usage dans ce département. ~ Le même procédé est suivi partout.

§. VII.

COSMÉTIQUE.

Je ne puis rien dire sur la manière de disposer ses vêtemens, sur la toilette, sur les soins de propreté concernant la classe riche ou aisée, qui ne ressemble à tout ce qu'on voit dans les grandes villes. La parure des hommes et des femmes est plus brillante, plus recherchée les jours de dimanche et de fête, que pendant le reste de la semaine; mais leur mise est toujours propre et décente. Il y a beaucoup d'hommes, et surtout de jeunes gens, qui portent les cheveux courts et sans poudre. Il y a aussi beaucoup de jeunes femmes à la titus. Aux attraits naturels de leurs personnes, que les dames ont grand soin de faire ressortir, elles ajoutent tous les apprêts que le goût et la mode suggèrent; tous les secrets de la cosmétique la plus raffinée et la plus délicate, leur sont connus; elles savent en user à propos, pour masquer ou pallier les atteintes accidentelles qu'éprouve leur beauté, ou celles qui sont l'ouvrage du temps, pour relever l'éclat de leur teint qu'elles savent garantir de l'ardeur du soleil par l'usage des chapeaux, des voiles, des parasols, des omberettes, ou en ne s'exposant point à sa trop vive lumière; elles connaissent tout l'avantage des demi-jours et des reflets de lumière à travers des rideaux de couleur. Dans l'été, elles font un fréquent usage des bains domestiques, lorsqu'elles ne sont pas à portée des eaux thermales; celles qui s'y trouvent, prennent part au bénéfice de ces sources qui ne sont pas moins favorables à l'entretien de la santé et de la fraîcheur, que salutaires dans l'état de maladie.

Les habitans des campagnes ne connaissent aucun de ces procédés du luxe; mais la pauvreté des vêtemens n'empêche pas qu'ils ne soient très-propres, ainsi que ceux qui les portent. Les hommes peignent leurs cheveux, les attachent par derrière, et les relèvent par devant; ils se font raser tous les samedis. Les jeunes gens se font la queue, les jours de fête, avec un ruban de fil noir. Tous se lavent les mains chaque matin et avant les repas, quelquefois les pieds, rarement tout le corps, à moins qu'ils n'aient besoin de prendre des bains. Quelquefois, dans les grandes chaleurs, ils se baignent dans le ruisseau le plus voisin.

Les femmes serrent leurs têtes avec une bandelette de toile, font remonter et assemblent leurs cheveux de la partie postérieure au milieu de la tête, ainsi que ceux de devant ; puis elles mettent par dessus une coiffe et le capulet. Les jeunes filles se coiffent de même, mais elles se passent plus volontiers de capulet. Quelques-unes ne relèvent pas entièrement leurs cheveux, et en laissent paraître une partie par mode ou coquetterie.

Les artisannes portent presque toujours un fichu à la tête ; il est plus beau les jours de fête ; quelques-unes se servent d'un peigne pour se coiffer, tressent et blouclent par fois leurs cheveux.

TRAVAUX.

La très-grande majorité de la population, dans ce département, est adonnée aux travaux agricoles ; les arts et le commerce occupent fort peu de monde. Les emplois civils sont à peu près les mêmes que dans les autres départemens ; les professions libérales sont extrêmement restreintes ; on pourra juger, par le tableau général des professions, quel est le rapport qui existe entre elles toutes.

Les agriculteurs se livrent à leurs occupations habituelles, presque sans interruption, dans toutes les saisons, et d'après l'ordre et la succession que j'ai indiqués précédemment. Leurs enfans mâles commencent à y participer de très-bonne heure : d'abord ils sont préposés à la garde des troupeaux, puis ils partagent les pénibles travaux du labourage, et tous ceux qui se rapportent à la culture et aux moissons ; ils n'ont pour leur récréation et pour se reposer, que les momens qu'ils dérobent aux tâches qu'on leur impose, et encore n'est-ce qu'avec la crainte d'éprouver un châtiment. Les jeunes filles, dès l'âge de six ans, filent le lin et la laine ; à douze, elles connaissent et pratiquent tout ce qui est de la compétence des femmes dans l'économie domestique. A la campagne, le plus souvent tous travaillent jusqu'à la décrépitude; mais les vieillards reprennent les occupations de l'enfance, ou font les travaux qui permettent une vie sedentaire. Les hommes d'un bon tempérament et qui se sont bien conservés, peuvent se livrer aux occupations ordinaires de l'agriculture, jusqu'à l'âge de 65 à 70 ans, et les femmes aux soins les plus pénibles du ménage, jusqu'à cinquante-cinq ou soixante.

L'indolence et le défaut d'activité qu'on reproche, avec assez de raison, à la classe agricole de ce département, doit être attribuée à la privation de tout commerce et de toute industrie, qui peuvent seuls exciter vivement au travail, en donnant l'espoir d'en retirer de très-grands avantages; et voilà comment toutes les parties de l'économie publique se tiennent et influent les unes sur les autres.

La classe ouvrière de la société, celle qui s'adonne aux arts et métiers, est plus active, plus entreprenante que celle des agriculteurs, parce qu'elle est plus habituée aux spéculations du commerce, et qu'elle doit sa subsistance et tous ses profits aux échanges qu'elle fait des produits de son industrie contre les objets de première nécessité. Les enfans mâles suivent aussi presque toujours la profession de leur père, et y sont instruits de très-bonne heure. Les filles partagent, dès leur enfance, les occupations domestiques de leurs mères. Dans celles de ces professions qui sont très-pénibles, et qui exigent de grandes forces physiques, les hommes cessent leurs travaux à un âge moins avancé que pour l'agriculture, ou du moins ils n'en pratiquent que la partie la moins fatigante, celle que l'état de leurs forces leur permet de poursuivre.

Les commerçans, les employés civils, les gens d'affaires, les personnes adonnées à l'étude et aux travaux de cabinet, ont les mêmes habitudes que partout ailleurs. Le matin, on fait le travail qui exige le plus d'assiduité et d'attention; l'après-dîner, on s'occupe encore; toute la soirée est consacrée au repos, à l'oisiveté, aux visites, à la promenade, à tout ce qui peut distraire ou récréer, selon le goût de chacun et les dispositions du moment.

DÉPENSES ET PRODUITS DE L'AGRICULTURE, DE L'ÉCONOMIE RURALE ET DOMESTIQUE.

Il n'est rien de plus difficile à recueillir que les données indispensables pour faire ces évaluations, soit parce que les propriétaires et les agriculteurs ne tiennent point un compte exact de leurs avances et de leurs revenus, soit parce qu'ils se refusent à donner une juste appréciation de leurs ressources. A les en croire, les dépenses surpassent beaucoup les produits; cependant tous subsistent, et plusieurs, en améliorant leur héritage, augmentent leur consommation annuelle. Ceux-ci font donc plus que joindre les deux bouts, quoi qu'ils en disent, et quand même, ils ne garderaient aucune avance pécuniaire du produit de leurs fonds; s'ils ont une subsistance plus abondante, plus saine, plus recherchée; s'ils sont mieux vêtus, mieux logés; s'ils jouissent, en un mot, d'une plus grande aisance, le produit est toujours supérieur aux avances, qui, à proprement parler, se réduisent à leur travail. La véritable prospérité, dans un pays agricole, consiste moins à amasser des capitaux, qu'à multiplier les productions du sol, par l'emploi de toutes les avances à la culture des terres. Quand la consommation s'étend dans toutes les classes, c'est une preuve certaine de prospérité générale, et c'est ce qu'on voit dans toute l'étendue de ce département.

1.° Dépenses et produits de l'Agriculture.

Pour évaluer avec justesse et précision les dépenses et les produits de l'agriculture, il faut avoir égard aux différens modes de cultivation que l'on emploie; car celui qui cultive de ses propres mains, se constitue dans de moindres frais, dans de moindres avances que celui qui est fermier, colon, métayer, ainsi que celui qui a des valets et des manouvriers dont il dirige les travaux; mais aussi, le plus souvent, il tire un moindre produit de son fonds, parce qu'il ne peut pas le soigner aussi bien, et qu'il manque presque toujours de bras et d'engrais. C'est ce qui fait la différence de la grande à la petite culture, qui ne sont préférables, ni l'une ni l'autre, exclusivement, mais qui, dans telle ou telle circonstance, donnent des résultats tout opposés.

J'ai déjà dit que la grande culture est comme inconnue dans les Hautes-Pyrénées, et que le plus grand nombre des agriculteurs y est en même-temps propriétaire; c'est donc à cette classe d'abord que doivent se rapporter mes remarques et mes évaluations, mais c'est précisément celle sur laquelle je n'ai pu obtenir aucune donnée; les petits cultivateurs sont tous hors d'état de calculer la somme de travail qu'ils dépensent pour tel ou tel genre de culture, et pour un espace de terrein déterminé, ainsi que les avances qu'ils font. Ils emploient tout leur temps et tous leurs soins pour recueillir un produit qu'ils consomment soit en nature, soit par des échanges indispensables, et ils vivent ainsi sans tenir compte des variations qu'éprouve la balance de leur revenu et de leur dépense; ils tâchent seulement de faire en sorte qu'elle ne penche pas du mauvais côté, et ils s'estiment heureux quand ils la maintiennent dans l'équilibre. En général, cependant, le sort des petits agriculteurs est avantageux; les avances qu'ils font au sol, se réduisent quelquefois au simple travail de leurs mains; la plupart y joignent celui des bestiaux, dont l'acquisition à coûté l'emploi d'un capital plus ou moins considérable, et dont la nourriture et l'entretien sont un objet de dépense qui doit être déduit du produit du sol, de même que la nourriture et l'entretien de la famille; il est vrai que ces bestiaux, outre leur travail, donnent aussi des engrais, et quelquefois de jeunes nourrissons que l'on vend pour la boucherie. Les produits de l'économie rurale, ceux de l'économie domestique, se confondent dans tous ces petits ménages avec ceux de l'agriculture, et il serait extrêmement diffacile de les évaluer séparément ; ils font face en commun aux dépenses qu'exige la culture, l'entretien des animaux et celui de la famille. Comme tous les genres d'avances que font les petits cultivateurs, se retrouvent parmi celles bien plus considérables que font les gros propriétaires, j'en aurai indiqué, par analogie, la nature et la quotité, lorsque j'aurai donné les appréciations qu'il m'a été possible de faire.

Je ne parlerai pas des fermiers ni des métayers dans cet article ; leur nombre est extrêmement petit, comme on l'a déjà vu : d'ailleurs, ils doivent être assimilés aux gros propriétaires pour ce qui est de l'évaluation des dépenses et des revenus, avec cette différence que le sol n'étant pas à eux, une partie du produit est absorbée par le propriétaire du fonds. Ce produit, au total, est toujours à peu près le même pour le propriétaire, soit qu'il afferme son fonds, soit qu'il le donne à portion colonne, soit qu'il le fasse cultiver ; mais dans ce dernier cas, ses terres s'épuisent moins, et cela est très-important. Il est avantageux d'affermer les petites portions de terrein, ou de les donner à moitié fruit, et il y aurait moins de profit à les faire cultiver à la journée ; mais un domaine assorti est bien plus productif quand le maître en surveille lui-même l'exploitation.

Si les dépenses et les produits de l'agriculture varient en raison du mode de cultivation, ils ne varient pas moins selon l'espèce de culture à laquelle le sol est consacré. Les terres à bled, les prairies et les vignes donnent des résultats tous différens, sous l'un et l'autre rapport ; et c'est ce qui m'engage à traiter séparément de chacune d'elles.

Des Terres labourables. — Leur produit moyen.

On trouvera ci-après sous le n.° 52, plusieurs tableaux qui établissent le parallèle des dépenses qu'exige la culture d'une portion de terre labourable, et des produits qu'elle donne. — La quantité proportionnelle des produits comparés aux semences, est difficile à déterminer. ~ Elle varie en raison des lieux et des saisons, comme la quantité de la semence elle-même. ~ On évalue au quintuple, pour la plaine, le produit de la semence du bled, année commune. ~ Ce produit est un peu moindre dans les côteaux. ~ Il est plus fort dans les vallons des montagnes. ~ L'avoine produit cinq ou six pour un; ~ l'orge, sept ou huit; ~ les pois, six. ~ Année commune, un décare de terre ordinaire, médiocrement amendée et cultivée, donnera six décalitres en bled, dix à onze en avoine, douze en orge, neuf en pois.

On peut affirmer que les champs, dans tout le pays de Rivière-Basse, ne rendent pas plus de trois ou quatre pour un de semence en froment, et de quatre ou cinq en seigle; aussi le laboureur qui travaille les terres à moitié fruit, y perd-il plutôt qu'il ne gagne; à moins qu'il n'ait la mauvaise foi de porter sur son propre héritage le fumier destiné à la ferme, et provenant de la paille qu'elle produit.

Dans la haute plaine, aux environs de Maubourguet, de Vic et de Tarbes, sur les bords de l'Adour, les terres rendent davantage, et on trouve à les affermer à 50 pour 100 de plus; on y obtient aisément neuf mesures par hectare; dans les environs de Tarbes, on en obtient jusqu'à douze (il est vrai que la mesure y est un peu plus petite). Il résulte de tout cela, que, dans le pays de Rivière-Basse, les terres rendent à peu près quatre pour un; qu'elles rendent un peu plus à mesure qu'on remonte l'Adour, soit à cause de la plus grande quantité de la terre végétale, soit parce que les fourrages y sont plus abondans; qu'enfin dans le territoire de Tarbes, où le sol est très-bon, le produit s'élève de six à sept pour un; ce qui peut provenir aussi de l'abondance de la population qui multiplie les travaux, et de la grande quantité d'engrais qu'on y emploie.

Dans le territoire de Bagnères, où l'on ensemence tous les ans dans les parties arrosables, on retire chaque année jusqu'à douze sacs de ferme par hectare; ce qui établirait un rapport de neuf

neuf pour un (afin que les 12 sacs représentassent une portion colonne de moitié, distraction faite des semences) : il est vrai que ces terres sont les meilleures du département ; cependant on ne saurait en porter le produit réel et foncier à 9 pour un. Les avantages que le fermier fait au propriétaire, sont fondés sur le besoin où il est de se procurer beaucoup de fourrages pour l'entretien de ses nombreux bestiaux pendant l'hiver ; ce qu'il fait en semant du maïs, et en cultivant des prairies ; il trouve de plus un dédommagement, lors de la saison des eaux, dans le débit avantageux de ces fourrages, dont il se fait une grande consommation en vert. Les haricots verts et secs donnent aussi un grand revenu.

Ce que je dis ici du canton de Bagnères, peut aussi s'appliquer à celui d'Argelés, et à tous les vallons du 2.e comme du 3.e arrondissement ; mais ces territoires sont bien limités, en comparaison de tout le labourable des côteaux et des montagnes du département, dont la sécheresse et l'aridité ne permettent que de très-modiques produits.

Dans le canton de Lannemezan et une partie de celui de Tournay, les trois quarts des terres sont incultes, et le travail le plus opiniâtre n'y peut fournir au cultivateur qu'un peu d'avoine ou de millet ; dans le canton de Trie même, on ne voit que des côteaux escarpés, des plaines froides et stériles, des domaines immenses abandonnés, et qui ne peuvent pas même servir au pacage des bestiaux ; il est douteux que, dans ce canton, le laboureur obtienne, année commune, trois pour un.

Toute compensation faite, on peut évaluer, en général, le produit des terres de ce département, à quatre pour un. Le rapport serait plus avantageux, si on diminuait la quantité des semences, comme on pourrait le faire, et, peut-être, le produit total s'en trouverait-il accru.

Des Prairies.

On en trouvera ci après, n.° 33, l'évaluation dans différens tableaux, dont la comparaison pourra donner une idée assez juste du rapport qui existe entre les avances et les revenus. ~ Dans la basse plaine et les côteaux, 30 ares de pré, qualité ordinaire, donnent environ 48 fr. de produit net. ~ Dans la haute plaine, la même quantité, qualité ordinaire, donne plus de 200 fr. par l'emploi des engrais et des arrosemens, par la nature du sol, par la facilité du débit.

Des Vignobles.

Je présente pour cet objet, sous le n.° 34, un seul tableau dont les détails ne laissent rien à désirer, mais d'où il résulte qu'en général cette culture coûte beaucoup, et rend très-peu de chose dans ce département. Un hectare de vignoble, même sur les côtes de Sauveterre, Castelnau et Madiran, ne donne pas plus de 21 fr. de produit net. La culture de la vigne n'est avantageuse dans ce pays, qu'en ce qu'il faut nécessairement du vin pour la consommation; et que si on n'en récoltait pas, il en coûterait bien plus pour s'en procurer d'ailleurs, que ne rendrait le sol employé à une autre culture. Ceci est dit en général, car il est tel canton où la vigne coûte plus qu'elle ne vaut, et devrait être arrachée; il en est tel autre dont le fonds serait mieux employé à toute autre culture.

2.° Dépenses et Produits de l'économie rurale.

Le défaut de prairies et de pâturages dans toute la région des côtes, et même dans le pays de Rivière-Basse, ne permet guère d'y spéculer sur le produit des bestiaux, et il y est comme nul dans la plupart des communes; c'est beaucoup qu'on puisse réparer, avec les jeunes produits, la perte des bœufs et des vaches qui deviennent hors d'âge de travailler, ou qui périssent par divers accidens.

Dans tous ces pays, on perd sur les bêtes à cornes plutôt qu'on n'y gagne, à moins qu'on ne fasse engraisser pour l'usage de la boucherie, ce qui est fort rare; les autres animaux sont trop peu de chose pour entrer en ligne de compte.

La dépense d'une paire de bœufs peut être évaluée à cent quintaux de foin ; celle d'un cheval de selle, à trente-six, lorsqu'on le fait paître, qu'on lui donne de la paille et quelque peu d'avoine et de son ; le prix du quintal de foin, année commune, est de 30 à 40 sols.

Partout où l'on n'élève de bestiaux que ce qu'il en faut pour les travaux agricoles, ce qui a lieu dans presque toute l'étendue du département, la montagne exceptée, la dépense qu'ils entraînent est compensée par leur travail, et par les engrais qu'ils fournissent ; ceux qu'on destine à la réproduction, ne donnent d'autres produits que le fumier ; le lait des vaches est uniquement employé à la nourriture des veaux qui, rarement, dédommagent de la fourniture des fourrages et des soins de garde.

Il serait bien avantageux, comme je l'ai dit ailleurs, qu'on accrût les dépenses de l'économie rurale par l'entretien d'un plus grand nombre de bêtes à cornes, lors même qu'on ne voudrait pas vendre des produits. La culture des terres y gagnerait beaucoup, et elle dédommagerait bien des frais qu'occasionneraient des étables mieux fournies.

Là où l'économie rurale est très-productive, c'est dans les vallées dont le sol est presqu'entièrement couvert de pâturages ; les bêtes à cornes, les mules et mulets, les moutons, s'y trouvent par grands troupeaux, et leur entretien est l'objet spécial des soins de l'agriculteur de ces contrées. On trouvera ci-après, sous le n.° 35, quelques tableaux d'évaluation, où les dépenses et les produits de l'économie rurale sont mis en rapport.

Les troupeaux de vaches donnent moins de produit qu'ils ne coûtent ; mais ces animaux mangent un foin dont on n'aurait pas autrement le débit, et fournissent un engrais qui double le produit des terres. C'est donc un profit réel sous une perte apparente. ~ Une jument poulinière rapporte communément 50 francs de produit net. ~ Les bêtes à laine donnent à peu près 3 fr. par tête de produit net.

5.° DÉPENSES ET PRODUITS DE L'ÉCONOMIE DOMESTIQUE.

Les principales dépenses du laboureur consistent en grains pour se nourrir, en vêtemens grossiers pour s'habiller, en outils aratoires, et en meubles simples et du plus bas prix. On compte communément six sacs de bled pour chaque individu; s'il se nourrit de maïs, il faut un tiers en sus. Les laboureurs s'habillent avec des étoffes du pays, qu'ils achètent ou font fabriquer sur les lieux, avec un mélange de fil de laine du pays et de fil d'étoupe. Chaque homme, en général, dépense dans l'année le produit de son travail, qu'on peut évaluer à 400 fr. C'est le taux des gages et de la nourriture d'un domestique de labourage.

Les femmes et les enfans dépensent moins; on trouvera ci-après, n.° 56, le tableau des dépenses domestiques pour un laboureur et sa femme; elles se montent à 569 francs. Sur quoi il est à remarquer qu'un individu de plus ne coûterait pas la moitié de cette somme en sus; un homme fait coûterait à peu près cinq sixièmes de plus; un enfant, le tiers de la somme. Un propriétaire cultivateur qui a de quoi occuper toute l'année une bonne paire de bœufs et une paire de vaches, dépense le double à égal nombre d'individus; il traite souvent ses amis, il se donne plus de jouissance, et se fait soulager plus souvent dans ses travaux par des journaliers. Dans les grands ménages, il en coûte beaucoup moins que dans les petits, parce qu'on y vit plus économiquement; les ressources sont communément en raison directe du nombre des travailleurs, tandis que les dépenses sont dans un rapport moindre.

Un artisan cordonnier, tisserand, maréchal, menuisier, etc., vit à peu près comme le laboureur, si ce n'est dans les villes; partout, cependant, il jouit d'un peu plus d'aisance, et dépense davantage; il se nourrit et se vêtit mieux; il dépense, comme le laboureur, le produit de son travail, qui peut être évalué un tiers en sus de celui du laboureur, c'est-à-dire, 600 francs.

Les propriétaires bourgeois qui vivent de leurs propriétés foncières, dépensent presque toujours leurs revenus, et il en est peu qui fassent des économies, soit à cause du peu de fertilité des terres, soit parce qu'ils aiment à se donner les jouissances communes aux personnes de leur état. On a vu aux articles *Alimentation*, etc., etc., quel est le genre de vie habituel des propriétaires; en général, les différences qui peuvent exister entre eux, tiennent au goût, aux habitudes, à l'esprit d'économie, au caractère plus ou moins généreux de chacun, etc. etc.: mais on peut prendre pour terme moyen de la dépense des ménages, la somme de 2400 fr. Le revenu le plus commun parmi ces propriétaires, est de 3000 fr. Il en est beaucoup qui ont moins de revenu; il en est qui en ont davantage, mais le nombre en est petit.

La différence qui existe entre la dépense du propriétaire et celle du petit laboureur, provient de ce que, indépendamment des domestiques qui servent à l'exploitation des terres, et dont la dépense n'est pas comptée dans celle de l'économie domestique, le premier se donne un domestique de luxe et une fille de service pour l'intérieur de la maison; il a un cheval; il voit plus souvent ses amis; son vestiaire est plus coûteux; sa nourriture plus recherchée et plus abondante, ainsi que son ameublement; son chauffage est aussi beaucoup plus cher, etc. etc.

Je n'ai parlé jusqu'à présent que des dépenses de l'économie domestique, et je n'ai rien dit des produits. Ils sont comme nuls dans tous les ménages, surtout dans la classe aisée où les femmes ne travaillent communément que pour leur parure; les femmes et les filles de laboureurs filent quelque peu de lin et de laine, mais c'est le plus souvent pour leur propre usage: et quand c'est pour celui d'autrui, elles retirent si peu de chose de leur travail, qu'on ne saurait le mettre en ligne de compte. A Bagnères et à Tarbes, les demoiselles, dans une certaine classe, font cependant des tricots et des broderies qui ne laissent pas que de produire beaucoup.

ESTIMATION DES CHOSES NÉCESSAIRES A LA VIE.

Le prix de toutes les denrées de première nécessité, sont évaluées dans plusieurs tableaux que l'on trouvera ci-joint sous le n.° 57. Ils ont été formés d'après les mercuriales de différens marchés, et sur des données recueillies dans les principales communes du département.

SOCIÉTÉ D'AGRICULTURE.

Il existe à Tarbes une société de ce genre, dont l'organisation date de plusieurs années, mais dont les travaux ont été jusqu'à ce jour absolument nuls ; à peine les membres se sont-ils réunis trois fois depuis l'installation de la société. Nulle part, cependant, l'agriculture et les arts qui en sont une dépendance, n'ont autant besoin d'exemples et d'encouragement pour sortir de l'état de stagnation où ils sont comme réduits depuis bien des années ; nulle part on n'a à vaincre des préjugés plus enracinés et une routine plus aveugle.

L'augmentation des terres cultivées, n'annonce par elle-même aucun progrès réel dans les procédés. Etendue et perfectionnement, sont deux choses distinctes qu'il faut bien se garder de confondre. Dans les Hautes-Pyrénées, il est vrai, il s'est fait beaucoup de défrichemens depuis un demi-siècle ; mais il est douteux que l'agriculture se soit améliorée. Les méthodes sont restées les mêmes.

Les ressources, en tout lieu, sont nombreuses et variées : la nature en a fait tous les frais, soit en donnant au sol une fertilité plus ou moins grande, soit en douant l'homme de forces propres à cultiver ce sol et à tirer parti des premiers produits, soit enfin en mettant à sa disposition, des animaux propres à l'aider dans ses travaux, et à lui fournir des alimens et des matériaux dont il peut faire usage ; mais partout, l'industrie de l'homme a éprouvé des lenteurs dans son développement ; partout, le mauvais emploi de ses forces l'a privé d'un grand nombre d'avantages : il faut en accuser son extrême ignorance et ce sentiment de paresse, qui, le dominant plus ou moins dans toutes les positions où il se trouve, est un obstacle constant à l'accroissement de ses lumières et au perfectionnement de ses facultés. Les hommes qui ont médité sur les rapports sociaux, et se sont appliqués à l'étude de leurs semblables, ont tous senti la nécessité de la prédication et de l'exemple, pour changer les habitudes des peuples, exciter leur zèle, et vaincre leur indolence naturelle; de là, ces associations dont le but est d'éclairer les nations, de porter la réforme dans leurs mœurs, dans l'emploi de leurs moyens, et dont l'importance est démontrée par les résultats auxquels conduisent les instructions qu'elles répandent.

Tant qu'on se borne à faire circuler ces instructions entre les associés, ou dans les mains d'un certain nombre de correspondans, elles ne font qu'ajouter au savoir théorique d'une petite classe d'hommes, sans être d'aucune utilité pour les peuples, et il n'est que trop vrai que c'est là leur résultat le plus ordinaire; mais si elles passent de la ville aux campagnes; si des agriculteurs, des chefs de manufactures et d'ateliers viennent y puiser des données, dans l'intention de faire les essais qu'elles indiquent, d'employer les procédés que la raison et l'expérience approuvent, alors il naît de ces associations des avantages considérables; et c'est à quoi doivent viser ceux qui forment de telles institutions, ceux surtout qui en font partie, et qui ne peuvent se promettre de meilleure récompense de leur zèle et de leurs travaux, que l'utilité qu'en retirent leurs concitoyens.

Le département des Hautes-Pyrénées est un de ceux où la nature a le plus fait pour les hommes; mais ceux-ci ont peu profité des avances de leur mère commune. C'est donc là surtout que se fait sentir la nécessité de répandre l'instruction, et d'éclairer les habitans sur leurs vrais intérêts, en leur indiquant les ressources qu'offrent les localités, et le parti qu'on en peut tirer. Parmi les différentes branches d'industrie dont on trouve les élémens dans ce pays-ci, l'agriculture occupe le premier rang : les autres sont presque nulles, et demandent de grands encouragemens pour se développer. Une association d'hommes instruits doit donc principalement avoir en vue tout ce qui tient au premier des arts, sans négliger cependant aucun de ceux que l'on a déjà cultivés, ou que l'on peut introduire avec avantage. Une institution qui serait propre à remplir ce double but, produirait donc de grands résultats.

Les travaux d'une société d'agriculture devant être plutôt pratiques que spéculatifs, il faudrait qu'elle s'interdît toute discussion théorique qui n'aurait pas pour but une application immédiate, et qu'elle dirigeât principalement ses vues vers l'amélioration ou le perfectionnement des procédés connus, des usages déjà établis : ce n'est que peu à peu, et avec beaucoup de ménagement, que l'on peut parvenir à introduire la réforme parmi la classe ignorante des hommes ; et comme c'est la partie essentiellement active de la société, celle dont les travaux sont le plus directement utiles, on aura tout obtenu, si l'on peut parvenir à faire naître parmi ceux qui la composent, cette émulation, ce désir d'imiter, cet amour de la nouveauté qui peut seul détruire les anciens préjugés.

C'est aux propriétaires éclairés, aux chefs de manufactures et d'ateliers, à ces hommes dont les soins habituels se rapportent à l'amélioration de leurs champs ou au perfectionnement des travaux qu'ils dirigent, qu'il faut s'adresser pour prêcher d'exemple : l'intérêt qui domine tous les hommes, achevera ce qu'ils auront commencé, s'ils parviennent à démontrer, par des faits, l'utilité de la réforme. Il existe, dans ce département, un assez bon nombre de citoyens instruits qui s'adonnent à l'agriculture, et auxquels les arts qui en dépendent, ou qui y tiennent plus ou moins, ne sont pas étrangers. Il faudrait les faire tous concourir à l'accomplissement des vues que je viens d'exposer ; mais pour mettre de l'uniformité dans leurs essais, pour en connaître et en publier les résultats, il serait indispensable d'établir une correspondance suivie qui, partant du chef-lieu du département, s'étendît jusqu'à ses limites, et embrassât tout son territoire. Tous les correspondans, ceux du centre comme ceux des autres communes, seraient membres de la *société d'agriculture ;* ceux qui ont leur résidence dans le chef-lieu, ne formeraient plus *qu'un comité central de correspondance.* Ce comité délibérerait et statuerait seul sur tout ce qui peut tendre aux fins de l'institution, et il donnerait avis aux membres non résidans, de tout ce qui aurait été fait; ceux-ci adresseraient au comité central les écrits, mémoires et observations qu'ils auraient eu lieu de faire, pour être mis en commun ; et de cette manière, rien d'essentiel ne serait étranger à aucun des membres de l'association. Comme il peut être avantageux, pour les progrès de la science, d'avoir des correspondans hors de l'enceinte du département, le comité central nommerait des membres associés, pris dans le sein des sociétés savantes, et il pourrait demander l'affiliation à celles de ces sociétés qui s'occupent de semblables objets. Des assemblées générales et périodiques, auxquelles assisteraient tous les correspondans qui se trouveraient au chef-lieu lors des foires et des grands marchés, resserreraient le lien commun de l'association, et en répandraient partout l'esprit et les travaux.

Telles sont, ce me semble, les vues que doit se proposer une société départementale d'agriculture, et telle est l'organisation qu'il me parait convenable de donner à celle de Tarbes, afin de l'arracher à l'espèce de nullité qui a suivi de près son existence.

CHAPITRE V.

INDUSTRIE, ARTS ET COMMERCE.

Il n'est guère qu'une seule source de richesse dans les sociétés : c'est le travail, c'est l'application des facultés soit physiques, soit intellectuelles de l'homme. Ce sont elles, en effet, qui, bien dirigées, font germer le bled et mûrir les moissons, qui créent les objets d'arts, et fournissent à tous nos besoins, soit de luxe, soit de première nécessité. Toute la science de l'économie se réduit donc à savoir développer l'industrie, augmenter les forces, et faire concourir à propos celles que la nature a départies entre plusieurs individus. Combien de momens, combien d'efforts l'oisiveté enlève aux arts ! Combien de projets qui restent sans exécution, faute d'encouragemens et de soins de la part de ceux qui sont chargés d'activer et de diriger l'industrie publique ! Les grands travaux de l'antiquité nous étonnent ; ce sont pour nous des merveilles, parce que nous ignorons l'art de combiner les forces humaines, et de les employer sans aucune perte ; ces prodiges de l'art, qui sont l'objet de notre futile admiration, ne font qu'insulter à notre faiblesse, et nous faire sentir notre misère. A peine les nations de nos jours peuvent-elles suffire à l'existence des individus qui les composent. A mesure que la classe des oisifs devient plus nombreuse, celle des malheureux s'accroit dans le même rapport, et la classe productive diminue en raison doublée ; de là, l'impossibilité d'entreprendre et d'exécuter de grands ouvrages, parce que le travail superflu que la classe laborieuse pourrait y employer, est indispensable pour remplacer le travail nécessaire dont les deux autres classes s'abstiennent. Il n'en serait pas de même si, comme chez les nations de l'antiquité, chacun, à très-peu d'exceptions près, pourvoyait à son existence ; il resterait alors beaucoup de travail superflu à employer en commun, et l'on pourrait ériger des monumens durables, donner à la prospérité publique une grande impulsion. Au lieu de cela, nous semblons n'édifier que pour détruire, et nous imitons les enfans qui s'amusent de colifichets. Ce faux goût est le fruit de nos institutions actuelles, de notre luxe mal entendu ; mais ce n'est pas ici le lieu de développer cette vérité féconde en économie politique. Ce n'est pas que le luxe, pris dans sa véritable acception, fait un mal : qui dit luxe, dit superflu ; or, la superfluité est un témoignage non-équivoque que l'on jouit du nécessaire ; tout superflu est donc un bien, puisque c'est plus que bien ; mais il faut que le luxe soit national, pour être un véritable luxe prospère ; il faut qu'il se fasse ressentir dans toutes les classes de la société, et non pas que la moins nombreuse jouisse de ce superflu aux dépens du bien-être, de l'existence même de la plus nombreuse, comme ceci a lieu dans toutes les sociétés réputées éminemment civilisées. Quand tous jouissent de l'aisance, sans doute le luxe est un bien, pourvu qu'il ne soit pas de nature à corrompre les mœurs ; il éveille l'industrie, multiplie les productions et accroît les jouissances. La consommation même augmente le produit, quand il y a de justes rapports entre l'une et l'autre.

Nous n'aurons guère lieu de faire l'application de ces principes généraux à ce département. L'industrie, les arts et le commerce y sont extrêmement bornés, et c'est une vérité que j'ai dû présenter plusieurs fois, par anticipation, dans le cours de cet ouvrage ; on la sentira bien mieux après avoir jeté les yeux sur ce chapitre, qui offre le tableau de l'exacte situation des choses à cet égard, et qui fera connaître la nature et le mode des développemens dont sont susceptibles ces diverses branches de l'économie publique dans les Hautes-Pyrénées.

ARTS ET MÉTIERS.

§. I.er

TRAVAIL DES MATIÈRES MINÉRALES.

Ce travail est bien peu de chose dans ce département, où il n'existe plus, ainsi qu'on l'a vu au chapitre de la topographie, aucune mine en exploitation, quoique les montagnes en recèlent un grand nombre ; il n'y a aussi ni forges ni fourneaux ; point de mine de houille, de charbon de terre ou de tourbe ; point de salines ; aucune production minérale que l'on puisse extraire ou mettre en œuvre, si ce n'est quelques terres à poterie, à brique et à verres ; quelques carrières de marbres, de chaux et d'ardoises.

1.° MÉTAUX.

Il n'y a, dans ce département, que le nombre d'ouvriers absolument indispensables pour les travaux les plus grossiers auxquels on soumet les métaux dans l'usage habituel de la vie, ainsi qu'on l'a vu dans le tableau des professions. La seule commune où il y ait une industrie productive à cet égard, est celle de Saint-Pé, 3.e arrondissement. Cent cinquante cloutiers et douze forgerons ou taillandiers travaillent constamment et mettent en œuvre, chaque année, plus de 10,000 myriagrammes de fer ; on estime plus de cent cinquante mille francs les clous qui sortent annuellement de cette fabrique. Les forgerons, outre les instrumens aratoires, les garnitures de portes, de fenêtres, d'armoires qu'ils font pour le pays, envoient aux marchés de Tarbes et aux foires de Vic et de Maubourguet, une grande quantité d'ustensiles de cuisine.

Il y a, pour la préparation du fer, à Saint-Pé, plusieurs martinets mis en mouvement par des courans d'eau dérivés du Gave. Ces martinets sont susceptibles de perfectionnement.

Il existe à Tarbes et dans le voisinage, quelques martinets à cuivre, dont le produit est très-peu de chose.

La coutellerie de Tarbes est très-renommée depuis long-temps, et elle mérite encore la réputation que lui ont fait les ouvrages d'un artiste fort estimable et très distingué, nommé *Pouzaux*, qui vivait encore il y a peu d'années ; un de ses neveux lui a succédé dans son atelier, où il a laissé de très-bons ouvriers. Les rasoirs, les couteaux et autres instrumens qui sortent de leurs mains, joignent à la bonne trempe de l'acier, l'élégance et le fini du travail qui caractérisent les ouvrages bien faits.

Il y a dans cette ville deux bons orfèvres et graveurs, nommés *Adour* et *Gauthier*. Ils travaillent avec beaucoup de goût et de dextérité ; ce sont de dignes émules des maîtres de la capitale. Il est fâcheux qu'ils aient rarement occasion d'exercer leur talent.

Tarbes a plusieurs armuriers, parmi lesquels il y en a un très-bon, nommé *Bréfeuil*.

2.° Poterie, Verrerie, Briqueterie et Tuilerie.

La poterie qui se fait dans ce département, est extrêmement grossière, quoiqu'il y existe des argiles fort belles et presqu'aussi pures que celles qui sont la base de la poterie anglaise ; elle pèche par le procédé de fabrication, et par le défaut de choix des matières les plus convenables. On fait de la poterie à *Pouyastruc* et à *Lakitte*, 1.er arrondissement ; à *Campuzan* et à *Ordizan*, arrondissement de Bagnères, cette dernière est aussi imparfaite qu'elle l'était sous la main du premier ouvrier, pour la préparation des pâtes, la fabrication des vases et leur cuisson qui a lieu en plein air, et le plus souvent avec un feu de fougère, faute de bois. Celle des trois autres fabriques est moins imparfaite, et la cuisson s'en fait dans des fours ; mais elle laisse encore beaucoup à désirer. Ces différentes fabriques ne peuvent suffire aux besoins du département, et fournir des vases pour tous les usages domestiques ; on en fait venir beaucoup de l'ancien Dauphiné, tandis que ce département pourrait en fournir de très-belle et de très-recherchée à tous ceux qui l'avoisinent, si l'on savait tirer parti des matières premières qu'il offre en abondance, et faire usage des procédés que l'on emploie dans les bonnes fabriques.

On a vu précédemment qu'il existe dans les Hautes-Pyrénées des kaolins et du feld-spath, propres à la fabrication de la porcelaine; il ne faudrait que des recherches bien entendues pour en découvrir d'assez grandes masses, et donner lieu à la fabrication de la plus solide et de la plus élégante des poteries. Des expériences faites par M. Paymaurin, à Toulouse, sur la terre à foulon qui existe à *Pouzac*, près de Bagnères, prouvent qu'elle tient beaucoup du kaolin, et il en a été fait des tasses fort belles. Cet essai est encourageant, et je ne doute pas qu'il ne fût aisé de faire naitre dans ce pays cette nouvelle branche d'industrie, si quelqu'un d'intelligent en cette matière, voulait employer à cet objet des capitaux et son industrie.

Il existe dans le territoire d'*Antichan* et lieux circonvoisins, vallée de Barousse, de très-belles carrières d'argile fine, propre à la fabrication de la faïence. M. Dutrey de Mauléon, propriétaire de l'une de ces carrières, avait projeté d'y élever une fabrique de poterie, mais les malheurs de la révolution l'en ont empêché. Je l'ai fortement engagé à reprendre ce projet d'utilité publique, et à le réaliser.

Le plus grand obstacle à vaincre, soit pour l'extension et le perfectionnement des fabriques de poterie qui existent déjà, soit pour l'établissement d'une manufacture de porcelaine, est la rareté toujours croissante du bois, que rien ne peut remplacer dans ce département, et c'est encore ici le lieu de faire remarquer combien de branches d'industrie se trouvent paralysées par le défaut d'un bon régime forestier. Tout se tient dans l'économie publique : le dépérissement d'une seule partie nuit à toutes les autres; mais aussi une réforme complette sur un point, deviendrait la source d'une infinité d'améliorations qui sont comme la conséquence nécessaire l'une de l'autre.

Le même obstacle s'oppose à l'établissement en grand des verreries. Il en existe à *Ilhet*, près de Sarancolin, et à *Sacone*, gorge d'Arisse, près de la vallée de Barousse, 2.e arrondissement. Celle de *Hèches* n'existe plus. Les verres qui sortent de la première fabrique, sont d'une nature très-grossière, et la forme en est mauvaise; ils ne servent qu'aux besoins de la classe la moins aisée, pour les auberges et les cabarets, encore ne peut-elle approvisionner que quelques cantons, parce qu'elle n'a que deux fourneaux, et qu'elle ne cuit que pendant deux mois de l'hiver. L'autre donne des produits beaucoup meilleurs et plus abondans. Il s'y fait toutes sortes de vases, même pour la pharmacie et la distillation; le verre blanc en est assez beau, et les formes valent mieux que celles de la verrerie d'Ilhet. Les verres au-dessus du commun, ainsi que les cristaux dont on fait usage dans ce département, y sont importés; c'est encore une branche d'industrie que l'on pourrait développer avantageusement, puisque tous les élémens y sont déjà.

Un particulier avait fait construire, il y a peu d'années, près de Tarbes, une grande verrerie; mais il a été obligé d'abandonner son entreprise, à cause de la rareté du bois et du charbon. Le bâtiment est vaste et commode; il ne sert à rien maintenant; il faudra qu'on le démolisse.

On fabrique de la tuile et de la brique sur presque tous les points du département, mais surtout dans la région des côtes et dans la basse plaine; elle n'a pas partout la même qualité, mais elle est généralement de bonne nature. On trouvera ci-après, n.o 38, le tableau des principaux établissemens de ce genre.

3.o Marbres, Chaux, Ardoises et Pierres a batir.

Le marbre abonde beaucoup dans ce département. Il en existe dans le sein de presque toutes les montagnes qui le bordent au midi. Les carrières en exploitation sont innombrables; j'indiquerai dans un tableau sous le n.o 39, celles qui sont les plus connues et qui fournissent le plus à la consommation. Il n'en sort que du marbre grossier, qui n'est point susceptible de recevoir un beau poli. Les belles carrières ne sont pas en exploitation.

Les fours à chaux ne sont pas moins communs que les carrières de marbre, et c'est surtout dans la région des montagnes qu'ils abondent. J'indiquerai ci-après dans un tableau sous le n.° 40, les cantons et les territoires où sont situés les plus importans, ceux dont le produit mérite d'être connu. Je suivrai la même marche pour les ardoisières qui sont aussi très-communes, et dont quelques-unes sont dignes du plus grand intérêt. On en trouvera l'indication sous le n.° 41.

Tous ces objets sont susceptibles d'être d'une grande ressource pour ce département, et pour plusieurs de ceux qui l'avoisinent. Le fond de ces richesses peut être regardé comme inépuisable, et il ne manque que des moyens d'exploitation plus économiques et quelques facilités pour l'exportation, afin de développer, de la manière la plus fructueuse, toutes les branches d'industrie qui peuvent s'exercer sur ces matières premières.

Les pierres communes pour la bâtisse et les constructions de tous genres, sont en si grande abondance dans la région des montagnes, qu'on les trouve presque partout à pied d'œuvre. Mais il n'en est pas de même dans la plaine et dans une grande partie de la région des côteaux : la pierre y est extrêmement rare, et l'on est forcé d'employer pour bâtir, les cailloux que roulent les torrens. Dans certains cantons même, les laboureurs peu aisés construisent leur demeure avec de la terre fortement argileuse, qui acquiert, par la dessication à l'air, une grande consistance. Les carrières de pierre qui existent dans les vallées et à la racine des monts, ne sont pas toutes également bonnes. Je ferai connaître dans le tableau n.° 42, les lieux où l'on se procure la meilleure pierre de construction.

---

§. II.

§. II.

TRAVAIL DES MATIÈRES VÉGÉTALES.

Ce travail est encore plus borné que celui des matières minérales, comme on peut en juger par le nombre des ouvriers qui y sont employés. Le bois, le lin, les chiffons de toile pour faire le papier, et les vins pour la fabrication des eaux-de-vie, sont les seuls objets d'une industrie productive.

1.° Emploi du bois.

Le bois s'emploie pour les divers besoins économiques; et on en exploite dans toute l'étendue du département, mais surtout dans la région des montagnes où il abonde le plus. Les vallées de Betharram, de Cauterets, de Bagnères, d'Aure, de Louron et de Barousse, en fournissent une grande quantité, tant pour la consommation du département, que pour le commerce qui était beaucoup plus étendu il y a quelques années.

Les instrumens aratoires et les meubles nécessaires au pays y sont tous fabriqués avec du bois de la contrée, mais on n'en exporte point; cette industrie peut donc être regardée comme nulle. Le charbon, les planches, le bois de construction, les lattes, le merrain, la cardine, les cercles et les sabots, sont, au contraire, des objets d'exportation assez considérables; les vallées de Betharram, d'Aure, de Barousse, et le pays situé à la racine des monts, entre les gorges de Bagnères et de Sarancolin, en tirent de grands profits; c'est une des principales ressources de leurs habitans.

Il se fait à St.-Pé une grande quantité de peignes en bois pour l'Espagne; plus de 40 ouvriers sont constamment occupés à ce travail, qui ne laisse pas que d'être productif pour cette commune. Ce commerce s'est un peu ralenti depuis la révolution.

Il n'y a qu'un luthier-tabletier dans le département, et il réside à Tarbes; il se nomme *Secretan*. Cet artiste a du talent, et il exécute avec succès tous les ouvrages de sonart; il a été envoyé dans ce pays-ci, pendant la révolution, pour diriger la perforation des canons dans la fonderie qu'on avait établi à Tarbes.

2.° EMPLOI DU LIN.

La fabrication des toiles et des mouchoirs est bornée dans ce département à ce qu'exigent les besoins indispensables des habitans, et elle se fait dans presque tous les ménages : il n'y a, à cet égard, ni manufactures, ni ateliers remarquables. A St.-Pé, cependant, il se fait quelques toiles et des mouchoirs, qualité de Béarn. Plus de 150 tisserands travaillent toute l'année, et emploient le lin, soit de la contrée, soit de celles qui l'avoisinent; plus de 800 femmes ou filles de cette commune sont occupées à le filer. Cette fabrication est très-productive pour cette commune industrieuse. Le commerce des mouchoirs à St.-Pé est beaucoup tombé depuis quelque temps, mais on assure qu'avant la révolution il en sortait chaque année pour plus de 100,000 francs.

3.° PAPETERIE.

Il en existe cinq dans ce département, qui, toutes, sont en pleine activité, et fournissent beaucoup de papier.

Celle de *Sones*, près Tarbes, est la plus ancienne de la province de Bigorre; elle est construite à la droite du fleuve Adour, sur un canal qui prend ses eaux de ce même fleuve, au midi du village de Salles. On ne connait pas positivement l'auteur de cet établissement; la tradition veut que ce soit les frères *Monié*, originaires du village de Bazet, au nord de Tarbes, qui l'aient fait construire en 1660. Ils restèrent associés jusqu'en 1706 ou 1710. A cette époque le cadet se sépara de l'aîné, et vint faire construire la papeterie de *Tarbes*, qui fut achevée vers l'an 1715; cette dernière est située à la gauche de l'Adour, sur un canal qui prend sa source vis-à-vis le village de Laloubère, traverse la ville de Tarbes, et va se perdre dans la rivière de l'Echez ; 12 ouvriers sont employés à chacune de ces papeteries ; elles pourraient à elles deux en occuper 60, en temps de paix.

Les qualités de papier qui se fabriquent dans ces deux papeteries sont : le grand-raisin ou royal ; le grand-longuet ou bâtard ; le cornet ou serviette ; le petit-longuet ou cloche ; le cartier ou aux armes ; le trois O ; celui à lettre ou petit-jésus.

La papeterie de *Bagnères* a été construite il y a déjà nombre d'années ; elle n'a qu'une cuve ; on y fabrique les mêmes qualités de papier qu'à Soues et à Tarbes, mais elles sont un peu moins communes ; 15 ouvriers pourraient être employés à cette fabrique. Le propriétaire s'occupe beaucoup d'améliorer sa fabrication, qui se perfectionne tous les jours.

Il y a encore deux autres moulins à papier dans le département, celui de *Sarancolin* et celui de *Beyrede*, situés tout près l'un de l'autre ; le premier fut construit vers l'an 1750, par le nommé Galein, ouvrier papetier, homme sans éducation, mais d'une grande intelligence et fort entreprenant. Il ne jouit pas long-temps du fruit de son industrie ; après sa mort, cet établissement passa entre les mains de M. Sartor, de Montréjau, qui le donna en ferme à M. Court, fabricant ; celui-ci, ayant l'amour de son état, s'occupe beaucoup des moyens propres à perfectionner sa fabrication ; il a déjà fait des essais qui donnent les plus belles espérances ; il fait de très-beau papier bleu ; s'il continue, son papier blanc pourra rivaliser avec celui d'Angoulême. Il emploie une quinzaine d'ouvriers. Le moulin de Beyrede fut construit par M. de Polastron, l'an 1760 ou 1770 ; la fabrication y est à peu près la même que dans le précédent ; il y a dix ouvriers ; il serait possible d'en employer un bien plus grand nombre, de même que dans l'autre. Ces deux papeteries sont celles qui fournissent le plus, et dont le papier est le meilleur.

La fabrication du papier trois O est la plus suivie dans ce département ; l'Espagne et le Portugal en absorbent la plus grande partie. Ce papier est ordinairement rude à la plume ; cette rudesse provient de ce qu'on emploie des feutres trop grossiers, et de ce qu'on ne les renouvelle pas assez souvent.

En général, le chiffon est le même que celui qu'on emploie à Angoulême ; les eaux sont beaucoup plus belles ; le papier pourrait donc être tout au moins aussi beau, la manière de fabriquer étant la même. (*) ; mais les fabricans de ce pays mêlent trop de chiffon commun avec le chiffon fin, et la colle de bœuf et de vache qu'ils emploient, donne au papier un teint terne, et ne laisse pas que de contribuer à sa rudesse. Ils devraient s'interdire l'usage de cette colle, et n'employer que celle de veau, de mouton, de chamois ou de daim : ces deux dernières qualités sont les meilleures.

Une autre cause de la mauvaise qualité du papier de ce pays, est le défaut du relevage; pour qu'il soit très-uni, il faut le relever à la cuve après la première pressée des feutres et à la colle, à moitié sec, entre des ais de noyer bien unis ou de laiton, ou enfin, avec des cartons expressément préparés pour cela. Les presses qu'on emploie dans ce pays-ci, sont peu propres au relevage ; leurs vis, au lieu d'être en bois, devraient être de fer, et leurs écrous, en cuivre fort; il faudrait aussi qu'elles fussent coupées dans un plan moins incliné à l'horizon. (**)

Je ne saurais apprécier la quantité du papier de chaque qualité, qui sort dans l'année de ces cinq fabriques, parce que les directeurs ne tiennent point registre du produit ; je ne puis non plus évaluer le profit net qui en résulte, mais il doit être considérable. Ces papeteries fournissent non-seulement à la consommation des départemens voisins, mais même au commerce extérieur. Cette fabrication s'accroîtrait beaucoup encore, si la paix permettait d'y employer un plus grand nombre d'ouvriers ; les

---

(*) Les moulins à papier d'Angoulême, à l'exception de celui de M. Gaudin, sont à batteries et non à cylindre.

(**) On peut se procurer des modèles de ces presses à la fabrique de Lacourade, qui appartient à M. Henri Villemain, d'Angoulême.

produits se perfectionneraient sans doute aussi, à mesure que le débit deviendrait plus considérable.

4.º Fabrication des Eaux-de-vie.

La distillation des vins n'est presque pas usitée dans les Hautes-Pyrénées, où il existe cependant, comme on l'a vu, une énorme quantité de vignobles, dont le produit ne peut être consommé sur les lieux; ce produit pourrait devenir un objet de commerce, si on transformait en eau-de-vie tout le vin qui est superflu pour la consommation intérieure. C'est une branche d'industrie à introduire dans ce pays, à l'exemple de l'ancien Armagnac qui en tire de très-grands profits. Il est vrai que les marchés des eaux-de-vie sont un peu éloignés, puisque pour aboutir au port du Mont-de-Marsan, qui est le plus proche, il y a 72 kilomètres; et que le port de Layrac, sur la Garonne, est presque deux fois aussi loin. Le port de Peyrehourade, sur le Gave de Pau, par où l'on peut exporter pour Bayonne, est presque aussi éloigné que ce dernier; il en résulte de grands désavantages pour ce pays, auquel il faut nécessairement un canal de navigation, pour donner aux diverses branches d'industrie, que son sol et sa situation comportent, tout le développement dont elles sont susceptibles.

Jusqu'à cette année, il n'existait de brûlerie que dans la commune de Fontrailles, canton de Trie, et c'est à M. *Encausse* que nous devons les premiers essais en ce genre. Il a deux chaudières construites sur le modèle de celles de l'Armagnac. Son eau-de-vie a 20 degrés, et elle est comparable, pour la qualité, à celle du haut Armagnac. Cette année, il a acheté le vin au prix de 25 francs la barrique, et il a vendu à Bordeaux la pièce d'eau-de-vie, 550 francs. Il emploie à peu près cinq barriques de vin pour une pièce d'eau-de-vie; par où l'on voit que le bénéfice est énorme. Il consomme dans son atelier de sept à huit cents pièces de vin par an; il pourra perfectionner son fourneau et le procédé de distillation qu'il emploie. Il est à désirer qu'on introduise ici ceux employés avec tant de succès aux environs de Montpellier et de Cette. Un exemple de cette nature ne peut manquer de faire des prosélytes, et les brûleries vont sans doute se multiplier, si l'abondance du vin et le prix des eaux-de-vie se soutiennent. Déjà il vient de s'établir deux brûleries dans la ville de Vic; elles ont chacune deux chaudières; les propriétaires ont fabriqué dans l'année 160 pièces d'eau-de-vie de 4 hectolitres et demi. Ce serait toujours une bonne spéculation, lors même que les prix viendraient à baisser, et M. Encausse aura rendu un service essentiel au département, en y introduisant cette branche d'industrie.

§. III.

TRAVAIL DES MATIÈRES ANIMALES.

Les fabrications dont le règne animal fournit les matières premières, forment les branches d'industrie les plus étendues et les plus importantes de ce département, quoiqu'elles soient loin du degré de développement dont elles sont susceptibles; mais le nombre en est bien restreint: les draps et les cuirs sont presque les seuls objets de ce genre dont j'aie à parler. L'art du chapelier, du chandelier, du cirier, sont à peine connus dans les Hautes-Pyrénées, et les produits qu'ils donnent se réduisent à très-peu de chose. Les ouvriers qui les exercent, ne peuvent fournir à la consommation intérieure du département.

Les feutres qui s'y fabriquent sont extrêmement communs; les chapeaux fins se tirent de Lyon ou de Paris. L'on fait, sous le nom de bougie, de très-minces flambeaux d'une cire plus ou moins jaune, dont le peuple se sert dans les temples et pour les usages domestiques, les jours de solemnité. La belle bougie que consomment les maisons aisées qui en usent, vient de Toulouse et de Limoges.

1.° MANUFACTURE DE DRAPS.

Il y a deux régions dans le département, où cette sorte d'industrie a lieu: ce sont les vallées d'Aure et de Campan.

Fabrique de la vallée d'Aure.

Il se fait chaque année, dans cette fabrique, environ six mille pièces (*) de drap commun, nommé *cordeillats* ou *fleurets d'Aure*. Cette draperie grossière sert à l'habillement des gens du pays; l'excédant est envoyé à Toulouse, Montauban, Agen et Limoges, où on leur fait subir diverses préparations, comme la presse ou la frise, et où on les teint, pour les revendre ensuite le long de la Garonne et sur les côtes de Bretagne.

Cette fabrication, qui a lieu toute l'année, mais dont l'activité est moindre dans le temps des semailles et de la moisson, parce que les ouvriers sont en même-temps agriculteurs, occupe à peu près 150 métiers isolés dans les trois villages de *Cadéac*, *Ancizan* et *Guchen*; il en existe quelques-uns à *Arreau*. On emploie chaque année 72,000 kilogrammes de laine environ, dont les deux tiers sont importés de l'Aragon; le reste est fourni par les troupeaux qui existent dans les vallées d'Aure et de Louron, ainsi que dans celle de Larboust (Haute-Garonne).

La fabrique de la vallée d'Aure est encore très-imparfaite, et le plus grand obstacle à son perfectionnement est le défaut de fabricans capitalistes; il n'y a, au lieu de cela, que des commissionnaires qui, étant en même-temps marchands de laine, pressent la consommation autant qu'ils le peuvent, au lieu de viser à la beauté et à la bonté de l'étoffe; de son côté, l'ouvrier, qui a besoin du produit journalier de sa main-d'œuvre, se hâte trop, et confectionne mal. Il y avait, avant la révolution, des inspecteurs de la fabrique, qui veillaient à ce que les pièces fussent confectionnées dans les dimensions requises, et sans mélange de laine. Cette surveillance de la part du gouvernement, ne con-

(*) La pièce a 38 ou 40 mètres de long; il y en a de trois largeurs: de 4 décimètres, de 5 et de 6. Le prix des premières est de 32 à 36 fr. le mètre; celui des secondes, de 45 à 48, et celui des troisièmes, de 52 à 56, foulées.

tribuait pas peu à soutenir le débouché de cette production, dont le débit a beaucoup diminué depuis cette époque. Le peu de soins qu'on se donne pour les différentes parties de la fabrication, fait craindre, avec raison, que la fabrique d'Aure ne puisse bientôt plus soutenir la concurrence avec les fabriques de ce genre qui s'élèvent dans le nord de la France, et notamment en basse Normandie; cependant, cette concurrence même devrait exciter le zèle des ouvriers, et les rendre moins négligens. Depuis quelques années on soigne mieux ces draps, et il paraît que cela est dû à la concurrence de la fabrique de Campan, et au débouché qu'a su lui procurer M. Costallat, négociant, de Bagnères. Il tire chaque année, de la vallée d'Aure, cinq ou six cents pièces de draps qu'il apprête et qu'il fait teindre, pour les revendre ensuite dans le département et dans ceux qui l'avoisinent.

Il se faisait autrefois dans la vallée d'Aure, et principalement dans la ville d'Arreau, une fabrication assez abondante de bas de laine en tricots; elle a sensiblement diminué depuis six ans; elle est bornée maintenant à un millier de paires, que l'on envoie à Bayonne et à Bordeaux; la confection en est soignée, et leur prix s'élève depuis 50 sols jusqu'à 5 francs. La classe pauvre des habitans s'occupait à ce travail; les développemens qu'a reçu l'agriculture, une industrie mercantile plus étendue, lui font négliger maintenant cette partie, qui, d'ailleurs, offre moins de bénéfices, depuis la cherté des laines et le luxe des consommateurs.

Fabrique de la vallée de Campan.

Il se fait chaque année, dans les cantons de *Bagnères* et de *Campan*, pour environ 800,000 francs de marchandises; le seul produit de l'exportation est de 6 à 700,000; le reste se consomme dans le pays.

Les laines sont toutes de la contrée, et la main-d'œuvre est fournie par les habitans; il n'y a de valeurs étrangères que l'huile, les cardes, les efforces à tondre, une partie des cartons, les chardons pour le garnissage, et enfin les drogues pour la teinture : ce dernier article seul prend au moins cinquante mille francs.

On fabrique à Bagnères, Campan, et autres petites communes environnantes, des cadis, des étamines et reverses rayées, des voiles et des tricots.

Laines.

Les laines sont extrêmement variées dans leurs qualités ; la vallée de Campan, et toute la partie de l'arrondissement comprise entre Bagnères et Lonné, produisent les plus belles. La qualité des prairies leur donne seule cet avantage ; et c'est là que l'amélioration de la race serait prompte et facile, à l'aide du croisement de mérinos, dont j'ai parlé à l'article *économie rurale*. On aurait bientôt, par cette opération, les matières premières pour la fabrication des draps fins. Déjà il en a été fait de fort beaux à Bagnères, avec quelques toisons de choix. Les laines se débitent généralement en suint, par paquets de 3 kilogrammes. Ces paquets se vendent depuis 4 jusqu'à 10 francs ; leur lavage est bon, et se fait à peu de frais. On n'emploie point d'autre préparation que l'eau chaude. Le désuintage des laines provenant des troupeaux qui ont passé une partie de l'année sur les montagnes, n'est pas difficile ; leur perte va du tiers à la moitié, suivant le plus ou moins de pluie auquel ces troupeaux se sont trouvés exposés ; on emploie, chaque année, plus de cent soixante mille kilogrammes de laine en suint, et plus de quatre-vingt mille étant lavées, savoir :

Pour les cadis, ...	48,000 kil.
Pour les étamines, ...	19,200
Pour les voiles, ...	120
Pour les tricots, ...	12,800
Total	80,120 kil.

CADIS.

Il se fabrique environ 4000 pièces de cadis, de trente-cinq à quarante mètres chaque. Leur prix varie en proportion de la différence des laines, et du prix des couleurs qu'on leur donne. Ils valent, au sortir du foulon, de 2 fr. 50 c. à 3 fr. 50 c. le mètre ; quelques pièces supérieures s'élèvent jusqu'au prix de 4 fr. ; les couleurs ordinaires, avec de bons apprêts, en augmentent le prix de 75 c. à 1 fr., et les fortes couleurs de 1 f. 25 c. à 1 fr. 50 c. Il se fait, en outre, de très-beaux écarlates de 2 fr. 50 c. à 3 fr. le mètre, avec les apprêts.

La largeur des cadis est de 68 centimètres; leur tissu est parfait. La chaine étant faite de laine peignée et filée au fuseau, ils sont d'un très-bon usage; le rempli se fait avec de la bourre de la même laine filée au rouet. Pour une pièce de cadis de 35 mètres, il faut 12 ou 15 kil. de laine, qui en produit 5 à 6 d'estam. Le peignage coûte 5 fr., et le cardage 7. L'ouvrier gagne environ 12 fr. pour l'emploi de 7 journées ; la filature de la chaine coûte 1 fr. 5 c. le kil., celle de la bourre 75 c. Ce travail est fait par les femmes dans les momens que leur laissent les soins du ménage et ceux de l'agriculture : il n'est point régulier, et ne se calcule pas à la journée.

On emploie 2 kil. d'huile à chaque pièce ; chaque kil. coûte 2 fr. 40 c.

Il faut une journée pour préparer le fil et monter la chaine ; il en faut 6 pour le tirage de la pièce : cet ouvrage est évalué 11 francs.

Le foulage est bon, et se fait simplement à l'aide d'une terre blanche et savonneuse qui se trouve à Pouzac; il ne coûte que 1 fr. 50 c. par pièce.

Les teintures se font aussi bien, et avec autant d'économie, que dans toutes les autres fabriques de grosse draperie.

Étamines.

Cette étoffe, dont la laine est filée au fuseau, est d'un tissu fin, et d'un grand usage. Les dessins en sont variés avec beaucoup de goût et d'intelligence; le fabricant fait lui-même une grande partie des couleurs avec économie et solidité.

Sa largeur est de 66 centimètres; les prix les plus communs vont de 1 fr. 25 c. à 1 fr. 75 c. le mètre, selon la qualité de la laine, la finesse de la filature, la beauté du tissu, et la richesse des couleurs.

On choisit, pour cette fabrication, la laine qui promet le plus d'estam; il en faut, pour une pièce de 35 mètres, 12 kil., qui en produisent ordinairement 9 de laine peignée. La main-d'œuvre du peigneur coûte 1 fr. 50 c. par jour; il y emploie 4 journées. Il reste 3 kil. de bourre qu'on emploie aux reverses, et souvent au rempli des cadis; elle est estimée 7 fr. 50 c., qu'il faut porter en déduction du prix de cette fabrication. La filature de la chaîne coûte 1 fr. 20 c. le kil., celle de la trame 2 fr.; total de la filature, 14 fr. 50 c.

Pour monter la chaîne et pour le tissage, il faut 9 jours, et l'on paye 9 f. La teinture coûte depuis 15 jusqu'à 25 fr., selon les couleurs. Au sortir du métier, il ne faut plus à cette étoffe que le dégraissage et la presse, que l'on évalue à 2 fr. 50 c. la pièce.

Il s'en fait environ 2000 par an, dont les $\frac{7}{8}$ se fabriquent à Bagnères; cette année on en a fait 500 pièces de plus. On emploie 1 kil. d'huile à 2 fr. 40 c. pour chaque pièce.

Reverses.

On emploie des laines communes à cette fabrication. Il en faut 10 kil. qui en donnent 5 d'estam; le coût du peignage et de la filature pour la chaîne, est de 9 fr.; les 5 kil. de bourre qui restent, avec 3 autres kil. qu'on ajoute du résidu des étamines, coûtent, pour le cardage et la filature, 10 fr. 50 c.; la façon de la chaîne et du tissage est de 9 f.; la couleur coûte depuis 14 jusqu'à 16 fr. Cette étoffe ne reçoit aucun apprêt au sortir du métier, et se vend de 1 fr. 40 c. à 1 fr. 80 c. le mètre; il ne s'en fabrique que 4 ou 500 pièces par an.

Il faut 1 kil. d'huile à 2 f. 40 c.

VOILES OU CRÉPONS.

Cette fabrication était considérable autrefois, parce que toutes les femmes des cultivateurs et des artisans de la contrée en portaient dans toutes les cérémonies, et qu'il s'en expédiait beaucoup en noir pour l'Espagne. Cette double consommation a cessé; cependant cet article a repris un peu de faveur; la mode lui donne une certaine valeur précaire; mais le débouché ne parait guère susceptible d'acquérir un grand développement. Les dames en font des robes et des schals d'un très-haut prix, parce qu'il faut la plus belle laine de la contrée, et que la filature qui doit se faire toute au fuseau, lui donne une grande valeur. Elle coûte depuis 20 fr. jusqu'à 30 fr. le kil.; on ne peut pas compter cette partie au nombre des branches régulières et constantes d'industrie, et en fixer le produit annuel, quoiqu'elle soit momentanément très-fructueuse.

TRICOTS.

Il est impossible de donner un rapport, même approximatif, sur cette branche d'industrie, qui ne se soutient aussi que par la mode. Cependant le produit en est extrêmement considérable, et il a dépassé toutes les espérances qu'on avait pu en concevoir; les tricots sont généralement recherchés aujourd'hui, parce qu'ils sont d'une grande commodité et d'un très-bon usage.

Des robes, des schals, des tapis, des couvre-pieds, des gilets, des pantalons, variés à l'infini dans leurs couleurs, leurs formes et leurs dessins, avec un art et un goût admirables, soutiennent avec beaucoup de lucre, depuis cinq ou six ans, une branche d'industrie très-importante pour Bagnères. Il se fait aussi beaucoup de schals à Tarbes. Presque toutes ces productions sont l'ouvrage des femmes, et la moitié au moins de celles de Bagnères y emploient tous les instans que leur laissent les soins du ménage ; chaque année, leur imagination et leur dextérité donnent au travail de leurs mains, des formes nouvelles et séduisantes ; ce qui semble promettre une longue existence au débouché des productions de leur intelligence et de leur activité.

FABRICATION. — *Emploi du travail.*

Les métiers de cette manufacture sont très-multipliés, et se trouvent répandus dans presque toutes les communes des cantons de Bagnères et de Campan.

A juger du nombre des ouvriers par l'état approximatif des étoffes qui se fabriquent, il ne faudrait pour environ 100 mille grammes de laine qui se manipulent chaque année, que 121 peigneurs et cardeurs ; savoir :

Pour les cadis, ...	70.
Pour les étamines, ...	24.
Pour les reverses, ...	8.
Pour les voiles, ...	3.
Pour les tricots, ...	16.
Total.	121.

Il faudrait seulement 70 tisseurs et autant de métiers, à sept journées par pièce, et 300 journées de travail, dans l'année, pour le tissage de 300 pièces de cadis. Soixante tisseurs et autant de métiers, à 9 journées par pièce, pour 200 pièces d'étamine ; 12 tisseurs et autant de métiers, à 7 journées par pièce, pour 500 de reverse ; enfin, 6 à 8, tout au plus, pour les voiles. Mais il faut mettre les deux tiers en sus au moins, pour avoir, à peu près, le nombre d'ouvriers employés au peignage et au tissage, ainsi que celui des métiers, qui se monte à plus de 450 ; en voici la raison : il est très-peu d'individus qui soient seulement fabricans ; plus des trois quarts travaillent aussi à l'agriculture, et il faut compenser le temps qu'enlèvent les travaux agricoles, par le nombre des manufacturiers.

En supposant des femmes constamment occupées à la filature, il en faudrait 1203; savoir :

Cadis.	Pour 24,000 kil. de chaine nécessaire à 3000 pièces de cadis, chaque femme filant $\frac{1}{4}$ kil. par jour.	320 fileuses.
	Pour 36,000 kil. de bourre pour le même objet, à $\frac{3}{4}$ kil. par jour. .	180.
Etamines.	Pour 10,000 kil. chaine, de 2000 pièces étamines, à $\frac{1}{4}$ kil. par jour. .	130.
	Pour 800 kil. trame, à $\frac{1}{6}$ kil. par jour.	180.
Reverses.	Pour 2500 kil. chaine de reverse, à $\frac{1}{4}$ kil. par jour.	33.
	Pour 4000 kil. bourre, au rouet, à $\frac{3}{4}$ kil. par jour.	20.
Voiles.	Pour 150 kil. de fil pour les voiles, à 40 journées chaque kil. . . .	20.
Laine filée pour tricots ou autres usages.	Pour environ 16,000 kil. à $\frac{1}{6}$ kil. par jour.	320.
	Total.	1203 fileuses.

Mais comme il n'en est aucune qui emploie tout son temps à la filature, et que la plupart, au contraire, n'y en consacrent qu'une très-faible partie, on peut, sans exagération, porter à 6000 le nombre des femmes occupées à ce travail dans toute la vallée de Bagnères et de Campan.

Il est peu de contrées où les habitans aient autant d'activité et d'aptitude pour les arts mécaniques que dans celle-ci; mais il n'en est pas où les ouvriers aient aussi peu de sobriété et de constance au travail. Le prix de la main-d'œuvre est plus haut que partout ailleurs, parce que, dès qu'on veut restreindre ce prix à un taux convenable, les ouvriers quittent leurs ateliers pour s'adonner entièrement à la maraude qu'ils exercent constamment sur les forêts de la vallée, avec une avidité que l'impunité enhardit sans cesse. Tel ouvrier qui pourrait gagner 20, 30 ou 40 sols par jour, selon son activité et sa constance dans le travail manufacturier (ce qui suffirait pour sa subsistance), va, de son chef, ou moyennant un gros salaire, dévaster le domaine public ou communal. Il n'en est pas plus riche pour cela, parce qu'il dépense toujours ce qu'il gagne; le superflu qu'il a n'est qu'un moyen de débauche dont il use bien vite. Bagnères et Campan offrent sans cesse les tableaux les plus affligeans de ce désordre; les ateliers sont déserts, et les cabarets ne désemplissent jamais; aussi se fait-il dans ces cantons une terrible dévastation des forêts, comme je l'ai dit en son lieu; c'est l'unique cause de l'excessive cherté de la main-d'œuvre. Qu'on empêche le vol dans les forêts, et bientôt les ouvriers travailleront à plus bas prix, fabriqueront davantage, et perfectionneront la main-d'œuvre.

La manufacture de Campan avait langui long-temps, parce qu'elle était presque ignorée, et que l'imperfection dans les apprêts, le défaut de négocians capitalistes, laissaient l'ouvrier sans débouché et sans ressources, dans les momens où la consommation était suspendue. Mais aujourd'hui que des magasiniers spéculateurs ont fait venir des ouvriers étrangers et tous les ustensiles nécessaires pour perfectionner les préparations; qu'ils ont étendu la consommation par des exportations considérables, et rendu tributaires de cette industrie locale, des contrées qui en ignoraient l'existence, il ne faut plus qu'améliorer les laines, et faire travailler un assez grand nombre de bras du pays, dont la dextérité ne laisse rien à désirer, pour développer autant que possible une industrie qui a eu d'aussi heureux commencemens. Ses progrès sont déjà rapides, et depuis trois ou quatre ans, les produits de la manufacture se sont plus que doublés. Ces succès étonnans sont dûs, en grande partie, aux spéculations d'un négociant de Bagnères (*), qui a su créer de nouveaux

(*) M. *Costallat*, dont l'intelligence et l'activité promettent encore au pays de nouveaux avantages, par le développement d'une branche de commerce qu'il a pour ainsi dire créée.

débouchés à la fabrique, et dont les soins entendus ont beaucoup perfectionné la préparation des étoffes.

TANNERIES ET CORROYERIES.

L'art du tanneur est pratiqué avec assez d'intelligence et de succès dans ce département où il existe une vingtaine de tanneries, dont quinze à Tarbes ; les autres sont à Bagnères, Vic et Maubourguet. Ces fabriques sont plus considérables les unes que les autres, mais elles occupent en totalité de quarante à cinquante ouvriers. Celle de M. Francez, à Tarbes, est la plus importante ; c'est aussi celle où l'on fabrique le mieux.

Les peaux et les cuirs qu'on emploie, proviennent des boucheries de ce département, et de celles du Gers et des Basses-Pyrénées. Le tan se fait aux environs de Tarbes, et il est vendu sur la place du marché de cette ville. Lorsqu'il a servi, on en fait des mottes qu'on emploie au chauffage après les avoir fait secher ; on emploie encore le tan comme engrais pour les prairies, lorsqu'il est bien pourri.

La colle qu'on retire en dérayant les peaux de veaux, est employée dans les papeteries pour coller le papier, ou bien elle est transportée dans les villes où il se fabrique des draps ou des serges en laine. La bourre est employée à fabriquer de gros chapeaux, ou on la mêle avec de la laine qu'on file ensuite pour faire de grosses capes de berger ; on se sert aussi de la bourre pour faire des plafonds, ou pour certains ouvrages de sellerie.

Quoique les nouveaux procédés que la chimie a découverts pour opérer le tannage, soient connus de quelques fabricans de ce département, et qu'ils sâchent fort bien que cette opération n'a lieu que par la combinaison du principe tannant avec la gélatine du cuir, d'où résulte un composé indissoluble dans l'eau, imputrescible, on s'en tient encore aux anciennes méthodes. et les heureux essais de M. *Seguin* n'ont point eu ici d'imitateurs.

Partout,

Partout, le procédé est le même ; il n'y a de différence que dans le plus ou moins d'exactitude et de soins.

On opère le débourrement ou avec la chaux, ou avec la farine d'orge, et le tannage se fait ou aux passemens, ou dans les fosses ; on n'emploie jamais le premier moyen pour les gros cuirs.

L'art de tanner et de corroyer ne fait qu'un seul et même état dans ce département, quoique ces deux professions soient distinctes, et exercées séparément dans plusieurs villes de France. Pour corroyer les peaux et les cuirs tannés, on commence à les travailler, avec un couteau, sur un chevalet, afin de leur enlever les chairs qui avaient échappé au couteau du tanneur, sans toucher au grain. Après ce premier travail, on étend les peaux sur une grande table, et on leur donne, par fleur et par chair, de l'huile de poisson, qu'on nomme *dégras*. Ce dégras est l'eau dont s'est servi le chamoiseur ; il contient de l'huile oxigénée, de la potasse et de la gélatine.

Les peaux étant imprégnées de dégras, sont exposées à l'air pour les faire secher ; après quoi on les travaille couleur de tan, ou bien on les noircit ; on compose le noir avec du tan et du sulfat de fer. On donne le grain aux cuirs avec un instrument en bois cannellé ; ensuite on les blanchit du côté de la chair, et on les lustre.

Tels sont les différens procédés usités dans ce département pour corroyer les peaux de veau.

Les travaux à faire aux cuirs qu'on nomme vaches lissées, consistent à les bien lisser du côté de la fleur, et à les faire secher bien à propos.

On fait tanner et corroyer, dans les Hautes-Pyrénées, de 8 à 10 mille peaux de veau, de 16 à 1800 cuirs de vache, 1000 cuirs de bœuf, une petite quantité de cuirs de cheval, et quelques centaines de peaux de chèvre.

Ces différens cuirs sont employés pour la chaussure des habitans du département, pour des ouvrages de sellerie, pour des couverts de sabots, et pour des courroies qui servent à lier les bœufs. Quoique les cuirs du pays n'excèdent pas les besoins locaux, on en exporte une certaine quantité dans le département du Gers, et quelque peu à Toulouse et à Montauban.

On supplée au déficit qui en résulte et aux besoins excédans, en en faisant venir une grande quantité du département des Basses-Pyrénées; ce qui prouve que cette branche d'industrie n'a pas encore acquis, dans ce département, tous les dévelopemens dont elle est susceptible. Il serait très-aisé d'y étendre la fabrication des cuirs: tout est favorable pour cela, et il est à désirer que les fabricans actuels multiplient leurs produits, ou qu'il s'établisse de nouvelles tanneries.

TEINTURES.

Cette branche d'industrie a une certaine importance dans ce département, par l'emploi qu'on en fait sur les étoffes qui sortent des fabriques d'Aure, de Campan et de Bagnères, dont la consommation locale et l'exportation sont assez considérables. On emploie aussi les teintures pour quelques mouchoirs et quelques tissus en fil et coton, qui entrent peu dans le commerce, les mouchoirs de Saint-Pé étant à peu près les seuls qu'on exporte. On teint encore dans ce département, une petite quantité de mouchoirs de Béarn.

Il existe à Tarbes trois ateliers de teinture; on en compte quatre à Bagnères, et un à Campan. Il y en a quelques autres sur divers points du département, mais ils méritent peu qu'on en fasse mention, parce qu'ils sont éloignés des fabriques, et qu'ils servent seulement pour les objets de consommation locale.

Les couleurs qu'on fait dans ce département, sont généralement assez bonnes; les procédés qu'on emploie sont simples et bien suivis. Le bleu est la couleur la plus généralement employée, et qui exige le plus de talent dans l'artiste. Le procédé de la cuve au pastel, qui est le meilleur de tous, surtout pour les étoffes en laine, est employé dans les ateliers de quelque importance. Les rouges à la garance et l'écarlate, sont, après le bleu, les couleurs les plus usitées, à cause de la grande quantité de capulets qu'on porte dans ce pays-ci, et de la rayeure des étamines et des reverses. Ces deux couleurs sont parfaites; on fait quelques couleurs de fantaisie pour les ouvrages en tricot, particulièrement les schaals de laine.

On ne saurait évaluer au juste la quantité des drogues qu'on emploie dans le département pour les diverses teintures; mais on peut, par aperçu, en porter le prix à 100,000 fr. Après l'indigo et la cochenille, la garance est l'article le plus important. On pourrait aisément cultiver cette plante dans le département, puisqu'elle y croit naturellement sur plusieurs points; c'est une spéculation que devraient faire quelques agriculteurs. On pourrait, par une culture bien entendue, s'affranchir d'une importation de plus de 200 quintaux, et en retirer de gros bénéfices. L'alun pourrait aussi fournir matière à spéculation dans ce département; il en existe des mines dans quelques parties de l'arrondissement d'Argelés, et il ne serait pas impossible de l'extraire et de le purifier. Il y aurait de grands bénéfices à attendre de cette opération, puisque celui qui vient de Suède, d'Angleterre et d'Espagne, coûte des frais énormes de transport; il y aurait de l'avantage, quand même on se bornerait à fournir à la consommation du département.

Un objet moins important, mais qui mérite aussi de fixer l'attention, c'est le cristal, ou tartre de potasse. Les chimistes de Montpellier font acheter ici beaucoup de tartre à 18 et 20 fr. par 50 kilogrammes, et ils le revendent purifié aux teinturiers du département, pour le prix de 80 fr. Il revient à 86 ou 90 fr., avec les frais de transport.

La nécessité de rétablir une inspection pour les fabriques de l'arrondissement de Bagnères, que j'ai indiquée à l'article fabrication des étoffes, se fait également sentir pour l'emploi des teintures. Plusieurs fabricans peu aisés négligent les bons procédés, et usent d'une économie mal entendue, faute d'une surveillance conservatrice des anciens usages. De fausses couleurs sont substituées aux bonnes, parce que de petits particuliers veulent teindre chez eux, ce qu'ils exécutent fort mal et avec une perte considérable de temps et de combustible. Les teinturiers du département brûlent, chaque année, pour plus de 60 ou 80 mille fr. de bois, et il faut mettre les ateliers de teinture au nombre des causes qui font beaucoup renchérir le combustible. Si, au lieu de chaudières exposées à un feu ouvert, les teinturiers fabriquaient des fourneaux économiques, ils épargneraient au moins la moitié du bois; mais ce moyen ne peut être employé qu'en grand, et dans les ateliers bien dirigés. C'est un avis que j'adresse aux teinturiers de profession. L'économie qui en résulterait, leur permettrait de baisser les prix des teintures, et ferait tomber entièrement celles qui sont mauvaises, en même-temps qu'elle leur donnerait la facilité de perfectionner tous les procédés; il en résulterait, comme on voit, simultanément, une foule d'avantages.

COMMERCE.

Le commerce est une source de prospérité chez tous les peuples; il n'augmente point, par lui-même, les produits du sol, ni ceux des manufactures; mais, en facilitant l'emploi de ces produits, il établit entre les hommes des relations qui, multipliant leurs jouissances et leurs besoins, donnent de l'essor à leurs facultés, et activent leur industrie; c'est ainsi que le commerce exerce une grande influence sur la richesse des nations, et contribue puissamment au bonheur des hommes.

Pour qu'un pays jouisse avec une certaine étendue des avantages du commerce, il faut qu'il soit convenablement situé pour cela; qu'il ait des productions nombreuses et abondantes; que ces productions soient d'une grande importance, et qu'elles trouvent des débouchés prompts et faciles. Or, ce département ne réunit aucune de ces conditions : il est à l'extrémité de l'Empire ; il n'a ni rivières ni canaux navigables, et il est comme privé, par cela même, de tout débouché ; enfin ses productions, à quelques exceptions près, ne sont ni assez abondantes, ni de nature à être beaucoup recherchées ; aussi est-il un des moins commerçans de la France, et il ne peut, sous ce rapport, que mériter une attention secondaire ; ses échanges se bornent aux contrées limitrophes de l'intérieur et de l'Espagne ; il paye en numéraire tous les objets qui lui viennent de loin ; et ce n'est qu'avec beaucoup de peine que s'établit la balance du commerce d'importation avec celui d'exportation. Cette difficulté est un motif de ne rien négliger pour augmenter, autant que possible, l'exportation ; et ce n'est pas là où le commerce est le plus étendu, le plus productif, qu'il importe le plus de le protéger et de l'accroître. Chaque chose en économie a une importance relative qu'il ne faut jamais perdre de vue, et la prospérité générale se compose d'une infinité de petits élémens qu'il faut savoir rassembler pour former une masse imposante. Ce ne sera qu'après avoir donné à l'industrie, sur chaque partie du sol de l'Empire, tous les développemens, grands ou petits, dont elle est susceptible, qu'on aura atteint le dernier degré de prospérité auquel la nation peut prétendre. Des avantages, quelques petits qu'ils soient, doivent donc être recueillis avec soin, et il est bon de diriger tous les efforts, soit publics soit particuliers, vers ce but essentiel.

Il se fait dans ce département, d'une région à l'autre, beaucoup d'échanges, de ventes ou d'achats, pour les besoins de la population ; tout cela constitue le commerce intérieur, qui, vu les étroites limites du commerce extérieur, a une importance presqu'égale pour les habitans.

§. I.er

COMMERCE INTÉRIEUR.

La distinction que nous avons déjà établie entre les trois régions de la plaine, des côteaux et des montagnes, et les différences que nous avons remarquées dans la culture et la quantité de leurs productions, nous indiquent l'espèce de commerce qui doit avoir lieu entre elles : les échanges auxquels ces divers habitans ont recours, sont, pour la plupart, indispensables et de première nécessité; c'est ainsi que la plaine et les coteaux fournissent aux vallées le vin qui leur manque absolument, et beaucoup de grains dont elles ne récoltent pas une quantité suffisante; ces vallées fournissant en échange, à la plaine et aux côtes, des bestiaux, des laines, des laitages, des bois, du charbon, de la chaux, des ardoises et des marbres; les vallées d'Aure et de Campan fournissent des draps qui servent à habiller presque toute la population agricole du département; il se fait aussi quelques échanges entre la plaine et les côteaux : ceux-ci fournissent plus de vin que la plaine, et celle-la produit plus de bled, plus de maïs; l'excédant de ces denrées passe réciproquement d'une région à l'autre, après que la montagne est pourvue; et c'est ainsi que s'établit la balance du commerce intérieur : il vient aussi beaucoup de bois de chauffage des côteaux dans la plaine, ainsi que des tuiles, des briques, des cercles et du merrain.

§. II.

COMMERCE EXTÉRIEUR.

Il se compose des exportations et des importations qui ont lieu, soit avec les départemens voisins et quelques villes éloignées, soit avec l'Espagne qui borne au midi les Hautes-Pyrénées.

Les objets qui sont importés des autres départemens, sont le bled, les huiles, les savons, les drogues pour les teintures, le sucre, le café, les épiceries, les liqueurs, les faïences, les verres, les draps fins, les soies, les toiles, les cotons, les cuirs, la quincaillerie, l'orfévrerie et les métaux.

L'importation des bleds est considérable chaque année. Les anciens Etats de Bigorre avaient observé que, dans une période de quinze ans, il n'en était qu'un où la province pût se suffire à elle-même, et que, pour les quatorze années où le nécessaire lui manquait, elle tirait du bled des basses plaines de l'Adour, c'est-à-dire, du Gers et des Landes. Ce déficit a lieu aujourd'hui comme autrefois, et même bien davantage, à cause de l'extension qu'on a donnée à la culture des vignobles, aux dépens de celle des terres labourables; aussi puise-t-on plus que jamais aux mêmes sources. Le commerce de ces grains est très-productif pour quelques communes, et notamment pour la ville de *Castelnau-Magnoac* qui est l'entrepôt des commissions sur cet objet pour toute la partie orientale du département, et pour les vallées qui y débouchent.

Les savons et les bonnes huiles viennent de la Provence; on tire les drogues pour la teinture, le sucre, le café, les épiceries, les liqueurs, de Bayonne et de Bordeaux, et la consommation en est assez forte; l'usage de ces dernières substances s'est généralement répandu depuis quelques années, et il semble que le goût des denrées coloniales augmente avec les difficultés qu'on éprouve pour se les procurer. Les faïences, les verres, viennent en grande partie du dehors, et, particulièrement, tout ce qu'il y a d'un peu recherché dans ce genre. On fait venir quelques porcelaines des manufactures de Limoges. Les draps fins, les belles toiles, les soies, les cotons, se tirent des diverses fabriques, ou plutôt des entrepôts de Toulouse, Bordeaux et Limoges. Le département des Basses-Pyrénées fournit des cuirs. On fait venir la quincaillerie et l'orfèvrerie de Toulouse, Bordeaux et Paris. Bayonne fournit du fer et autres métaux; on en tire aussi de Toulouse, ainsi que des départemens de l'Ariège et des Basses-Pyrénées, où l'on a établi de très-belles forges.

Il existe, pour l'achat et le débit de chacun de ces objets, des *négocians*, ou plutôt des *marchands* qui habitent les principales villes, comme Tarbes, Vic, Maubourguet, Bagnères et Lourdes, et de là, approvisionnent les différens cantons qui avoisinent ces chefs-lieux. Il n'y a généralement qu'un esprit mercantile dans ce département; on n'y trouve aucune vue commerciale. Je donnerai, comme mesure de la capacité des commerçans des Hautes-

Pyrénées, l'impossibilité où je me suis trouvé d'obtenir de ceux à qui je croyais quelque instruction, malgré mes instances réitérées, une seule notice, un seul mot sur l'objet de leurs occupations journalières. Il y a quelques exceptions honorables, mais peu nombreuses.

Du côté de l'Espagne, on importe dans ce département des laines surges, des savons, des huiles, du vinaigre, de l'alun, de la garance et du cobolt; tous ces objets ne laissent pas que d'être considérables, et d'ajouter beaucoup à la masse de l'importation.

L'exportation par laquelle s'établit la balance commerciale du département, comprend les objets ci-après : ardoises, chaux, bestiaux, ânes, mules et mulets, chevaux, brebis et moutons, cuirs, beurre et fromage, cochons, cire jaune, haricots, pois, laines, draps du pays, voiles et tricots, vins et eaux-de-vie.

Les bestiaux sont l'objet le plus important; il en passe quelques-uns en Espagne : la plus grande partie est achetée par les départemens des Basses-Pyrénées, du Gers, des Landes, de la Haute-Garonne, de l'Ariège, du Lot, du Lot-et-Garonne; il s'en exporte une quantité prodigieuse dans ces divers départemens; et c'est au marché de Tarbes que se font les principaux achats.

Les ânes, les mules et mulets, passent presque tous en Espagne, et c'est l'objet d'une branche de commerce extrêmement importante; des familles, dans les vallées d'Aure et de Barèges, ont acquis d'immenses fortunes par ce commerce qui est très-lucratif, et qui verse beaucoup d'argent dans le pays. On ne se borne pas à l'exportation des animaux que produit ce département, on va encore chercher des mules dans le Poitou, et on les vend aux Espagnols avec de gros bénéfices; c'est même l'article le plus productif. Les chevaux du pays passent dans les départemens limitrophes; mais le nombre de ceux qu'on exporte est bien petit maintenant; presque toutes les jumens poulinières, comme je l'ai dit ailleurs, sont livrées au baudet. On exporte beaucoup de brebis et de moutons, soit dans les départemens voisins, soit en Espagne; c'est encore un article très-productif. La quantité de beurre qu'on exporte est considérable; celle du fromage se réduit à très-peu de chose. Les Hautes-Pyrénées fournissent beaucoup de cochons à l'Espagne, et on fait des envois de jambons à Paris et à Bordeaux, où ils sont vendus sous le nom de *jambons de Bayonne*; ils sont de la meilleure qualité; on élève des cochons sur tous les points du département, dans les côteaux et dans la plaine; c'est un objet d'exportation très-considérable. La cire jaune que produisent les ruches du pays, passe presque toute dans le commerce; on en consomme fort peu dans ce département. On envoie, principalement dans la Haute-Garonne, beaucoup de haricots, provenant en grande partie du vallon de Bagnères, et des pois de la vallée d'Aure, qui sont justement renommés.

Les laines du pays, soit en nature, soit converties en draps ou autres étoffes et en tricots, forment un grand objet de commerce, on peut en juger par l'étendue de la fabrication dont j'ai parlé. Cette ressource influe beaucoup sur la balance commerciale; c'est un des plus grands avantages du département. Il est à désirer que cette branche de commerce acquière tous les développemens dont elle est susceptible.

On envoie tous les ans à Bayonne et dans les Landes, une grande quantité de vin. L'eau-de-vie qu'on exporte présentement, se réduit à bien peu de chose; mais si la distillation vient à s'étendre, comme cela est probable, ce sera une ressource de plus pour contre-balancer l'importation, ou pour l'accroître par des objets qui procureraient aux habitans plus d'aisance et plus d'agrémens.

Le commerce du bois est encore considérable dans ce département, quoiqu'il ait beaucoup diminué depuis nombre d'années, par l'épuisement des grandes forêts qui étaient d'une facile exploitation. Depuis près d'un demi-siècle, on en a tiré d'énormes quantités des vallées d'Aure et de Barousse, d'où l'on en exporte encore par la Garonne ; de celle de Campan ; enfin des diverses gorges de la vallée de Barèges, qui maintenant en sont toutes dépourvues. Des fortunes considérables se sont élevées aux dépens de cette belle et antique végétation qui couvrait jadis tout le sol des montagnes, et qui, utile ornement de ces hautes régions, préservait les vallées et la plaine même des effets pernicieux qui caractérisent aujourd'hui la chute des pluies et des avalanches. Malheureuse imprévoyance des hommes ! triste fruit de la cupidité et de l'intérêt personnel que n'a pas su diriger une administration négligente !...

Sans doute il fallait exploiter et jouir des richesses qu'offrait la nature ; mais on aurait pu retirer de ces bois, de ces forêts, sans les détruire, tous les avantages qu'on en a obtenus. Cependant il reste encore de grandes ressources qui semblent ignorées, et il ne s'agirait que d'en user convenablement, pour alimenter et même pour étendre ce commerce. L'État et les communes possèdent encore assez de bois pour fournir à des exploitations qui, loin de nuire à la conservation du fonds, si elles étaient bien dirigées, ne feraient que l'accroître ; elles assureraient, en même-temps, la régénération des forêts alpestres, que la dévastation a ruinées.

§. III.

MOYENS DE TRANSPORT. — ROULAGE.

Il n'y a de transports directs que ceux des eaux-de-vie, des jambons, des haricots, du beurre ; mais quoiqu'il n'existe ni commissionnaire chargeur, ni entrepôts, il est une infinité de rouliers dans le département qui transportent les marchandises de Bayonne, à Toulouse ou Bordeaux, et *vice versâ*. La commune populeuse d'Ossun en fournit elle seule le plus grand nombre, et ces rouliers sont connus ici sous le nom de *Beurrères*, dénomination venue apparemment de ce que, dans l'origine, ils faisaient uniquement le transport du beurre.

§. IV.

FOIRES ET MARCHÉS.

Il existe un grand nombre de foires et de marchés dans ce département : on en trouvera le tableau sous le n.° 43, avec l'indication de leur importance respective.

§. V.

INTÉRÊT DE L'ARGENT. — USURE.

Il est difficile d'indiquer quel est le taux de l'argent dans un département où il n'y a ni bourse publique, ni banque, ni banquiers, ni agens de change, ni capitalistes, ni cours régulier dans les affaires de commerce. Nos marchands règlent leurs intérêts sur les cours des places de Toulouse, Bordeaux et Bayonne; quant à ceux qui font l'usure, on ne peut assigner les bornes de leur cupidité; on a vu des prêts au taux de dix à douze pour cent par mois; le taux ordinaire est de dix à douze par an.

L'argent est extrêmement rare dans ce département; les fortunes y sont très-bornées; c'est ce qui rend les besoins fréquens et nombreux. Or, il n'est pas de disposition plus favorable pour l'exercice de l'agiotage et de l'usure; aussi des spéculateurs se sont-ils adonnés à ce vil commerce, dont la fâcheuse influence se fait sentir sur toutes les classes, et particulièrement sur l'agriculteur qui, ne pouvant faire des avances à la terre qu'avec beaucoup de frais, se trouve souvent ruiné par une modique récolte, et par le défaut de débouché pour ses denrées. Elles sont cependant assez chères généralement, mais l'usure qui s'exerce, est spoliatrice de toutes les fortunes; l'intérêt, qu'on regarde comme légal, est aussi trop haut pour un pays aussi peu commerçant, et qui n'a de ressources réelles que dans les produits de son agriculture.

SUPPLÉMENT

Pour les années écoulées depuis l'an IX (1801) jusqu'à ce jour.

TOPOGRAPHIE GÉNÉRALE.

§. I.er

TOPOGRAPHIE MATHÉMATIQUE.

Il n'a été encore apporté aucune modification aux limites de ce département. M. le Préfet a transmis dans le cours de 1806, à S. E. le Ministre de l'intérieur, une délibération du conseil général du département à ce sujet, avec un double du projet d'agrandissement inséré dans le Grand Mémoire statistique. On attend toujours la décision du Gouvernement sur ce point important, ainsi que sur la fixation des limites avec l'Espagne; M. le Préfet a aussi rappelé cet objet à l'attention de S. E., dans sa lettre du 5 décembre même année.

§. II.

TOPOGRAPHIE PHYSIQUE.

La disposition physique du territoire est restée la même dans les trois régions, à cela près de quelques éboulemens peu remarquables qui ont eu lieu dans les hautes vallées, par l'effet des avalanches, phénomène annuel et pour ainsi dire périodique pour certains lieux. Il y a eu ce printemps, 1807, une douzaine de maisons de renversées à Barèges, et c'est une grande calamité; si on ne se hâte pas de faire des plantations sur les plateaux qui bordent cette gorge, il ne restera bientôt plus pierre sur pierre dans le plus important des établissemens thermaux.

§. III.

TOPOGRAPHIE DES ÊTRES NATURELS.

Il n'y a rien de nouveau à dire sur cet objet, rien que l'observation puisse présenter aux curieux ; l'étude de l'histoire naturelle est tout-à-fait abandonnée dans ce département depuis la suppression de l'école centrale.

EAUX THERMALES.

Les établissemens thermaux ont éprouvé quelques changemens depuis l'an 9 (1801). Dans les années 11 et 12 (1803 et 1804), des ingénieurs militaires ont levé le plan d'un hospice à établir à *Cauterets*, près des sources de l'Est, comme succursale de celui de Baréges ; mais il n'y a encore rien de fait. M. le Préfet fit établir, dans la dernière de ces deux années, une belle douche à la source de César ; en l'an 13 (1805), il fit réparer les deux cabinets à bain, mettre des baignoires en marbre, et soutenir l'édifice par une terrasse.

L'établissement de la Raillère avait été mis en bon état en l'an 11 (1803), par les ordres de M. le Préfet ; mais en l'an 13 (1805), un incendie consuma toute la partie de ces bains qui était construite en bois. C'est un malheur qui n'a pu encore être réparé ; M. le Préfet a fait dresser le plan et le devis des travaux à faire. On bâtira sur la même ligne que l'ancienne construction, en pierre, appelée *bain de Richelieu* (parce que c'est la présence du duc de ce nom qui y donna lieu). L'établissement sera alors ce qu'il devrait être.

Les bains situés plus au midi que la Raillère, étaient comme inabordables ; M. le Préfet y a fait faire, en l'an 13 (1805), sous la direction de l'inspecteur des eaux, une très-belle route qui conduit jusqu'au bain du Pré, dont le propriétaire a fait depuis un superbe établissement sur le plan de ceux de Bruzaud et de Pause, donné aussi par l'inspecteur *Dabat* : il y a une cuvette, une douche graduée, seize bains, une étuve ou bain de vapeur, un péristile, et tous les embellissemens que le lieu pouvait comporter.

A *Barèges* et à *Saint-Sauveur*, il a été fait aussi d'utiles réparations par les ordres de M. le Préfet.

On a projeté de grandes améliorations dans les établissemens thermaux de *Bagnères*. M. le Préfet présenta, à l'époque du couronnement, à Sa Majesté, le plan d'un grand hospice thermal pour cette ville. Quelques bains de particuliers ont été mieux disposés ces années-ci. Il reste beaucoup de choses à faire de la part des propriétaires, de la commune, et du gouvernement.

Un établissement de bains s'est fait en l'an 13 (1805), dans la commune de *Siradan*, deuxième arrondissement : ce sont des eaux sulfureuses froides.

Il a été fait des réparations en l'an 13 (1805), et en 1806, à l'établissement thermal de *Capvern*. Des baignoires en marbre y ont été mises ; l'emploi des eaux est mieux déterminé. Cet établissement est susceptible de s'étendre beaucoup encore.

Des réglemens très-étendus ont été faits pour les eaux thermales. Il a été nommé, en l'an 13 (1805), un médecin inspecteur des eaux à Bagnères, où il n'en existait pas. Un autre a été nommé depuis peu pour l'établissement de Capvern.

§. IV.

TOPOGRAPHIE MÉTÉOROLOGIQUE.

M. *Dangos* a toujours continué ses observations météorologiques, et il s'occupe soigneusement de les réduire en tables. S. Exc. le Ministre de l'intérieur l'a fait prier, cette année 1807, de lui envoyer directement son travail mois par mois, et il lui en a déjà témoigné sa satisfaction.

En l'an 10 (1802), neuf communes furent frappées par la grêle, et leurs récoltes fort endommagées ;

En l'an 11 (1803), un même nombre de communes ont été atteintes ;

En l'an 12 (1804), il y en a eu trente-deux ;

En l'an 13 (1805), même nombre ;

En l'an 14 (1806), plus d'une douzaine ;

Et cette année (1807), plusieurs, dont on ne peut assigner le nombre, ont beaucoup souffert au commencement du printemps; celles de Castelnau, Madiran, et autres circonvoisines, où sont les meilleurs vignobles du département, ont perdu tout espoir d'une récolte en vin, outre que leurs bleds ont été hachés.

Le 28 mai, sur les cinq heures du soir, un orage affreux a éclaté sur la ville de Tarbes et lieux circonvoisins: aux tourbillons de vents, aux éclairs du tonnerre, a succédé une pluie abondante, mêlée d'une grêle épouvantable par sa grosseur. Les toits en ont été fracassés, et l'on a vu de grêlons des dix à douze onces; beaucoup avaient le volume et la forme d'un œuf. Le dommage a été moindre qu'on ne l'avait craint d'abord, parceque la grêle était rare. Cependant les communes d'Azereix, Ibos, Oursbelille, Orleix, Aurensan, Bazet et Aureillan surtout, ont été maltraitées. C'est un exemple affreux d'une calamité assez fréquente dans ce département; et les propriétaires devraient sentir par-là le besoin de recourir au *système des assurances*, afin de répartir, par une association patriotique, les maux que le ciel envoie tour-à-tour, et exclusivement, à quelques-uns d'entre eux; du moins devrait-on faire des réserves dans les bonnes années, afin de n'être pas exposé à manquer du nécessaire pendant les mauvaises, dont le retour, pour ainsi dire périodique, peut être aisément prévu et calculé.

§. V.

TOPOGRAPHIE MÉDICALE.

Les maladies qui ont régné le plus habituellement toutes ces années, sont: l'affection catharrale, nommée *grippe*, qui a été très-répandue en l'an 12 (1804) et en 1806; mais elle a eu peu d'intensité; une dissenterie endémique qui a fait périr quelques personnes; enfin, des fièvres intermittentes, spécialement dans la partie basse du département, dont j'ai déjà fait connaître l'insalubrité, toujours subsistante, par la même incurie.

La petite vérole a diminué ses ravages, par l'introduction de la vaccine. MM. *Dussieu* et *Lavenère*, à Tarbes; *Saint-Lanne*, à Castelnau-Rivière; *Pailhé*, à Maubourguet; *Rousse* et *Salaignac*, à Bagnères; *Semiac*, à Loures, *Ferrère*, à Asté; *Peyramale*, à Momères; *Plato*, à Lourdes; et quelques autres officiers de santé, ont employé avec succès le précieux préservatif du plus terrible des fléaux. Aucun individu vacciné par eux, n'a été atteint de la contagion variolique. S. Exc. le Ministre de l'intérieur a décerné cette année (1807), au nom du comité de vaccine, une médaille d'honneur à M. Saint-Lanne, sus-nommé, comme à un de ceux qui ont le plus contribué à propager la vaccination en France. Il faut espérer qu'une semblable distinction excitera de nouveau le zèle des partisans de ce merveilleux procédé, la plus belle, la plus utile des découvertes de notre temps.

Un comité de vaccine fut établi en l'an 12 (1804), par arrêté du 10 prairial : des médecins correspondans furent choisis; ce comité ne s'est jamais assemblé. Cette mesure, si on eût veillé à son exécution, eût cependant pu être utile. Il a été nommé aussi trois médecins en l'an 13 (1805), pour pourvoir aux épidémies dans les trois arrondissemens, et distribuer, en cas de besoin, les remèdes envoyés par le Gouvernement.

ÉPIZOOTIES.

Il s'est manifesté plusieurs maladies épizootiques dans le cours de ces six années. En l'an 10 (1801), le sous-préfet de Bagnères ayant été instruit que la maladie épizootique qui avait régné dans le canton de *Mauléon-Barousse* en l'an 5 et en l'an 6, se reproduisait dans la haute vallée, ordonna aussitôt de prendre des mesures pour empêcher la communication. Les effets que l'on avait craints, ne se réalisèrent pas : la maladie n'eut aucune suite. Vers la fin de la même année, il se manifesta une épizootie dans les communes de *Maubourguet*, *Auriebat*, *Labatut*, et autres voisines; la maladie avait des symptômes alarmans, les animaux périssaient dans les 24 heures ; on ne remarquait en eux qu'une vessie à la langue, tantôt dessus, tantôt dessous, tantôt par côté ; les bêtes à cornes, les chevaux et les ânes, étaient également atteints. M. le Préfet se concerta avec ses collègues du Gers, des Landes et de la Haute-Garonne, pour prévenir les effets de la contagion qui affectait toute la contrée. Ce département n'en souffrit que très-peu.

Voici quels remèdes on employa : on scarifiait la plaie dans toute son étendue, soit la vessie, soit l'ulcère, s'il était déjà formé ; on prenait ensuite du vinaigre, avec lequel on mêlait du sel, du poivre, beaucoup d'ail, de la rhue et de la suie. On pilait le tout ensemble, et on en lavait la langue de l'animal. On renouvellait ce traitement deux fois par jour, jusqu'à parfaite guérison.

Pour prévenir le mal, on faisait usage de l'acide sulfurique, de l'eau-de-vie camphrée, du vinaigre, du miel et du vin. Ces préservatifs étaient employés extérieurement ; les boissons acidulées, les alimens solides, arrosés légèrement avec de l'eau salée, étaient donnés intérieurement, et avec avantage ; la diète était salutaire ; les animaux étaient tenus proprement, aérés et souvent parfumés. Tous ces moyens eurent beaucoup de succès.

Une épizootie se manifesta aussi, vers la même époque, dans la commune de *Lies*, arrondissement de Bagnères. Les précautions qui furent employées arrêtèrent le mal. Il périt environ huit à dix bœufs ou vaches.

Dans les années 11, 12 et 13 (1803, 1804 et 1805), il y eut aussi quelques symptômes de maladie charbonneuse dans la commune de *Barbazan-debat* et dans celle de *Rabastens*. M. le Préfet prit sur-le-champ des mesures convenables, et envoya sur les lieux des artistes vétérinaires.

Dès l'an 13 (1805), le claveau avait attaqué les bêtes à laine, et se propageait dans plusieurs communes où il enleva quantité de brebis. Il continua pendant l'an 1806, mais avec moins d'intensité. Les soins d'un artiste vétérinaire envoyé par

M. le Préfet partout où régnait la maladie, en arrêtèrent les progrès. Il employa avec succès l'inoculation comme préservatif; il essaya même la *vaccine*, mais il ne put se procurer assez de ce virus pour étendre convenablement ses expériences. Il aurait voulu soumettre les animaux, ainsi préservés, à l'épreuve de la cohabitation avec ceux qui étaient atteints de la maladie; mais la répugnance des propriétaires, leur peu de foi dans ce moyen dont ils devraient cependant s'efforcer de vérifier l'efficacité, ne le lui a pas permis. Si cette efficacité était une fois constatée, les troupeaux à laine seraient à l'abri d'un bien grand fléau, et l'économie rurale en retirerait de grands avantages.

§. VI.

TOPOGRAPHIE DOMESTIQUE.

Il est quelques villes qui ont éprouvé des embellissemens depuis l'an 9 (1801).

TARBES.

M. le maire a fait entourer, en l'an 12 (1804), la promenade du *Maubourguet* d'un parapet revêtu en marbre, et y a fait placer des bancs de même nature; il a fait réparer et remblayer les deux places du *Marcadieu*; dans la principale, il a fait recueillir les eaux d'une fontaine abandonnée, et d'une nécessité presque indispensable; il a fait faire des plantations d'arbres à diverses promenades; il a augmenté le nombre des reverbères. Plusieurs particuliers font bâtir dans cette ville; elle s'agrandit beaucoup du côté du pont, où elle offrira dans peu une belle entrée.

BAGNÈRES.

M. le maire a fait construire, en l'an 10 et en l'an 11 (1802 et 1803), le pont de l'Adour, qu'une inondation avait emporté; dans ces deux années et en l'an 12 (1804), il a fait renouveler tous les pavés de la ville dans l'intérieur, et dans une partie des dehors; la fontaine du *Coustous* a été reconstruite; elle est située plus avantageusement qu'auparavant; l'aquéduc qui traverse la place aux grains, a été refait en l'an 13 (1805); des plantations d'arbres ont été faites dans les jolies promenades de cette ville; en l'an 1806, des reverbères ont été placés dans toutes les rues; on a réparé la halle au bled.

VIC.

M. le maire fit paver, à ses frais, en l'an 10 (1802), une longue et belle rue qui n'offrait avant que des cloaques; une grande bâtisse où sont des ateliers de distillation pour les eaux-de-vie, a été construite, par ses soins, dans les années 10 et 11 (1802 et 1803), sur le terrein marécageux, appelé pour cela, en terme du pays, *l'engougat*; beaucoup de pavés furent reconstruits en l'an 12 (1804), et des murs de soutènement des éperons, faits le long de l'Echez; la place marcadale a été agrandie en l'an 13 (1805), par la démolition d'une vieille maison qui l'encombrait; une nouvelle promenade, jointe à celles qui existaient déjà, a fini d'entourer la section de la mairie d'une manière à la fois agréable et salubre.

LOURDES.

M. le maire a fait construire, depuis l'an 13 (1805), un grand et bel édifice qui doit servir de maison commune et de palais pour le tribunal civil.

ANTIQUITÉS.

Il a été découvert dans un pré, au voisinage de *Loures*, arrondissement de Bagnères, un grand pavé en mosaïque, formé de pierres de diverses couleurs; il paraît qu'il appartenait à des bains, car on a trouvé en cet endroit plusieurs cuves en marbre; il date du temps des Romains; on en a extrait d'assez grands morceaux très-bien conservés. On ne saurait douter que des fouilles faites dans cette contrée, n'y fissent découvrir grand nombre de monumens romains, les vainqueurs du monde l'ayant beaucoup affectionnée, à cause des eaux thermales qu'ils se plaisaient à fréquenter.

§. VII.

TOPOGRAPHIE POLITIQUE.

Quelques changemens importans ont eu lieu dans cette partie.

COMMUNES.

La commune d'*Aulong*, arrondissement de Bagnères, a été réunie à celle de *Castelnau-de-Magnoac*, par décret impérial du 17 prairial an 13 (1805); celles de *Cazaux* et *Fréchet*, de *Camors* et *Aneran*, de *Loudenvielle* et *Arauvielle*, même arrondissement, ont été réunies en trois mairies, par décret de S. M. du 9 septembre 1806. Le nombre des communes du 2.e arrondissement se trouve réduit par-là à 183, et celui de tout le département à 494.

Il est plus que jamais désirable que ce nombre diminue; les opérations préalables pour ces réunions les rendent difficiles, sans doute, mais il n'est pas d'efforts qu'on ne dût faire pour les opérer.

TRIBUNAUX.

Le tribunal civil d'*Argelès* a été transféré, en l'an 13 (1805), de cette résidence dans celle de *Lourdes*, faute d'un local convenable au chef-lieu de l'arrondissement.

Les cantons des justices de paix ont été réduits par arrêté des Consuls du 7 frimaire an 10; et il y en a eu 13 de supprimés; savoir :

Dans le premier arrondissement, ceux de Bernac-debat, St.-Sever-de-Rustan, Ibos, Vic *extrà*;

Dans le deuxième arrondissement, ceux de Bourg, Monléon, Sarancolin, Saint-Laurent, Bagnères *extrà*;

Dans le troisième arrondissement, ceux de Lourdes *extrà*, Saint-Savin, Préchac, Juncalas.

Ce qui réduit les justices de paix à 26, au lieu de 39.

JURISDICTION ECCLÉSIASTIQUE.

PAROISSES ET SUCCURSALES.

Cette jurisdiction a été établie en l'an 10 (1802). Le département ressort du diocèse de Bayonne, où réside M. l'Evêque. Ce diocèse est suffragant de l'archevêché de Toulouse.

Le nombre des paroisses et des succursales de ce département fut fixé en l'an 12 (1804), comme il suit :

ARRONDISSEMENS.	CANTONS.	PAROISSES.	SUCCURSALES.
TARBES.	Tarbes (Est). .	1.	11.
	Tarbes (Ouest).	1.	7.
	Castelnau-R.-B.	1.	4.
	Maubourguet. .	1.	8.
	Vic.	1.	4.
	Rabastens. . . .	1.	10.
	Ossun.	1.	9.
	Tournay	1.	10.
	Pouyastruc. . .	1.	10.
	Galan.	1.	5.
	Trie	1.	10.
		11.	88.
BAGNÈRES.	Bagnères. . . .	1.	9.
	Campan.	1.	5.
	Vielle.	1.	4.
	Bordères. . . .	1.	5.
	Arreau.	1.	7.
	Labarthe. . . .	1.	8.
	Nestier.	1.	8.
	Mauléon-B. . .	1.	10.
	Lannemezan . .	1.	11.
	Castelnau-M. .	1.	16.
		10.	85.
ARGELÉS.	Argelés.	1.	12.
	Saint-Pé. . . .	1.	2.
	Lourdes	1.	15.
	Aucun.	1.	8.
	Luz	1.	5.
		5.	42.
	TOTAL général. . . .	26.	215.

Il y a eu en l'an 13 (1805), une réduction des succursales, et elles ont été distinguées en *impériales* et en *communales*. Les premières ont passé à la charge du trésor public, et les autres sont restées à celle des communes.

Voici le tableau des unes et des autres :

ARRONDISSEMENS.	CANTONS.	SUCCURSALES impériales.	SUCCURSALES communales
TARBES.	Tarbes (Ouest). .	4.	3.
	Tarbes (Est). .	6.	7.
	Castelnau-R.-B.	3.	2.
	Maubourguet. .	2.	6.
	Vic.	2.	2.
	Rabastens. . . .	8.	2.
	Ossun.	6.	3.
	Tournay	9.	1.
	Pouyastruc. . .	8.	2.
	Galan.	4.	2.
	Trie	9.	2.
		61.	32.
BAGNÈRES.	Bagnères. . . .	5.	4.
	Campan	2.	3.
	Vielle	4.	0.
	Bordères. . . .	6.	0.
	Arreau.	5.	2.
	Labarthe. . . .	6.	3.
	Nestier.	5.	4.
	Mauléon-B. . .	7.	1.
	Lannemezan . .	8.	3.
	Castelnau-M. .	15.	2.
		63.	22.
ARGELÉS.	Argelés.	12.	0.
	Saint-Pé	2.	0.
	Lourdes	14.	1.
	Aucun	6.	2.
	Luz.	3.	3.
		37.	6.
TOTAL général. . . .		161.	60.

Les dépenses du trésor public pour l'entretien du clergé des Hautes-Pyrénées, se montent à 20,000 fr., à peu près, pour les trois curés de 1.re classe et pour les 27 de 2.me, déduction faite des pensions dont quelques-uns d'entre eux jouissent; celles pour les desservans, d'après la réduction opérée par le décret impérial du 5 *nivôse* an 13 (1805), s'élèvent à 81,000 francs; total, 101,000 fr.

Le département fournit, pour supplément au traitement de M. l'Évêque, de deux grands-vicaires et des chanoines; pour la location et l'entretien du palais épiscopal, le service du culte à la cathédrale, le bas-chœur, et l'établissement d'un séminaire, la somme de 6,570 fr.

L'administration des églises, et de toutes leurs dépendances, est confiée à des fabriques; elles ont été instituées par un réglement de M. l'Évêque de Bayonne, approuvé par Sa Majesté l'Empereur; elles sont chargées de l'entretien et des réparations à faire; comme aussi de veiller à l'administration des aumônes dans les lieux où il n'y aurait ni bureau de bienfaisance, ni autre établissement de charité autorisé par le gouvernement. Il y a sept fabriciens pour chacune des paroisses de Tarbes, Bagnères et Vic, cinq pour les autres cures, et trois seulement pour les succursales: les curés ou desservans sont membres-nés des fabriques; tous les autres sont choisis parmi les fonctionnaires publics ou notables de la paroisse. M. l'Évêque s'est réservé les premières nominations, sur la présentation des conseils généraux des communes; les autres devant se faire à l'avenir par les curés, sous l'approbation du prélat. Il sort un fabricien chaque année; le sort décide de ceux qui doivent sortir les premiers.

Outre les fabriques, il existe, pour chaque église, des marguilliers nommés par M. le Préfet, en vertu de l'arrêté du 7 thermidor an 11 (1803). Ces marguilliers sont chargés de la gestion des propriétés non aliénées qui avaient appartenu aux églises, et ils doivent les administrer de la même manière que les biens communaux : ils rendent compte de leur gestion au conseil municipal de la commune, à chacune de ses sessions annuelles.

Observations.

Ceux des desservans qui ne sont pas payés par le Gouvernement et qui se trouvent à la charge des communes, ont en général de trop modiques salaires : le casuel est leur principale ressource ; mais dans beaucoup de paroisses, il ne peut suffire aux besoins du succursaliste, parce que ces paroisses sont trop peu étendues. Il serait convenable de faire aller de pair la réduction des communes et celle des succursales qui sont aussi trop multipliées.

Les desservans, s'ils étaient moins nombreux, suffiraient également aux besoins spirituels des habitans, et ils jouiraient d'une plus grande aisance ; ce qui ne contribuerait pas peu à leur rendre une certaine considération qui se réfléchirait sur leur ministère, trop peu imposant aujourd'hui, par le peu d'importance personnelle des ministres. Il serait fâcheux qu'ils oubliassent la dépendance naturelle dans laquelle ils se trouvent de l'État ou des communes qui les salarient ; mais il n'est pas convenable qu'ils soient par trop soumis à la volonté ou au caprice de leurs paroissiens, ce qui tend à les déconsidérer, et nuit aussi infiniment à l'efficacité de leurs prédications évangéliques.

GRANDES ROUTES, PONTS ET CHAUSSÉES, CHEMINS VICINAUX.

Les routes ont été régulièrement réparées, ou plutôt entretenues, vu la trop grande modicité des fonds affectés à ce service.

Les routes non nationales sont toujours dans le même état d'abandon ; il faudrait plus de 150,000 écus pour les réparer. M. le Préfet, pour rendre celle de Tarbes à Lannemezan praticable, a fait un appel aux communes voisines, qui sont dans les meilleures dispositions pour exécuter les travaux nécessaires. Il a demandé l'autorisation d'y employer 10,000 fr. dus à ces communes pour indemnité de grêle, dont elles font volontiers l'abandon.

La belle route de communication qui conduit de Lourdes à Bagnères, était comme abandonnée; M. le Préfet y a fait faire d'importantes réparations en l'an 12 (1804); ce qui l'a rendue praticable pour les voitures.

Des ponts ont été reconstruits: celui de la Hiéladère, sur la route de Barèges, est comme achevé; on y passera incessamment: il n'a qu'une seule arche; c'est un monument de hardiesse, d'élégance et de solidité.

Une belle chaussée a été faite, en l'an 10 (1802), à la tête du pont de Tarbes, du côté de la ville, pour la garantir des irruptions menaçantes de l'Adour, lorsqu'il vient à déborder. Une digue défensive a été également construite sur les bords de la Neste.

Des travaux immenses et inappréciables ont été faits aux chemins vicinaux dans les années 12 et 13 (1804 et 1805). M. le Préfet a pris, à ce sujet, quatre arrêtés successifs, nommé des commissaires répartiteurs pour les tâches de la prestation en nature, et veillé scrupuleusement à l'exécution de cette mesure, devenue indispensable pour les communications rurales: elles sont partout rétablies aujourd'hui; il ne s'agit plus que de les entretenir, en empêchant le zèle des habitans de se refroidir sur un objet qui les intéresse de si près, mais qu'ils perdraient bientôt de vue, comme tout ce qui est en communauté.

CHAPITRE II.

POPULATION, PROFESSIONS, ARTS ET MÉTIERS.

Voici les tableaux des divers recensemens faits depuis l'an 9 (1801), jusqu'en l'an 1806:

ANNÉES.	ARRONDISSEMENS.	POPULATION.	TOTAUX.
XI (1802.)	de Tarbes. . . .	90,428.	203,031.
	de Bagnères. . .	74,950.	
	d'Argelès. . . .	37,653.	
(1806.)	de Tarbes. . . .	88,491.	198,763.
	de Bagnères. . .	73,360.	
	d'Argelès. . . .	36,912.	

Voici ceux du mouvement de la population depuis la même époque, jusqu'en l'an 1806 :

ANNÉES.	NAISSANCES.					MARIAGES.			DÉCÈS.
	Garçons.	Filles.	Enfans naturels.	Enfans abandonnés.	Total.	En premières noces	En secondes noces.	Total.	
10. (1802)	2,672.	2,569.	»	»	5,241.	468.		468.	4,009.
11. (1803)	2,780.	2,579.	»	»	5,359.	1,165.	87.	1,252.	4,188.
12. (1804)	2,851.	2,507,	300.	»	5,658.	1,069.	118.	1,187.	5,629.
13. (1805)	2,692.	2,516.	263.	54.	5,525.	1,058.	129.	1,162.	5,974.

Il n'est survenu aucun changement notable, depuis l'an 9 (1801), dans la population en général, ni dans le rapport des diverses classes ou professions qui la composent.

CHAPITRE III.

ÉTAT DES CITOYENS.

ADMINISTRATION PUBLIQUE.

L'ADMINISTRATION générale n'a éprouvé aucun changement, et l'on n'a rien à ajouter aux observations contenues dans l'analyse du Grand Mémoire statistique qui précède. La police est toujours aussi négligente sur les assainissemens. La comptabilité des communes est mieux réglée ; M. le Préfet a assujetti tous les maires à faire des budgets annuels, qu'il vérifie et approuve.

MENDICITÉ. — BIENFAISANCE.

LA mendicité subsiste toujours dans la plaine, principalement à Tarbes et dans le voisinage, où des gens estropiés, ou feignant de l'être, viennent, contre toute police, s'exposer aux regards des passans, et les fatiguer de leurs lamentables exclamations. C'est surtout les jours de fêtes que l'on voit ce hideux et pénible spectacle qui révolte plutôt qu'il n'inspire la bienfaisance. Ce fléau ne saurait guère exister dans les deuxième et troisième arrondissemens, où chacun vivant, pour ainsi dire, du produit de son travail, personne n'a de superflu à distribuer. Mais il accourt des mendians à Bagnères et à Barèges, dès que les étrangers s'y rendent. M. le Préfet a sagement pourvu à la nourriture de ces malheureux pendant la saison, en y affectant des fonds pris sur la ferme des eaux thermales, et le produit de quelques quêtes; par ces moyens, les étrangers ne sont plus importunés, et font l'aumône, sans que l'indigent la demande.

M. le Préfet a créé, en l'an 12 (1804), des bureaux de bienfaisance qui, pour la plupart, et notamment à Tarbes, sous les yeux même de l'administration supérieure, ne sont d'aucune utilité. La bienfaisance s'exerce sans leur intervention, mais faiblement. Ils pourraient beaucoup faire, si le zèle de ces bureaux était convenablement excité.

Celui

Celui de Bagnères, qui doit être cité en exemple, sait faire travailler les malheureux qu'il secourt. Dans l'hospice de Tarbes, les enfans abandonnés sont occupés à la filature du coton.

ORDRE JUDICIAIRE.

L'ordre judiciaire est resté le même; mais le tribunal criminel a reçu en l'an 13 (1804), la dénomination de Cour criminelle, et les commissaires du Gouvernement, le titre de Procureurs impériaux.

L'esprit processif des habitans, multiplie beaucoup les affaires portées par devant les tribunaux.

Voici le tableau de celles qu'ils ont jugées pendant l'an 1806:

Tribunal de première instance de Tarbes.

En matière civile.	1328.	1,588.
En matière correctionnelle.	260.	

Tribunal de première instance de Bagnères.

En matière civile.	906.	1,260.
En matière correctionnelle.	354.	

Tribunal de première instance de Lourdes.

En matière civile.	325.	452.
En matière correctionnelle.	127.	

TOTAL. . . . . 3,300.

Le tribunal de commerce à Tarbes a rendu 1001 jugemens, tant de défaut, interlocutoires, préparatoires, etc., que contradictoires.

La cour criminelle a rendu 10 arrêts pour assassinat, 5 pour meurtres, 2 pour empoisonnement, 2 pour infanticide, 6 pour vol, 9 pour excès, 4 pour faux, 4 pour fraude des droits réunis, 3 pour délits forestiers, 1 pour rebellion contre la gendarmerie, 1 pour avortement, 1 pour incendie; en tout, 48.

Le nombre des conciliations et des jugemens portés par les juges de paix, est inappréciable.

Les causes générales de discussion en matière civile, sont, les servitudes rurales, et les partages des successions. Il y a aussi beaucoup d'actions fondées sur des lettres de change entre particuliers non marchands : elles ont pour cause, des prêts usuraires qui ruinent ou gênent un grand nombre de familles ; abus qui tient à la rareté du numéraire, et qu'il sera impossible de faire disparaître tant que le commerce et la paix ne faciliteront pas le débit des denrées.

Les délits les plus ordinaires en police correctionnelle, sont, les délits forestiers et champêtres, des excès à suite de rixes survenues dans les cabarets.

PRISONS.

Les prisons sont toujours dans l'état le plus déplorable ; il devient chaque année plus urgent d'en bâtir une au chef-lieu du département, ainsi qu'un palais de justice.

En l'an 12 (1804), M. le Préfet destina l'ancien couvent des Carmes de Tarbes, à servir de maison de correction ; mais ce bel édifice, qu'on laisse tomber en ruines, étant ouvert de toutes parts, n'est guère propre à cet usage. On pourrait utilement l'employer pour l'établissement d'un atelier de travail. A la même époque, M. le Préfet ordonna que les détenus pour dettes dans la prison de Bagnères, fussent transférés dans une chambre assez spacieuse et assez aérée de l'hôtel de ville.

La prison du 3.e arrondissement, maintenant établie à Lourdes, de même que le tribunal civil, offre encore un local trop resserré. Ce n'est qu'une espèce de barraque, où l'on a cependant pratiqué une divisioin pour les deux sexes. La commune a projeté de faire une prison dans l'une des anciennes tours de la ville, et la chose serait praticable à peu de frais. M. le Préfet a demandé au Gouvernement que le château de Lourdes, qui ne contient plus de prisonniers d'Etat, soit affecté à la détention des condamnés du département, afin de décharger les prisons ;

qui deviendraient par-là moins insuffisantes ; il a eu aussi en vue d'établir, dans ce fort, un atelier de travail pour les condamnés.

En l'an 13 (1805), il y eut, à Tarbes, une souscription des fonctionnaires publics, pour donner, tour-à-tour, la soupe aux malheureux prisonniers. Cette louable émulation n'a pas eu de suite.

ADMINISTRATIONS FINANCIÈRES.

§. I.er

CONTRIBUTIONS DIRECTES.

La contribution foncière a été, pour les six dernières années, telle qu'il suit :

ANNÉES.	PRINCIPAL.	PRINCIPAL ET CENTIMES.
10 (1802).	618.000 f.	747.780 f.
11 (1803).	618,000.	747,780.
12 (1804).	570,000.	701,100.
13 (1805).	570,000.	701,100.
14 (1806).	570,000.	733.252.
100 derniers jours de 1806.	156,750.	206,127.
1807.	570,000.	752,400.

La contribution personnelle, somptuaire et mobilière, a été, pour les six dernières années, telle qu'il suit :

ANNÉES.	PRINCIPAL.	PRINCIPAL ET CENTIMES.
10 (1802).	60.000 fr.	70,333 fr.
11 (1803).	62,700.	75,867.
12 (1804).	62,700.	77,121.
13 (1805).	62,700.	77,121.
14 (1806).	62,697.	75,864.
100 derniers jours de 1806.	17,241.	20,690.
1807.	62,700.	76,474.

La distinction des dépenses administratives et judiciaires, en fixes et en variables, eut lieu en l'an 10 (1802). Les centimes destinés aux dépenses fixes, s'élevèrent à 71,500 fr., y compris les fonds de non-valeur. Ceux destinés aux dépenses variables, furent de 55,900 fr. Les dépenses fixes ayant été de 56,524 fr., et les variables de 173,271 fr., le Gouvernement a couvert le déficit.

En l'an 11 (1803), les centimes imposés pour les dépenses fixes, qui furent à peu près les mêmes que l'année précédente, ne s'élevèrent qu'à 20,421 fr.; et ceux affectés aux dépenses variables, qui furent d'environ 91,000 fr., montèrent à 74,877.

En l'an 12 (1804) et en l'an 13 (1805), il n'y eut d'imposé, pour les dépenses fixes, qu'un centime, qui donna pour chaque année 6,327 fr.; pour les dépenses variables, on imposa 15 centimes, dont le produit s'éleva à 94,905 fr. Cette somme suffit pour acquitter les dépenses.

En l'an 14 (1806) et en 1807, il a été imposé pour les dépenses fixes, 2 centimes ⅞ par franc des contributions foncière et personnelle, dont le produit est de 18,790 fr., et pour les dépenses variables, 13 centimes ½, dont le produit s'élève à 83,041 fr. Ce dernier produit suffit à l'acquit des dépenses, mais non le premier.

La contribution des portes et fenêtres était encore un impôt de quotité en l'an 10, et elle s'éleva à 53,000 fr.

La loi du 13 floréal an 10 (1802), fit de cette contribution un impôt de répartition; ainsi, le contingent de chaque département fut fixé comme celui des contributions foncière et personnelle. Le Préfet fait la répartition entre les arrondissemens, et chaque sous-préfecture entre les communes de son arrondissement.

En l'an 11 (1803), le contingent du département fut de 49,840 fr. en principal, et de 54,824 en principal et en centimes affectés aux frais de confection des rôles de dégrèvement et non-valeur.

En l'an 12 (1804), ce contingent fut réduit à 48,600 fr. en principal ; plus, 10 centimes additionnels.

Dans les années 13 et 14 (1805 et 1806), il a été le même.

Pour les 100 derniers jours de 1806, il a été de 13,365 fr. en principal, et de 15,412 fr. pour le principal et les centimes additionnels réunis.

Pour l'an 1807, de 48,600 fr. ; plus, les 10 centimes additionnels.

Le produit des patentes a été chaque année ainsi que je vais l'indiquer :

An 10 (1802), ...	46,434 fr.
An 11 (1803), ...	44,892
An 12 (1804), ...	44,233
An 13 (1805), ...	44,920
An 14 (1806), ...	48,013
Cent derniers jours de 1806, ...	12,978

Depuis et compris l'an 10, la perception en est confiée aux percepteurs ordinaires.

REPARTITION. ~ CADASTRE. ~ PERCEPTION.

On attend, pour faire disparaître les inégalités dans la répartition entre les communes, le résultat des grandes opérations relatives au cadastre. Ce travail a été retardé dans ce département, à cause des difficultés qu'on a éprouvées, d'abord pour avoir un géomètre en chef, ensuite des géomètres secondaires, et enfin des instrumens. Les opérations n'ont commencé que vers le milieu de l'an 12 (1804). M. *Coulomb*, géomètre en chef, a arpenté, depuis cette époque jusqu'au 15 pluviôse an 13 (1805), 22 communes. Son successeur, M. *Garnier*, a fait arpenter, depuis sa nomination jusqu'à la campagne de 1807, 117 communes, savoir : 61 dans l'arrondissement de Tarbes, 49 dans celui de Bagnères, et 7 dans celui d'Argelès. Des premières communes arpentées, il n'y en a que 4 de vérifiées ; des dernières, il y en a 80 et plus.

Les travaux de l'arpentage sont en grande activité ; mais il est à craindre qu'on ne tire pas de cette opération tous les avantages qu'on devrait s'en promettre. Les expertises ne sont pas faites avec tout le soin qu'elles exigent ; et il serait à désirer qu'on évaluât les terres, autant sous le rapport de leur nature intime, que sous celui de leur mise en valeur, alors on saurait quels produits peut donner chaque terrein, en raison des avances et des frais de culture, et l'on distinguerait ceux qui sont ingrats par eux-mêmes, de ceux qui sont seulement négligés. Par-là, le Gouvernement pourrait calculer quelles sont les ressources agricoles absolues de tout l'Empire, comparées aux ressources effectives. Il chercherait les causes locales du grand déficit qui sûrement existe partout, pour les combattre, les détruire ; et au lieu d'une mesure purement fiscale, il se trouverait avoir réalisé la plus grande, la plus belle des conceptions économiques. Il faudrait, pour atteindre ce but, préposer aux expertises des hommes instruits sur la nature physique et chimique des terres, et sur l'économie rurale ; ces hommes sont rares, sans doute ; mais n'aurait-on pas pu former des élèves pour cet objet, comme on en a fait pour le cadastre ? Ces difficultés, que nous ne cherchons pas à surmonter, et notre insouciance sur ce qui compléterait le plus utilement une opération déjà si dispendieuse, prouvent combien nous sommes encore arriérés en économie publique.

La surveillance des opérations du cadastre est spécialement confiée au directeur des contributions.

La perception des contributions directes est confiée depuis l'an 12 (1804), à un petit nombre de percepteurs à vie nommés par l'Empereur : chacun d'eux a un certain nombre de communes : on en compte cinquante-un dans ce département ; savoir : pour le premier arrondissement vingt-six, pour le second dix-sept, et pour le troisième neuf.

Les percepteurs versent le produit de leur recette entre les mains du receveur particulier de l'arrondissement ; le taux de leurs remises et fixé par un décret impérial : ils payent un cautionnement du 12.e du principal de toutes les contributions directes.

Le mode de contrainte est toujours le même. M. le Préfet en a prévenu les abus par son arrêté du 15 nivôse an 11 (1803), qui règle les fonctions des porteurs de contrainte, et en détermine le nombre pour chaque arrondissement ; le montant des frais a sensiblement diminué depuis l'an 9 (1801) : ils ne s'élèvent guère aujourd'hui qu'à la 210.e partie des sommes recouvrées.

§. II.

CONTRIBUTIONS INDIRECTES.

Droits de pesage, jaugeage et mesurage.

La loi du 29 floréal an 10 (1802), qui ordonne l'établissement de bureaux, pour cet objet, dans toutes les communes qui en seront jugées susceptibles, n'a eu, jusqu'à ce jour, que très-peu d'applications dans ce département. Il fut donné, sur-le-champ, connaissance à tous les maires, des instructions envoyées sous la date du 15 prairial même année, par le Conseiller d'État ayant le département des recettes et des dépenses des communes.

Il existait déjà des bureaux de cette nature dans plusieurs communes ; on les avait établis sans l'aveu du Gouvernement, et les droits s'en percevaient à son insu. Les bureaux de pesage, jaugeage, mesurage, ont été régularisés dans trois communes, en l'an 13 (1805) ; et dans six autres, en 1806.

OCTROIS.

Il s'en est établi un grand nombre depuis l'an 9 (1801), savoir :

En l'an 10 (1802), ... 3.
En l'an 11 (1803), ... 3.
En l'an 12 (1804), ... 43.
En l'an 13 (1805), ... 23.

Nota. Dix des communes où l'octroi a été établi, n'ont pas voulu le percevoir.

En 1806, ... 7.

DROITS RÉUNIS.

La loi du 15 ventôse an 12 (1804), a établi un nouvel impôt sur les vins, les eaux-de-vie, les cidres, les poirés, les tabacs, etc. etc. Une administration a été créée pour en faire la perception. Les employés attachés à ce département, sont :

Un directeur, un inspecteur, un contrôleur ambulant, trois contrôleurs principaux d'arrondissement (les fonctions de celui de l'arrondissement central sont remplies par l'inspecteur); trois receveurs principaux, deux contrôleurs de ville, l'un à Tarbes et l'autre à Bagnères; six commis de ville, quatre à Tarbes et deux à Bagnères; douze receveurs ambulans, douze adjoints à ces receveurs, vingt-un buralistes : les receveurs principaux remplissent en outre les fonctions de buralistes dans un arrondissement déterminé.

Le vin et le tabac sont les objets qui, dans ce département, fournissent le plus à cet impôt, dont le produit approximatif a été,

En l'an 13 (1805), de . . . . 40,000 fr.
En l'an 1806, ... 180,000 fr.

IMPOT SUR LE SEL.

Le droit de passe sur les routes a été supprimé à la fin de l'an 1805, et remplacé par un impôt sur le sel, perçu à l'extraction.

ADMINISTRATION DES EAUX ET FORÊTS.

Les changemens provoqués dans le Grand Mémoire, pour cette branche d'administration, deviennent chaque année plus urgens. Les délits forestiers se multiplient sans cesse, et restent sans répression.

ADMINISTRATION MILITAIRE.

L'hôpital militaire de Barèges est toujours dans le même état; il est plus que jamais nécessaire de l'agrandir. Il a été fait dans les années 12 et 13 (1804 et 1805), sous la direction de M. le capitaine du génie *Donnat*, aujourd'hui aide-de-camp de S. M.

le Roi de Hollande, quelques réparations à la caserne de Tarbes, qui maintenant peut loger 700 soldats et 130 chevaux; mais il reste encore beaucoup à faire pour la mettre en état : elle pourra un jour loger 1200 soldats et 250 chevaux. Le défaut de fonds a fait suspendre les travaux commencés.

Le Ministre de la guerre a cédé une partie de l'ancien séminaire pour le dépôt d'étalons.; on y fait maintenant les réparations convenables.

ENSEIGNEMENT PUBLIC ET PARTICULIER.

L'école centrale de ce département a cessé d'exister en l'an 12 (1804). Cependant le lycée de Pau qui doit la remplacer, ainsi que celle des départemens voisins, pour l'enseignement supérieur, n'est pas encore en activité. Le département des Hautes-Pyrénées doit fournir 22 élèves gratuits à ce lycée. Il n'y a encore aucune nomination de faite. Ce long retard est très-préjudiciable à l'instruction publique, et surtout à celle des enfans qui ne peuvent la recevoir que de la munificence nationale.

Nulle part, les pères de famille n'ont un aussi grand besoin d'être secourus par le gouvernement, que dans un pays où la population étant pour ainsi dire sans commerce et sans industrie, vit uniquement du produit de ses terres, et ne peut faire guère de sacrifices à l'éducation de la jeunesse. La classe aisée de la société, qui peut fournir aux frais que nécessite un enseignement suivi et méthodique, est extrêmement petite; c'est celle d'où sortent les gens d'affaires, les hommes de loi, qui, dans les principaux bourgs et dans les villes, règlent les rapports civils des habitans.

A la suppression de l'école centrale, il se forma, non sans difficulté, trois écoles secondaires dans le département, une à Tarbes, une à Vic, premier arrondissement, et une à Bagnères, deuxième arrondissement; les deux premières étaient tenues par des particuliers, et n'existent déjà plus; la troisième est communale, et subsiste encore.

En l'an 1806, l'établissement tenu par M. *Espiet* à Argelès, a été érigé en école secondaire.

L'industrie ne favorise guère la formation de semblables établissemens dans ce pays, quelqu'indispensables qu'ils soient ; et c'est sur ce point que l'administration publique devrait s'efforcer d'exciter le zèle et l'intérêt : il n'existe pas une seule école dans le troisième arrondissement et dans le second, hors des chefs-lieux. Cela tient d'abord à l'ignorance générale, et ensuite aux habitudes d'une population de pasteurs, éparse dans les vallées et sur les montagnes.

A Tarbes, trois établissemens particuliers ont remplacé l'école secondaire : ils offrent ensemble plus de 150 élèves ; celui dirigé par M. *Courtade*, ancien professeur de l'école centrale, en contient plus de la moitié.

L'enseignement primaire est toujours dans l'état le plus déplorable. Depuis la loi du 11 floréal an 10, il n'a pas été placé un seul instituteur dans les communes où il n'en existait pas ; elles sont trop multipliées, trop petites, trop mal administrées, trop dénuées de toutes ressources, pour qu'on puisse songer à satisfaire au vœu de la loi sur la formation des écoles primaires. On en compte seulement cinq dans l'arrondissement central, autant dans le second : il n'y en a pas dans le troisième.

Il existe dans beaucoup d'endroits, des espèces de *magisters* qui enseignent aux enfans à lire, à écrire, et les élémens du calcul, mais rien de plus. Qu'on apprécie maintenant le résultat d'un tel dénuement et le degré d'influence qu'exerce l'instruction publique sur les mœurs, sur le caractère, sur les habitudes, sur l'existence des habitans.

Il n'y aura pas d'enseignement primaire, tant que le Gouvernement ne prendra pas des mesures pour établir des écoles de cet ordre dans les principales communes, aux frais de ces communes, ou à ceux des parens pris individuellement ; on pourrait, après avoir réduit convenablement les communes, établir une école primaire dans chacune d'elles ; et si l'on circonscrivait les paroisses dans le même rapport, MM. les curés et leurs vicaires pourraient participer à l'enseignement; ce serait les ramener à une partie de leurs fonctions antiques et révérées, sans avoir à craindre aujourd'hui que l'esprit du clergé contrariât, dans l'éducation de la jeunesse, le vœu des peuples et les vues du Gouvernement qui prescrirait la discipline, la nature et le mode de l'enseignement dans les écoles élémentaires, comme il le fait pour les autres. La morale religieuse et la morale publique, objet principal de l'enseignement primaire, ne peuvent être qu'une seule et même chose, lorsqu'elles sont vraies l'une et l'autre; et la France doit offrir la première l'exemple d'un parfait accord entre elles.

Peut-être serait-il bien d'établir des espèces d'écoles normales, pour former des instituteurs primaires, car le nombre en est très-borné, et leur capacité l'est bien davantage. Un *cours d'enseignement* dans les séminaires pour les instituteurs ecclésiastiques, et dans les lycées pour les laïcs, pourrait remplir ce but. M. le Préfet a voulu faire l'application au département, de la seconde partie de cette idée, ce qui a été approuvé par M. le Conseiller d'État chargé de l'instruction publique: espérons que ce ne sera pas un vain projet, et qu'il ne s'évanouira pas comme tant d'autres, au moment de l'exécution.

CULTE PUBLIC.

Depuis la restauration du culte en France, les cérémonies religieuses ont repris tout leur ancien éclat dans les Hautes-Pyrénées; et le peuple s'est livré de nouveau au penchant qui l'entraîne partout vers l'amour du merveilleux du mystique, et lui fait rechercher tout ce qui frappe ses sens, étonne ses esprits, et impose à son imagination. Nulle part, il n'y a plus d'affluence aux temples de la Divinité, plus d'exactitude à satisfaire aux pieuses démonstrations que l'église a prescrites, plus d'empressement à célébrer avec pompe les jours solennels que le rit romain a consacrés. Les confréries religieuses ont repris leur ancienne splendeur, surtout à Tarbes; et l'on voit, dans les fidèles, tout le zèle du noviciat, réuni au désir d'atteindre, ou même de surpasser l'ancien cérémonial; c'est un but attrayant, vers lequel tendent tous les efforts de ceux que la confiance publique et les vœux des prélats ont appelé à restaurer les ruines du vieux édifice de la religion de nos pères.

On ne saurait douter néanmoins qu'il ne se soit opéré de grands changemens dans l'opinion religieuse des hommes, pour tout ce qui tient aux prestiges du ministère sacerdotal. Si la vénération qu'impose le culte du Tout-Puissant, de cette cause universelle que l'esprit humain ne peut comprendre, mais que tous les cœurs purs révèrent par sentiment, n'a rien souffert de l'interruption des hommages publics; si les vœux adressés à l'Eternel par tous les individus, sont aussi sincères, aussi fervens qu'autrefois, cette confiance aveugle et absolue qu'avaient les fidèles dans les ministres du Très-Haut, n'est plus la même; les dissensions de l'église, les passions auxquelles se sont laissés entraîner le plus grand nombre des prédicateurs de l'évangile, ont fait apercevoir l'homme sous le manteau de la religion, et le respect superstitieux qu'ils imposaient autrefois, ne peut subsister désormais. Ce ne sont plus, aux yeux de bien des gens, même dans la classe la moins éclairée, que des instituteurs de morale dont le caractère n'est pas aussi sacré, aussi divin que le croyaient nos pères. Les maximes ultramontaines, les prétentions de l'ancien papisme, ne pourraient plus avoir aucune prise sur l'esprit des peuples. La tolérance pour toutes les opinions religieuses, pour tous les cultes, voulue et prescrite par un Gouvernement sage, comme le résultat de la véritable philosophie, de celle qui sait respecter jusqu'aux préjugés utiles, et qui n'attend que du temps et des lumières, l'affranchissement total de l'esprit humain en ce qui nuit, est déjà dans le cœur de toutes les personnes qui influent sur les opinions populaires, et qui les dirigent. Les ministres du culte eux-mêmes cèdent à l'impulsion générale, et ne prêchent plus que cette doctrine sublime et pure qui tend à inspirer la pratique de toutes les vertus domestiques et sociales : *l'amour de la patrie et du genre humain, le respect dû aux lois et aux magistrats qui sont chargés de les faire exécuter.* L'esprit public des prêtres, et leur dévouement à l'ordre social auquel ils doivent le nouveau triomphe du culte et leur existence actuelle, ne peut plus être mis en doute; il ne manque à la plupart de ceux qui sont dans les communes rurales, que de l'instruction et des connaissances exactes, tant sur le positif de la religion qu'ils enseignent, que sur les véritables principes de la morale publique dont ils doivent être les ministres. Presque tous se bornent à la pratique d'un cérémonial qui frappe les sens de la multitude, sans l'éclairer sur ce qu'il lui importe le plus de connaître pour bien remplir ses devoirs envers Dieu et envers les hommes.

L'institution des séminaires peut seule faire atteindre un but aussi désirable. Ce doit être autant d'écoles religieuses et morales, où les jeunes adeptes qui se destinent au sacerdoce, aillent puiser des principes communs, et une instruction convenable. Il n'en existe point dans ce département, parce qu'il n'est pas un chef-lieu de diocèse, ainsi qu'on l'a déjà vu à l'article de la topographie; politique.

ESPRIT PUBLIC.

On a vu dans ce département, avec une apathique indifférence, tous les changemens constitutionnels qui ont eu lieu depuis l'an 9 (1801); et on ne leur a donné qu'un assentiment tacite. C'est tout ce qu'on pouvait attendre de la docilité des peuples, après une révolution aussi orageuse, et une lutte aussi forte de tous les partis; c'est aussi l'effet d'une lassitude générale : elle n'a cependant pas empêché, cette lassitude, de payer un tribut d'admiration à la haute sagesse et aux grands talens militaires du Héros qui gouverne la France : il a dépassé toutes les espérances que l'on avait fondées sur sa valeur et sur son génie!... On n'attend plus qu'une paix universelle, fruit de ses grands travaux, pour se livrer à tous les sentimens que ses bienfaits inspirent. Ils éclateront sans mesure, ces sentimens, dès que les maux inséparables d'une guerre dispendieuse, ne les concentreront plus dans les cœurs. Presque tous les désirs se confondent aujourd'hui dans celui de la prospérité et de la gloire nationales.

CHAPITRE IV.

AGRICULTURE ET ÉCONOMIE.

L'AGRICULTURE, l'économie rurale et l'économie domestique, ont éprouvé peu de changemens notables dans le cours de ces six années.

AGRICULTURE.

Les défrichemens ont été nombreux; la culture du farouche s'est beaucoup étendue; on a continué de planter des vignes, et de négliger les semis ou les plantations en bois; la dévastation des forêts est toujours alarmante; les agens forestiers ne font pas leurs devoirs, et la surveillance des maires à cet égard, est comme nulle.

De nouvelles pépinières se sont formées depuis peu. Celle de madame *Clarac* à Tarbes, réalise les plus belles espérances, et les agriculteurs peuvent y puiser à leur choix, de jeunes plants d'arbres pour les bois, les forêts et les jardins. Deux autres particuliers de Tarbes en ont aussi chacun une. Il est à désirer qu'un exemple aussi louable soit suivi dans d'autres parties du département, et surtout dans la plaine, afin qu'on puisse jouir partout du seul moyen de réproduction propre à prévenir la disette absolue du combustible, et à réparer les torts de nos dévanciers et les nôtres propres.

ÉCONOMIE RURALE.

Il a été établi, en l'an 1806, un dépôt d'étalons à Tarbes, et il a déjà produit un bien sensible. Peu à peu les propriétaires renonceront à livrer leurs jumens au baudet, pour se servir des beaux chevaux andalous, dont les produits remplaceront avantageusement les mules et les mulets : leur débit a beaucoup diminué du côté de l'Espagne ; cela favorise les vues de l'administration et du Gouvernement, pour la restauration de la race des chevaux navarreins. Un dépôt d'élèves serait convenablement placé dans ce département où il existe d'excellens pâturages. M. le Préfet en a fait la demande, ainsi que celle d'un étalon arabe, dont le croisement avec la race du pays, ferait espérer, d'après une ancienne expérience, les plus heureux résultats.

Ce département a été mis au nombre de ceux où sont instituées des courses annuelles de chevaux. Le premier essai qui en a été fait cette année, a produit une louable émulation. Les prix ont été distribués solennellement, et il n'est pas douteux qu'aux prochaines courses, les concurrens ne soient plus nombreux, et qu'on n'y voie des jumens et des chevaux entiers convenablement élevés et dressés pour cet exercice encourageant, qui est une nouveauté dans la contrée.

Quelques essais, pour l'éducation des mérinos, ont été tentés ces dernières années ; mais le défaut de soins et les négligences involontaires des speculateurs, peut-être aussi l'effet inévitable de la transplantation, n'ont pas permis une complette réussite ; beaucoup de brébis exotiques ont péri avec leurs agneaux ; peut-être vaudrait-t-il mieux se borner à opérer le croisement de la race, en y employant des brébis déjà acclimatées, et des béliers mérinos qui n'éprouvent pas la même mortalité que les femelles ; il y aurait certainement moins de chances fâcheuses à courir. Il est vrai que les résultats seraient plus éloignés ; mais on aurait aussi l'avantage d'avoir à volonté telle laine de croisement, qui convient mieux que la laine superfine elle-même, pour produire l'estam employé dans les fabrications du pays ; on en a la preuve dans les croisemens qu'a opérés un seul belier de Ségovie, dans le troupeau de M. *Salaignac*, à Bagnères.

Le sieur *Sarrat*, négociant à Luz, a un superbe troupeau de mérinos, qui le paye abondamment de ses avances, malgré les pertes considérables qu'il a faites. M. *Mendaigne*, maire d'Arrens, dans la vallée d'Azun, et M. *Dauzat*, membre du corps législatif, à Lourdes, en ont aussi chacun un qui a éprouvé une forte diminution. Ils ne s'en promettent pas moins, et avec raison, de très-grands avantages. Ces exemples ne peuvent manquer de profiter au département; mais ils laissent encore à désirer une mesure générale, un encouragement universel, qui transforme tous nos troupeaux en race superfine. Je renouvelle donc ici mes instances sur le moyen que j'ai précédemment proposé à ce sujet.

ESTIMATION DES CHOSES NÉCESSAIRES A LA VIE.

Les récoltes ont fourni à peu près, par l'effet des échanges, à la consommation du département pendant ces six années. Voici la moyenne de la valeur des différens commestibles, au chef-lieu du département, dans le cours de l'an 1806 :

NATURE DES COMMESTIBLES.	MESURE ET POIDS.	PRIX.	
Froment. . . .	L'hectolitre.	24 f.	« c.
Méteil.	«	18	31
Seigle.	«	16	39
Orge.	«	13	17
Avoine.	«	13	20
Maïs.	«	12	91
Pain.	Le kilogram.	«	44
Bœuf.	«	«	58
Veau.	«	«	73
Mouton. . . .	«	«	73

Le prix du vin varie d'une commune à l'autre, comme sa qualité; il a constamment diminué toutes ces années, d'abord faute de débouché, et ensuite à raison des nouveaux droits établis sur cette denrée.

CHAPITRE V.

INDUSTRIE, ARTS ET COMMERCE.

Il n'y a presque rien de nouveau à dire à ce sujet, si ce n'est ce qui concerne les eaux-de-vie.

TRAVAIL DES MATIÈRES VÉGÉTALES.

Les brûleries pour les eaux-de-vie se sont extrêmement multipliées depuis l'an 9 (1801). Dans le cours des années 10, 11 et 12 (1802, 1803 et 1804), il s'en est établi plusieurs à Vic, à Maubourguet, et autres lieux circonvoisins. Les succès du sieur *Encausse*, en ce genre, avaient fait naître des émules, et dans son canton plusieurs propriétaires ont marché sur ses traces. M. *Dastugue* fils, habitant de Trie, a même perfectionné les procédés usités dans le pays; il a brûlé en l'an 11 (1803), plus de 1000 barriques de vin. M. Encausse n'a pas moins fabriqué cette même année que les précédentes.

Résultats de la distillation des vins dans les cantons de Vic et de Maubourguet, pendant plusieurs années.

ANNÉES.	NOMBRE des pièces d'eau-de-vie distillées.	PRIX de la pièce d'eau-de-vie.	PRIX de la barrique de vin.	Frais de fabrication et de transport à Bordeaux.
		f. c.	f.	
10 (1802).	852.	de 465 à 500 »	de 50 à 80	51 f.
11 (1803).	2,342.	de 300 à 352 50	de 30 à 50	53
12 (1804).	1,856.	de....... 200	de 22 à 30	80
13 (1805).	2,540.	de 130 à 200	de 15 à 30	90

Cette fabrication locale a consommé, à elle seule, près de 40,000 barriques de vin. Elle a considérablement baissé depuis deux ans, tant à Vic qu'à Trie, et autres lieux où elle s'était établie ; elle est presque nulle aujourd'hui. Les celliers regorgent partout de vin et d'eau-de-vie, faute de débouché pour le débit. C'est une source de richesse pour cette contrée, dont on n'a pu profiter long-temps ; mais la paix, en rouvrant les canaux du commerce, rendra à cette branche d'industrie toute son activité ; les heureux essais qu'on a déjà faits à cet égard, ne seront pas perdus pour l'avenir.

Les eaux-de-vie de ce département peuvent rivaliser avec avantage celles du haut Armagnac ; elles ont communément 20 degrés ; il ne leur en faut que 19 $\frac{1}{2}$ pour être à l'épreuve de Bordeaux, au tempéré.

TRAVAIL DES MATIÈRES ANIMALES.

La fabrique de Bagnères a continué ses développemens progressifs pendant les années 10, 11 et 12 (1802, 1803 et 1804) ; elle s'est maintenue dans sa prospérité pendant l'an 13 (1805). Ses pas rétrogrades ont commencé avec l'an 14 ; ils ont été effrayans vers la fin de 1806. Les cadis, étamines et reverses, avaient décru au moins du quart à cette époque. Cette année, ces branches d'industrie sont réduites de plus de la moitié. Tout cela est le triste effet de la stagnation du commerce et du défaut de numéraire qui se fait sentir chaque jour davantage. Les tricots se sont réduits à la moitié de leur produit, depuis l'an 9 (1801). Les voiles ou crêpons sont le seul objet dont le débit se soit étendu, depuis l'an 9, quoique faiblement, jusqu'en 1806 ; c'est à cette époque que la mode des schalls et des robes, faits avec cette étoffe, s'est répandue dans presque toute la France : leur consommation a été de 50 à 60 mille francs dans l'année ; tout annonce que cette consommation aura des développemens bien plus considérables encore ; mais on ne peut s'en promettre que la durée éphémère qu'ont tous les objets de mode qui n'offrent pas une grande utilité.

M. *Costallat* a fait exécuter, en l'an 13 (1805), dans son atelier de teinture, les fournaux économiques dont j'ai parlé précédemment dans l'analyse du Grand Mémoire statistique; il en est résulté, pour lui, une très-grande économie de combustible. Tous les teinturiers du département devraient suivre un exemple aussi avantageux.

FIN DE L'ANNUAIRE.

Tableau des Feux ou Familles, des Sexes, des différens Etat

NOMBRE DES

Arrondissemens.	Feux ou familles	Garçons jusqu'à 8 ans.	Garçons de 8 à 15.	Garçons de 15 à 25.	Garçons de 25 à 35.	Filles jusqu'à 8 ans.	Filles de 8 à 17.	Filles de 17 à 18.	Filles de 18 à 30.
Tarbes.	16,955.	8,701.	6,455.	4,882.	4,390.	8,964.	4,955.	4,484.	5,061.
Baguères.	15,111.	6,766.	5,210.	4,127.	3,792.	6,588.	7,884.	3,697.	4,998.
Argelès.	5,824.	2,853.	2,469.	1,751.	1,399.	2,865.	2,187.	1,775.	2,091.
Totaux..	35,890.	18,300.	14,134.	10,760.	9,581.	17,517.	11,031.	9,910.	12,225.

Arrondissemens.	Hommes mariés [illegible] de 35 ans	Hommes mariés de 35 à 50.	Hommes mariés de 50 à 75.	Hommes mariés de 75 à 100.	Hommes mariés de 100 [illegible]	Femmes mariées [illegible] de 30 ans	Femmes mariées de 30 à 45.	Femmes mariées de 45 à 60.	Femmes mariées de 60 à 100.	de [illegible]
Tarbes.	5,095.	5,095.	5,454.	858	51.	5,067.	5,067.	6,961.	917.	5
Baguères.	5,765.	5,765.	4,030.	774	19.	3,615.	3,615.	5,07[illegible].	841.	1
Argelès.	1,987.	1,988.	2,178.	478	2.	1,708.	1,708.	[illegible]	609.	1
Totaux..	10,845.	10,846.	11,662.	[illegible]	[illegible]	10,390.	10,390.	14,005.	2,397.	6

Note. Il y a
fourni leur rec
ajouter à celui
département, q

... s Feux ou Familles, des Sexes, des différens États et des divers Ages.

NOMBRE DES																			
HOMMES MARIÉS					FEMMES MARIÉES					CÉLIBATAIRES.									TOTAL
										HOMMES				FEMMES					[illegible]
au-dessous de 35 ans	de 35 à 50.	de 50 à 75.	de 75 à 100.	de 100 et au-dessus	au-dessous de 30 ans	de 30 à 45.	de 45 à 70.	de 70 à 100.	de 100 et au-dessus	[illegible]	[illegible]	[illegible]	[illegible]	[illegible]	[illegible]	[illegible]	[illegible]	[illegible]	
5,095.	5,095.	5,434.	858.	51.	5,067.	5,067.	6,206.	917.	33.	[illegible]	[illegible]	[illegible]	5.	[illegible]	[illegible]	197.	[illegible]	[illegible]	
3,763.	3,763.	4,030.	734.	19.	3,615.	3,615.	5,037.	841.	15.	854.	[illegible]	[illegible]	[illegible]	[illegible]	[illegible]	[illegible]	1.	[illegible]	
1,987.	1,988.	2,158.	458.	2.	1,708.	1,708.	2,762.	609.	17.	[illegible]	[illegible]	[illegible]	6.	877.	[illegible]	[illegible]	3.	[illegible]	
10,845.	10,846.	11,622.	2,050.	72.	10,390.	10,390.	14,005.	2,367.	65.	[illegible]	[illegible]	[illegible]	[illegible]	[illegible]	[illegible]	[illegible]	6.	[illegible]	

Nota. Il y a onze communes rurales de l'arrondissement de Bagnères qui n'ont point fourni leur recensement, et dont la population totale est de [illegible]; nombre qu'il faut ajouter à celui susénoncé, pour avoir, d'après ce travail, la population générale du département, que j'évalue ainsi à [illegible].

N° 25. *Tableau des principales professions selon l'ordre numérique des individus qui les composent.*

	[illegible]	[illegible]	[illegible]	Total.
Cultivateurs-laboureurs	11674	8741	4757	[illegible]
Journaliers manouvriers	1844	1671	[illegible]	[illegible]
Tisserands	491	1057	115	[illegible]
Tailleurs d'habits	300	273	151	[illegible]
Cabaretiers	558	257	155	[illegible]
Charpentiers	548	114	81	[illegible]
Propriétaires bourgeois, pensionnés, rentiers, ménagers et ménagères	184	141	107	572
Marchands détaillistes et colporteurs	[illegible]	168	[illegible]	[illegible]
Maçons et paveurs	155	169	49	[illegible]
Cardeurs, fileurs, dégraisseurs et sergeurs de laine	97	307	90	[illegible]
Cordonniers et savetiers	140	138	44	[illegible]
Forgerons	176	127	51	350
Meuniers	110	76	46	[illegible]
Domestiques mâles	140	87	47	274
Domestiques femelles	190	61	29	[illegible]
Fileuses de profession	61	176	6	[illegible]
Menuisiers	45	140	21	204
Médecins, chirurgiens, officiers de santé	78	57	42	177
Fabricans d'ustensiles et meubles en bois	24	155	17	196
Boulangers	40	96	25	[illegible]
Cloutiers	4	1	150	155
Bordiers et métayers	7	109	49	[illegible]
Fabricans d'étoffes	20	112	0	[illegible]
Carrossiers et charrons	89	26	1	116
Charbonniers	0	80	31	111
Potiers de terre	75	32	0	107
Bucherons	0	46	54	100
Tailleurs de pierre	20	[illegible]	[illegible]	94
Bouchers	42	26	[illegible]	[illegible]
Aubergistes, pâtissiers, traiteurs	[illegible]	44	[illegible]	82
Scieurs de long	[illegible]	[illegible]	17	70
Couturières	37	17	10	64
Serruriers et Taillandiers	28	30	5	63
Maréchaux-ferrans	22	24	8	54
Chapeliers	20	18	9	47
Toiliers	14	33	0	47
Papetiers (ouvriers)	16	29	0	45
Pharmaciens	25	13	3	41
Épiciers	23	3	13	39
Selliers et bourreliers	24	10	1	35
Teinturiers	15	19	2	[illegible]

N.° 30. *Tableau des animaux domestiques de chaque espèce, pour chaque arrondissement en particulier, et pour le département en général.*

Chap. IV. *Agriculture.*

1.° Arrondissement de Tarbes.

ESPÈCES.		NOMBRE.	VALEUR EN ARGENT.
Chevaux.	Étalons.	28	10,740 f.
	Jumens poulinières. . . .	1,718	267,898
	Élèves chez les particuliers. .	69	7,480
	Servant à l'agriculture. . .	557	59,277
	Employés aux transports. .	578	89,435
	Servant de monture. . . .	599	67,363
	Servant à tout autre usage. .	60	6,490
Baudets.	Étalons.	47	21,700
Ânes.		1,258	74,319
Mules et Mulets.		420	57,617
Bœufs.	Employés à l'agriculture. .	8,603	1267185
	Destinés à l'engrais. . . .	6	820
Vaches.	Servant à l'agriculture. . .	6,516	460,345
	Pour les laitages.	1,935	147,104
Veaux.		1,317	44,267
Génisses.		1,038	33,400
Moutons, Brebis et Agneaux. .		59,986	252,070
Porcs.		11,482	269,305
Chèvres.		414	5,112
Volailles.		121,647	96,189
Ruches.		2,173	8,765
Charrues.		8,605	63,056

2.° Arrondissement de Bagnères.

ESPÈCES.		NOMBRE.	VALEUR EN ARGENT.
Chevaux.	Étalons.	16	6,400 f.
	Jumens poulinières.	1,602	211,369
	Élèves chez les particuliers.	62	6,746
	Servant à l'agriculture.	279	16,816
	Employés aux transports.	201	30,540
	Servant de monture.	571	58,312
	Servant à tout autre usage.	57	5,633
Baudets	Étalons.	51	22,140
Anes.		1,737	24,647
Mules et Mulets.		446	47,697
Bœufs.	Employés à l'agriculture.	3,472	349,622
	Destinés à l'engrais.	248	7,780
Vaches.	Servant à l'agriculture.	7,881	387,085
	Pour les laitages.	3,778	133,933
Veaux.		2,708	87,260
Génisses.		1,999	66,263
Moutons, Brebis et Agneaux.		67,471	535,092
Porcs.		7,719	193,753
Chèvres.		2,831	39,387
Volailles.		58,173	39,859
Ruches.		2,837	13,677
Charrues.		6,132	34,075

3.e Arrondissement d'Argelès.

ESPÈCES.		NOMBRE.	VALEUR [illegible]
CHEVAUX.	Étalons	8	[illegible]
	Jumens poulinières	[illegible]	[illegible]
	Élèves chez les particuliers	[illegible]	[illegible]
	Servant à l'agriculture	144	[illegible]
	Employés aux transports	[illegible]	[illegible]
	Servant de monture	[illegible]	[illegible]
	Servant à tout autre usage	[illegible]	[illegible]
BAUDETS. ~ ÉTALONS		[illegible]	[illegible]
ANES		[illegible]	[illegible]
MULES ET MULETS		[illegible]	[illegible]
BOEUFS.	Employés à l'agriculture	[illegible]	[illegible]
	Destinés à l'engrais	0	
VACHES.	Servant à l'agriculture	2,985	[illegible]
	Pour le laitage	[illegible]	[illegible]
VEAUX		[illegible]	[illegible]
GÉNISSES		[illegible]	[illegible]
MOUTONS, BÉLIERS ET AGNEAUX		67,075	[illegible]
PORCS		[illegible]	58,110
CHÈVRES		[illegible]	[illegible]
VOLAILLES		[illegible]	[illegible]
RUCHES		[illegible]	6,402
CHARRUES		1,868	11,115

4.° Total général pour le Département.

ESPÈCES.		NOMBRE.	VALEUR EN ARGENT.
Chevaux.	Étalons.	52	10,690 f
	Jumens poulinières.	5,758	479,705
	Élevés chez les particuliers.	163	18,026
	Servant à l'agriculture.	919	86,674
	Employés aux transports.	975	142,747
	Servant de monture.	1,072	149,978
	Servant à tout autre usage.	147	16,111
Baudets et Étalons.		110	52,500
Ânes.		3,872	116,241
Mules et Mulets.		1,569	105,667
Bœufs.	Employés à l'agriculture.	15,115	1,897,641
	Destinés à l'engrais.	271	8,600
Vaches.	Servant à l'agriculture.	17,561	1,190,267
	Pour le laitage.	9,161	567,892
Veaux.		5,298	166,790
Génisses.		4,421	147,883
Moutons, Brebis et Agneaux.		199,770	1,504,565
Porcs.		21,675	591,470
Chèvres.		5,218	65,200
Volailles.		196,169	148,158
Ruches.		6,674	28,802
Charrues.		16,625	128,244

Nota. Ce recensement général a été fait en l'an 13, par les maires des différentes communes, et si tous y avaient mis l'exactitude et la bonne foi convenables, on connaîtrait le véritable état des choses à cet égard ; mais la grande différence qui existe entre les relevés qui ont été fournis pour différentes communes, dont la situation, l'étendue et la richesse en bestiaux, semblent devoir donner le même résultat, prouve qu'on n'a pas suivi par-tout la même échelle d'évaluation pour les prix, et qu'il y a eu de fausses déclarations. Ce double inconvénient sera inévitable, tant qu'on ne recourra pas, comme je l'ai dit dans l'introduction, à des moyens uniformes pour faire ces sortes d'évaluations, qui exigent, outre la bonne volonté, un zèle et une instruction qu'on ne peut trouver que chez très-peu de maires.

J'ai de grandes raisons pour croire qu'en général les déclarations ont été au-dessous du vrai, soit pour la quantité des animaux, soit pour les prix qu'on leur donne. Le peuple s'attend toujours à voir mettre de nouveaux impôts à la suite de ces opérations, et il n'est pas inutile de dire ici, qu'à la première nouvelle de ce recensement, les volailles baissèrent subitement de prix dans les différens marchés, parce que chacun cherchait à s'en défaire.

N.° 31. *Tableau des anciens Poids et Mesures usités dans le département des Hautes-Pyrénées, avec leurs valeurs d'après le nouveau système.*

Agriculture.

Mesures anciennes	Leurs valeurs en mesures du nouveau système.	*Observations.*	Mesures anciennes.	Leurs valeurs en mesures du nouveau système.	*Observations.*
MESURES DE LONGUEUR.			**MESURES AGRAIRES.**		
	mètres.			mètres carrés.	
Pan.	0. 230		Pan carré.	0. 510	
	0. 228			0. 508	
	0. 226			0. 500	
	0. 223			0. 491	
	0. 222			0. 487	
	0. 221			0. 479	
	0. 219			0. 469	
	0. 217				
	mètres.			mètres carrés.	
Canne.	1. 841		Canne carrée.	3. 4020	
	1. 805			3. 2600	
	1. 787			3. 1910	
	1. 774			3. 1450	
	1. 763			3. 1270	
	1. 760			3. 0640	
	1. 751			3. 0020	
	1. 733				
				ares.	
Une lieu (mesure itinéraire) de 3000 toises.	mètres. 5847		Latte.	1. 9044	
				1. 7057	
				1. 5054	
				1. 4957	
				0. 7817	
				0. 2604	
L'aune, la toise, le pied, le pouce, etc., sont les mêmes qu'à Paris.					

Mesures anciennes.	Leurs valeurs en mesures du nouveau système.	*Observations.*
	ares.	
Escat.	0. 2565	
	0. 2462	
	0. 1108	
	0. 0996	
	0. 0841	
	0. 0616	
	0. 0547	
	ares.	
Pugnère.	2. 9506	
	1. 2911	
	1. 0419	
	ares.	
Mesclé.	23. 4152	
	9. 7690	
	8. 7735	
	6. 1920	
	6. 0090	
	5. 3849	
	4. 6180	
	4. 4128	
	3. 9100	
	3. 5022	
	ares.	
Coupe.	0. 7740	
	0. 7505	
	0. 6751	
	0. 4935	
	0. 4577	
	ares.	
Coupeau.	3. 960	
	3. 020	

Mesures anciennes.	Leurs valeurs en mesures du nouveau système.	*Observations.*
	ares.	
Coupe-rade.	1. 6812	
	ares.	
Once.	1. 6936	
	ares.	
Place.	1. 6280	
	1. 2731	
	ares.	
Perche.	0. 5988	
	ares.	
Journal.	22. 435	
	25. 527	
	18. 703	
	36. 934	
	17. 972	
	35. 465	
	28. 699	
	71. 910	
	29. 179	
	29. 500	
	57. 644	
	22. 333	
	19. 943	
	19. 830	
	24. 766	
	24. 016	
	28. 179	
	24. 656	
	31. 450	
	36. 084	
	24. 596	
	14. 009	
	15. 760	
	21. 540	
	25. 017	

Mesures anciennes.	Leur valeur en mesures du nouveau système.	Observations.
	ares	
Journal. (Suite)	25. 557	
	22. 175	
	27. 098	
	20. 175	
	27. 708	
	20. 171	
	26. 047	
	20. 555	
	26. 477	
	24. 516	
	28. 699	
	ares	
Sacs.	95. 781	
	59. 076	
	55. 542	

MESURES DE CONTENANCE
Pour les liquides.

Mesures anciennes.	Leur valeur en mesures du nouveau système.	Observations.
	litres	
Tasse.	0. 650	
	0. 558	
	0. 578	
	0. 576	
	0. 654	
	0. 602	
	0. 600	
	0. 652	
	0. 668	
	0. 516	
	0. 594	
	0. 652	
	0. 545	
	0. 700	
	0. 583	
	0. 660	
	0. 624	
	0. 710	
	0. 656	

La pinte est composée de deux tasses, et le pot de quatre.

Mesures anciennes.	Leur valeur en mesures du nouveau système.	Observations.
	litres	
Comporte.	52. 920	
	46. 850	
	48. 600	
	48. 512	
	55. 998	
	52. 900	
	50. 400	
	54. 714	
	50. 175	
	45. 587	
	40. 851	
	52. 057	
	45. 710	
	58. 800	
	40. 140	
	55. 440	
	52. 754	
	59. 850	
	55. 050	
	litres	
Barrique.	425. 000	
	574. 680	
	588. 800	
	586. 790	
	426. 470	
	418. 402	
	405. 600	
	457. 910	
	449. 008	
	547. 098	
	508. 844	
	424. 510	
	565. 950	
	470. 060	
	595. 510	
	442. 960	
	419. 074	
	478. 940	
	440. 000	

Mesures anciennes.	Leurs valeurs en mesures du nouveau système.	*Observations.*
MESURES DE CONTENANCE.		
Pour les grains et autres matières sèches.		
	décalitres.	
Mesure.	2. 081	
	2. 074	
	2. 051	
	2. 065	
	2. 123	
	2. 009	
	2. 048	
	2. 378	
	2. 272	
	2. 140	
	2. 083	
	2. 110	
	2. 603	
	1. 906	
	1. 918	
	2. 058	
	1. 959	
	2. 536	
	2. 461	
	2. 071	
Le coupeau est la moitié d'une mesure; le sac se compose de quatre mesures.		

Mesures anciennes.	Leurs valeurs en mesures du nouveau système.	*Observations.*
MESURES POUR LA CHAUX.		
	décalitres.	
La mesure ou comporte.	7. 626	A St-Pé, la chaux se vend au quintal, qui vaut 42 kilogrammes 254 millièmes ou grammes.
	9. 844	
	8. 324	
	10. 410	
	10. 410	
	9. 088	
	8. 324	
POIDS.		
	grammes.	
Once.	25. 33	
	25. 39	
	25. 20	
	25. 89	
	30. 33	
	grammes.	
Marc.	202. 64	
	203. 14	
	201. 64	
	207. 13	
	242. 67	
	grammes.	
Livre-prime.	405. 29	La livre carnassière se compose de 3 livres primes, ou 48 onces.
	406. 29	
	403. 29	
	414. 30	
	485. 33	

N°. 43. *TABLEAU GÉNÉRAL des Foires et Marchés du département des Hautes-Pyrénées, fixé par arrêté de S. M. l'Empereur, le 16 Septembre 1806.*

1.° FOIRES.

NOMS DES COMMUNES.	JOURS DES FOIRES ET LEUR DURÉE.
ARRONDISSEMENT DE TARBES.	
TARBES ..	Le Lundi après le 4.e dimanche de carême, dure 1 jour. Le Mercredi qui suit le jour de la S.te-Croix, 2 jours. Le 13 Septembre, 3 jours.
VIC.	Le 19 Juillet, dure 1 jour. Le 27 Août, 1 jour. Le 29 Septembre, 2 jour.
MAUBOURGUET ..	Le 6 Mai, dure 1 jour. Le 30 Septembre, 2 jours.
CASTELNAU-R.-B.	Le 3 Février, dure 1 jour. Le 17 Juin, un jour. Le 25 Août, 1 jour. Le 8 Novembre, 1 jour.
MADIRAN....	Le 26 Avril, dure 1 jour. Le 9 Septembre, 1 jour.
RABASTENS..	Le 22 Janvier, dure 1 jour. Le 11 Mai, 1 jour. Le 20 Juin, 1 jour. Le 26 Juillet, 1 jour. Le 21 Septembre, 1 jour.

NOMS DES COMMUNES.	JOURS DES FOIRES ET LEUR DURÉE.
TOURNAY . . .	A la mi-carême, dure 1 jour. Le [illegible] après le jour de Pâques, 1 jour. Le [illegible] Mai, 1 jour. Le Mardi après le dimanche de la Trinité, 1 jour. Le 14 Septembre, 1 jour. Le 1er Mardi après le 28 Octobre, 1 jour. Le 30 Novem. ou le Mardi d'après, 1 jour.
TRIE	Le 1er. Mars, dure 1 jour. Le [illegible] Mai, 1 jour. Le 30 Juin, 1 jour. Le 1er Août, 1 jour. Le 29 Octobre, 1 jour. Le 9 Décembre, 1 jour.

ARRONDISSEMENT DE BAGNÈRES.

BAGNÈRES . .	Le Lundi de la fête de Pentecôte, dure 1 jour. Le 25 Août, 1 jour. Le 11 Novembre, 3 jours.
LANNEMEZAN.	Le Mercredi après St-Mathias, dure 1 jour. Le Mercredi après la quinzaine de Pâques, 1 jour. Le Mercredi après l'invention de la Ste.-Croix, 1 jour. La veille de l'Ascension, 1 jour. Le Mercredi avant St.-Jean, 1 jour. Le Mercredi après Sainte-Catherine, 1 jour. Le Mercredi après St.-Mathieu, 1 jour.
CAMPAN	Le 23 Avril, dure 1 jour. Le 28 Septembre, 1 jour. Le 25 Octobre, 1 jour.
CASTELNAU-Mag.	Le 12 Mars, dure 1 jour. Le 6 Mai, 1 jour. Le 27 Juillet, 1 jour. Le 13 Décembre, 1 jour.

NOMS DES COMMUNES.	JOURS DES FOIRES ET LEUR DURÉE.
SARANCOLIN.	Le 1.er Mardi après la Toussaint, dure 1 j. Le 1.er Mardi de la première semaine de carême, 1 jour. Le 1.er Mardi après la fête de Quasimodo, 1 jour. Le Mardi après le jour de l'Exaltation de la Croix, 1 jour. Le Mardi après la fête de St.-Pierre, 1 jour.
CUCHAN. .	Le 29 Septembre, dure 7 jours.
ARREAU. . .	Le 11 Juin, dure 1 jour. Le 9 Septembre, 1 jour. Le Jeudi avant le dimanche des Rameaux, dure 1 jour. Le Jeudi avant la fête de Tous les Saints, 1 jour.
ANCIZAN. .	Le 25 Novembre, dure 1 jour.

ARRONDISSEMENT D'ARGELÉS.

ARGELÉS. .	Le Mardi des Rameaux, dure 1 jour.
LOURDES. .	Le 18 Octobre, dure 1 jour. Le 1.er Décembre 1 jour. Le 2 Mai, 1 jour.
ARRENS. . .	Le 22 Septembre, dure 1 jour.
LUZ. . . .	Le 15 Août, dure 1 jour. Le 30 Septembre, 1 jour.
GEDRE. . .	Le 22 Septembre, dure 1 jour.
GAVARNIE. .	Le 22 Juillet, dure 1 jour.

2.° Marchés.

Noms des communes.	Jours de la tenue des marchés.
Arrondissement de Tarbes.	
Tarbes. . .	Il y a grand-marché tous les jeudi, de 15 en 15 jours. Il y a petit marché tous les samedi de chaque semaine, et les mercredi des semaines où il n'y a pas grand-marché.
Tournay. . .	Le mardi de chaque semaine.
Galan.	Le jeudi de chaque semaine.
Trie.	Le mardi de chaque semaine.
Vic.	Le samedi de chaque semaine.
Rabastens. . .	Le lundi de chaque semaine.
Maubourguet. .	Le mardi de chaque semaine.
Castelnau-R.-B..	Le samedi de chaque semaine.
Madiran. . .	Le mercredi de chaque semaine.
Arrondissement de Bagneres.	
Bagnères. . .	Le samedi de chaque semaine, grand-marché; le mercredi de chaque semaine, petit-marché.
Campan. . . .	Le lundi de chaque semaine.
Labarthe. . .	Le vendredi de chaque semaine.
Sarancolin. .	Le mardi de chaque semaine.
Arreau. . . .	Le jeudi de chaque semaine.
Ancizan. . . .	Le mardi de chaque semaine.
Castelnau-M.re . .	Le samedi de chaque semaine.
Lannemezan. .	Le mercredi de chaque semaine.
Vielle (en Aure).	Le lundi de chaque semaine.
Hèches.	Le samedi de chaque semaine.
Monléon-M.re. .	Le mardi de chaque semaine.
Arrondissement d'Argelès.	
Argelès. . .	Le mardi de chaque semaine.
Lourdes. . .	Tous les jeudi de 15 en 15 jours, alternativement avec Tarbes, et tous les lendemain de chaque jour de grand-marché à Tarbes.
Luz.	Tous les lundi, de 15 en 15 jours.

Tableau alphabétique des Communes, avec leur population respective, d'après le recensement de 1806.

Arrondissements.	Cantons.	Communes.	Population.	Arrondissements.	Cantons.	Communes.	Population.
ARGELÈS.	Argelès.	Adast.	125	ARGELÈS (Suite)	Aucun (Suite).	Arrens.	[illegible]
		Agos.	[illegible]			Aucun.	[illegible]
		Arbouix.	115			Bun.	[illegible]
		Arcizans-avant	[illegible]			Ferrières d'Auc.	[illegible]
		Argelès.	[illegible]			Gaillagos.	[illegible]
		Artalens.	[illegible]			Marsous.	[illegible]
		Ayros.	[illegible]			Sireix.	[illegible]
		Ayzac.	[illegible]				
		Balagnas.	[illegible]			*Total*. . .	[illegible]
		Beaucens.	[illegible]		Lourdes.	Adé.	[illegible]
		Boô et Silhens.	[illegible]			Anglès.	[illegible]
		Bourdalat.	[illegible]			Arcizac-ez-Angles.	[illegible]
		Cauteretz.	[illegible]			Arrayou.	[illegible]
		Gez.	[illegible]			Arrodets.	[illegible]
		Lau.	[illegible]			Artigues.	[illegible]
		Nestalas.	438			Aspin.	[illegible]
		Ost.	[illegible]			Ayné.	[illegible]
		Ouzous.	[illegible]			Castelès.	[illegible]
		Préchac.	[illegible]			Pocheinost.	[illegible]
		St-Pastous.	[illegible]			Bourréac.	[illegible]
		St-Savin.	[illegible]			Cheust.	[illegible]
		Salles.	[illegible]			Escoubès.	[illegible]
		Sère.	[illegible]			Gazost.	400
		Souin.	[illegible]			Ger.	[illegible]
		Soulom.	[illegible]			Germs.	538
		Uz.	[illegible]			Geu.	[illegible]
		Vidalos.	[illegible]			Gez-ez-angles.	114
		Vier.	[illegible]			Jarret.	90
		Vieuzac.	[illegible]			Julos.	[illegible]
		Villelongue.	[illegible]			Juncalas.	[illegible]
						Lahitte.	[illegible]
		Total. . .	9779			Lanne.	[illegible]
	Aucun.	Arbéost.	776			Lézignan.	590
		Arcizans-des.	[illegible]			Lias.	107
		Arras.	856			Lourdes.	3,061

Arrondissements.	Cantons.	Communes.	Population.
ARGELÈS. (Suite d')	LOURDES. (Suite de)	Louzourm.	66
		Lugagnan.	[illegible]
		[illegible]	367
		[illegible]	[illegible]
		[illegible]-ez-Ang.	[illegible]
		[illegible]	[illegible]
		[illegible]	[illegible]
		Ossun.	[illegible]
		Paréac.	136
		Poueyferré.	[illegible]
		Ponts.	[illegible]
		St.-Créac.	158
		Ségus.	[illegible]
		Sère-ez-Angles	[illegible]
		Viger.	208
		Total. . .	11,555
	LUZ.	Betpouey.	719
		Chèze.	[illegible]
		Esquièze.	194
		Esterre.	208
		Grust.	[illegible]
		Luz.	1,38[illegible]
		Saligos.	[illegible]
		Sassis.	[illegible]
		Sazos.	58[illegible]
		Sers-en-Barège	85
		Sers.	5[illegible]
		Viella.	251
		Vier.	196
		Villenave.	72
		Viscos.	104
		Vizos.	101
		Total. . .	5,408
ARGELÈS.	ST.-PÉ.	Barlest.	329
		Loubajac.	408
		Peyrouse.	507
		St.-Pé.	2,697
		Total. . .	3,961
Récapitulation par canton.			
Argelès.			9,279
Aucun.			6,249
Lourdes.			11,555
Luz.			5,408
St.-Pé.			3,961
Population de l'arrondiss.			36,912
BAGNÈRES.	ARREAU.	Ancizan.	780
		Ardengost.	140
		Arreau.	1,110
		Aspin.	192
		Avajan.	255
		Barrancoueu.	48
		Bazus-d'Aure.	291
		Beyrede-Jumet	4[illegible]5
		Cadéac.	405
		Camous.	140
		Frechet d'Ar.	52
		Gouaux.	151
		Grézian.	159
		Guchan.	516
		Ilhet.	6[illegible]5
		Jezeau.	258
		Lançon.	74
		Pailhac.	53
		Sarrancolin.	979
		Total. . .	6,672

Arrondissemens.	Cantons.	Communes.	Population.
Bagnères. (Suite de)	Bagnères.	Antist.	164
		Argelez.	214
		Astugue.	554
		Bagnères.	6,001
		Banios.	214
		Cieutat.	998
		Hauban.	110
		Labassère.	497
		Lies.	204
		Maesas.	159
		Merlheu.	518
		Montgaillard.	964
		Neuilh.	197
		Ordizan.	524
		Orignac.	498
		Pouzac.	783
		Trébons.	999
		Uzer.	224
		Total . . .	13,642
	Bordères.	Adervielle.	160
		Aneran.	54
		Aranvielle.	142
		Armenteule.	99
		Avajan.	160
		Bareilles.	421
		Bordères.	384
		Camors.	53
		Cazaux-debat.	96
		Cazaux-de-L.[n]	93
		Estarvielle.	87
		Frechet.	99
		Genost.	204
		* Germ.	189
		Ilan.	89
		Loudenvielle.	347
		Loudervielle.	186
		Mont.	152
Bagnères. (Suite de)	Bordères.	Pouchergues.	75
		Ris.	71
		Vielle.	165
		Total . . .	3,310
	Campan.	Asté.	684
		Beaudéan.	810
		Campan.	3,978
		Gerde.	642
		Total . . .	6,114
	Castelnau-Magnoac.	Aries.	117
		Arné.	240
		Barthe.	68
		Bazordan.	538
		Betheze.	147
		Betpouy.	202
		Campuzan.	274
		Castelnau-M.	1,152
		Casteretz.	61
		* Caubous.	162
		Cizos.	408
		Deveze.	206
		Espenan.	125
		Gaussan.	341
		Guizerits.	470
		Hachan.	120
		Lalanne.	333
		Laran.	125
		Larroque.	198
		Lassalles.	172
		Mouléon.	1,265
		Monlong.	391
		Organ.	109
		Peyret S. André	144
		Pouy.	129
		Puntous.	374

Arrondissements.	Cantons.	Communes.	Population.
Bagnères. (Suite de)	Castelnau-Mve. S.	Sabarros.	172
		Sariac.	546
		Thermes.	588
		Vieuzos.	198
		Villemur.	168
		Total . . .	9.759
	Labarthe.	Arrodets.	146
		Asque.	474
		Avezac.	561
		Batxere.	118
		Bazus.	265
		Bulan.	525
		Escala.	212
		Esparros.	527
		Espeche.	258
		Gazave.	226
		Hèches.	1,114
		Izaux.	265
		Labarthe.	448
		Labastide.	455
		Laborde.	451
		Labitte.	126
		Lomné.	245
		Lortet.	505
		Mazouau.	96
		Montoussé.	555
		Mour.	201
		St.-Arroman.	310
		Total . . .	7.759
	Lannemezan.	Artiguemy.	154
		Benqué.	172
		Bettes.	142
		Bonnemason.	265
		Bourg.	589
		Campistrous.	464
Bagnères. (Suite de)	Lannemezan. (Suite de)	Capvern.	570
		Castillon.	172
		Chelle-Spou.	599
		Clarens.	508
		Escounets.	154
		Escots.	254
		Espieilh.	96
		Fréchendets.	108
		Gourgue.	106
		Lagrange.	184
		Lannemezan.	882
		Latilhous.	255
		Mauvezin.	548
		Molère.	62
		Peré.	117
		Pinas.	554
		Rejaumont.	251
		Sarlabous.	296
		Tajan.	272
		Tilhouse.	599
		Uglas.	312
		Total . . .	7.551
	Mauléon-Barousse.	Anla.	255
		Antichan.	178
		Aveux.	159
		Bertren.	188
		Bramevaque.	170
		Cazaril.	181
		Creehets.	156
		Esbareich.	457
		Ferrère.	344
		Gaudent.	154
		Gembrie.	145
		Ilheu.	155
		Izaourt.	522
		Loures.	560
		Mauléon-Bar.ne	670

Arrondissements.	Cantons.	Communes.	Population.
BAGNÈRES. (Suite de)	Mauléon-Barousse. (Suite de)	Ourde.	250
		Sacoué.	509
		Sainte-Marie.	85
		Saléchan.	565
		Samuran.	47
		Sarp.	215
		Siradan.	788
		Sost.	404
		Thèbe.	276
		Troubat.	335
		Total....	6,792
	Nestier.	Anères.	269
		Aventignan.	511
		Bize Nistos.	2,335
		Bisous.	246
		Générest.	387
		Hautaget.	174
		Lombrès.	165
		Mazères.	400
		Montsérié.	174
		Montégut.	347
		Nestier.	463
		St.-Laurent.	1,090
		St.-Paul.	341
		Seich.	265
		Tibiran-Jaunac.	560
		Tuzaguet.	1,029
		Total....	9,011
	Vielle.	Aragnouet.	257
		Azet.	470
		Bourisp.	172
		Cadeilhan-Trachère.	155
		Camparan	75
		Ens.	60
		Estensan.	115

Arrondissements.	Cantons.	Communes.	Population.
BAGNÈRES. (Suite de)	Vielle. (Suite de)	Grailhen.	68
		Guchan.	258
		Saint-Lary.	196
		Sailhan.	249
		Soulan.	154
		Tramezaïgues.	105
		Vielle.	294
		Vignec.	244
		Total....	2,790

Récapitulation par canton.

ARREAU	6,[illegible]2
BAGNÈRES	15,642
BORDÈRES	5,510
CAMPAN	6,114
CASTELNAU-MAGNOAC...	9,759
LABARTHE	7,759
LANNEMEZAN	7,331
MAULÉON-BAROUSSE...	6,792
NESTIER	9,011
VIELLE	2,790
Population de l'arrondis.	75,360

Arrondissements.	Cantons.	Communes.	Population.
TARBES.	Castelnau-Rivière-Basse.	Castelnau-R.-B.	1,068
		Hagedet.	153
		Hères.	350
		Lascazères.	613
		Madiran.	1,115
		St.-Lanne.	550
		Soublecause.	495
		Villefranque.	182
		Total....	4,506

Arrondissements.	Cantons.	Communes.	Population.
TARBES. (Suite de)	Galan.	Bourrepaux.	491
		Castelbajac.	696
		Galan.	1,055
		Galez.	510
		Libaros.	507
		Montastruc et Lamezorbin.	795
		Recurt.	415
		St.-Ours.	578
		Tournous-D.'	257
		Total....	4,506
	Maubourguet.	Auriébat.	1,136
		Caussade.	175
		Estirac.	168
		Labatut.	746
		Lafitole.	817
		LahitteToupière	576
		Lareule.	778
		Maubourguet.	1,677
		Sauveterre.	464
		Sombrun.	512
		Vidouze.	875
		Total....	7,874
	Ossun.	Averan.	155
		Azereix.	787
		Barry.	152
		Benac.	729
		Escaunets.	259
		Gardères.	699
		Hibarette.	178
		Juillan.	1,342
		Lamarque Pontac	605
		Lanne.	367
		Layrisse.	181
		Loucrup.	201
		Louey.	566

Arrondissements.	Cantons.	Communes.	Population.
TARBES. (Suite de)	Ossun. (Suite de)	Luquet.	555
		Orincles.	558
		Ossun.	3,072
		Seron.	542
		Villenave p. B.	181
		Visker.	502
		Total...	11,659
	Pouyastruc.	Aubarede.	416
		Bouilh-Darré.	151
		Boulin.	114
		Cabanac.	507
		Castera.	145
		Castelvieilh.	415
		Chelle-Debat.	297
		Chis.	127
		Collongues.	228
		Coussan.	161
		Dours.	157
		Gonès.	55
		Hourc.	159
		Jacque.	112
		Lansac.	155
		Laslades.	278
		Lizos.	126
		Louit.	184
		Marquerie.	171
		Marseilhan.	567
		Mun.	268
		Oléac-Debat.	127
		Pereuilh.	108
		Peyriguère.	84
		Pouyastruc.	578
		Sabalos.	112
		Soréac.	129
		Souyeaux.	185
		Thuy.	55
		Total...	5,696

Arrondissemens.	Cantons.	Communes.	Population.
TARBES. (Suite de)	Rabastens.	Ausost.	80
		Barbachen.	172
		Bazilhac.	451
		Bouilh-Devant	164
		Buzon.	504
		Gensac.	114
		Labarthe.	112
		Lacassaigne.	296
		Lahitau.	56
		Lanéac.	527
		Lescurry.	290
		Liac.	269
		Mansan.	161
		Mingot.	120
		Monfaucon.	1,020
		Moumoulous.	176
		Peyrun.	172
		Rabastens.	796
		S.t-Sever de R.	411
		Sarriac.	562
		Ségalas.	177
		Sénac.	528
		Tostat.	458
		Trouley.	154
		Ugnouas.	84
		Total....	7,188
	Tarbes. (Nord)	Aureillan.	916
		Aurensan.	475
		Bazet.	475
		Borderes.	1,275
		Bours.	345
		Gayan.	296
		Ibos.	1,549
		Lagarde.	146
		Orleix.	579
		Oroix.	245
		Oursbelille.	651
		Pintac.	75

Arrondissemens.	Cantons.	Communes.	Population.
TARBES. (Suite)	Tarbes N. (S)	Sarniguet.	369
		Tarasteix.	604
		Tarbes (Nord).	3,672
		Total....	11,642
	Tarbes (Sud).	Allier.	179
		Angos.	144
		Arcizac-Adour	465
		Barbazan-Deb.	715
		Bernac-Debat.	779
		Bernac-Dessus	244
		Horgues.	377
		Hiis.	249
		Laloubère.	702
		Momeres.	499
		Montignac.	100
		Odos.	574
		St.-Martin.	278
		Salles-Adour.	319
		Sarrouilles.	394
		Séméac.	695
		Soues.	405
		Tarbes (Sud).	4,282
		Total....	11,394
	Tournay.	Barbazan-Des.	297
		Begolle.	400
		Bernadets-Des.	311
		Bordes.	657
		Burg.	457
		Cabaret.	99
		Calavanté.	245
		Castera-Lanusse	145
		Clarac.	415
		Frechou-Frec.	142
		Goudon.	349
		Hitte.	109
		Lanespede.	568

Arrondissements.	Cantons.	Communes.	Population.
Tarbes. (Suite de)	Tournay. (Suite de)	Lespouey.	214
		Lhiez.	155
		Luc.	728
		Mascaras.	200
		Mouledoux.	548
		Oléac-Dessus.	199
		Orieux.	155
		Oueilhous.	997
		Ozon.	574
		Peyraube.	301
		Poumarous.	402
		Ricaud.	184
		Sinzos.	204
		Tournay.	770
		Vielle-Adour.	528
		Total...	8,917
	Trie.	Antin.	475
		Bernadets-D.[s]	451
		Betmont.	67
		Bonnefon.	870
		Bugard.	219
		Estampures.	184
		Fontrailles.	444
		Fréchede.	298
		Lalanne.	207
		Lamarque-R.	140
		Lapeyre.	91
		Lubi.	154
		Lubret.	151
		Lustar.	350
		Mazeroles.	654
		Osmets.	281
		Pouy.	64
		Puydarrieux.	727
		Sadournin.	475
		St.-Luc.	149
		Sère-Rustan.	241

Arrondissements.	Cantons.	Communes.	Population.
Tarbes. (Suite de)	Trie. (Suite de)	Tournous-Darré	140
		Trie.	1,004
		Vidou.	188
		Villembitz.	464
		Total...	8,560
	Vic-Bigorre.	Andrest.	657
		Artagnan.	720
		Caixon.	424
		Camalès.	453
		Marsac.	268
		Nouilhan.	346
		Pujo.	450
		St-Lezer.	361
		Sanous.	144
		Siarrouy.	243
		Talazac.	69
		Vic-Bigorre.	3,397
		Villenave près Marsac.	77
		Total...	7,609

Récapitulation par canton.

Castelnau-Riv.-Basse..	4,506
Galan.........	4,306
Maubourguet.....	7,834
Ossun..........	11,059
Pouyastruc......	5,696
Rabastens.......	7,188
Tarbes (Nord).....	11,642
Tarbes (Sud).....	11,394
Tournay.......	8,917
Trie........	8,560
Vic-Bigorre......	7,609
Population de l'arrondis.	88,491

RÉCAPITULATION

PAR ARRONDISSEMENT.

ARGELÉS	36,912
BAGNÈRES	73,360
TARBES	88,491
Population du département	198,763

GOUVERNEMENT,

ET

ADMINISTRATION PUBLIQUE.

NAPOLÉON, EMPEREUR DES FRANÇAIS, ROI D'ITALIE.

Princes, grands Dignitaires.

NAPOLÉON (Joseph), Prince impérial, grand Électeur, Roi de Naples.

NAPOLÉON (Louis), Prince impérial, Connétable, Roi de Hollande.

NAPOLÉON (Jérôme), Prince impérial.

NAPOLÉON (Eugène), Prince impérial, archi-Chancelier d'État, Vice-roi d'Italie.

MURAT (Joachim), Prince français, grand Amiral, Duc de Berg et de Clèves.

CAMBACÉRÈS, Prince français, archi-Chancelier.

LEBRUN, Prince français, archi-Trésorier.

Ministres.

H.-B. MARET, Ministre secrétaire-d'état.

REGNIER, Grand-juge, Ministre de la justice.

TALLEYRAND-PERIGORD, Prince de Bénévent, Ministre des relations extérieures.

BERTHIER, Maréchal, Prince de Neufchâtel, Ministre de la guerre.

DEJEAN, Général de division du génie, Ministre-directeur de la guerre.

DÉCRÈS, Ministre de la marine.
CHAMPAGNY, Ministre de l'intérieur.
GAUDIN, Ministre des finances.
MOLIEN, Ministre du trésor public.
PORTALIS, Ministre des cultes.
FOUCHÉ, Ministre de la police générale.

Grands Officiers, Maréchaux de l'Empire.

MURAT, BERTHIER, MONCEY, JOURDAN, MASSENA, BERNADOTTE, LANNES, AUGEREAU, BRUNE, DAVOUST, SOULT, NEY, MORTIER, BESSIÈRES.

Maréchaux honoraires, membres du Sénat.

KELLERMANN, PÉRIGNON, LEFEBVRE, SERRURIER.

Grands Corps de l'État.

Le Sénat conservateur, le Corps législatif, le Tribunat, le Conseil d'état.

Membres des Grands Corps, appartenants à ce Département.

Sénat. { PÉRÉ.
DAMBARRÈRE, Général de division du génie.

Corps législatif. { NOGUÈS, Général de division, Lieutenant-général du roi de Hollande.
DAUZAT, Capitaine des vétérans.

COLLÈGES ÉLECTORAUX.

Il y en a un de département, et trois d'arrondissement.

Conseil de Département.

Carrère, de Tarbes.
Fondeville, de Labatut.
Castelbajac, de Barbazan-débat.
Lapeyrère père, de Tarbes.
Guchan, de Bagnères.
Daries (Donat), de Galan.
Gertoux (Jacques), de Guchen.
Bordenave père, de Saux-Lourdes. (Décédé).

Péré fils, de Tarbes.
Fournier (Bert.d), de St.-Lary.
Jaulas (Alex.dre), de Bagnères.
Baudens, de Castelnau-Magnoac.
Dantin-Dars, (Pierre-Jean-Dieu), de Sauveterre.
Pène aîné, de Salies-Adour.
Abadie, de Galez.
Cazabonne, (Jean-François-Xavier), de Lalanne.

Conseil du 1.er Arrondissement.

Castaignet, de Tarbes.
Depene, de Boues.
Sicard, de Rabastens.
Bordanave père, de Tarbes.
Mérillon aîné, d'Ossun.
Larré-Labes, de Gardères.
Mailhes, notaire, de Tarbes.
De Noé, de Tarbes.
Pujo-Magnon, d'Auriebat.
Danton fils, de Tarbes.
Pigneguy, propriétaire, de Trie.

Conseil du 2.me Arrondissement.

Doléac, d'Ordizan.
Condat, de Pouzac.
Velère aîné, de Bagnères.
Fourtané, de Cieutat.
Abadie, de Trebons.
Peyriga, de Bourg.
Dubernet, de Lescaledieu.
Ferrère, d'Asté.
Planmajou, de Mauléon.
Pinac, de Bagnères.
Tisnés, de Montgaillard. (Décédé).

Conseil du 3.me Arrondissement.

Lassale père, de Vieuzac.
Francés, de Lourdes.
Labat, de St.-Savin.
Laborde, de Luz.
Lacadé, de S.t-Pé.
Destrade-Soulé, de Estpouey.
Gradet, de Luz.
Abadie-Verduzan.
Lamarque, d'Argelés.
Carrère, de Lourdes.
Noguez.

ADMINISTRATION DU DÉPARTEMENT.

PRÉFECTURE.

Préfet, J.-P. Chazal, légionnaire.
Secrétaire-général, P. Laboulinière.

Conseillers de préfecture. { Vergés. Barère. Castets.

SOUS-PRÉFECTURE.

Sous-préfet de Bagnères, Ambialet.
Sous-préfet d'Argelès. Peré fils.

MAIRIES DES COMMUNES CHEFS-LIEUX DE CANTON.

Arrondissement de Tarbes.

Maire de Tarbes, Bordanave père.
Adjoints, { Buron. Dalcas.
Maire d'Ossun, Mérillon aîné.
Adjoints, { Ribaut. Falangoo aîné.
Maire de Vic, Combessies.
Adjoints, { Pujo. Lacaze.
Maire de Maubourguet, Lapalu
Adjoint, Dumoret, avocat.
Maire de Castelnau-R.-B., Clarac.
Adjoint, Doussan, notaire.
Maire de Rabastens, Cazaux.
Adjoint, Seignouret.
Maire de Tournay, Darrieux.
Adjoint, Gerde.
Maire de Pouyastruc, Peré.
Adjoint, Vidal.
Maire de Trie, Curie-Seimbrez
Adjoint, Rivière.
Maire de Galan, Daries.
Adjoint, Bouzigues.

Arrondissement de Bagnères.

Maire de Bagnères, Jaulas.
Adjoints, { Bert.^d Pinac, méd.^n Laurent Berot.
Maire de Campan, Dumont.
Adjoints, { Rousse. Tournaro.
Maire d'Arreau, Jean-Pierre Coma.
Adjoint, Urbain Daruing.
Maire de Vielle, Pierre Justal.
Adjoint, André Saramon.
Maire de Bordères, Aubiban.
Adjoint, Viarrieu.
Maire de Labarthe, Barthelemy Verdier
Adjoint, Lay.
Maire de Lannemezan, Beuzan.
Adjoint, Reilles.
Maire de Nestier, Dupuy.
Adjoint, Bué.

Maire de Mauléon-Barousse, Colomiés.
Adjoint, Rumeau.

Maire de Castelnau-Magnoac, Colomiés.
Adjoint, Lamothe.

Arrondissement d'Argelès.

Maire d'Argelès, Guichard.
Adjoint, Jean Lacontre.
Maire de Lourdes, Francés.
Adjoints, { Dozous. Capdevielle Passebet, (Jean).
Maire de St-Pé, Labatut.

Adjoints, { Lohan. Beulac.
Maire de Luz, Baradère.
Adjoint, ...
Maire d'Aeun, Nadalle.
Adjoint, ...

COMMISSIONS DES HOSPICES.

Tarbes.

Figarol.
Merens.
Diastrans-Visker.
Gonès.
Layrle.

Vic.

Laffeuillade.
Saint-Pastous.
Laporte.
Davantès.

Bagnères.

Lareuo-Sauviac.
Benjamin Peteilh, curé.
Lableé Laspalles.
Dumoret, médecin.
Rousse, médecin.

Lourdes.

Duprat.
Carrère.
Duffau.
Pailhasson.

PONTS ET CHAUSSÉES.

Moisset, *Ingénieur en chef de première classe*;
Siret, *Ingénieur ordinaire de deuxième classe*;
Lefranc, *Ingénieur ordinaire de deuxième classe.*

ORDRE JUDICIAIRE.

Ce département ressort, pour l'ordre judiciaire, de la cour d'appel de Pau.

COUR CRIMINELLE.

Président, Figarol aîné, légionnaire.

Juges, Decamps. Lapeyre.

Suppléans, Fontan. Layrle.

Procureur-général-impérial, Laporte, légionnaire.

Substituts du Procureur-général impérial; à Tarbes, Salles. à Bagnères, Buron. à Lourdes, Galiay.

Greffier, Latour.

TRIBUNAL CIVIL DE TARBES.

Président, Bordanave fils.

Juges, Merens. Barère (Jacques). Cazenave.

Suppléans, Figarol (Jean). Pene.

Commissaire-impérial, Baile. *Greffier*, Congalinon.

TRIBUNAL CIVIL DE BAGNÈRES.

Président, Rousse.

Juges, Picqué. Carmouse.

Suppléans,

Commissaire-impérial, Lafeuillade. *Greffier*, Ferrou.

TRIBUNAL CIVIL DE LOURDES.

Président, Ravielle.

Juges, Labroquère. Duso.

Suppléans, Bordenave. Cazaubon.

Commissaire-impérial, Tresarrieu. *Greffier*, Rouy.

JUGES DE PAIX.

Premier Arrondissement.

Duclos, *à Tarbes (Nord)*.

Pene, *à Tarbes (Sud)*.

Mailho, *à Castelnau-R.-B.*

Fontan (Barthelemy), *à Calan.*

Pascau (Denis), à *Maubourguet.*
Bayle, à *Ossun.*
Dupouts, à *Pouyestruc.*
Sicard, à *Rabastens.*
Capvern, à *Tournay.*
Bagneris, à *Trie.*
Layerle, à *Vic.*

Deuxième Arrondissement.

Piera, à *Bagnères.*
Bailac, à *Campan.*
Vivant, à *Arreau.*
Blancon, à *Vielle.*
Pey-Dessus, à *Bordères.*
Grenier, à *Labarthe.*
Peyriga, à *Lannemezan.*
Broca-Rivière, à *Nestier.*
Plammajou, à *Mauléon.*
Rivière, à *Castelnau-Magnoac.*

Troisième Arrondissement.

Lassale, à *Argelès.*
Latapie, à *Lourdes.*
Laborde, à *Luz.*
Balencie, à *Aucun.*
Lacadé, à *St.-Pé.*

TRIBUNAL DE COMMERCE DE TARBES.

Président, Dupierris.

Juges, Guillemat. Bordes (Louis). Francés. Lapeyrère (Pascal).

Suppléans, Favar. Fouchon. Tiché aîné. Coste (Louis).

Greffier, Figarol (Jean).

CHAMBRES CONSULTATIVES.

Tarbes.

Francés, de Tarbes, négociant.
Raguette, *idem*, *idem.*
Bréfeuilh, *idem*, armurier.
Gauthier, *de Tarbes*, mar.d orf.
Deveze, *idem*, architecte.
Secrétan, *idem*, luthier.

Bagnères.

Brun, fabricant de papier.
Barreau, teinturier.
Morel-Languedoc, menuisier.
Costallat fils, teinturier.
Noiré, passeur de draps.
Dordins, tisserand.

Avoués.

A Tarbes,

Perés.
Forgues.
Desbets.
Dabat.
Dartiguenave.
Courtade.
Blanq.
Duran.
Jacomet.
Figarol, neveu.
Manaut.
Fitte.
Lagrave.

A Bagnères.

Feraud, d'Arné.
Balès.
Dutilh.
Cardaillac.
Paillé.
Forgella.
Galiay.
Dastugue.
Pierra.
Lagrange fils.
Frechou.

A Lourdes.

Fabas.
Lapeire.
Marre.
Lannes.
Candelé-Bayle.
Labroquère.
Dubaé.

Notaires.

Arrondissement de Tarbes.

Abadie, de Madiran.
Abadie, de Mauhourguet.
Barbé, de Bordères.
Bayle (Samson), d'Osun.
Beranger (Pierre), d'Andrest.
Castets, d'Aureusan.
Castets (Gabriel), de Galan.
Cazabonne (Pierre-Jean), de Benac.
Daléas (Jean), de Tarbes.
Dantin (Basile), de Rabastens.
Darrieux, de Tournay.
Darros (Jean), de Vic.
Darroy, de St.-Sever.
Dat, de Tric.
Daverede (B.[d]), d'Aubarede.
Delatapie (Dominique-Luc), de Tarbes.
Desbets (Pierre-Martin), de Tarbes.
Deveze (Jean-Simon), de Puydarrieux.
Doléac (Jacques), de Pouyestrue.
Doléac, de St.-Sever.
Dossat, d'Antin.
Doussau (Baptiste-Victor), de Castelnau-Rivière-Basse.
Duffaur (Jean-François), de Tostat.
Duffaur, de Sauveterre.
Dupont, de Vic.
Espiau, de Frechede.
Fauqué, de Tric.
Fontan (Jean), de Tarbes.
Fourcade, de Lafitole,

Guichard (Jean), de Tarbes.
Jacomet, d'Ossun.
Lalanne (Jean), de Lafitole.
Lamothe, de Maubourguet.
Lamothe, de Vidouze.
Larré-Labes, de Gardères.
Larré (Arnaud), avocat à Vic.
Mailhes (Simon-Arnaud), de Tarbes.
Marcassies (Claude), d'Ibos.
Miensens, de Lascazères.
Paris, de Galan.
Peyrafitte (Jean), de Bordères.
Querilhac, de Galan.
Roques, de Vic.
Saint-Laurent (Dominique), de Montfaucon.
Sarrabayrouse, de Rabastens.
Tramezaygues, de Tournay.
Truelle, de Bernac-Debat.

Arrondissement de Bagnères.

Abbadie (Bernard-Romain), d'Arreau.
Barrère (Zephirin), de Tuzaguet
Bourdette (Dominique), de Campan.
Clarens (Barthelemy), de Campistrous.
Corraze (Jean), de Castelnau-Magnoac.
Dumoret (Jean-Marie), de Bagnères.
Dutrey (Pierre), de Castelnau-Magnoac.
Esquerré (Jean-Sébastien), d'Arreau.
Feraud (Félix), d'Arreau.
Forpormés (Étienne), de Lannemezan.
Fortané (Jean), de Cieutat.
Fourcade (Jean-Simon), d'Avezac.
Fournier (Bertrand), d'Aneizan
Gaye (Jean), de Mauléon.
Guchan (Pierre), de Bagnères.
Labat (Jean-Pierre), d'Asque.
Lay (Paul), de Lortet.
Lias (Germain), de Bagnères.
Peyrouton, d'Adervielle.
Querilhac (Jean-Pierre), de Sabarros.
Raoul (Bertrand-Guillaume), de Mauléon-Barousse.
Roulet (Jean-Pierre), de Nestier
Rixens (Jean), de Mauléon.
Rolland-Carthé (Philippe), d'Arreau.
Roucaud (Jean-Bernard), de Guchan.
Soucaze (Pierre), de Campan.
Toli-Peyrouton (Raymond), d'Aderville.

Arrondissement d'Argelès.

Caillou-Lajeunesse, de Lourdes.
Cazalot, de St.-Pé.
Couget, de Luz.
Daure, de St.-Créac.
Dufo, de Juncalas.
Duhort, d'Argelès.
Dupont, de Villelongue.
Laborde, de Luz.
Lafeche, de Luz.
Lanusse (Étienne), d'Aucun.
Mendaigne (Michel), le père, d'Arrens.
Mendaigne (Pierre), d'Arrens.
Mendaigne cadet, de Marsous.
Nogues, de Luz.
Picon, de Préchac.
Pruede, de Lezignan.
Sassère, d'Argelès.

COMMANDEMENT MILITAIRE.

Ce département fait partie de la 10.e division militaire, dont le chef-lieu est Toulouse.

Général de brigade, Darnaudat, légionnaire.

Aides-de-camp, { Bonafoux, capitaine, légionnaire. Darriole, capitaine.

Chef d'escadron de la Gendarmerie, Seignan-Serre, légionnaire.

Capitaine, Salorgne.

Lieutenans, { à Tarbes, Sallières. à Bagnères, Doitte.

Sous-lieutenant-Quartier-maître, Perpignan.

Commandant du fort de Lourdes, Carrière, légionnaire.

Capitaine du génie, Chausenque.

Commissaire des guerres, Seguenot.

ADMINISTRATIONS FINANCIÈRES.

Enregistrement.

Directeur, Ardant.
Inspecteur, Lacoste.

Vérificateurs, { Terrats. Laugeux.

Receveurs, { Abadie, Chaumont, Dénagiscarde, Bouzigues, Belloc, Maffré, Constantin, Croisel, Vergés, Casserromé, Branet, Duffo, Ducoussol, Aubert, Dat.

Contributions Directes.

Directeur, Gertoux. *Inspecteur*, Ramel.

Contrôleurs, Pene, DeJets, Bareix, Dauphole, Caron, Rebeillé, Caralp, Forgues, Planté.

M. Annet-Ducourthial, nouvellement venu pour remplacer M. Matey à Lourdes, doit passer, par ordre du Ministre, dans le département des Landes. Son arrondissement doit être fondu dans les autres.)

Géomètre en chef, Garnier.

Géomètre vérificateur, Coulomb.

Receveurs d'arrondissement, à Bagnères, Lay. à Argelès, Feurier.

Percepteurs à Vie.

Premier Arrondissement.

Duclos, Vergés, Tapie, Bagelle, Maumus, Gertoux, Darrieux, Aladie, Fontan, Émile-Mosad, Landes, Possin, Duhard, Lascouts, Fontin, Lanusse, Dupont, Darrieau, Duchemin, Dartigaux, Pujo, Frédéric-Pujo, Decamps, Bayle, Poe, Dumoret.

Deuxième Arrondissement.

Vignerte, Ricaud, Blaguan, Ozun, Grenier, Artigue, Dubarry, Gonaux, Carrère, Dutrey, Frechou, Lapeyre, Ambialet, Espenan, Lagleize, Gaillard, Valence.

Troisième Arrondissement.

Fabas, Marimpouey, Dufourc, Sassère, Lavigne, Lacrampe, Dupas, Sarrat, Borde.

Droits Réunis.

Directeur, Guesvillier. *Inspecteur*, Salles.

Contrôleur ambulant, Moureau.

Eaux et Forêts.

Sous-inspecteur, Mouniot.

Gardes généraux, { dans le premier et troisième arrondissement, Fourcade.
dans le deuxième, Guillaume.

Douanes.

Inspecteur, Durand.

Capitaine du service actif, arrondissement d'Argelès, Deney.

Receveur principal à Argelès, Sens.

Receveurs subordonnés, {
à Luz, Bertrand.
à Cauterets, Biasson fils.
à Arrens, Peyrarinne.
à Loudenvielle, Iredey.
à Arreau, Benoit.
à Vielle, Dencet.

Loterie.

Buraliste à Tarbes, Faget.

Poste aux Lettres.

Directeur à Tarbes, Dassieu.

Contrôleur, Pedespan. *Commis*, Douyan.

Directeurs, {
à Vic, Laforgue.
à Trie, madame Brun.
à Bagnères, Soutras.
à Castelnau-Magnoac, Jezé.
à Arreau, Ferras.
à Argelès, Pountous.
à Lourdes, Maransin.

Poste aux Chevaux.

Directeurs, {
à Tarbes, Pauliac.
à Rabastens, Davantés.
à Bagnères, Lasbat.
à Lourdes, Ribettes.
à Pierrefitte, Cazenave.

Clergé.

Ce département ressort du diocèse de Bayonne, suffragant de l'archevêché de Toulouse.

Curés de première classe.

Claverie, à Tarbes (Ouest).
Ferrère, à Tarbes (Est).
Peirille, à Bagnères.

De deuxième classe.

Montaubin, à Castelvieilh.
Decamps, à Castelnau-R.-B.
Lapeyre, à Galan.
Loustau, à Maubourguet.
Labie-Minginou, à Ossun.
Gratianne, à Rabastens.
Ferrey, à Tournay.
Cizos-Saint-Amour, à Trie, (décédé).
Delcros-Terrats, à Vic.
Fortan, à Arreau.
Vidal, à Labarthe.
Vielle-Abadie, à Bordères.
Ecat, à Campan.
Blaignan, à Castelnau-Magnoac.
Baratère-Jean, à Lannemezan.
Lacboite, à Mauléon.
Boé, à St-Laurent.
Picheloup, à Vielle.
Lacrampe, à Argelès.
Serès, à Aucun.
Estarac, à St-Pé.
Contat, à Lourdes.
Dupin, à Luz.

CONCORDANCE

DES CALENDRIERS

RÉPUBLICAIN ET GRÉGORIEN,

Depuis l'an 2 jusqu'à l'an 20.

Tableau très-utile à tous les Notaires, Gens d'affaires, Négocians, et Greffiers.

VENDÉMIAIRE	An 2 1793	An 3 1794	An 4 1795	An 5 1796	An 6 1797	An 7 1798	An 8 1799	An 9 1800	An 10 1801	An 11 1802	An 12 1803	An 13 1804	An 14 1805	An 15 1806	An 16 1807	An 17 1808	An 18 1809	An 19 1810	An 20 1811
1	22	[illegible]	[illegible]	[illegible]	[illegible]	[illegible]	[illegible]	23	[illegible]	[illegible]	[illegible]	[illegible]	[illegible]	[illegible]	[illegible]	23	23	[illegible]	[illegible]
2	[illegible]	[illegible]	[illegible]	[illegible]	[illegible]	23	[illegible]	[illegible]	[illegible]	[illegible]	[illegible]	[illegible]	[illegible]	[illegible]	[illegible]	24	24	24	[illegible]
3	[illegible]	[illegible]	[illegible]	[illegible]	[illegible]	24	[illegible]	25	[illegible]	[illegible]	[illegible]	[illegible]	[illegible]	[illegible]	[illegible]	25	25	25	[illegible]
4	[illegible]	[illegible]	[illegible]	[illegible]	[illegible]	[illegible]	26	26	[illegible]	[illegible]	[illegible]	[illegible]	[illegible]	[illegible]	[illegible]	26	[illegible]	26	[illegible]
5	[illegible]	[illegible]	[illegible]	[illegible]	[illegible]	[illegible]	[illegible]	[illegible]	[illegible]	[illegible]	[illegible]	[illegible]	[illegible]	[illegible]	[illegible]	27	27	[illegible]	[illegible]
6	[illegible]	[illegible]	[illegible]	[illegible]	[illegible]	[illegible]	[illegible]	28	[illegible]	[illegible]	[illegible]	[illegible]	[illegible]	[illegible]	[illegible]	28	[illegible]	[illegible]	[illegible]
7	[illegible]	[illegible]	[illegible]	[illegible]	[illegible]	[illegible]	[illegible]	[illegible]	[illegible]	29	[illegible]	[illegible]	[illegible]	[illegible]	30	[illegible]	[illegible]	[illegible]	[illegible]
8	[illegible]	[illegible]	[illegible]	[illegible]	[illegible]	[illegible]	30	30	[illegible]	30	[illegible]	[illegible]	30	30	[illegible]	[illegible]	[illegible]	[illegible]	[illegible]
9	[illegible]	[illegible]	[illegible]	[illegible]	[illegible]	[illegible]	[illegible]	1	1	1	[illegible]	[illegible]	[illegible]	1	[illegible]	[illegible]	1	[illegible]	[illegible]
10	[illegible]	[illegible]	[illegible]	[illegible]	[illegible]	[illegible]	[illegible]	[illegible]	[illegible]	2	[illegible]	[illegible]	[illegible]	[illegible]	[illegible]	2	2	[illegible]	[illegible]
11	[illegible]	[illegible]	[illegible]	[illegible]	[illegible]	[illegible]	[illegible]	[illegible]	[illegible]	3	[illegible]	[illegible]	[illegible]	[illegible]	[illegible]	[illegible]	[illegible]	3	[illegible]
12	[illegible]	[illegible]	[illegible]	[illegible]	[illegible]	[illegible]	[illegible]	4	4	[illegible]	4	[illegible]	[illegible]	[illegible]	[illegible]	4	[illegible]	[illegible]	[illegible]
13	[illegible]	[illegible]	[illegible]	[illegible]	[illegible]	[illegible]	[illegible]	5	[illegible]	5	6	[illegible]	[illegible]	[illegible]	[illegible]	5	[illegible]	5	[illegible]
14	[illegible]	[illegible]	[illegible]	[illegible]	[illegible]	[illegible]	[illegible]	[illegible]	[illegible]	6	[illegible]	[illegible]	[illegible]	6	[illegible]	6	6	6	[illegible]
15	[illegible]	[illegible]	[illegible]	[illegible]	[illegible]	[illegible]	[illegible]	[illegible]	[illegible]	[illegible]	8	[illegible]	[illegible]	[illegible]	8	[illegible]	[illegible]	[illegible]	[illegible]
16	[illegible]	[illegible]	[illegible]	[illegible]	[illegible]	[illegible]	[illegible]	8	[illegible]	8	[illegible]	8	8	8	[illegible]	8	[illegible]	8	[illegible]
17	[illegible]	[illegible]	[illegible]	[illegible]	[illegible]	[illegible]	[illegible]	[illegible]	[illegible]	9	[illegible]	[illegible]	[illegible]	9	[illegible]	9	[illegible]	9	[illegible]
18	9	[illegible]	[illegible]	[illegible]	[illegible]	[illegible]	[illegible]	10	[illegible]	[illegible]	11	[illegible]	10	10	11	10	10	10	[illegible]
19	10	[illegible]	[illegible]	[illegible]	[illegible]	[illegible]	[illegible]	11	[illegible]	11	[illegible]	11	11	11	[illegible]	[illegible]	11	[illegible]	[illegible]
20	11	[illegible]	[illegible]	[illegible]	[illegible]	[illegible]	[illegible]	[illegible]	[illegible]	12	13	[illegible]	[illegible]	[illegible]	[illegible]	[illegible]	[illegible]	[illegible]	[illegible]
21	[illegible]	[illegible]	[illegible]	[illegible]	[illegible]	[illegible]	[illegible]	[illegible]	[illegible]	13	[illegible]	[illegible]	[illegible]	[illegible]	[illegible]	[illegible]	[illegible]	[illegible]	[illegible]
22	[illegible]	[illegible]	[illegible]	[illegible]	13	[illegible]	[illegible]	[illegible]	[illegible]	14	[illegible]	[illegible]	[illegible]	[illegible]	[illegible]	[illegible]	[illegible]	[illegible]	[illegible]
23	[illegible]	[illegible]	[illegible]	[illegible]	14	[illegible]	[illegible]	15	[illegible]	[illegible]	16	15	[illegible]	[illegible]	16	15	[illegible]	15	[illegible]
24	15	[illegible]	[illegible]	[illegible]	15	[illegible]	16	[illegible]	16	16	17	16	[illegible]	[illegible]	17	16	16	16	[illegible]
25	16	[illegible]	[illegible]	[illegible]	16	[illegible]	[illegible]	[illegible]	[illegible]	17	[illegible]	17	[illegible]	17	18	[illegible]	[illegible]	17	[illegible]
26	17	[illegible]	[illegible]	[illegible]	[illegible]	[illegible]	[illegible]	18	18	18	[illegible]	18	18	18	19	18	17	18	[illegible]
27	18	[illegible]	[illegible]	19	19	18	[illegible]	19	19	19	[illegible]	[illegible]	19	[illegible]	20	19	[illegible]	19	[illegible]
28	19	[illegible]	[illegible]	[illegible]	[illegible]	19	[illegible]	20	20	20	21	[illegible]	20	20	21	20	[illegible]	20	[illegible]
29	20	[illegible]	21	[illegible]	[illegible]	[illegible]	[illegible]	21	[illegible]	21	[illegible]	21	21	21	[illegible]	21	21	21	[illegible]
30	21	[illegible]	[illegible]	21	[illegible]	21	22	22	[illegible]	[illegible]	[illegible]	22	22	22	[illegible]	22	[illegible]	22	[illegible]

BRUMAIRE.

		An 2. 1793.		An 3. 1794.		An 4. 1795.		An 5. 1796.		An 6. 1797.		An 7. 1798.		An 8. 1799.		An 9. 1800.		An 10. 1801.		An 11. 1802.		An 12. 1803.		An 13. 1804.		An 14. 1805.		An 15. 1806.		An 16. 1807.		An 17. 1808.		An 18. 1809.		An 19. 1810.		An 20. 1811.	
Brumaire.	Octobre.	1	[illegible]	1	22	1	23	1	22	1	[illegible]	1	[illegible]	1	[illegible]	1	[illegible]	1	[illegible]	1	23	1	[illegible]	1	23	1	[illegible]	1	[illegible]	1	[illegible]	1	[illegible]	1	[illegible]	1	[illegible]	1	[illegible]
		2	[illegible]	2	23	2	[illegible]	2	[illegible]	2	[illegible]	2	[illegible]	2	[illegible]	2	[illegible]	2	[illegible]	2	[illegible]	2	[illegible]	2	[illegible]	2	[illegible]	2	[illegible]	2	[illegible]	2	[illegible]	2	[illegible]	2	[illegible]	2	[illegible]
		3	[illegible]	3	[illegible]	3	[illegible]	3	[illegible]	3	[illegible]	3	[illegible]	3	[illegible]	3	[illegible]	3	[illegible]	3	[illegible]	3	[illegible]	3	[illegible]	3	[illegible]	3	[illegible]	3	[illegible]	3	[illegible]	3	[illegible]	3	[illegible]	3	[illegible]
		4	[illegible]	4	[illegible]	4	[illegible]	4	[illegible]	4	[illegible]	4	[illegible]	4	[illegible]	4	[illegible]	4	[illegible]	4	[illegible]	4	[illegible]	4	[illegible]	4	[illegible]	4	[illegible]	4	[illegible]	4	[illegible]	4	[illegible]	4	[illegible]	4	[illegible]
		5	[illegible]	5	[illegible]	5	[illegible]	5	[illegible]	5	[illegible]	5	[illegible]	5	[illegible]	5	[illegible]	5	[illegible]	5	[illegible]	5	[illegible]	5	[illegible]	5	[illegible]	5	[illegible]	5	[illegible]	5	[illegible]	5	[illegible]	5	[illegible]	5	[illegible]
		6	[illegible]	6	[illegible]	6	[illegible]	6	[illegible]	6	[illegible]	6	[illegible]	6	[illegible]	6	[illegible]	6	[illegible]	6	[illegible]	6	[illegible]	6	[illegible]	6	[illegible]	6	[illegible]	6	[illegible]	6	[illegible]	6	[illegible]	6	[illegible]	6	[illegible]
		7	[illegible]	7	[illegible]	7	[illegible]	7	[illegible]	7	[illegible]	7	[illegible]	7	[illegible]	7	[illegible]	7	[illegible]	7	[illegible]	7	[illegible]	7	[illegible]	7	[illegible]	7	[illegible]	7	[illegible]	7	[illegible]	7	[illegible]	7	[illegible]	7	[illegible]
		8	[illegible]	8	[illegible]	8	[illegible]	8	[illegible]	8	[illegible]	8	[illegible]	8	[illegible]	8	[illegible]	8	[illegible]	8	[illegible]	8	[illegible]	8	[illegible]	8	[illegible]	8	[illegible]	8	31	8	[illegible]	8	[illegible]	8	[illegible]	8	[illegible]
		9	[illegible]	9	[illegible]	9	[illegible]	9	[illegible]	9	[illegible]	9	[illegible]	9	31	9	31	9	[illegible]	9	[illegible]	9	[illegible]	9	[illegible]	9	31	9	31	9	[illegible]	9	31	9	31	9	[illegible]	9	31
	Novembre.	10	[illegible]	10	[illegible]	10	[illegible]	10	[illegible]	10	[illegible]	10	[illegible]	10	[illegible]	10	[illegible]	10	[illegible]	10	[illegible]	10	[illegible]	10	[illegible]	10	[illegible]	10	[illegible]	10	[illegible]	10	[illegible]	10	[illegible]	10	[illegible]	10	[illegible]
		11	[illegible]	11	[illegible]	11	[illegible]	11	[illegible]	11	[illegible]	11	[illegible]	11	[illegible]	11	[illegible]	11	[illegible]	11	[illegible]	11	[illegible]	11	[illegible]	11	[illegible]	11	[illegible]	11	[illegible]	11	[illegible]	11	[illegible]	11	[illegible]	11	[illegible]
		12	[illegible]	12	[illegible]	12	[illegible]	12	[illegible]	12	[illegible]	12	[illegible]	12	[illegible]	12	[illegible]	12	[illegible]	12	[illegible]	12	[illegible]	12	[illegible]	12	[illegible]	12	[illegible]	12	[illegible]	12	[illegible]	12	[illegible]	12	[illegible]	12	[illegible]
		13	[illegible]	13	[illegible]	13	[illegible]	13	[illegible]	13	[illegible]	13	[illegible]	13	[illegible]	13	[illegible]	13	[illegible]	13	[illegible]	13	[illegible]	13	[illegible]	13	[illegible]	13	[illegible]	13	[illegible]	13	[illegible]	13	[illegible]	13	[illegible]	13	[illegible]
		14	[illegible]	14	[illegible]	14	[illegible]	14	[illegible]	14	[illegible]	14	[illegible]	14	[illegible]	14	[illegible]	14	[illegible]	14	[illegible]	14	[illegible]	14	[illegible]	14	[illegible]	14	[illegible]	14	[illegible]	14	[illegible]	14	[illegible]	14	[illegible]	14	[illegible]
		15	[illegible]	15	[illegible]	15	[illegible]	15	[illegible]	15	[illegible]	15	[illegible]	15	[illegible]	15	[illegible]	15	[illegible]	15	[illegible]	15	[illegible]	15	[illegible]	15	[illegible]	15	[illegible]	15	[illegible]	15	[illegible]	15	[illegible]	15	[illegible]	15	[illegible]
		16	6	16	[illegible]	16	[illegible]	16	[illegible]	16	[illegible]	16	[illegible]	16	[illegible]	16	[illegible]	16	[illegible]	16	[illegible]	16	[illegible]	16	[illegible]	16	[illegible]	16	[illegible]	16	[illegible]	16	[illegible]	16	[illegible]	16	[illegible]	16	[illegible]
		17	[illegible]	17	[illegible]	17	[illegible]	17	[illegible]	17	[illegible]	17	[illegible]	17	[illegible]	17	[illegible]	17	[illegible]	17	[illegible]	17	[illegible]	17	[illegible]	17	[illegible]	17	[illegible]	17	[illegible]	17	[illegible]	17	[illegible]	17	[illegible]	17	[illegible]
		18	[illegible]	18	[illegible]	18	[illegible]	18	[illegible]	18	[illegible]	18	[illegible]	18	[illegible]	18	[illegible]	18	[illegible]	18	[illegible]	18	[illegible]	18	[illegible]	18	[illegible]	18	[illegible]	18	[illegible]	18	[illegible]	18	[illegible]	18	[illegible]	18	[illegible]
		19	[illegible]	19	[illegible]	19	[illegible]	19	[illegible]	19	[illegible]	19	[illegible]	19	[illegible]	19	[illegible]	19	[illegible]	19	[illegible]	19	[illegible]	19	[illegible]	19	[illegible]	19	[illegible]	19	[illegible]	19	[illegible]	19	[illegible]	19	[illegible]	19	[illegible]
		20	[illegible]	20	[illegible]	20	[illegible]	20	[illegible]	20	[illegible]	20	[illegible]	20	[illegible]	20	[illegible]	20	[illegible]	20	[illegible]	20	[illegible]	20	[illegible]	20	[illegible]	20	[illegible]	20	[illegible]	20	[illegible]	20	[illegible]	20	[illegible]	20	[illegible]
		21	[illegible]	21	[illegible]	21	[illegible]	21	[illegible]	21	[illegible]	21	[illegible]	21	[illegible]	21	[illegible]	21	[illegible]	21	[illegible]	21	[illegible]	21	[illegible]	21	[illegible]	21	[illegible]	21	[illegible]	21	[illegible]	21	[illegible]	21	[illegible]	21	[illegible]
		22	[illegible]	22	[illegible]	22	[illegible]	22	[illegible]	22	[illegible]	22	[illegible]	22	[illegible]	22	[illegible]	22	[illegible]	22	[illegible]	22	[illegible]	22	[illegible]	22	[illegible]	22	[illegible]	22	[illegible]	22	[illegible]	22	[illegible]	22	[illegible]	22	[illegible]
		23	[illegible]	23	[illegible]	23	[illegible]	23	[illegible]	23	[illegible]	23	[illegible]	23	[illegible]	23	[illegible]	23	[illegible]	23	[illegible]	23	[illegible]	23	[illegible]	23	[illegible]	23	[illegible]	23	[illegible]	23	[illegible]	23	[illegible]	23	[illegible]	23	[illegible]
		24	[illegible]	24	[illegible]	24	[illegible]	24	[illegible]	24	[illegible]	24	[illegible]	24	[illegible]	24	[illegible]	24	[illegible]	24	[illegible]	24	[illegible]	24	[illegible]	24	[illegible]	24	[illegible]	24	[illegible]	24	[illegible]	24	[illegible]	24	[illegible]	24	[illegible]
		25	[illegible]	25	[illegible]	25	[illegible]	25	[illegible]	25	[illegible]	25	[illegible]	25	[illegible]	25	[illegible]	25	[illegible]	25	[illegible]	25	[illegible]	25	[illegible]	25	[illegible]	25	[illegible]	25	[illegible]	25	[illegible]	25	[illegible]	25	[illegible]	25	[illegible]
		26	16	26	[illegible]	26	[illegible]	26	[illegible]	26	[illegible]	26	[illegible]	26	[illegible]	26	[illegible]	26	[illegible]	26	17	26	[illegible]	26	[illegible]	26	[illegible]	26	[illegible]	26	[illegible]	26	17	26	17	26	17	26	[illegible]
		27	[illegible]	27	[illegible]	27	[illegible]	27	[illegible]	27	[illegible]	27	[illegible]	27	[illegible]	27	[illegible]	27	[illegible]	27	18	27	[illegible]	27	[illegible]	27	[illegible]	27	[illegible]	27	[illegible]	27	18	27	18	27	18	27	18
		28	[illegible]	28	[illegible]	28	[illegible]	28	[illegible]	28	[illegible]	28	[illegible]	28	[illegible]	28	[illegible]	28	[illegible]	28	19	28	[illegible]	28	[illegible]	28	[illegible]	28	[illegible]	28	[illegible]	28	19	28	19	28	19	28	19
		29	[illegible]	29	[illegible]	29	[illegible]	29	[illegible]	29	[illegible]	29	[illegible]	29	[illegible]	29	[illegible]	29	[illegible]	29	[illegible]	29	[illegible]	29	[illegible]	29	[illegible]	29	[illegible]	29	[illegible]	29	20	29	[illegible]	29	20	29	20
		30	[illegible]	30	[illegible]	30	[illegible]	30	[illegible]	30	[illegible]	30	[illegible]	30	[illegible]	30	[illegible]	30	[illegible]	30	[illegible]	30	[illegible]	30	[illegible]	30	[illegible]	30	[illegible]	30	[illegible]	30	21	30	21	30	21	30	21

FRIMAIRE.

Frimaire.	Novembre. Décembre.	An 3. 1794.		An 4. 1795.		An 5. 1796.		An 6. 1797.		An 7. 1798.		An 8. 1799.		An 9. 1800.		An 10. 1801.		An 11. 1802.		An 12. 1803.		An 13. 1804.		An 14. 1805.		An 15. 1806.		An 16. 1807.		An 17. 1808.		An 18. 1809.		An 19. 1810.		An 20. 1811.	
An 2. 1793.																																					
1	21	1	21	1	22	1	21	1	21	1	21	1	22	1	22	1	22	1	22	1	23	1	22	1	22	1	22	1	23	1	22	1	22	1	22	1	[illegible]
2	22	2	22	2	23	2	22	2	22	2	22	2	23	2	23	2	23	2	23	2	24	2	23	2	23	2	23	2	24	2	23	2	23	2	23	2	[illegible]
3	23	3	23	3	24	3	23	3	23	3	23	3	24	3	24	3	24	3	24	3	25	3	24	3	24	3	24	3	25	3	24	3	24	3	24	3	[illegible]
4	24	4	24	4	25	4	24	4	24	4	24	4	25	4	25	4	25	4	25	4	26	4	25	4	25	4	25	4	26	4	25	4	25	4	25	4	[illegible]
5	25	5	25	5	26	5	25	5	25	5	25	5	26	5	26	5	26	5	26	5	27	5	26	5	26	5	26	5	27	5	26	5	26	5	26	5	[illegible]
6	26	6	26	6	27	6	26	6	26	6	26	6	27	6	27	6	27	6	27	6	28	6	27	6	27	6	27	6	28	6	27	6	27	6	27	6	[illegible]
7	27	7	27	7	28	7	27	7	27	7	27	7	28	7	28	7	28	7	28	7	29	7	28	7	28	7	28	7	29	7	28	7	28	7	28	7	[illegible]
8	28	8	28	8	29	8	28	8	28	8	28	8	29	8	29	8	29	8	29	8	30	8	29	8	29	8	29	8	30	8	29	8	29	8	29	8	[illegible]
9	29	9	29	9	30	9	29	9	29	9	29	9	30	9	30	9	30	9	30	9	1	9	30	9	30	9	30	9	1	9	30	9	30	9	30	9	[illegible]
10	30	10	30	10	1	10	30	10	30	10	30	10	1	10	1	10	1	10	1	10	2	10	1	10	1	10	1	10	2	10	1	10	1	10	1	10	[illegible]
11	1	11	1	11	2	11	1	11	1	11	1	11	2	11	2	11	2	11	2	11	3	11	2	11	2	11	2	11	3	11	2	11	2	11	2	11	[illegible]
12	2	12	2	12	3	12	2	12	2	12	2	12	3	12	3	12	3	12	3	12	4	12	3	12	3	12	3	12	4	12	3	12	3	12	3	12	[illegible]
13	3	13	3	13	4	13	3	13	3	13	3	13	4	13	4	13	4	13	4	13	5	13	4	13	4	13	4	13	5	13	4	13	4	13	4	13	[illegible]
14	4	14	4	14	5	14	4	14	4	14	4	14	5	14	5	14	5	14	5	14	6	14	5	14	5	14	5	14	6	14	5	14	5	14	5	14	[illegible]
15	5	15	5	15	6	15	5	15	5	15	5	15	6	15	6	15	6	15	6	15	7	15	6	15	6	15	6	15	7	15	6	15	6	15	6	15	[illegible]
16	6	16	6	16	7	16	6	16	6	16	6	16	7	16	7	16	7	16	7	16	8	16	7	16	7	16	7	16	8	16	7	16	7	16	7	16	[illegible]
17	7	17	7	17	8	17	7	17	7	17	7	17	8	17	8	17	8	17	8	17	9	17	8	17	8	17	8	17	9	17	8	17	8	17	8	17	[illegible]
18	8	18	8	18	9	18	8	18	8	18	8	18	9	18	9	18	9	18	9	18	10	18	9	18	9	18	9	18	10	18	9	18	9	18	9	18	[illegible]
19	9	19	9	19	10	19	9	19	9	19	9	19	10	19	10	19	10	19	10	19	11	19	10	19	10	19	10	19	11	19	10	19	10	19	10	19	[illegible]
20	10	20	10	20	11	20	10	20	10	20	10	20	11	20	11	20	11	20	11	20	12	20	11	20	11	20	11	20	12	20	11	20	11	20	11	20	[illegible]
21	11	21	11	21	12	21	11	21	11	21	11	21	12	21	12	21	12	21	12	21	13	21	12	21	12	21	12	21	13	21	12	21	12	21	12	21	[illegible]
22	12	22	12	22	13	22	12	22	12	22	12	22	13	22	13	22	13	22	13	22	14	22	13	22	13	22	13	22	14	22	13	22	13	22	13	22	[illegible]
23	13	23	13	23	14	23	13	23	13	23	13	23	14	23	14	23	14	23	14	23	15	23	14	23	14	23	14	23	15	23	14	23	14	23	14	23	[illegible]
24	14	24	14	24	15	24	14	24	14	24	14	24	15	24	15	24	15	24	15	24	16	24	15	24	15	24	15	24	16	24	15	24	15	24	15	24	[illegible]
25	15	25	15	25	16	25	15	25	15	25	15	25	16	25	16	25	16	25	16	25	17	25	16	25	16	25	16	25	17	25	16	25	16	25	16	25	[illegible]
26	16	26	16	26	17	26	16	26	16	26	16	26	17	26	17	26	17	26	17	26	18	26	17	26	17	26	17	26	18	26	17	26	17	26	17	26	[illegible]
27	17	27	17	27	18	27	17	27	17	27	17	27	18	27	18	27	18	27	18	27	19	27	18	27	18	27	18	27	19	27	18	27	18	27	18	27	[illegible]
28	18	28	18	28	19	28	18	28	18	28	18	28	19	28	19	28	19	28	19	28	20	28	19	28	19	28	19	28	20	28	19	28	19	28	19	28	[illegible]
29	19	29	19	29	20	29	19	29	19	29	19	29	20	29	20	29	20	29	20	29	21	29	20	29	20	29	20	29	21	29	20	29	20	29	20	29	[illegible]
30	20	30	20	30	21	30	20	30	20	30	20	30	21	30	21	30	21	30	21	30	22	30	21	30	21	30	21	30	22	30	21	30	21	30	21	30	[illegible]

NIVOSE.

Nivôse.		An 2. 1793.	An 3. 1794.		An 4. 1795.		An 5. 1796.		An 6. 1797.		An 7. 1798.		An 8. 1799.		An 9. 1800.		An 10. 1801.		An 11. 1802.		An 12. 1803.		An 13. 1804.		An 14. 1805.		An 15. 1806.		An 16. 1807.		An 17. 1808.		An 18. 1809.		An 19. 1810.		An 20. 1811.	
1	Décembre.	21	1	21	1	22	1	21	1	21	1	21	1	22	1	22	1	22	1	22	1	23	1	22	1	22	1	22	1	23	1	22	1	22	1	22	1	22
2		22	2	22	2	23	2	22	2	22	2	22	2	23	2	23	2	23	2	23	2	24	2	23	2	23	2	23	2	24	2	23	2	23	2	23	2	23
3		23	3	23	3	24	3	23	3	23	3	23	3	24	3	24	3	24	3	24	3	25	3	24	3	24	3	24	3	25	3	24	3	24	3	24	3	24
4		24	4	24	4	25	4	24	4	24	4	24	4	25	4	25	4	25	4	25	4	26	4	25	4	25	4	25	4	26	4	25	4	25	4	25	4	25
5		25	5	25	5	26	5	25	5	25	5	25	5	26	5	26	5	26	5	26	5	27	5	26	5	26	5	26	5	27	5	26	5	26	5	26	5	26
6		26	6	26	6	27	6	26	6	26	6	26	6	27	6	27	6	27	6	27	6	28	6	27	6	27	6	27	6	28	6	27	6	27	6	27	6	27
7		27	7	27	7	28	7	27	7	27	7	27	7	28	7	28	7	28	7	28	7	29	7	28	7	28	7	28	7	29	7	28	7	28	7	28	7	28
8		28	8	28	8	29	8	28	8	28	8	28	8	29	8	29	8	29	8	29	8	30	8	29	8	29	8	29	8	30	8	29	8	29	8	29	8	29
9		29	9	29	9	30	9	29	9	29	9	29	9	30	9	30	9	30	9	30	9	31	9	30	9	30	9	30	9	31	9	30	9	30	9	30	9	30
10		30	10	30	10	31	10	30	10	30	10	30	10	31	10	31	10	31	10	31	10	1	10	31	10	31	10	31	10	1	10	31	10	31	10	31	10	31
11		31	11	31	11	1	11	31	11	31	11	31	11	1	11	1	11	1	11	1	11	2	11	1	11	1	11	1	11	2	11	1	11	1	11	1	11	1
12		1	12	1	12	2	12	1	12	1	12	1	12	2	12	2	12	2	12	2	12	3	12	2	12	2	12	2	12	3	12	2	12	2	12	2	12	2
13		2	13	2	13	3	13	2	13	2	13	2	13	3	13	3	13	3	13	3	13	4	13	3	13	3	13	3	13	4	13	3	13	3	13	3	13	3
14	Janvier.	3	14	3	14	4	14	3	14	3	14	3	14	4	14	4	14	4	14	4	14	5	14	4	14	4	14	4	14	5	14	4	14	4	14	4	14	4
15		4	15	4	15	5	15	4	15	4	15	4	15	5	15	5	15	5	15	5	15	6	15	5	15	5	15	5	15	6	15	5	15	5	15	5	15	5
16		5	16	5	16	6	16	5	16	5	16	5	16	6	16	6	16	6	16	6	16	7	16	6	16	6	16	6	16	7	16	6	16	6	16	6	16	6
17		6	17	6	17	7	17	6	17	6	17	6	17	7	17	7	17	7	17	7	17	8	17	7	17	7	17	7	17	8	17	7	17	7	17	7	17	7
18		7	18	7	18	8	18	7	18	7	18	7	18	8	18	8	18	8	18	8	18	9	18	8	18	8	18	8	18	9	18	8	18	8	18	8	18	8
19		8	19	8	19	9	19	8	19	8	19	8	19	9	19	9	19	9	19	9	19	10	19	9	19	9	19	9	19	10	19	9	19	9	19	9	19	9
20		9	20	9	20	10	20	9	20	9	20	9	20	10	20	10	20	10	20	10	20	11	20	10	20	10	20	10	20	11	20	10	20	10	20	10	20	10
21		10	21	10	21	11	21	10	21	10	21	10	21	11	21	11	21	11	21	11	21	12	21	11	21	11	21	11	21	12	21	11	21	11	21	11	21	11
22		11	22	11	22	12	22	11	22	11	22	11	22	12	22	12	22	12	22	12	22	13	22	12	22	12	22	12	22	13	22	12	22	12	22	12	22	12
23		12	23	12	23	13	23	12	23	12	23	12	23	13	23	13	23	13	23	13	23	14	23	13	23	13	23	13	23	14	23	13	23	13	23	13	23	13
24		13	24	13	24	14	24	13	24	13	24	13	24	14	24	14	24	14	24	14	24	15	24	14	24	14	24	14	24	15	24	14	24	14	24	14	24	14
25		14	25	14	25	15	25	14	25	14	25	14	25	15	25	15	25	15	25	15	25	16	25	15	25	15	25	15	25	16	25	15	25	15	25	15	25	15
26		15	26	15	26	16	26	15	26	15	26	15	26	16	26	16	26	16	26	16	26	17	26	16	26	16	26	16	26	17	26	16	26	16	26	16	26	16
27		16	27	16	27	17	27	16	27	16	27	16	27	17	27	17	27	17	27	17	27	18	27	17	27	17	27	17	27	18	27	17	27	17	27	17	27	17
28		17	28	17	28	18	28	17	28	17	28	17	28	18	28	18	28	18	28	18	28	19	28	18	28	18	28	18	28	19	28	18	28	18	28	18	28	18
29		18	29	18	29	19	29	18	29	18	29	18	29	19	29	19	29	19	29	19	29	20	29	19	29	19	29	19	29	20	29	19	29	19	29	19	29	19
30		19	30	19	30	20	30	19	30	19	30	19	30	20	30	20	30	20	30	20	30	21	30	20	30	20	30	20	30	21	30	20	30	20	30	20	30	20

PLUVIOSE.

Pluviôse.		An 2. 1794.	An 3. 1795.		An 4. 1796.		An 5. 1797.		An 6. 1798.		An 7. 1799.		An 8. 1800.		An 9. 1801.		An 10. 1802.		An 11. 1803.		An 12. 1804.		An 13. 1805.		An 14. 1806.		An 15. 1807.		An 16. 1808.		An 17. 1809.		An 18. 1810.		An 19. 1811.		An … 18…
1	Janvier.	20	1	20	1	21	1	20	1	20	1	20	1	21	1	21	1	21	1	21	1	22	1	21	1	21	1	21	1	22	1	21	1	21	1	21	1
2		21	2	21	2	22	2	21	2	21	2	21	2	22	2	22	2	22	2	22	2	23	2	22	2	22	2	22	2	23	2	22	2	22	2	22	2
3		22	3	22	3	23	3	22	3	22	3	22	3	23	3	23	3	23	3	23	3	24	3	23	3	23	3	23	3	24	3	23	3	23	3	23	3
4		23	4	23	4	24	4	23	4	23	4	23	4	24	4	24	4	24	4	24	4	25	4	24	4	24	4	24	4	25	4	24	4	24	4	24	4
5		24	5	24	5	25	5	24	5	24	5	24	5	25	5	25	5	25	5	25	5	26	5	25	5	25	5	25	5	26	5	25	5	25	5	25	5
6		25	6	25	6	26	6	25	6	25	6	25	6	26	6	26	6	26	6	26	6	27	6	26	6	26	6	26	6	27	6	26	6	26	6	26	6
7		26	7	26	7	27	7	26	7	26	7	26	7	27	7	27	7	27	7	27	7	28	7	27	7	27	7	27	7	28	7	27	7	27	7	27	7
8		27	8	27	8	28	8	27	8	27	8	27	8	28	8	28	8	28	8	28	8	29	8	28	8	28	8	28	8	29	8	28	8	28	8	28	8
9		28	9	28	9	29	9	28	9	28	9	28	9	29	9	29	9	29	9	29	9	30	9	29	9	29	9	29	9	30	9	29	9	29	9	29	9
10		29	10	29	10	30	10	29	10	29	10	29	10	30	10	30	10	30	10	30	10	31	10	30	10	30	10	30	10	31	10	30	10	30	10	30	10
11		30	11	30	11	31	11	30	11	30	11	30	11	31	11	31	11	31	11	31	11	1	11	31	11	31	11	31	11	1	11	31	11	31	11	31	11
12		31	12	31	12	1	12	31	12	31	12	31	12	1	12	1	12	1	12	1	12	2	12	1	12	1	12	1	12	2	12	1	12	1	12	1	12
13	Février.	1	13	1	13	2	13	1	13	1	13	1	13	2	13	2	13	2	13	2	13	3	13	2	13	2	13	2	13	3	13	2	13	2	13	2	13
14		2	14	2	14	3	14	2	14	2	14	2	14	3	14	3	14	3	14	3	14	4	14	3	14	3	14	3	14	4	14	3	14	3	14	3	14
15		3	15	3	15	4	15	3	15	3	15	3	15	4	15	4	15	4	15	4	15	5	15	4	15	4	15	4	15	5	15	4	15	4	15	4	15
16		4	16	4	16	5	16	4	16	4	16	4	16	5	16	5	16	5	16	5	16	6	16	5	16	5	16	5	16	6	16	5	16	5	16	5	16
17		5	17	5	17	6	17	5	17	5	17	5	17	6	17	6	17	6	17	6	17	7	17	6	17	6	17	6	17	7	17	6	17	6	17	6	17
18		6	18	6	18	7	18	6	18	6	18	6	18	7	18	7	18	7	18	7	18	8	18	7	18	7	18	7	18	8	18	7	18	7	18	7	18
19		7	19	7	19	8	19	7	19	7	19	7	19	8	19	8	19	8	19	8	19	9	19	8	19	8	19	8	19	9	19	8	19	8	19	8	19
20		8	20	8	20	9	20	8	20	8	20	8	20	9	20	9	20	9	20	9	20	10	20	9	20	9	20	9	20	10	20	9	20	9	20	9	20
21		9	21	9	21	10	21	9	21	9	21	9	21	10	21	10	21	10	21	10	21	11	21	10	21	10	21	10	21	11	21	10	21	10	21	10	21
22		10	22	10	22	11	22	10	22	10	22	10	22	11	22	11	22	11	22	11	22	12	22	11	22	11	22	11	22	12	22	11	22	11	22	11	22
23		11	23	11	23	12	23	11	23	11	23	11	23	12	23	12	23	12	23	12	23	13	23	12	23	12	23	12	23	13	23	12	23	12	23	12	23
24		12	24	12	24	13	24	12	24	12	24	12	24	13	24	13	24	13	24	13	24	14	24	13	24	13	24	13	24	14	24	13	24	13	24	13	24
25		13	25	13	25	14	25	13	25	13	25	13	25	14	25	14	25	14	25	14	25	15	25	14	25	14	25	14	25	15	25	14	25	14	25	14	25
26		14	26	14	26	15	26	14	26	14	26	14	26	15	26	15	26	15	26	15	26	16	26	15	26	15	26	15	26	16	26	15	26	15	26	15	26
27		15	27	15	27	16	27	15	27	15	27	15	27	16	27	16	27	16	27	16	27	17	27	16	27	16	27	16	27	17	27	16	27	16	27	16	27
28		16	28	16	28	17	28	16	28	16	28	16	28	17	28	17	28	17	28	17	28	18	28	17	28	17	28	17	28	18	28	17	28	17	28	17	28
29		17	29	17	29	18	29	17	29	17	29	17	29	18	29	18	29	18	29	18	29	19	29	18	29	18	29	18	29	19	29	18	29	18	29	18	29
30		18	30	18	30	19	30	18	30	18	30	18	30	19	30	19	30	19	30	19	30	20	30	19	30	19	30	19	30	20	30	19	30	19	30	19	30

VENTOSE.

An 2. 1794.			An 3. 1795.		An 4. 1796.		An 5. 1797.		An 6. 1798.		An 7. 1799.		An 8. 1800.		An 9. 1801.		An 10. 1802.		An 11. 1803.		An 12. 1804.		An 13. 1805.		An 14. 1806.		An 15. 1807.		An 16. 1808.		An 17. 1809.		An 18. 1810.		An 19. 1811.		An 20. 1812.	
1	Février.	19	1	19	1	20	1	19	1	19	1	19	1	20	1	20	1	20	1	20	1	21	1	20	1	20	1	20	1	21	1	20	1	20	1	20	1	20
2		20	2	20	2	21	2	20	2	20	2	20	2	21	2	21	2	21	2	21	2	22	2	21	2	21	2	21	2	22	2	21	2	21	2	21	2	21
3		21	3	21	3	22	3	21	3	21	3	21	3	22	3	22	3	22	3	22	3	23	3	22	3	22	3	22	3	23	3	22	3	22	3	22	3	22
4		22	4	22	4	23	4	22	4	22	4	22	4	23	4	23	4	23	4	23	4	24	4	23	4	23	4	23	4	24	4	23	4	23	4	23	4	23
5		23	5	23	5	24	5	23	5	23	5	23	5	24	5	24	5	24	5	24	5	25	5	24	5	24	5	24	5	25	5	24	5	24	5	24	5	24
6		24	6	24	6	25	6	24	6	24	6	24	6	25	6	25	6	25	6	25	6	26	6	25	6	25	6	25	6	26	6	25	6	25	6	25	6	25
7		25	7	25	7	26	7	25	7	25	7	25	7	26	7	26	7	26	7	26	7	27	7	26	7	26	7	26	7	27	7	26	7	26	7	26	7	26
8		26	8	26	8	27	8	26	8	26	8	26	8	27	8	27	8	27	8	27	8	28	8	27	8	27	8	27	8	28	8	27	8	27	8	27	8	27
9		27	9	27	9	28	9	27	9	27	9	27	9	28	9	28	9	28	9	28	9	29	9	28	9	28	9	28	9	29	9	28	9	28	9	28	9	28
10		28	10	28	10	29	10	28	10	28	10	28	10	1	10	1	10	1	10	1	10	1	10	1	10	1	10	1	10	1	10	1	10	1	10	1	10	29
11	Mars.	1	11	1	11	1	11	1	11	1	11	1	11	2	11	2	11	2	11	2	11	2	11	2	11	2	11	2	11	2	11	2	11	2	11	2	11	1
12		2	12	2	12	2	12	2	12	2	12	2	12	3	12	3	12	3	12	3	12	3	12	3	12	3	12	3	12	3	12	3	12	3	12	3	12	2
13		3	13	3	13	3	13	3	13	3	13	3	13	4	13	4	13	4	13	4	13	4	13	4	13	4	13	4	13	4	13	4	13	4	13	4	13	3
14		4	14	4	14	4	14	4	14	4	14	4	14	5	14	5	14	5	14	5	14	5	14	5	14	5	14	5	14	5	14	5	14	5	14	5	14	4
15		5	15	5	15	5	15	5	15	5	15	5	15	6	15	6	15	6	15	6	15	6	15	6	15	6	15	6	15	6	15	6	15	6	15	6	15	5
16		6	16	6	16	6	16	6	16	6	16	6	16	7	16	7	16	7	16	7	16	7	16	7	16	7	16	7	16	7	16	7	16	7	16	7	16	6
17		7	17	7	17	7	17	7	17	7	17	7	17	8	17	8	17	8	17	8	17	8	17	8	17	8	17	8	17	8	17	8	17	8	17	8	17	7
18		8	18	8	18	8	18	8	18	8	18	8	18	9	18	9	18	9	18	9	18	9	18	9	18	9	18	9	18	9	18	9	18	9	18	9	18	8
19		9	19	9	19	9	19	9	19	9	19	9	19	10	19	10	19	10	19	10	19	10	19	10	19	10	19	10	19	10	19	10	19	10	19	10	19	9
20		10	20	10	20	10	20	10	20	10	20	10	20	11	20	11	20	11	20	11	20	11	20	11	20	11	20	11	20	11	20	11	20	11	20	11	20	10
21		11	21	11	21	11	21	11	21	11	21	11	21	12	21	12	21	12	21	12	21	12	21	12	21	12	21	12	21	12	21	12	21	12	21	12	21	11
22		12	22	12	22	12	22	12	22	12	22	12	22	13	22	13	22	13	22	13	22	13	22	13	22	13	22	13	22	13	22	13	22	13	22	13	22	12
23		13	23	13	23	13	23	13	23	13	23	13	23	14	23	14	23	14	23	14	23	14	23	14	23	14	23	14	23	14	23	14	23	14	23	14	23	13
24		14	24	14	24	14	24	14	24	14	24	14	24	15	24	15	24	15	24	15	24	15	24	15	24	15	24	15	24	15	24	15	24	15	24	15	24	14
25		15	25	15	25	15	25	15	25	15	25	15	25	16	25	16	25	16	25	16	25	16	25	16	25	16	25	16	25	16	25	16	25	16	25	16	25	15
26		16	26	16	26	16	26	16	26	16	26	16	26	17	26	17	26	17	26	17	26	17	26	17	26	17	26	17	26	17	26	17	26	17	26	17	26	16
27		17	27	17	27	17	27	17	27	17	27	17	27	18	27	18	27	18	27	18	27	18	27	18	27	18	27	18	27	18	27	18	27	18	27	18	27	17
28		18	28	18	28	18	28	18	28	18	28	18	28	19	28	19	28	19	28	19	28	19	28	19	28	19	28	19	28	19	28	19	28	19	28	19	28	18
29		19	29	19	29	19	29	19	29	19	29	19	29	20	29	20	29	20	29	20	29	20	29	20	29	20	29	20	29	20	29	20	29	20	29	20	29	19
30		20	30	20	30	20	30	20	30	20	30	20	30	21	30	21	30	21	30	21	30	21	30	21	30	21	30	21	30	21	30	21	30	21	30	21	30	[illegible]

GERMINAL.

An 2. 1794		An 3. 1795		An 4. 1796		An 5. 1797		An 6. 1798		An 7. 1799		An 8. 1800		An 9. 1801		An 10. 1802		An 11. 1803		An 12. 1804		An 13. 1805		An 14. 1806		An 15. 1807		An 16. 1808		An 17. 1809		An 18. 1810		An 19. 1811		An 2 181	
Germinal.	Mars.																																				
1	21	1	21	1	21	1	21	1	21	1	21	1	22	1	22	1	22	1	22	1	22	1	22	1	22	1	22	1	22	1	22	1	22	1	22	1	2
2	22	2	22	2	22	2	22	2	22	2	22	2	23	2	23	2	23	2	23	2	23	2	23	2	23	2	23	2	23	2	23	2	23	2	23	2	2
3	23	3	23	3	23	3	23	3	23	3	23	3	24	3	24	3	24	3	24	3	24	3	24	3	24	3	24	3	24	3	24	3	24	3	24	3	2
4	24	4	24	4	24	4	24	4	24	4	24	4	25	4	25	4	25	4	25	4	25	4	25	4	25	4	25	4	25	4	25	4	25	4	25	4	2
5	25	5	25	5	25	5	25	5	25	5	25	5	26	5	26	5	26	5	26	5	26	5	26	5	26	5	26	5	26	5	26	5	26	5	26	5	2
6	26	6	26	6	26	6	26	6	26	6	26	6	27	6	27	6	27	6	27	6	27	6	27	6	27	6	27	6	27	6	27	6	27	6	27	6	2
7	27	7	27	7	27	7	27	7	27	7	27	7	28	7	28	7	28	7	28	7	28	7	28	7	28	7	28	7	28	7	28	7	28	7	28	7	2
8	28	8	28	8	28	8	28	8	28	8	28	8	29	8	29	8	29	8	29	8	29	8	29	8	29	8	29	8	29	8	29	8	29	8	29	8	2
9	29	9	29	9	29	9	29	9	29	9	29	9	30	9	30	9	30	9	30	9	30	9	30	9	30	9	30	9	30	9	30	9	30	9	30	9	2
10	30	10	30	10	30	10	30	10	30	10	30	10	31	10	31	10	31	10	31	10	31	10	31	10	31	10	31	10	31	10	31	10	31	10	31	10	3
11	31	11	31	11	31	11	31	11	31	11	31	11	1	11	1	11	1	11	1	11	1	11	1	11	1	11	1	11	1	11	1	11	1	11	1	11	3
12	Avril. 1	12	1	12	1	12	1	12	1	12	1	12	2	12	2	12	2	12	2	12	2	12	2	12	2	12	2	12	2	12	2	12	2	12	2	12	
13	2	13	2	13	2	13	2	13	2	13	2	13	3	13	3	13	3	13	3	13	3	13	3	13	3	13	3	13	3	13	3	13	3	13	3	13	
14	3	14	3	14	3	14	3	14	3	14	3	14	4	14	4	14	4	14	4	14	4	14	4	14	4	14	4	14	4	14	4	14	4	14	4	14	
15	4	15	4	15	4	15	4	15	4	15	4	15	5	15	5	15	5	15	5	15	5	15	5	15	5	15	5	15	5	15	5	15	5	15	5	15	
16	5	16	5	16	5	16	5	16	5	16	5	16	6	16	6	16	6	16	6	16	6	16	6	16	6	16	6	16	6	16	6	16	6	16	6	16	
17	6	17	6	17	6	17	6	17	6	17	6	17	7	17	7	17	7	17	7	17	7	17	7	17	7	17	7	17	7	17	7	17	7	17	7	17	
18	7	18	7	18	7	18	7	18	7	18	7	18	8	18	8	18	8	18	8	18	8	18	8	18	8	18	8	18	8	18	8	18	8	18	8	18	
19	8	19	8	19	8	19	8	19	8	19	8	19	9	19	9	19	9	19	9	19	9	19	9	19	9	19	9	19	9	19	9	19	9	19	9	19	
20	9	20	9	20	9	20	9	20	9	20	9	20	10	20	10	20	10	20	10	20	10	20	10	20	10	20	10	20	10	20	10	20	10	20	10	20	
21	10	21	10	21	10	21	10	21	10	21	10	21	11	21	11	21	11	21	11	21	11	21	11	21	11	21	11	21	11	21	11	21	11	21	11	21	
22	11	22	11	22	11	22	11	22	11	22	11	22	12	22	12	22	12	22	12	22	12	22	12	22	12	22	12	22	12	22	12	22	12	22	12	22	
23	12	23	12	23	12	23	12	23	12	23	12	23	13	23	13	23	13	23	13	23	13	23	13	23	13	23	13	23	13	23	13	23	13	23	13	23	
24	13	24	13	24	13	24	13	24	13	24	13	24	14	24	14	24	14	24	14	24	14	24	14	24	14	24	14	24	14	24	14	24	14	24	14	24	
25	14	25	14	25	14	25	14	25	14	25	14	25	15	25	15	25	15	25	15	25	15	25	15	25	15	25	15	25	15	25	15	25	15	25	15	25	
26	15	26	15	26	15	26	15	26	15	26	15	26	16	26	16	26	16	26	16	26	16	26	16	26	16	26	16	26	16	26	16	26	16	26	16	26	
27	16	27	16	27	16	27	16	27	16	27	16	27	17	27	17	27	17	27	17	27	17	27	17	27	17	27	17	27	17	27	17	27	17	27	17	27	
28	17	28	17	28	17	28	17	28	17	28	17	28	18	28	18	28	18	28	18	28	18	28	18	28	18	28	18	28	18	28	18	28	18	28	18	28	
29	18	29	18	29	18	29	18	29	18	29	18	29	19	29	19	29	19	29	19	29	19	29	19	29	19	29	19	29	19	29	19	29	19	29	19	29	
30	19	30	19	30	19	30	19	30	19	30	19	30	20	30	20	30	20	30	20	30	20	30	20	30	20	30	20	30	20	30	20	30	20	30	20	30	

FLORÉAL.

Floréal.		An 2. 1794.	An 3. 1795.		An 4. 1796.		An 5. 1797.		An 6. 1798.		An 7. 1799.		An 8. 1800.		An 9. 1801.		An 10. 1802.		An 11. 1803.		An 12. 1804.		An 13. 1805.		An 14. 1806.		An 15. 1807.		An 16. 1808.		An 17. 1809.		An 18. 1810.		An 19. 1811.		An 20. 1812.	
1		20	1	20	1	20	1	20	1	20	1	20	1	21	1	21	1	21	1	21	1	21	1	21	1	21	1	21	1	21	1	21	1	21	1	21	1	20
2	Avril.	21	2	21	2	21	2	21	2	21	2	21	2	22	2	22	2	22	2	22	2	22	2	22	2	22	2	22	2	22	2	22	2	22	2	22	2	21
3		22	3	22	3	22	3	22	3	22	3	22	3	23	3	23	3	23	3	23	3	23	3	23	3	23	3	23	3	23	3	23	3	23	3	23	3	22
4		23	4	23	4	23	4	23	4	23	4	23	4	24	4	24	4	24	4	24	4	24	4	24	4	24	4	24	4	24	4	24	4	24	4	24	4	23
5		24	5	24	5	24	5	24	5	24	5	24	5	25	5	25	5	25	5	25	5	25	5	25	5	25	5	25	5	25	5	25	5	25	5	25	5	24
6		25	6	25	6	25	6	25	6	25	6	25	6	26	6	26	6	26	6	26	6	26	6	26	6	26	6	26	6	26	6	26	6	26	6	26	6	25
7		26	7	26	7	26	7	26	7	26	7	26	7	27	7	27	7	27	7	27	7	27	7	27	7	27	7	27	7	27	7	27	7	27	7	27	7	26
8		27	8	27	8	27	8	27	8	27	8	27	8	28	8	28	8	28	8	28	8	28	8	28	8	28	8	28	8	28	8	28	8	28	8	28	8	27
9		28	9	28	9	28	9	28	9	28	9	28	9	29	9	29	9	29	9	29	9	29	9	29	9	29	9	29	9	29	9	29	9	29	9	29	9	28
10		29	10	29	10	29	10	29	10	29	10	29	10	30	10	30	10	30	10	30	10	30	10	30	10	30	10	30	10	30	10	30	10	30	10	30	10	29
11		30	11	30	11	30	11	30	11	30	11	30	11	1	11	1	11	1	11	1	11	1	11	1	11	1	11	1	11	1	11	1	11	1	11	1	11	30
12		1	12	1	12	1	12	1	12	1	12	1	12	2	12	2	12	2	12	2	12	2	12	2	12	2	12	2	12	2	12	2	12	2	12	2	12	1
13		2	13	2	13	2	13	2	13	2	13	2	13	3	13	3	13	3	13	3	13	3	13	3	13	3	13	3	13	3	13	3	13	3	13	3	13	2
14	Mai.	3	14	3	14	3	14	3	14	3	14	3	14	4	14	4	14	4	14	4	14	4	14	4	14	4	14	4	14	4	14	4	14	4	14	4	14	3
15		4	15	4	15	4	15	4	15	4	15	4	15	5	15	5	15	5	15	5	15	5	15	5	15	5	15	5	15	5	15	5	15	5	15	5	15	4
16		5	16	5	16	5	16	5	16	5	16	5	16	6	16	6	16	6	16	6	16	6	16	6	16	6	16	6	16	6	16	6	16	6	16	6	16	5
17		6	17	6	17	6	17	6	17	6	17	6	17	7	17	7	17	7	17	7	17	7	17	7	17	7	17	7	17	7	17	7	17	7	17	7	17	6
18		7	18	7	18	7	18	7	18	7	18	7	18	8	18	8	18	8	18	8	18	8	18	8	18	8	18	8	18	8	18	8	18	8	18	8	18	7
19		8	19	8	19	8	19	8	19	8	19	8	19	9	19	9	19	9	19	9	19	9	19	9	19	9	19	9	19	9	19	9	19	9	19	9	19	8
20		9	20	9	20	9	20	9	20	9	20	9	20	10	20	10	20	10	20	10	20	10	20	10	20	10	20	10	20	10	20	10	20	10	20	10	20	9
21		10	21	10	21	10	21	10	21	10	21	10	21	11	21	11	21	11	21	11	21	11	21	11	21	11	21	11	21	11	21	11	21	11	21	11	21	10
22		11	22	11	22	11	22	11	22	11	22	11	22	12	22	12	22	12	22	12	22	12	22	12	22	12	22	12	22	12	22	12	22	12	22	12	22	11
23		12	23	12	23	12	23	12	23	12	23	12	23	13	23	13	23	13	23	13	23	13	23	13	23	13	23	13	23	13	23	13	23	13	23	13	23	12
24		13	24	13	24	13	24	13	24	13	24	13	24	14	24	14	24	14	24	14	24	14	24	14	24	14	24	14	24	14	24	14	24	14	24	14	24	13
25		14	25	14	25	14	25	14	25	14	25	14	25	15	25	15	25	15	25	15	25	15	25	15	25	15	25	15	25	15	25	15	25	15	25	15	25	14
26		15	26	15	26	15	26	15	26	15	26	15	26	16	26	16	26	16	26	16	26	16	26	16	26	16	26	16	26	16	26	16	26	16	26	16	26	15
27		16	27	16	27	16	27	16	27	16	27	16	27	17	27	17	27	17	27	17	27	17	27	17	27	17	27	17	27	17	27	17	27	17	27	17	27	16
28		17	28	17	28	17	28	17	28	17	28	17	28	18	28	18	28	18	28	18	28	18	28	18	28	18	28	18	28	18	28	18	28	18	28	18	28	17
29		18	29	18	29	18	29	18	29	18	29	18	29	19	29	19	29	19	29	19	29	19	29	19	29	19	29	19	29	19	29	19	29	19	29	19	29	18
30		19	30	19	30	19	30	19	30	19	30	19	30	20	30	20	30	20	30	20	30	20	30	20	30	20	30	20	30	20	30	20	30	20	30	20	30	19

PRAIRIAL.

	An 2. 1794.		An 3. 1795.		An 4. 1796.		An 5. 1797.		An 6. 1798.		An 7. 1799.		An 8. 1800.		An 9. 1801.		An 10. 1802.		An 11. 1803.		An 12. 1804.		An 13. 1805.		An 14. 1806.		An 15. 1807.		An 16. 1808.		An 17. 1809.		An 18. 1810.		An 19. 1811.		An 20. 1812.	
Prairial	1	20	1	20	1	20	1	20	1	20	1	20	1	21	1	21	1	21	1	21	1	21	1	21	1	21	1	21	1	21	1	21	1	21	1	21	1	2
Mai	2	21	2	21	2	21	2	21	2	21	2	21	2	22	2	22	2	22	2	22	2	22	2	22	2	22	2	22	2	22	2	22	2	22	2	22	2	2
	3	22	3	22	3	22	3	22	3	22	3	22	3	23	3	23	3	23	3	23	3	23	3	23	3	23	3	23	3	23	3	23	3	23	3	23	3	2
	4	23	4	23	4	23	4	23	4	23	4	23	4	24	4	24	4	24	4	24	4	24	4	24	4	24	4	24	4	24	4	24	4	24	4	24	4	2
	5	24	5	24	5	24	5	24	5	24	5	24	5	25	5	25	5	25	5	25	5	25	5	25	5	25	5	25	5	25	5	25	5	25	5	25	5	2
	6	25	6	25	6	25	6	25	6	25	6	25	6	26	6	26	6	26	6	26	6	26	6	26	6	26	6	26	6	26	6	26	6	26	6	26	6	2
	7	26	7	26	7	26	7	26	7	26	7	26	7	27	7	27	7	27	7	27	7	27	7	27	7	27	7	27	7	27	7	27	7	27	7	27	7	2
	8	27	8	27	8	27	8	27	8	27	8	27	8	28	8	28	8	28	8	28	8	28	8	28	8	28	8	28	8	28	8	28	8	28	8	28	8	2
	9	28	9	28	9	28	9	28	9	28	9	28	9	29	9	29	9	29	9	29	9	29	9	29	9	29	9	29	9	29	9	29	9	29	9	29	9	2
	10	29	10	29	10	29	10	29	10	29	10	29	10	30	10	30	10	30	10	30	10	30	10	30	10	30	10	30	10	30	10	30	10	30	10	30	10	2
	11	30	11	30	11	30	11	30	11	30	11	30	11	31	11	31	11	31	11	31	11	31	11	31	11	31	11	31	11	31	11	31	11	31	11	31	11	3
	12	31	12	31	12	31	12	31	12	31	12	31	12	1	12	1	12	1	12	1	12	1	12	1	12	1	12	1	12	1	12	1	12	1	12	1	12	3
	13	1	13	1	13	1	13	1	13	1	13	1	13	2	13	2	13	2	13	2	13	2	13	2	13	2	13	2	13	2	13	2	13	2	13	2	13	
Juin	14	2	14	2	14	2	14	2	14	2	14	2	14	3	14	3	14	3	14	3	14	3	14	3	14	3	14	3	14	3	14	3	14	3	14	3	14	
	15	3	15	3	15	3	15	3	15	3	15	3	15	4	15	4	15	4	15	4	15	4	15	4	15	4	15	4	15	4	15	4	15	4	15	4	15	
	16	4	16	4	16	4	16	4	16	4	16	4	16	5	16	5	16	5	16	5	16	5	16	5	16	5	16	5	16	5	16	5	16	5	16	5	16	
	17	5	17	5	17	5	17	5	17	5	17	5	17	6	17	6	17	6	17	6	17	6	17	6	17	6	17	6	17	6	17	6	17	6	17	6	17	
	18	6	18	6	18	6	18	6	18	6	18	6	18	7	18	7	18	7	18	7	18	7	18	7	18	7	18	7	18	7	18	7	18	7	18	7	18	
	19	7	19	7	19	7	19	7	19	7	19	7	19	8	19	8	19	8	19	8	19	8	19	8	19	8	19	8	19	8	19	8	19	8	19	8	19	
	20	8	20	8	20	8	20	8	20	8	20	8	20	9	20	9	20	9	20	9	20	9	20	9	20	9	20	9	20	9	20	9	20	9	20	9	20	
	21	9	21	9	21	9	21	9	21	9	21	9	21	10	21	10	21	10	21	10	21	10	21	10	21	10	21	10	21	10	21	10	21	10	21	10	21	
	22	10	22	10	22	10	22	10	22	10	22	10	22	11	22	11	22	11	22	11	22	11	22	11	22	11	22	11	22	11	22	11	22	11	22	11	22	1
	23	11	23	11	23	11	23	11	23	11	23	11	23	12	23	12	23	12	23	12	23	12	23	12	23	12	23	12	23	12	23	12	23	12	23	12	23	1
	24	12	24	12	24	12	24	12	24	12	24	12	24	13	24	13	24	13	24	13	24	13	24	13	24	13	24	13	24	13	24	13	24	13	24	13	24	1
	25	13	25	13	25	13	25	13	25	13	25	13	25	14	25	14	25	14	25	14	25	14	25	14	25	14	25	14	25	14	25	14	25	14	25	14	25	1
	26	14	26	14	26	14	26	14	26	14	26	14	26	15	26	15	26	15	26	15	26	15	26	15	26	15	26	15	26	15	26	15	26	15	26	15	26	1
	27	15	27	15	27	15	27	15	27	15	27	15	27	16	27	16	27	16	27	16	27	16	27	16	27	16	27	16	27	16	27	16	27	16	27	16	27	1
	28	16	28	16	28	16	28	16	28	16	28	16	28	17	28	17	28	17	28	17	28	17	28	17	28	17	28	17	28	17	28	17	28	17	28	17	28	1
	29	17	29	17	29	17	29	17	29	17	29	17	29	18	29	18	29	18	29	18	29	18	29	18	29	18	29	18	29	18	29	18	29	18	29	18	29	1
	30	18	30	18	30	18	30	18	30	18	30	18	30	19	30	19	30	19	30	19	30	19	30	19	30	19	30	19	30	19	30	19	30	19	30	19	30	1

MESSIDOR.

An 2. 1794.			An 3. 1795.		An 4. 1796.		An 5. 1797.		An 6. 1798.		An 7. 1799.		An 8. 1800.		An 9. 1801.		An 10. 1802.		An 11. 1803.		An 12. 1804.		An 13. 1805.		An 14. 1806.		An 15. 1807.		An 16. 1808.		An 17. 1809.		An 18. 1810.		An 19. 1811.		An 20. 1812.	
1	Juin.	19	1	19	1	19	1	19	1	19	1	19	1	20	1	20	1	20	1	20	1	20	1	20	1	20	1	20	1	20	1	20	1	20	1	20	1	19
2		20	2	20	2	20	2	20	2	20	2	20	2	21	2	21	2	21	2	21	2	21	2	21	2	21	2	21	2	21	2	21	2	21	2	21	2	20
3		21	3	21	3	21	3	21	3	21	3	21	3	22	3	22	3	22	3	22	3	22	3	22	3	22	3	22	3	22	3	22	3	22	3	22	3	21
4		22	4	22	4	22	4	22	4	22	4	22	4	23	4	23	4	23	4	23	4	23	4	23	4	23	4	23	4	23	4	23	4	23	4	23	4	22
5		23	5	23	5	23	5	23	5	23	5	23	5	24	5	24	5	24	5	24	5	24	5	24	5	24	5	24	5	24	5	24	5	24	5	24	5	23
6		24	6	24	6	24	6	24	6	24	6	24	6	25	6	25	6	25	6	25	6	25	6	25	6	25	6	25	6	25	6	25	6	25	6	25	6	24
7		25	7	25	7	25	7	25	7	25	7	25	7	26	7	26	7	26	7	26	7	26	7	26	7	26	7	26	7	26	7	26	7	26	7	26	7	25
8		26	8	26	8	26	8	26	8	26	8	26	8	27	8	27	8	27	8	27	8	27	8	27	8	27	8	27	8	27	8	27	8	27	8	27	8	26
9		27	9	27	9	27	9	27	9	27	9	27	9	28	9	28	9	28	9	28	9	28	9	28	9	28	9	28	9	28	9	28	9	28	9	28	9	27
10		28	10	28	10	28	10	28	10	28	10	28	10	29	10	29	10	29	10	29	10	29	10	29	10	29	10	29	10	29	10	29	10	29	10	29	10	28
11		29	11	29	11	29	11	29	11	29	11	29	11	30	11	30	11	30	11	30	11	30	11	30	11	30	11	30	11	30	11	30	11	30	11	30	11	29
12		30	12	30	12	30	12	30	12	30	12	30	12	1	12	1	12	1	12	1	12	1	12	1	12	1	12	1	12	1	12	1	12	1	12	1	12	30
13	Juillet.	1	13	1	13	1	13	1	13	1	13	1	13	2	13	2	13	2	13	2	13	2	13	2	13	2	13	2	13	2	13	2	13	2	13	2	13	1
14		2	14	2	14	2	14	2	14	2	14	2	14	3	14	3	14	3	14	3	14	3	14	3	14	3	14	3	14	3	14	3	14	3	14	3	14	2
15		3	15	3	15	3	15	3	15	3	15	3	15	4	15	4	15	4	15	4	15	4	15	4	15	4	15	4	15	4	15	4	15	4	15	4	15	3
16		4	16	4	16	4	16	4	16	4	16	4	16	5	16	5	16	5	16	5	16	5	16	5	16	5	16	5	16	5	16	5	16	5	16	5	16	4
17		5	17	5	17	5	17	5	17	5	17	5	17	6	17	6	17	6	17	6	17	6	17	6	17	6	17	6	17	6	17	6	17	6	17	6	17	5
18		6	18	6	18	6	18	6	18	6	18	6	18	7	18	7	18	7	18	7	18	7	18	7	18	7	18	7	18	7	18	7	18	7	18	7	18	6
19		7	19	7	19	7	19	7	19	7	19	7	19	8	19	8	19	8	19	8	19	8	19	8	19	8	19	8	19	8	19	8	19	8	19	8	19	7
20		8	20	8	20	8	20	8	20	8	20	8	20	9	20	9	20	9	20	9	20	9	20	9	20	9	20	9	20	9	20	9	20	9	20	9	20	8
21		9	21	9	21	9	21	9	21	9	21	9	21	10	21	10	21	10	21	10	21	10	21	10	21	10	21	10	21	10	21	10	21	10	21	10	21	9
22		10	22	10	22	10	22	10	22	10	22	10	22	11	22	11	22	11	22	11	22	11	22	11	22	11	22	11	22	11	22	11	22	11	22	11	22	10
23		11	23	11	23	11	23	11	23	11	23	11	23	12	23	12	23	12	23	12	23	12	23	12	23	12	23	12	23	12	23	12	23	12	23	12	23	11
24		12	24	12	24	12	24	12	24	12	24	12	24	13	24	13	24	13	24	13	24	13	24	13	24	13	24	13	24	13	24	13	24	13	24	13	24	12
25		13	25	13	25	13	25	13	25	13	25	13	25	14	25	14	25	14	25	14	25	14	25	14	25	14	25	14	25	14	25	14	25	14	25	14	25	13
26		14	26	14	26	14	26	14	26	14	26	14	26	15	26	15	26	15	26	15	26	15	26	15	26	15	26	15	26	15	26	15	26	15	26	15	26	14
27		15	27	15	27	15	27	15	27	15	27	15	27	16	27	16	27	16	27	16	27	16	27	16	27	16	27	16	27	16	27	16	27	16	27	16	27	15
28		16	28	16	28	16	28	16	28	16	28	16	28	17	28	17	28	17	28	17	28	17	28	17	28	17	28	17	28	17	28	17	28	17	28	17	28	16
29		17	29	17	29	17	29	17	29	17	29	17	29	18	29	18	29	18	29	18	29	18	29	18	29	18	29	18	29	18	29	18	29	18	29	18	29	17
30		18	30	18	30	18	30	18	30	18	30	18	30	19	30	19	30	19	30	19	30	19	30	19	30	19	30	19	30	19	30	19	30	19	30	19	30	18

THERMIDOR.

	An 2. 1794.			An 3. 1795.		An 4. 1796.		An 5. 1797.		An 6. 1798.		An 7. 1799.		An 8. 1800.		An 9. 1801.		An 10 1802.		An 11 1803.		An 12 1804.		An 13. 1805.		An 14 1806.		An 15 1807.		An 16 1808.		An 17. 1809.		An 18. 1810.		An 19. 1811.		Au… 18…
	1		19	1	19	1	19	1	19	1	19	1	19	1	20	1	20	1	20	1	20	1	20	1	20	1	20	1	20	1	20	1	20	1	20	1	20	1
	2	Juillet.	20	2	20	2	20	2	20	2	20	2	20	2	21	2	21	2	21	2	21	2	21	2	21	2	21	2	21	2	21	2	21	2	21	2	21	2
Thermidor.	3		21	3	21	3	21	3	21	3	21	3	21	3	22	3	22	3	22	3	22	3	22	3	22	3	22	3	22	3	22	3	22	3	22	3	22	3
	4		22	4	22	4	22	4	22	4	22	4	22	4	23	4	23	4	23	4	23	4	23	4	23	4	23	4	23	4	23	4	23	4	23	4	23	4
	5		23	5	23	5	23	5	23	5	23	5	23	5	24	5	24	5	24	5	24	5	24	5	24	5	24	5	24	5	24	5	24	5	24	5	24	5
	6		24	6	24	6	24	6	24	6	24	6	24	6	25	6	25	6	25	6	25	6	25	6	25	6	25	6	25	6	25	6	25	6	25	6	25	6
	7		25	7	25	7	25	7	25	7	25	7	25	7	26	7	26	7	26	7	26	7	26	7	26	7	26	7	26	7	26	7	26	7	26	7	26	7
	8		26	8	26	8	26	8	26	8	26	8	26	8	27	8	27	8	27	8	27	8	27	8	27	8	27	8	27	8	27	8	27	8	27	8	27	8
	9		27	9	27	9	27	9	27	9	27	9	27	9	28	9	28	9	28	9	28	9	28	9	28	9	28	9	28	9	28	9	28	9	28	9	28	9
	10		28	10	28	10	28	10	28	10	28	10	28	10	29	10	29	10	29	10	29	10	29	10	29	10	29	10	29	10	29	10	29	10	29	10	29	10
	11		29	11	29	11	29	11	29	11	29	11	29	11	30	11	30	11	30	11	30	11	30	11	30	11	30	11	30	11	30	11	30	11	30	11	30	11
	12		30	12	30	12	30	12	30	12	30	12	30	12	31	12	31	12	31	12	31	12	31	12	31	12	31	12	31	12	31	12	31	12	31	12	31	12
	13		31	13	31	13	31	13	31	13	31	13	31	13	1	13	1	13	1	13	1	13	1	13	1	13	1	13	1	13	1	13	1	13	1	13	1	13
	14		1	14	1	14	1	14	1	14	1	14	1	14	2	14	2	14	2	14	2	14	2	14	2	14	2	14	2	14	2	14	2	14	2	14	2	14
	15		2	15	2	15	2	15	2	15	2	15	2	15	3	15	3	15	3	15	3	15	3	15	3	15	3	15	3	15	3	15	3	15	3	15	3	15
	16	Août.	3	16	3	16	3	16	3	16	3	16	3	16	4	16	4	16	4	16	4	16	4	16	4	16	4	16	4	16	4	16	4	16	4	16	4	16
	17		4	17	4	17	4	17	4	17	4	17	4	17	5	17	5	17	5	17	5	17	5	17	5	17	5	17	5	17	5	17	5	17	5	17	5	17
	18		5	18	5	18	5	18	5	18	5	18	5	18	6	18	6	18	6	18	6	18	6	18	6	18	6	18	6	18	6	18	6	18	6	18	6	18
	19		6	19	6	19	6	19	6	19	6	19	6	19	7	19	7	19	7	19	7	19	7	19	7	19	7	19	7	19	7	19	7	19	7	19	7	19
	20		7	20	7	20	7	20	7	20	7	20	7	20	8	20	8	20	8	20	8	20	8	20	8	20	8	20	8	20	8	20	8	20	8	20	8	20
	21		8	21	8	21	8	21	8	21	8	21	8	21	9	21	9	21	9	21	9	21	9	21	9	21	9	21	9	21	9	21	9	21	9	21	9	21
	22		9	22	9	22	9	22	9	22	9	22	9	22	10	22	10	22	10	22	10	22	10	22	10	22	10	22	10	22	10	22	10	22	10	22	10	22
	23		10	23	10	23	10	23	10	23	10	23	10	23	11	23	11	23	11	23	11	23	11	23	11	23	11	23	11	23	11	23	11	23	11	23	11	23
	24		11	24	11	24	11	24	11	24	11	24	11	24	12	24	12	24	12	24	12	24	12	24	12	24	12	24	12	24	12	24	12	24	12	24	12	24
	25		12	25	12	25	12	25	12	25	12	25	12	25	13	25	13	25	13	25	13	25	13	25	13	25	13	25	13	25	13	25	13	25	13	25	13	25
	26		13	26	13	26	13	26	13	26	13	26	13	26	14	26	14	26	14	26	14	26	14	26	14	26	14	26	14	26	14	26	14	26	14	26	14	26
	27		14	27	14	27	14	27	14	27	14	27	14	27	15	27	15	27	15	27	15	27	15	27	15	27	15	27	15	27	15	27	15	27	15	27	15	27
	28		15	28	15	28	15	28	15	28	15	28	15	28	16	28	16	28	16	28	16	28	16	28	16	28	16	28	16	28	16	28	16	28	16	28	16	28
	29		16	29	16	29	16	29	16	29	16	29	16	29	17	29	17	29	17	29	17	29	17	29	17	29	17	29	17	29	17	29	17	29	17	29	17	29
	30		17	30	17	30	17	30	17	30	17	30	17	30	18	30	18	30	18	30	18	30	18	30	18	30	18	30	18	30	18	30	18	30	18	30	18	30

FRUCTIDOR.

Fructidor	An 2. 1794. Août / Septembre	An 3. 1795.		An 4. 1796.		An 5. 1797.		An 6. 1798.		An 7. 1799.		An 8. 1800.		An 9. 1801.		An 10. 1802.	
1	18	1	18	1	18	1	18	1	18	1	18	1	19	1	19	1	19
2	19	2	19	2	19	2	19	2	19	2	19	2	20	2	20	2	20
3	20	3	20	3	20	3	20	3	20	3	20	3	21	3	21	3	21
4	21	4	21	4	21	4	21	4	21	4	21	4	22	4	22	4	22
5	22	5	22	5	22	5	22	5	22	5	22	5	23	5	23	5	23
6	23	6	23	6	23	6	23	6	23	6	23	6	24	6	24	6	24
7	24	7	24	7	24	7	24	7	24	7	24	7	25	7	25	7	25
8	25	8	25	8	25	8	25	8	25	8	25	8	26	8	26	8	26
9	26	9	26	9	26	9	26	9	26	9	26	9	27	9	27	9	27
10	27	10	27	10	27	10	27	10	27	10	27	10	28	10	28	10	28
11	28	11	28	11	28	11	28	11	28	11	28	11	29	11	29	11	29
12	29	12	29	12	29	12	29	12	29	12	29	12	30	12	30	12	30
13	30	13	30	13	30	13	30	13	30	13	30	13	31	13	31	13	31
14	31	14	31	14	31	14	31	14	31	14	31	14	1	14	1	14	1
15	1	15	1	15	1	15	1	15	1	15	1	15	2	15	2	15	2
16	2	16	2	16	2	16	2	16	2	16	2	16	3	16	3	16	3
17	3	17	3	17	3	17	3	17	3	17	3	17	4	17	4	17	4
18	4	18	4	18	4	18	4	18	4	18	4	18	5	18	5	18	5
19	5	19	5	19	5	19	5	19	5	19	5	19	6	19	6	19	6
20	6	20	6	20	6	20	6	20	6	20	6	20	7	20	7	20	7
21	7	21	7	21	7	21	7	21	7	21	7	21	8	21	8	21	8
22	8	22	8	22	8	22	8	22	8	22	8	22	9	22	9	22	9
23	9	23	9	23	9	23	9	23	9	23	9	23	10	23	10	23	10
24	10	24	10	24	10	24	10	24	10	24	10	24	11	24	11	24	11
25	11	25	11	25	11	25	11	25	11	25	11	25	12	25	12	25	12
26	12	26	12	26	12	26	12	26	12	26	12	26	13	26	13	26	13
27	13	27	13	27	13	27	13	27	13	27	13	27	14	27	14	27	14
28	14	28	14	28	14	28	14	28	14	28	14	28	15	28	15	28	15
29	15	29	15	29	15	29	15	29	15	29	15	29	16	29	16	29	16
30	16	30	16	30	16	30	16	30	16	30	16	30	17	30	17	30	17

Fructidor	An 11. 1803.		An 12. 1804.		An 13. 1805.		An 14. 1806.		An 15. 1807.		An 16. 1808.		An 17. 1809.		An 18. 1810.		An 19. 1811.		An 20. 1812.	
1	1	19	1	19	1	19	1	19	1	19	1	19	1	19	1	19	1	19	1	18
2	2	20	2	20	2	20	2	20	2	20	2	20	2	20	2	20	2	20	2	19
3	3	21	3	21	3	21	3	21	3	21	3	21	3	21	3	21	3	21	3	20
4	4	22	4	22	4	22	4	22	4	22	4	22	4	22	4	22	4	22	4	21
5	5	23	5	23	5	23	5	23	5	23	5	23	5	23	5	23	5	23	5	22
6	6	24	6	24	6	24	6	24	6	24	6	24	6	24	6	24	6	24	6	23
7	7	25	7	25	7	25	7	25	7	25	7	25	7	25	7	25	7	25	7	24
8	8	26	8	26	8	26	8	26	8	26	8	26	8	26	8	26	8	26	8	25
9	9	27	9	27	9	27	9	27	9	27	9	27	9	27	9	27	9	27	9	26
10	10	28	10	28	10	28	10	28	10	28	10	28	10	28	10	28	10	28	10	27
11	11	29	11	29	11	29	11	29	11	29	11	29	11	29	11	29	11	29	11	28
12	12	30	12	30	12	30	12	30	12	30	12	30	12	30	12	30	12	30	12	29
13	13	31	13	31	13	31	13	31	13	31	13	31	13	31	13	31	13	31	13	30
14	14	1	14	1	14	1	14	1	14	1	14	1	14	1	14	1	14	1	14	31
15	15	2	15	2	15	2	15	2	15	2	15	2	15	2	15	2	15	2	15	1
16	16	3	16	3	16	3	16	3	16	3	16	3	16	3	16	3	16	3	16	2
17	17	4	17	4	17	4	17	4	17	4	17	4	17	4	17	4	17	4	17	3
18	18	5	18	5	18	5	18	5	18	5	18	5	18	5	18	5	18	5	18	4
19	19	6	19	6	19	6	19	6	19	6	19	6	19	6	19	6	19	6	19	5
20	20	7	20	7	20	7	20	7	20	7	20	7	20	7	20	7	20	7	20	6
21	21	8	21	8	21	8	21	8	21	8	21	8	21	8	21	8	21	8	21	7
22	22	9	22	9	22	9	22	9	22	9	22	9	22	9	22	9	22	9	22	8
23	23	10	23	10	23	10	23	10	23	10	23	10	23	10	23	10	23	10	23	9
24	24	11	24	11	24	11	24	11	24	11	24	11	24	11	24	11	24	11	24	10
25	25	12	25	12	25	12	25	12	25	12	25	12	25	12	25	12	25	12	25	11
26	26	13	26	13	26	13	26	13	26	13	26	13	26	13	26	13	26	13	26	12
27	27	14	27	14	27	14	27	14	27	14	27	14	27	14	27	14	27	14	27	13
28	28	15	28	15	28	15	28	15	28	15	28	15	28	15	28	15	28	15	28	14
29	29	16	29	16	29	16	29	16	29	16	29	16	29	16	29	16	29	16	29	15
30	30	17	30	17	30	17	30	17	30	17	30	17	30	17	30	17	30	17	30	16

JOURS COMPLÉMENTAIRES.

Ere républ.	Ere Grégor.		1	2	3	4	5	6
An 2.	1794.	Septembre.	17	18	19	20	21	
3.	1795.		17	18	19	20	21	22
4.	1796.		17	18	19	20	21	
5.	1797.		17	18	19	20	21	
6.	1798.		17	18	19	20	21	
7.	1799.		17	18	19	20	21	22
8.	1800.		18	19	20	21	22	
9.	1801.		18	19	20	21	22	
10.	1802.		18	19	20	21	22	
11.	1803.		18	19	20	21	22	23
12.	1804.		18	19	20	21	22	
13.	1805.		18	19	20	21	22	
14.	1806.		18	19	20	21	22	
15.	1807.		18	19	20	21	22	23
16.	1808.		18	19	20	21	22	
17.	1809.		18	19	20	21	22	
18.	1810.		18	19	20	21	22	
19.	1811.		18	19	20	21	22	
20.	1812.		17	18	19	20	21	22

ÉCHELLE DE PROPORTION

OU

TABLEAU DE DÉPRÉCIATION DU PAPIER-MONNAIE,

Arrêté par l'Administration du département des Hautes-Pyrénées, le 18 thermidor an 5, conformément à la loi du 5 messidor de la même année.

100 liv. [illegible]	Janvier.	Février.	Mars.	Avril.	Mai.	Juin.	Juillet.	Août.	Septem.	Octobre.	Novem.	Décem.
1791.	100l	100l	100l	100l	100l	93l	91	95	95	91l	91l	90l
1792.	83	80	78	85	76	76	80	80	83	84	85	80
1793.	70	68	68	60	68	54	40	58	[illegible]	60	65	80
1794.	75	[illegible]	65	65	60	55	55	50	50	50	47	47
1795.	75	74	[illegible]									

Germinal an 5.	1.re déc.	[illegible]
	2.e déc.	[illegible]
	3.e déc.	20
Floréal.	1.re déc.	15
	2.e déc.	12
	3.e déc.	10
Prairial.	1.re déc.	8
	2.e déc.	7
	3.e déc.	6
Messidor.	1.re déc.	6
	2.e déc.	6
	3.e déc.	4
Thermid.	1.re déc.	3
	2.e déc.	3
	3.e déc.	2 10
Fructid.	1.re déc.	2
	2.e déc.	2
	3.e déc.	1 15
Jours complém.res		1 15

Vendém. an 4.	1.re déc.	1l 10s [illegible]
	2.e déc.	1 10
	3.e déc.	1 5
Brumaire	1.re déc.	1
	2.e déc.	17
	3.e déc.	10
Frimaire.	1.re déc.	7 6
	2.e déc.	7 6
	3.e déc.	7
Nivôse.	1.re déc.	5
	2.e déc.	5
	3.e déc.	5
Pluviôse.	1.re déc.	5
	2.e déc.	5
	3.e déc.	5
Ventôse.	1.re déc.	5
	2.e déc.	3
	3.e déc.	1

MANDATS, AN 4.

100 liv. [illegible]

Floréal	1.re déc.	1.
	2.e déc.	
	3.e déc.	40.
Prairial	1.re déc.	35.
	2.e déc.	20.
	3.e déc.	10.
Messid	1.re déc.	10.
	2.e déc.	10.
	3.e déc.	8
Therm	1.re déc.	6.

TABLE

Des matières contenues dans l'Annuaire.

Extraits et Analyses des quatre derniers chapitres du Grand Mémoire Statistique.

CHAP. II. ~ POPULATION, PROFESSIONS, ARTS ET MÉTIERS.

CHAP. III. ~ ÉTAT DES CITOYENS.

CHAP. IV. — AGRICULTURE ET ÉCONOMIE.

Agriculture.

Fin de la Table.

www.ingramcontent.com/pod-product-compliance
Lightning Source LLC
Chambersburg PA
CBHW051402230426
43669CB00011B/1730
* 9 7 8 2 0 1 2 5 2 3 1 6 6 *